社會福利經濟分析

Economic Analysis of Social Welfare

蔡宏昭◎著

自 序

社會福利相關議題的探討有政治學、經濟學、社會學、馬克斯理論等不同領域的研究取向。在現代經濟學的領域裡，有兩股主要思潮，第一是贊成國家干預市場，保障國民生活的凱恩斯主義；第二是反對國家干預與福利國家的新自由主義。雙方常在社會福利的相關議題上針鋒相對。其實社會福利應是溫和的公共議題，應可從人類福祉的原點切入去思考，無須以社會正義或市場效率作為價值判斷的基準。如果我們相信生命的本質是在追求欲望的滿足，那麼，效用的增進就是人類福祉的原點。1920 年 A. C. Pigou 所奠定的福利經濟學就建構在這個基礎上。雖然福利經濟學已發展出多種不同的理論，但是仍有諸多共通之處。若能將福利經濟學的規範理論重新探究與整合，並將其運用在社會福利政策與制度的分析上應是一件有意義的事。

經過漫長的學習、思索與研究之後，我才真正了解社會福利的經濟理論，也從事各種社會福利制度的經濟分析。我終於有勇氣將此一研究成果公諸於世。

本研究分為兩個部分，第一編是有關社會福利的經濟理論；第二編是有關社會福利制度的經濟分析。第一編的內容有社會福利的經濟本質、水準測定、經濟效果以及效用理論、公共性理論、外部性理論、公正性理論與社會選擇理論。第二編的內容有健康維護制度、年金保險制度、失業保險制度、職業災害保險制度、社會救助制度、社會津貼制度、兒童托育服務制度、身心障礙者就業服務制度、老人養護服務制度、社區福利服務制度的經濟分析。最後，則以建構最適社會的社會福利政策作為本研究的結論。

在這段研究的過程中，我深受多方的教導、鼓勵與協助。我由衷感激所有曾經教導過我的師長。我也要感謝中國文化大學社會福利學系的郭靜晃主任以及同事們的鼓勵。揚智文化公司的協助出版以及編輯人員的精心編校更是我要道謝的。如果這本書能夠獲得些許正面的評價，喜悅將與內人分享。

這是一個新的開始，而不是舊的結束。今後我將以更堅定的心去耕耘這個園地，希望能培育出更豐碩的研究成果。

蔡宏昭

2003 年秋天

於華岡大成館

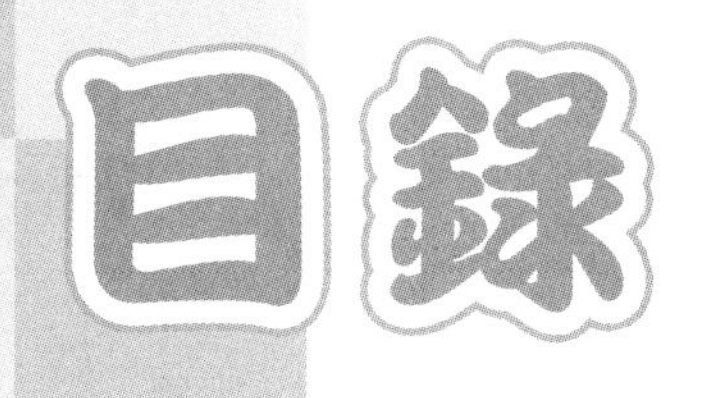
目錄

Chapter 1

第一章

緒　論

第一節　研究問題與研究動機

第二節　文獻探討

第三節　研究方法與內容

第一節　研究問題與研究動機

第二次世界大戰以後，有關社會福利的研究大致可以區分為三個階段，第一個階段是1960年代盛行的社會學與馬克斯觀點的研究；第二個階段是1970年代的經濟學觀點的研究；第三個階段是1980年代的政治學觀點的研究。目前這四個不同的學術領域均對社會福利的相關議題進行研究。由於領域觀點的不同，對社會福利的詮釋、分析與評價均有相當的差異，經常引發爭論。在社會福利理論方面，由於實證理論（positive theory）是以科學的方法解釋社會福利本質的實然（what it is），具有客觀性、妥當性與價值中立性，所以比較不會產生爭論。但是，規範理論（normative theory）則涉及價值判斷與條件制約的基本命題（basic postulate）以及邏輯的演繹推理（logical deduction），極易產生爭論。由於社會福利政策的應然（what ought to be）與否是建立在評價的基準與評價的法則之下，這就是規範理論的靜態法則（static rule）。因此，社會福利議題的爭論大都來自社會福利規範理論的不同觀點。如果大家對於社會福利的規範理論可以獲得共識，對社會福利政策的爭論就可以避免。然而要將社會學、馬克斯理論、經濟學和政治學的不同規範理論作一整合，並非易事，只能從個別的學術領域整理出一個理論系統來，透過相同觀點者的溝通協調，達成初步的共識，因此，在經濟學的領域裡，如何建構一個社會福利的規範理論體系是個重要的課題。這個課題就是本研究的第一個研究問題（research question）。

如果社會福利的規範理論體系可以建構，就可以進一步用這些規範理論去分析社會福利政策或制度的合理性（目標）、適當性（手段）、效率性（技術）、矛盾性（真相）以及效能性（成果），並提出改革的建議，使其更臻完備。如何運用福利經濟學的規範理論去分析社會福利政策與制度呢？根據P. R. Popple與L. Leighninger的政策分析類型，有內容分析法（content analysis）、選擇分析法（choice analysis）、比較分析法（comparative analysis）、歷史分析法（historical analysis）、過程分析法（process analysis）、邏輯評估法（logical evaluation）、量化評估法（quantitative evaluation）以及倫理評估法（ethic evaluation）等方法（Popple & Leighninger, 2001）。本研究是以規範性經濟理論，也就是經濟倫理（economic ethics）作為分析社會福利政策與制度的基準，當以倫理評估法作為分析方法，也就是以經濟倫理分析社會福利政策與制度的好或壞（good or bad）與對或錯（right or wrong）。因此，如何以倫理評估法進行社會福利政策與制度的經濟分析就成為本研究的第二個研究問題。

在建構社會福利的規範性經濟理論時，本研究將從兩個面向（dimension）切入，第一是社會福利的經濟理念，第二是福利經濟學的基礎理論。在社會福利的經濟理念方面，本研究將分別探討社會福利的經濟本質、社會福利的水準測定以及社會福利的經濟效益等三個部分。在福利經濟學的基礎理論方面，本研究將分別探討效用理論、公共性理論、外部性理論、公正性理論以及社會選擇理論等五個部分。社會福利的經濟理念對建構社會福利的規範性經濟理論是必要的，對社會福利政策與制度的分析也是重要的。至於福利經濟學的經濟理論，雖然仍無一致性的見解，但是上述五個理論是福利經濟學所共同探討的主題。因此，本研究將以這五個理論作為分析的依據。

廣義的社會福利涵蓋以政府為主體的公共福利（public welfare）、以非營利組織（non-profit organization, NPO）為主體的自願性福利（voluntary welfare）以及以企業為主體的市場福利（market welfare）所構成。本研究將以公共福利為主要研究對象。在公共福利的領域裡，有廣義福利與狹義福利之分，後者只涵蓋健康維護（health maintenance）、經濟安全（economic security）與福利服務（welfare services）三個領域，而前者則擴及國民就業、國民住宅、環境保護，甚至教育等。本研究將採狹義社會福利政策與制度。在健康維護制度方面，一般有公共衛生、保健醫療、長期照護等制度。在經濟安全制度方面，一般有社會保險與社會扶助制度。在福利服務方面，一般有身心障礙者福利服務、兒童、青少年與婦女福利服務、老人福利服務以及社區福利服務等制度。本研究在健康維護制度方面將針對醫療問題與健康保險制度進行分析；在經濟安全制度方面，將選擇年金保險制度、失業保險制度、職業災害保險制度、社會救助制度以及社會津貼制度進行分析；在福利服務制度方面，將針對身心障礙者的就業服務制度、幼兒的托育服務制度、老人的安養制度以及社區福利服務制度進行分析。本研究不僅可以釐清上述十種社會福利制度的內容，更可導出改革的方向，作為制定我國社會福利政策與制度的參考。

第二節　文獻探討

由舊福利經濟學、新福利經濟學到近代福利經濟學所發展出來的傳統福利經濟學，是建立在理性個人與均衡市場的兩個基本命題上。A. C. Pigou 的福利經濟理論是以個人的意識狀態作為基本考量，個人福利是以欲望的滿足程度作指標，不僅可以測定也可以比較。從個人所獲得的財物中所形成的效用總和就是個人福利，而個人福利的總和就是社會福利（Pigou, 1920）。L. Robbins、R. F. Harrod、A. P. Lerner、N. Kaldor、J. R. Hicks 等新福利經濟學者反對個人效用的可測性與可比較性，而主張經濟組織的最適性。個人能在最適經濟組織內獲得的利益就是個人福利。獲利者須補償不利者，而補償之後仍有剩餘利益就是社會福利（Robbins, 1938; Harrod, 1938; Lerner, 1953; Kaldor, 1939; Hicks, 1939）。P. A. Samuelson、A. Bergson、O. Lange 等近代福利經濟學者則綜合 A. C. Pigou 的個人偏好加總理論和 A. P. Lerner 的最適經濟組織理論構成經濟福利函數理論（economic welfare function），以社會成員對各種經濟狀態的價值判斷（較好、較差和無差別等三種偏好作指標）作為個人福利，而個人福利的加總就是社會福利（Samuelson, 1944; Bergson, 1966; Lange, 1969）。總之，傳統福利經濟學是將個人的價值判斷（individual value）化約成社會的價值判斷（social value）；將個人的選擇（individual choice）化約成社會的選擇（social choice）。

傳統福利經濟學並不處理社會選擇的問題，針對此一缺失，J. Rawls、J. M. Buchanan、A. M. Okun、B. Barry 等的社會選擇理論（或公共選擇理論）便應運而生。J. Rawls 的正義理論（theory of justice）是建立在自由原則（the liberty principle）、差異原則（the difference principle）與極大原則（the maximum principle）的基礎上，社會選擇就是以極大原則作為基準，也就是以邊際效用（marginal utility）和極大化與成本效益（cost-benefit）的極大化作為個人選擇與社會選擇的依據。個人透過市場機制從事選擇，而社會則透過政治機制進行選擇。如果社會共識可以達成，個人選擇就可以轉換為社會選擇（Rawls, 1972; Buchanan, 1980; Okun, 1975; Barry, 1973）。對於社會選擇理論，K. J. Arrow 以投票的矛盾（paradox of voting）說明社會選擇的不可能性。他認為社會福利函數（social welfare function）必須符合完整性、普遍性、一致性、非獨裁性和獨立性等五個條件才有可能成立，而要滿足這五種條件是不可能的（Arrow, 1950）。

古典經濟學家對政府財政的關心只限於租稅的轉嫁問題，而不涉及公共資源的配置問題。後來由於政府部門日漸擴張，公共資源年年增加，公共資源的配置問題漸受重視。歐陸的財政學者（如 K. Wicksell、E. Sax、U. Mazzola 等）是以社會成員的個人選擇作為公共資源配置的依據，個人選擇的加總就是社會選擇，也就是公共資源的配置基準。另一方面美國的經濟學者（如 R. A. Musgrave、P. A. Samuelson, J. M. Buchanan 等）則以集體意思的決定方式作為社會選擇的依據，集體意思並不等同於個人意思，社會選擇並不依存於個人選擇，而是透過政治機制（或投票機制）所達成。一般將歐陸的傳統財政理論稱為財政學（public finance），而將美國的社會選擇財政理論稱為公共經濟學（public economics）（山田太門，1987）。公共經濟學探討廣泛的政府活動與制度，除了租稅制度、公債制度、公共投資、預算分配等傳統財政問題之外，公害問題、社會福利、選擇行為等也都是公共經濟學者所研究的對象。除了社會選擇理論之外，公共經濟學也採用公共財理論（公共性理論）、外部效果理論（外部性理論）與所得重分配理論（公正性理論）作為分析政府活動的分析工具。這三種規範性理論仍是當今分析社會福利政策最佳的工具。

國內外對社會福利制度的經濟分析有相當多的研究成果。M. S. Feldstein 對社會安全制度的經濟效果（退休、資本形成、儲蓄等的影響）有傲人的成就（Feldstein, 1974, 1976）。M. Darby 對社會安全、所得與資本的關係、M. Nektarios 對公共年金與資本形成、S. H. Vanziger 和 R. Plotnick 對所得移轉與工作意願的關係都有深入研究（Darby, 1979; Nektarios, 1982; Danzigner & Plotnick, 1987）。至於國內的研究大都偏向實證研究，尤其是社會福利制度對經濟的影響。王正、鄭文輝、何金巡、蔡吉源、魏寶月等均對社會福利支出的經濟影響進行實證分析（王正 & 鄭文輝，1995；何金巡，1995；蔡吉源，1997；魏寶月，1990）。辛炳隆和楊瑩對失業保險的經濟效果進行實證分析（辛炳隆，1998；楊瑩，1995）。在規範性經濟分析方面，詹火生、許文傑、鄭文輝、許航瑞、曾士恆、曾淑麗、王湧泉、郭文正、蔡宏昭等均有具體的研究成果（詹火生 & 許文傑，1990；鄭文輝，1998；許航瑞，2001；曾士恆，1998；曾淑麗，1998；王湧泉，2000；郭文正，2000；蔡宏昭，1995）。綜觀國內外的研究傾向，社會福利的經濟分析大都以財政理論進行分析，而且對象大都集中在經濟安全制度，尤其是社會保險制度。易言之，大部分的研究均以單一的經濟理論對個別社會福利制度的某一結構進行分析。迄今仍缺乏以整合的規範性經濟理論對社會福利制度進行一般性的分析。因此，本研究當具開拓性的意義。

第三節 研究方法與內容

任何社會福利政策與制度的當否都涉及價值判斷。不同的價值判斷就會產生不同的詮釋與評價。一個護衛人類尊嚴（human dignity）的人就會有保護社會弱者的主張，而一位崇尚人類自由（human freedom）的人就會反對對社會弱者提供過度保護。到底價值判斷的基準是什麼？這些基準是否有其正當性？這是本研究第一個關心的問題。本研究將從福利經濟學的原理原則中歸納出五個基本理論，包括效用理論、公共性理論、外部性理論、公正性理論與社會選擇理論作為分析的依據，也就是以效用性基準、公共性基準、外部性基準、公正性基準與社會選擇基準作為分析的指標。在建構規範性經濟理論部分，本研究將採文獻分析法，將經濟學與福利經濟學的相關文獻，包括英文、日文和中文的書籍、期刊以及博碩士論文彙總成上述五個領域（只針對與研究主題有關的理論），分別探討其理論的本質、特性、相關原理以及應用議題，試圖建構社會福利的規範性經濟理論。

在經濟分析部分，本研究採倫理評估法，以上述五個理論作為評估的基準。本研究將針對健康維護制度（含政策）、年金保險制度、失業保險制度、職業災害保險制度、社會救助制度、社會津貼制度、身心障礙者就業服務制度、幼兒托育服務制度、老人安養服務制度以及社區福利服務制度等十種社會福利制度進行分析。本研究將以效用性、公共性、外部性、公正性與社會選擇等五個基準對上述十種制度進行目的合理性的分析、手段適當性的分析、技術效率性的分析、真相矛盾性的分析以及成果效能性的分析。社會福利政策與制度是否合理、適當、有效率、無矛盾或高效能，視其是否合乎上述五個經濟倫理的評估基準。如果制度與基準的差距越大，就是越不合理、不適當、無效率、有矛盾或低效能，就需要進行改革。

因此，本研究是採文獻分析法進行社會福利規範性經濟理論的建構，再以倫理評估法針對十種社會福利制度進行經濟分析。本研究的架構可以**圖 1-1** 表示。

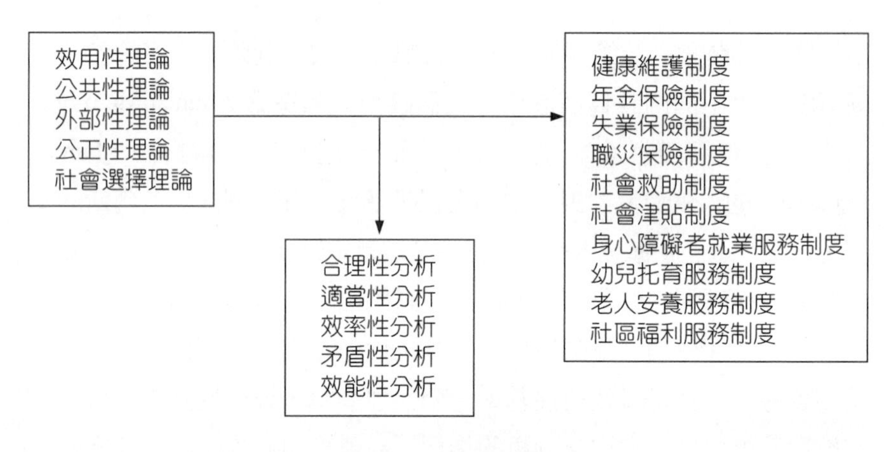

圖 1-1　研究架構

基於上述的研究架構，本研究將分為三個主要內容，第一是社會福利的經濟理念；第二是社會福利的規範性經濟理論；第三是社會福利政策與制度的經濟分析。在社會福利的經濟理念部分，本研究將探討社會福利的經濟本質、社會福利的經濟思潮、社會福利的水準測定以及社會福利的經濟效益。在社會福利的規範性經濟理論部分，本研究將探討效用理論、公共性理論、外部性理論、公正性理論以及社會選擇理論。在社會福利經濟分析部分，本研究將分析健康維護制度、年金保險制度、失業保險制度、職業災害保險制度、社會救助制度、社會津貼制度、身心障礙者就業服務制度、幼兒托育服務制度、老人安養服務制度以及社區福利服務制度。最後本研究將以最適社會的建構作為結論與建議。

本研究的目的有二，第一是建構社會福利的規範性經濟理論；第二是對社會福利制度（含政策）作全面性的倫理評估。這兩個目的若能獲得社會福利界的共鳴，在未來探討社會福利（政策與制度）的當否時，將可提供明確的分析基準與分析方法，減少不必要的爭論，對建構最適的社會福利政策與制度將有實質的助益。

參考文獻

Arrow, K. J. (1950). "A Difficulty in the Concept of Social Welfare," *Journal of Political Economy*, August.

Barry, B. (1973). *The Liberal Theory of Justice*, Oxford University Press.

Bergson, A. (1966). *A Reformulation of Certain Aspects of Welfare Economics*, Harvard University Press.

Buchanan, J. M. (1980). *Liberty Market and State*, Chicago Press Co.

Darby, M. (1979). *The Effects of Social Security on Income and Capital Stock*, American Enterprise Institute.

Feldstein, M. (1974). "Social Security Induced Retirement and Aggregate Capital Accumulation," *Journal of Political Economy,* Vol. 82.

Feldstein, M. (1976). "Social Security and Savings: The Extended Life Cycle Theory," *American Economic Review*, Vol. 66.

Harrod, R. F. (1938). "Scope and Method of Economics," *Economic Journal*, September.

Hicks, J. R. (1939). "The Foundations of Welfare Economics," *Economic Journal*, December.

Kalder, N. (1939). "Welfare Prospositions of Economics and Interpersonal Comparison of Utility," *Economic Journal*, September.

Lange, O. (1969). "The Foundations of Welfare Economics," in Arrow & Scitovsky (eds.), *Readings in Welfare Economics*, Irwin.

Lerner, A. P. (1953). *Essays in Economic Analysis*, Macmillan.

Nektarios, M. (1982). *Public Pension, Capital Formation and Economic Growth*, Westview Press.

Okun, A. M. (1975). *Equality and Efficiency: The Big Tradeoff*, Bookings Institution.

Pigou, A. C. (1920). *The Economics of Welfare*, Macmillan Press, Ltd.

Popple, P. R. & L. Leighninger (2001). *The Policy-Based Profession*, Allyn & Bacon.

Rawls, J. C. (1972). *A Theory of Justice*, Oxford University Press.

Robbins, L. (1938). "Interpersonal Comparison of Utility: A Comment," *Economic Journal*, December.

Samuelson, P. A. (1944). *Foundations of Economic Analysis*, Harvard University Press.

山田太門（1987），《公共經濟學》，日本經濟新聞社。

王正&鄭文輝（1995），《社會福利制度之發展及其對經濟之影響》，行政院經建會。

王湧泉（2000），〈台灣地區地方政府社會福利發展之研究：政治經濟的分析模型〉，中山大學博士論文。

何金巡（1995），《政府社會福利支出之總體經濟效果》，行政院主計處。

辛炳隆（1998），〈開辦失業保險對勞動市場的影響與因應〉，《勞工行政》，第120期。

曾士恆（1998），〈台灣社會保險政策之政經分析〉，成功大學碩士論文。

曾淑麗（1998），〈我國失業保險政策發展之政經分析〉，政治大學碩士論文。

楊瑩（1995），《失業保險對經濟發展的影響》，行政院勞委會。

許航瑞（2001），〈我國全民健保醫療支出問題的政經分析：一個新制度主義的觀點〉，成功大學碩士論文。

鄭文輝（1990），〈年金保險財務與社會再分配〉，年金制度及其法律規範學術研討會論文。

郭文正（2000），〈由生存權保障論我國年金保障制度之建構〉，政治大學碩士論文。

詹火生&許文傑（1990），〈如何範定社會福利的公平正義原則〉，《中山科學季刊》，第5卷第3期。

蔡吉源（1997），《社會福利支出對台灣總體經濟的影響》，中研院中山人文科學研究所。

蔡宏昭（1995），〈公共老年年金保險的基礎財務理論及其對國民經濟之影響〉，《東吳社會學報》，第4期。

魏寶月（1990），〈社會福利對經濟發展之影響：台灣經驗之分析〉，台灣大學碩士論文。

第一編

社會福利的經濟理論

Chapter 2

第二章

社會福利的經濟本質

第一節 社會福利的基本概念

一、社會福利的時代背景

自有人類社會以來，福利思想即已存在，而且不僅是基於人道立場，也基於經濟理由。在古代社會中，個人與家庭、鄰里、教會與領主之間，都有密切的連帶與責任關係，彼此間的互助保障了個人的生活，也奠定了福利的基礎。由於年幼、年老、殘障或健康原因未能勞動，又無法受到家人扶養者，一般均由鄰里、宗教團體或莊園諸侯提供救助。因此，由個人理由所造成的貧困，是以互助或救助的方式因應。至於由天然災害所造成的整體性飢餓，通常是由國家提供救助。在古埃及的 King of Josef 時代，就規定在七年內積存足夠的糧食，以供賑災之用，也就是用儲存的方式，保障民眾的生活。由此看來，古代社會的福利思想，是以地方性互助與救助的方式，保障特殊個人的生活，而以全國性救助的方式，保障全體國民的生活。

隨著工業社會的演進，人類生活的不安在因素上和程度上都有顯著的增加。低廉工資的剝削、非自發性失業的增加、勞動災害的頻生、環境品質的惡化，都對人類的生活和生命構成林大的威脅。另一方面，個人與家庭和鄉里的關係卻逐漸淡薄，加上教會勢力的低落及莊園諸侯的解體，封建社會的福利制度事實上已無法維持。在不安的增加與福利的脫節之下，產生了大量的貧窮者，製造了嚴重的社會問題。面對這種情勢，統治階級不得不採用全國性的制度加以因應，這就是近世救貧制度的產生背景。近世救貧制度的一般性特徵，是將貧窮者區分為具有工作能力者與不具工作能力者兩種類別，前者一律收容在貧民院，施以強制性勞動，違反者則施以重刑；而後者大部分（部分被收容在貧民院）是在自己的社區，由社區照顧。至於經費來源，則向各個教區徵收「救貧稅」。近世的社會福利制度已由地方移至國家，而福利經費的手段則採取租稅方式（由實物儲存轉變為現金調度），但是，基本理念仍視福利為上對下的恩惠。

十九世紀以後，由於週期性的不景氣導致大量的失業，人們開始體認到，貧窮的原因不能完全歸咎於個人，社會應該負起部分責任，傳統救貧制度的精神和措施應該加以修正。英國在十四世紀制定的「救貧法」（Poor Law Act of 1388），終於 1834 年修正，而 1909 年「救貧法及失業救濟皇家委員會」（Royal Commission on the Poor Law and Relief of Distress）所提出的報告，則將救貧制度全部納入政府政策，同時，也重視貧窮的預防措施。其後，更對符合特定法律要件的低所得者，賦予給付的合法權利。從此，社會福利理念開始脫離上對下的恩惠施捨，邁入下對上的權利要求時代。第二次世界大戰以後，福利國家更本著福利權利的理念，將社會福利制度由最低生活的保障，轉變為生活素質（quality of life）的提升。

從上述歷史的變遷中，我們可以了解，社會福利的理念與內涵都具有時代的意義和必要性。在探討社會福利的定義與範圍時，必須切實掌握當代的思想潮流與該社會的經濟條件，方能客觀的加以評論。譬如說，有些國家（如美國）比較重視自助和互助的理念，民間福利制度也比較完整，社會福利就比較偏重特定國民（如貧民、老人、殘障者等）的救助；有些國家（如英國）則十分強調政府責任，社會福利就以全民為對象加以規劃；有些國家（如落後地區）根本沒有能力推動社會福利；有些國家（如開發中國家）則在經濟優先的政策原則下，未能充實社會福利制度。總之，每一個國家都有其獨特的社會福利理念，依其本身的需要，規劃社會福利制度。如果一個社會的民間福利（尤其是企業福利）水準很高，社會福利制度的欠缺並不意謂國民福利沒有受到保障；相反地，如果一個社會的社會福利制度健全，如果沒有民間福利的配合，國民福利水準仍難以提升。

總之，經過漫長的歷史考驗，社會福利制度已由恩惠性的貧民救濟、全民性的生活保障，進展到整體社會生活素質的提升，人類對社會福利的理念，也逐漸取得了共識。雖然各國的財政狀況與優先順序不同，社會福利的內涵與水準有異，但是，各國政府莫不致力於社會福利制度的充實，即使備受社會福利支出困擾的福利國家，也難以有效控制社會福利的擴張。雖然各國都在致力於開發民間的福利資源（包括市場部門與非市場部門），但是，要削減既有的社會福利（公共部門）制度與經費，似乎是不可能的。由此看來，福利需求應是人類本能性的共同願望，不管任何時代的任何社會，人類也都不斷在爭取福利，這不僅是時代的應然，也是人性的必然。

二、社會福利的定義與範圍

社會福利制度雖然不斷在擴充，但是，社會福利的本質依然是以生活的保障為基礎。國民所得的增加即使可以減少絕對貧窮（無以維持基本的生活），也絕難消弭相對貧窮（由於所得偏低而無法享有社會上一般標準的生活，或由於遭逢事故使其正常生活受到影響，所造成的貧窮）。社會福利的經濟本質，就是在保障國民免除這兩種貧窮，使全國國民享有最低標準的生活保障（national minimum security）。所謂全體國民，並不是要以一種制度去保障全體國民，而是要針對不同的國民，提供不同的保障。例如，對陷入絕對貧窮的國民提供貧民救助，對弱勢團體的國民提供生活補助，對遭受事故的國民提供社會保險給付，對全體國民提供各種福利服務及衛生保健。所謂最低標準的生活保障，並不只是保障國民免於絕對的貧窮，而是要以貧窮線（poverty line）、貧窮指標（poverty indicator）及貧窮比率（poverty ratio）等依據，去制定不同的最低生活保障標準。例如，以貧窮線去制定貧民救助的標準，以貧窮指標去制定弱勢團體生活補助的標準或中、低所得者的扶養油貼，以個人相對貧窮的比率去制定社會保險被保險人的現金給付標準。社會福利的經濟本質，不是要以一個標準去保障國民生活，而是要以不同的標準去保障不同階層的國民，即使對高所得者亦應提供防止相對貧窮的最低保障。

除非國民所得達到高度的水準，政府財政相當充裕，絕對貧窮完全絕跡，否則，社會福利絕不可能保障全體國民都享有高素質的舒適生活。在目前一般國家的經濟和社會條件下，社會福利仍應以生活的最低保障為原則。如果個人要追求較舒適的生活，就必須仰賴個人的努力，政府不必要也不可能提供保障。至於民間所提供的福利服務，本質上並非社會福利，因為民間福利並不具有總體性、強制性與所得的移轉性。但是，由政府直接委託或間接補助的民間福利，就可以納入社會福利，只是在計算經費時，必須以政府提供的經費計算，不可納入民間經費。當然，在計算民間福利的經費時，也必須把政府提供的經費扣除。由上述的說明，我們可以對社會福利下一個最簡單的定義，那就是由政府直接或間接提供的最低生活保障措施。

國民生活所涵蓋的層面很廣，基本上可以涵蓋健康、經濟與精神三個層面，所以社會福利的範圍應以這三個層面為保障的基礎。各國社會福利制度的內涵雖有不同，但是，基本上都涵蓋健康保障、經濟保障與精神保障三種福利措施。在健康保障方面，大都涵蓋健康保險、醫療補助及各種衛生保健措施。在經濟保障方面，大都實施失業保險、年金保險及社會救助等措施。在精神保障方面，主要是透過各種福利服務，保障國民的精神生活。關於健康和經濟的保障範圍，雖然每一個國家所實施的制度不盡相同，但是，在劃分社會福利與非社會福利項目時，是比較清楚的。儘管有人主張，把衛生保健摒除於社會福利之外，那是對社會福利本質的誤解，因為健康仍是人類最重要的福利需求，摒除衛生保健，無異否定了社會福利的意義。有些國家（如英國）把衛生保健和社會福利的體系分開，是因為兩者的行政業務已龐大到不得不分開的階段，但是，兩者還是十分密切，相互支援，在探討社會福利制度時，仍將兩者合併討論。因此，衛生與福利的分與合，並不影響社會福利範圍的界定。每一個政府都可視其行政業務的程度，加以合併或分立，那完全是行政作業的問題，與社會福利的本質無關。

至於社會救助，主要是以貧民和災民為對象，至於低工資勞工的補助或優惠貸款、貧瘠地區農民的援助計畫、農產品價格的維護計畫、社區的硬體建設等，嚴格說來，既非社會救助的項目，也非社會福利的項目，那是政府基於政治與經濟上的理由而非福利上的考慮所採行的措施。

關於福利服務項目，是否要涵蓋社會教育或職業訓練與就業輔導，是個頗值爭論的問題。理論上，社會教育與正規教育相同，應該納入教育行政體系內，由教育主管單位規劃、管理，福利機構內開設社會教育課程時，亦應取得教育主管單位的許可，接受其監督。如果只將部分社會教育納入社會福利體系，不僅會造成行政管理上的困擾和資源與經費運用上的重複與浪費，也會產生專業教育上的無效率。因此，社會教育應從社會福利的範圍內排除。至於職業訓練與就業輔導，那是政府為了穩定勞力市場，提升勞動生產力而採行的措施，應由勞工行政單位負責，所以不宜列入社會福利的範疇。把社會教育和訓練與就業服務排除於社會福利之外，必將遭受實務論者的批評，因為福利國家的社會福利制度並沒有排除這兩種項目，有些國家（如英國）甚至還將正規教育的部分費用（如免費的餐點、文具、交通、保健等服務）納入社會福利經費。不過，這種分類主要是基於政治理由，而非理論上的考量，在界定社會福利範圍時應特別慎重。

此外，大多數國家都把國民住宅納入社會福利範圍。住宅政策的原始背景，本是針對貧民所提供的綜合性福利（因為住宅是維繫健康、經濟與精神生活的主要支柱），後來，由於房價的高昂，無力購買住宅的一般國民也日漸增多，於是，政府便採取各種措施，協助這些國民取得住宅，所以國民住宅政策應屬社會福利政策的一環。問題是，在推動國民住宅政策時，宜由統一的行政單位負責，而附屬於社會福利體系。如果將國民住宅政策分由不同的行政體系去執行（如由勞動部負責勞工住宅，農業部負責農漁民住宅，營建單位負責國民住宅等），將導致行政體制的分歧及資源配置的不公平與無效率。

社會福利具有社會性、強制性及非工資性等特質，與一般企業所提供的個別性、任意性及工資性的福利措施截然不同，所以社會福利範圍不應涵蓋企業福利。根據這個理念，政府為公務人員所提供的福利措施（社會保險除外）也不應納入社會福利範圍，因為政府和公務人員的關係與企業和勞工的關係一樣，政府福利與企業福利在性質上並不無不同。有些國家把企業福利與政府福利納入社會福利體系，導致社會福利經費的肥大化，對社會福利的實質內涵並無具體意義。

社會福利政策往往是基於政治權宜與行政事務上的考量加以制定，所以社會福利的定義與範圍常常不給予明確界定。有些國家對社會福利採取廣義的解釋，把社會福利的範圍無限擴大；有些國家則採取狹義的定義，把社會福利限定在明確的範圍內。因此，在進行國際間比較時，必須對各國社會福利的定義與範圍詳加界說，才能客觀分析。另一方面，在制定社會福利政策時，應該確定社會的定義與範圍，才能進一步規劃社會福利制度，提升社會福利水準。

三、社會福利的政策原則

社會福利雖有其時代背景，並隨著經濟條件而改變，但是，在制定社會福利政策時，仍需秉持一定的原則。政府必須將社會福利的政策原則公諸於世，取得國民的共識與支持。社會福利的政策原則必須掌握政府的責任範圍，並針對基本制度提出一般性原則。社會福利的政策原則一般有下列六項：

第一、政府責任的原則。

第二、保險費分攤的原則。

第三、現金給付的原則。

第四、貧民救助的原則。

第五、服務對象的原則。

第六、政策調整的原則。

關於政府的責任範圍，根據 J. H. Richardson 的論說，只有個人無法依其能力從事的事務及由政府辦理要比民間辦理更有效率的事務，才由政府負責（Richardson, 1962）。社會福利政策的最終目的，是要以最少的經費和人力去提升國民的福利水準，而不是要以更多的經費與人力去製造更多的浪費。為了達到這個目的，政府必須培養國民重視個人責任的觀念，協助國民獲取更高的自立更生能力。政府在追求經濟成長的過程中，如果能夠重視所得的合理分配，必能提高國民的勞動生產力與生活水準，減少國民對社會福利的依賴，社會福利支出就可以減少，國民的租稅負擔也可以降低，工作與投資的意願就可以提高，經濟就可以獲得高度的成長。除了所得分配之外，政府應該充實社會資本，提升國民生活品質，同時，控制物價膨脹，維護國民生活的穩定。政府也應該創造就業機會，使具有工作能力與意願者都能就業，即使是老人也應該協助其繼續工作。政府也應該鼓勵國民增加個人儲蓄，投保民間保險，提高個人對事故的防禦能力。對於不具自主能力的國民，當然需由政府加以保障。在社會福利制度中，社會保險的市場效率低於民間保險，但基於社會化的效率原則，仍應由政府辦理；至於社會補助、福利服務與衛生保健，政府只要負責民間不願意做或做得沒有效率的部分即可，不必凡事均由政府包辦。

關於社會保險保險費的負擔問題，主要涉及被保險人、雇主及政府三個主體。政府必須依據租稅原則與責任原則，規劃社會保險保險費的分攤比率。租稅原則所強調的就是整體社會的公平性。雖然社會保險可能有不同的制度，但是，被保險人的保險費負擔原則不宜太大的出入。政府必須分攤非受雇者被保險人的保險費，以縮小與受雇者被保險人保險費負擔的差距（因後者有雇主分攤）。理論上，社會保險保險費應根據被保險人的所得課徵，相同所得的被保險人，不管是受雇者還是非受雇者，都應該繳納相同的保險費（當然，給付內容與水準也應該一樣），這樣才符合租稅的公平原則。至於分攤比率的問題，就應該依責任比率加以規定。例如，勞動災害的責任在雇主，所以勞動災害保險的保險費應由雇主全額負擔；傷病的責任在勞雇雙方，所以健康保險的保險費應由勞雇雙方折半負擔；失業的責任若認定在雇主，失業保險的保險費就由雇主負擔，若認定在勞雇雙方，就由勞雇共同負擔；退休者人的生活品障責任在於勞雇雙方，老年年金保險的保險費應由勞雇共同負擔。一般說來，在國民所得較低的國家，被保險人的分攤比率較低，但是，隨著國民所得的增加，被保險人的分攤比率應酌予提高，政府的分攤比率應予減少。接受保險給付是一種一權利，繳納保險費是一種義務。如果要求更高的給付水準，就必須負擔更多的保險費，這是合理的權利義務關係，也是受益者付費的原則。

關於社會保險的現金給付，政府最需考慮的，是採用均一給付（flat benefit）或變動給付（variable benefit）的問題。譬如說，失業保險和年金保險的給付，是要以統一的標準給付，還是要依被保險人的所得，乘以規定的比率計算，是個頗值深思的問題。在強調個人主義的社會裡，所得比例制是比較容易被接受的，因為高所得者繳納較多的保險費，而且給付水準應按被保險人正常的生活水準，提供相對的保障。但是，基於社會化的公平性與最低生活保障的原則，所得比例制可能會遭受反對。最適當的作法是採用混合制，也就是在均一給付之外，另採變動給付，但是，所得比率不宜太高，才不會造成給付的過度差距。其次，現金給付是否應按不同物價水準的地區而有差別的給付標準，也是值得探討的。一般說來，都市的生活費用高於鄉村地區，而且較易受到物價膨脹的影響，所以給付水準應酌予提高。但是，這種作法會違反公平原則，而且事實上都市地區的平均工資會高於鄉村地區，若採混合制，其所得比例部分已足以涵蓋生活費用的差距。因此，不宜因地區的不同，而有不同的給付標準。最後，現金給付應否考慮扶養的問題，如果在給付標準的所得中涵蓋扶養家屬的津貼，就不必另外支給扶養給付；否則，就必須在現金給付中涵蓋扶養給付。

關於貧民救助的問題，理論上，如果社會保險制度十分健全，給付水準相當高，百分之百的國民都納入保險，就不會有貧民救助的問題，因為人人都已受到了保險給付的保障。問題是，要達到這種水準並非易事，尤其要將全部國民納入保險更屬困難，所以大多數國家都有非保險的貧民救助措施或補充性的所得保障措施。貧民救助政策有兩個基本問題必須考慮，第一就是資格認定問題，第二就是救助標準問題。貧民資格一定要經過資力調查（means test）之後始能取得，這是普遍的政策原則，但是，資格標準與行政手續卻不盡相同。原則上，資格標準宜採彈性規定，行政手續宜採簡便方式，才能使貧民受到福利的保障。至於救助標準，首先，必須制定貧窮線，也就是在某一社會中能夠健康地從事各種社會活動所必須的最佳生活標準。每一個國家都會依其本身的經濟和社會條件，制定貧窮線，並依此對未達此一標準的國民提供生活救助。貧窮線不能訂得太高（至少與社會保險現金給付的水準應有一段差距），否則，就容易造成不公平的現象和工作意願的低落，對整體社會將會產生負面的作用。其次，必須依據個人的所得狀況、扶養人數、需求程度等，提供不同的救助，例如，生活救助、住宅救助、醫療救助、教育救助等，並視物價的波動狀況，定期調整救助水準。最後，必須輔導貧民就業，並定期評估，使其早日脫離貧民的地位。總之，貧民救助自立自足，而不是要讓貧民長久消耗社會資源，這是貧民救助政策最重要的原則。

關於各種福利服務的對象，有些是以全體國民為對象（如衛生保健），有些是以特定團體為對象（如老人、兒童、殘障者、婦女等福利服務）。以全民為對象的福利服務，不會造成政策上的困擾，以特定團體為對象的福利服務，就可能引發爭議。例如，在一定的經費下，興建老人活動中心好；還是興建殘障福利中心較為適當，往往會在沒有定論下，取決於政治的考量，而造成福利資源的不當配置。因此，福利服務政策必制定優先順序的原則，對於不足的部分，則鼓勵民間提供。福利服務的優先順序，首先，必須對無依無靠的兒童和老人提供教養和安養服務；對行動不便的老人和殘障者提供介護、復健和居家服務；對在社會競爭中處於不利地位的婦女、少數民族和犯罪記錄者提供輔導與社會更生服務。這些弱勢團體應優先給予服務，這些社會問題應優先給予解決。其次，對於具有犯罪傾向的國民，應提供預防性的福利服務，例如，對偏差行為青少年、心理障礙者及失業者提供訪談、輔導與協助措施。這些服務的目的在防止社會問題的發生，具有未雨綢繆的作用。最後，對屬性相同（如年齡、性別、民族等）的弱勢團體，應提供各種精神生活的福利服務，例如，兒童、老人、婦女、殘障者、少數民族等的精神福利服務。這些服務不僅可以提升個人的精神生活水準，更可促進整體社會的和諧。福利服務的範圍很廣，絕非政府所能全部提供，必須有民間資源的配合，才能擴大範圍，提升福利服務水準。因此，政府應該制定「民間福利服務事業管理辦法」，獎勵民間機構提供福利服務。

關於政策的調整，由於社會福利制度是隨著經濟和社會條件的變化而片斷形成，所以制度結構十分分歧；由於社會福利政策常隨政治條件的變化而調整，所以政策原則十分不穩定。這些因素造成了社會福利的不公平與無效率。例如，高所得者比低所得者享有更多的保障，健康的老人比不健康的老人享有更多的福利，有些社會福利措施根本不具福利意義，有些公營福利機構更毫無效率。這些矛盾、浪費與缺失必須不斷改進，社會福利政策也必須不斷調整，才能使社會福利制度更臻完美。社會福利政策的調整至少有下列六個原則：

第一、逐漸廢除福利意義較小的福利制度，增加福利意義較大的福利制度。

第二、逐漸淘汰效率不高的公營福利事業，擴大民營福利事業。

第三、擴大社會保險規模，加強社會保險的所得重分配功能。

第四、加強對社會弱者的生活保障與福利服務，減少對強勢團體的保障與服務。

第五、綜合國民需求與社經條件，制定社會福利政策，並使全體國民了解、支持政策的原則與目的。

第六、定期評估社會福利措施的經濟效益與行政效率，隨時調整福利資源與制度內涵。

在調整社會福利政策時，不管是增加或減少，都會遭致政治運作上的阻力，所以政府必須以明確的原則，堅決的態度，民主的溝通和巧妙的行政技術去克服困難，達成調整的目的。

第二節　福利國家的經濟本質

一、福利國家的基本概念

根據M. Bruce的說法，福利國家（welfare state）一詞是在1930年代後期由Oxford大學的A. Zimmern為了區別權力國家（power state）而率先使用（Bruce, 1961）。1941年，W. Temple主教在《市民與僧侶》（*The Citizen and Priest*）一書中，指德國為戰爭國家（warfare state），而稱英國是為全體國民服務的自由社會福利國家。A. Briggs則認為福利國家一詞是在1947年以後才開始被使用（Briggs, 1961）。可見福利國家一詞是在第二次世界大戰前後被使用的名詞，具有對抗獨裁主義國家的意識形態，並強調自由經濟與民主政治的國家資本主義（national capitalism）或福利資本主義（welfare capitalism）。

雖然福利國家並無一定的定義與概念（Furniss, 1977），甚至只是一種無法定義的抽象（Titmuss, 1968）但是，如果不賦予福利國家一個明確的定義與範圍，不僅難以探討其本質與效果，也極易造成濫用與惡用。在界定名詞時，一般可以採用歸納法（inductive method）將具體的現象加以整理；也可以採用演繹法（deductive method）將本質因素加以分析，然後將兩種結果比較驗證，並將矛盾的概念加以整合，這就是Max Weber所謂的理念型（ideal - type）（黃振華等）。

Titmuss將福利分為三種模型，第一是殘補性自助模型（residual model）；第二是生產性成果模型（industrial achievement-performance model）；第三是制度性重分配模型（institutional redistribution model），而福利國家就是要透過制度性重分配去實現良好社會（good society）的理想（Titmuss, 1974）。G. Myral 則認為，福利國家是調整自由競爭的國家干預，並透過民主化的計畫與管理進行理性選擇的公共政策（Myral, 1960）。此外，I. Gough 認為，福利國家是在促進勞動力的再生產和對非勞動的維護（Gough, 1977）；W. H. Beveridge 認為，福利國家是對全體國民提供最低的生活保障（national minimum security）（山田雄三，1969）；W. A. Robson 則認為，福利國家是為全體國民提供社會保護、充分就業、社會保障、福利服務、衛生保健、文化教育、環境住宅等廣泛性之公共政策（Robson, 1976）。1955 年，牛津辭典對福利國家的定義解釋為：為保證所有社會成員在可能最有利的條件下受到正當的扶養而組成的國家組織。

從結構觀來說，福利國家是由下部結構（infra-structure）的資本主義市場經濟與民主主義的政治體制以及上部結構（upper-structure）的社會政策（social policy）所構成。因此，從本質意涵而言，福利國家是以建立在福利資本主義與政治民主主義基礎上的社會政策保障國民生活和提升國民福祉之國家組織；而從具體措施而言，福利國家則包括了勞動的保護、社會救助、社會保險、衛生保健、環境住宅、教育文化及各種福利服務。

福利資本主義雖然承認個人不平等、自由競爭、資本累積等資本主義的正當性（legitimacy），但是，也對市場制度的失敗（market failure）進行種種干預，例如物價膨脹的控制、獨占和寡占的禁止、外部性（externality）的介入、重要產業的國有化及其他計畫性的市場經濟等。如果沒有國家的正義干預，而任由某一階級進行剝削和累積資本，國家的正當性和合法性（legality）將難以維持，國民的忠誠與支持也難以獲得（O'connor, 1973）。福利國家必須建立在資本主義的基礎上，因為資本主義制度較易達成較高的經濟成長，而國民所得的提高是福利擴張（welfare expansion）的基本條件。H. L. Wilensky 曾以社會福利經費與國民所得的比較結果推斷：經濟發展必須達某一水準才具有福利國家的條件（Wilensky, 1975）。因此，福利國家雖然對資本主義市場經濟制度進行干預，卻不可阻礙其追求經濟成長的運作。唯有如此，福利國家才能由貧乏的社會（austerity society）邁向富裕的社會（affluent society）。

福利國家的民主主義是建立在個人自由（individual freedom）與社會共識（social consensus）的基礎上。W. H. Beveridge 在其「自由社會的充分就業」（Full Employment in a Free Society）的報告中說，自由社會充分就業的本質就在個人自由，但是，個人必須對最低保障以上的生活水準負完全責任（Beveridge, 1944）。自由與責任是一體兩面，個人在享自由的保障之時，也必須對自己的幸福負完全責任。此外，福利國家的政府干預必須基於社會共識，也就是說公共政策必須由國民或其代表共同決定，才具有正當性和合法性。在一個大眾參與的政治機制下，政府如果不基於民主主義原則調整各階層的利害關係，公平有效地分配國家資源，將使國家的正義干預受到傷害，而喪失支配的力量。民主主義的原則有二，第一是平等原則（equality principle）；第二是公平原則（fairness principle），也就是要以機會的均等透過公平的競爭，達成社會正義（social justice）的理想。福利國家必須基於這兩種原則從事正義的干預，才能提高正當性與合法性，進而提升國民的福祉。

福利國家的社會政策是隨著經濟與社會的變遷逐漸發展而成的。資本主義發展的結果，產生了兩個最嚴重的社會問題，第一就是由資本家的剝削所形成的勞資衝突；第二就是由國民生活的貧困所造成的政治危機。為了因應這兩個社會問題，社會政策便逐漸由以勞動立法為主體的勞動政策（labor policy）。勞動政策至少有個別勞動關係、集體勞動關係、就業促進與勞工福利四個領域。福利政策則有狹義與廣義之分，前者包括社會救助、社會保險與福利服務三個領域；後者則涵蓋教育、衛生、住宅、社區等領域。此外，也有只以社會保障（含社會救助與社會保險）加以界定的最狹義解釋。一般在比較福利國家的水準時，並不以其內涵作依據，而是以福利經費占國民所得或政府支出的比率作比較，因為福利項越多並不能真正反映一個國家的福利水準。問題是在計算福利經費之時，除了應將公共部門（public sector）的稅式支出列入外，也必須將市場部門（market sector）和非市場部門（non-market sector or the third sector）的福利經費納入，才能正確顯示一個國家的福利水準。

二、福利國家的經濟學基礎

從資本主義與福利思潮的發展歷史來看，自 1764 年產業革命（industrial revolution）發生之後至 1830 年左右是產業資本主義（industrial capitalism）萌芽、成長與確立的時期，自由放任（laissez-faire）思想支配了當時的社會思潮，Adam Smith 的經濟哲學大行其道，而 J. Bentham 的功利主義（monopolistic capitalism）盛行的時期，也是國家開始進行干預的時期，更是新古典學派（neo-classical school）與馬克斯主義（Marxism）對立的時期。從 1880 年至 1930 年左右，則是國家資本主義（national capitalism）抬頭的時期，也是福利國家的形成期。在美國有劍橋學派（Cambridge school）與費邊社會主義（Fabian socialism）的爭論；在德國則有重商主義（Merchantilism）與講壇社會主義（katheder socialism）的爭論。從 1930 年代起，則進入了福利資本主義的時代，也是福利國家的全盛時期，而支持福利國家的費邊社會主義與反對福利國家的新自由主義（neo-liberalism）則在 1977 年至 1986 年間展開了如火如荼的論戰。這兩百多年經濟思潮的演變對於了解福利國家的經濟本質是十分重要的，因為是這些支配性的思想影響了社會政策的制定與福利制度的規劃。

在古典經濟思潮裡，A. Smith 綜合了自然神學（natural theology）、狹意倫理學（ethics strictly so-called）、法學（jurisprudence）及政治經濟學（political economy）構成了道德哲學（moral philosophy），而成

為經濟學之父。我們可以從其代表性的著作中，至少歸納出四點福利思想，第一是自然法則的重視。他認為每一個人都有自然的道德情操；每一個社會都有自然正義秩序；每一個市場都有自然均衡狀態，所以在人與人之間、人與社會之間、人與市場之間均能自然的調和。第二是理性（rationality）與人為法則的排斥。他認為理性不僅違反人類的本性，也忽視了有限資源的有效使用，人為的正義法則只是累贅的道德（erogatory morality），所以由理性導出的正義法則是無法維護市場運作與社會秩序的（N. Barry, 1990）。第三是公共之善與政府福利責任的否定。他認為幸福並無統一的標準，社會整體的福利機能只是個體在努力過程中的偶發產物，由於人類知識的限制與政府的浪費傾向，政府不必要負擔社會福利責任，也不可以擴張社會福利措施。第四是教育與財富的追求。他認為教育可以提升自然的美德，穩定市場與社會的秩序。此弘，教育也可以提升工作意願與勞動生產力，以獲得更多的財富，而個人財富的增加就是國家財富的增加。

J. Benthan 的經濟哲學幾乎與 A. Smith 相反，第一他重視人為法則而忽視自然法則。他認為市場制度並不具有自然調和的機能，必須藉由人為的立法才能維護市場秩序。第二他強調理性的重要性。他認為每一個人都知道自己的利益和效用（utiity），而理性就是建立在效用的基礎上。易言之，每一個人都在追求效用的極大化（maximization）；每一個社會都必須追求社會效用（social utility）的極大化，也就是最多數的最大幸福。第三他肯定政府的福利角色。他認為社會的貧窮將導致社會秩序的混亂，必須藉由政府的力量，強制社會連帶（social solidarity），以發揮利他主義（altruism）的外部經濟效果（external economy effect），而使社會效用極大化。政府的福利政策必須以社會效用作為評估的依據，並按社會效用的大小分配福利資源。第四他贊成國家干預，但是，必須以公平有效的科層制（bureaucracy）與民主化的議會制為前提，所以主張社會立法與行政革新。至於國家干預（agenda）或不干預（non-agenda）的基準就必須以最多數的共同利益為基礎。

如果說A. Smith是理論經濟之父，J. Bentham應是應用經濟之母。J. Bentham不僅提供福利政策的評估指標，也開創了社會改革的觀念，對福利國家的經濟理論與社會政策奠定基礎。可是，當時的古典經濟學者並不支持 J. Bentham 的經濟哲學，他們認為效用是難以測定的，而效用行為是無法解釋。他們批評國家的福利政策缺乏客觀性，而且容易造成善意的獨裁者（benevolent dictator）。至於集體主義（collectivism）的民主政治更是無效率，個人自由也極易受傷害（Barry, 1990）。T. K. Malthus 雖然反對 J. Bentham 的經濟哲學，但是，基於貧窮的必然性（糧食與人口不均等增加的自然法則），而主張國家干預，並進行社會制度的會面改革。J. S. Mill則綜合了A. Smith、J. Bentham、T.R. Malthus 及 D. Ricardo 等人的思想，對古典學派的經濟思想作了總結。J. S. Mill 基本上仍然秉持自由放任的思想，強調自由優法律的原則，但是，將生產制度與分配制度分開，前者屬於自然法則，不可干預；後者屬於人為法則，可以干預。他認為國家干預分配制度，必須節制人口成長，這是解決貧窮的基本對策。此外，他也繼承了A. Smith對教育的重視，主張普及教育，以提高公共之善，促進社會改革。

新古典學派一方面秉承古典學派的經濟哲學，另一方面則致力於邊際分析（marginality analysis）的理論開發。從 W. Jevons、L. Walras、C. Menger、F. Edgeworth至V. Pareto均試圖以更精確的數學方法將功利主義帶入純理論（pure theory）的層次。另一方面，K. Marx 則融合了古典學派（J. R. Malthus & D. Ricardo）的經濟哲學、R. Owen 的烏托邦社會主義（Utopian socialism）思想及 G. W. F. Hegel 的辨證法等創立了馬克斯主義。我們可以從《資本論》（*the Capital*）中歸納出四點經濟哲學，第一是勞動階級的貧窮法則。K. Marx認為，在資本主義資本累積的無限擴張與人口增加所產生的勞力供給過剩下，勞動者的貧困是無可避免的。第二是資本主義的必敗性與社會主義的必然性。K. Marx認為，勞動者的貧窮將導致勞動生產力的降低，而使資本家的利潤減少，進而造成經濟的恐慌；另一方面，勞動者的貧窮必將引發無產階級的革命，而使資本主義崩潰，代以無產階級專政的社會主義。第三是生產、交換與分配的全面社會化。K. Marx 認為，在資本支配下的下部結構（經濟制度、社會制度、宗教文化等）造成了上部結構（思想）的扭曲，必須改由國家支配生產，交換與分配的關係。K. Marx 主張，所有的下部結構必須國有化，而勞動者的權利（最低工資、工會活動等）必須以法律加以保障。第四是平等下的自由繁榮。K. Marx 認為，社會化的結果可以達到完全平等的理想境界，個人可以享有自由的生活，社會可以享有富庶繁榮（丸尾直美，1969；岸本英太郎，1969）。

由上述分析可以獲致一個結論：福利國家的經濟學基礎有四個源流，第一是自由放任的個人主義（A. Smith）；第二是國家部分干預（以在分配制度上干預）的自由主義（J. S. Mill）；第三是國家理性干預（依社會效用干預）的集體主義（J. Bentham）；第四是國家全面干預的社會主義（K. Marx）。從經濟思潮的發展順序來說，是由個人主義到集體主義，再到自由主義，而發展至社會主義。由於個人主義所產生的弱肉強食已不足為範，而社會主義專制獨裁的政治話題已不符合福利國家的要件，所以福利國家的經濟哲學宜以集體主義與自由主義為規範。

三、福利國家的社會政策

早期的社會政策除了受到經濟思想的影響之外，也受到勞工運動與政治因素所左右。英國由於產業資本主義較早形成，勞工運動也在十九世紀初即已產生，但是，在採取勞工保護政策（如 1802 年的學徒健康與道德條例，1824 年的禁止團結法等）、政治改革政策（如 1832 年的選舉法的修正等）及救貧制度的改革（如 1834 年的新救貧法）等措施之後，勞工運動並沒有演變成嚴重的社會問題，而勞工政黨（LRC）也於 1900 年成立（1906 年改為工黨），開始以政治實力影響社會政策。於是，各種勞動立法陸續出籠，而國民保險也於 1911 年制定。在 1880 年至 1930 年間，英國已奠定了福利國家的雛型，不僅具有完備勞動法制，也擁有高水準的社會福利制度。

以 A. Marshall 為首的劍橋學派與以 Sidney 與 Beatrice Webb 為首的費邊社會主義是影響英國早期社會政策的兩大學派。A. Marshall 在社會機體論（social organicism）哲學基礎，主張經濟市場的自由與分配的平等（此點承繼了 J.S. Mill 的思想），並透勞動生產力的提升與資本累積的增加，提升生活水準，促進國民福祉。此外，他認為政府的責任是在培養有良知的企業家及經濟社會不平等的矯正，所以必須藉由社會改良與社會福利的充實，達成一個均衡的有機社會（西村豁通，1991）。另一方面，1844 年成立的費邊社則基於功利主義的傳統，再融和 R. Owen 的烏托邦社會主義思想，提出漸進式的集體主義階級重分配的構想，而具體的政策，第一是社會改革（social reform）；第二是救貧政策；第三是租稅政策；第四是產業國有化；第五是公共服務（public services）的體制化。費邊社基於 C. Booth 在倫敦所作的貧窮調查（Life and Labour of the People in London, 1888-1903）與 B. S. Rowntree 在 York 市的調查（Poverty: A Study of Town Life, 1899-1901），證實有 30%以上的居民生活在貧窮線（最低生活水準＝ poverty line）以下，而強烈主張國家必須保障國民的最低生活，並廢除資力調查的限制，對於勞動者也必須以最低工資加以保障。

在英國福利國家的形成期，經濟思想是以劍橋學派為主流；政治勢力是由自由黨控制；社會問題則以貧窮最嚴重。在此種條件下，當時英國的社會政策是以自由主義為原則，而以失業對策與救貧政策為重心。劍橋學派的 B. S. Rowntree 所提出的貧窮政策最足以代表當時英國社會政策的方針。B. S. Rowntree 將貧窮分為第一類貧窮（primary poverty）（因傷病和老人而喪失工作能力、失業、不規則就業、子女過多及低工資所形成之貧窮）與第二類貧窮（second poverty）（因酗酒、賭博、無知和疏忽等因素造成之貧窮）。對於第一類貧窮，他主張採充分就業、最低工資及社會救助等對策；對於第二類貧窮，他建議採道德培育、教育改革及福利服務等方式加以改善（Bruce, 1973）。社會救助型的貧窮政策不僅造成政府的財政負擔，也出現了資產調查的種種弊端，於是，以D. L. George為主的自由黨政府力主改採社會保險型的貧窮政策，因而有1911年國民保險法的制定。但是，第一次世界大戰之後，因將退伍軍人的離職津貼（out-of-work donation）納入失業保險體系，加重了政府的負擔，而使貧窮政策再走回社會救助的老路。

雖然福利國家的理念是在對抗納粹德國的權力國家，但是，德國在1933年A. Hitler掌握之前，不僅朝向福利國家邁進，也對社會政策的理論建構與社會保險制度的推動有功不可沒的貢獻。德國由於資本主義的起步較晚，勞工運動也遲至1850年至1870年才達高峰，所以1980年以後德國的社會政策是以解決勞資衝突和提升勞動生產力為首務，而具體政策則以勞工立法與社會保險為重點。在勞工立法方面，1886年制定罷工法、1902年制定少年勞工保護法、1922年制定勞動介紹法、1923年修正勞資爭議協商法（強制協商）；在社會保險方面，1883年前制定疾病保險法，1884年制定職業災害保險法，1889年制定老年殘障法，1911年制定帝國保險法。

德國的經濟思想是在1880年以前是由重商主義所掌控，但是，1873年的經濟恐慌卻使主張自然秩序與自由放任的重商主義無以因應，於是，由G. V. Schmoller領導的社會政策學會終於1873年成立。G. V. Schmoller綜合了右派代表的A. Wagner由上而下的國家社會主義與左派代表的L. Brentano由下而上的社會自由主義，提出倫理國家、社會王制與超階級科層制三位一體的倫理社會政策，而具體的措施有三，第一是以租稅政策制限巨大資本；第二是保障工會活動的合法化以提高勞動者的地位；第三是培養自營作業者成為新中產階級，並與舊中產階級（熟練勞動者）結合，共創一個階級性社會，以調和資本主義的弊端。G. V. Schmoller的經濟哲學基本上可以歸納成三個層面，第一是反對自由放任和馬克斯主義；第二是主張國家的正義分配；第三是強調國民經濟生活倫理。這就是倫理經濟學的中心思想，也是講壇社會主義的特徵。針對倫理經濟學的方法論與價值判斷，M. Weber首先發難，指責倫理經濟學將科學與政策混為一談；將評價與認識劃等號，嚴重違反經濟學的精密科學方法。因此，M. Weber不僅批判倫理經濟學的不是，也反對社會改革。此外，L. V. Bortkiewicz等社會學者也對倫理經濟學提出批判，他們主張社會政策概念必須一般化，而社會階級必須統合化。於是，他們將社會政策定義者：為了永續實現社會目的的國家政策，並主張統合所有階級（不能只重視中產階級）共同提升整體社會的生產力（西村豁通，1991）。

德國遲至1871年才完成統一，而 William 一世皇帝在1881年11月公告之勞工問題詔令則開啟了德國社會政策之幕。1878年制定的社會主義者鎮壓法與1880年代O. E. L. Bismarck首相所推動的社會保險制度構成了鞭與糖的社會政策。1890年以後，德國獨占資本主義開始向外開拓市場，而政府為了協助資本家開始向外開拓市場，而政府為了協助資本家加強國際競爭能力，而逐漸採取生產優先的社會政策，一方面強調勞資關係的和諧；另一方面則支持產業負擔（尤其是工資和社會改革費用）的減少。這種主張生產優先的社會政策或是生產主義社會政策可以H. Herkner為代表人物，而他的具體主張可歸納為六點，第一是工會具有提高勞動生產力的責任；第二是工資管制；第三是重要產業的國有化；第四是計畫性經濟；第五是經營協同組織（國民社會主義之基礎）；第六是民族協同組織（民族秩序之基礎）。第一次世界大戰之後，威瑪共和成立，社會民主黨取得優勢，馬克斯主義者M. Adler率先批判生產主義社會攻策是資本階級的社會政策，是維護資本主義制度的靜態政策，必須轉換成無產階級的和動態的社會主義社會政策。F. Croner則提出社會政策主體轉換論，將勞動者由政策客體轉換為政策主體。E. Heimann則更激烈地提出反資本主義論，主張社會政策必須是反資本支配的政策和反資本主義的社會理念，唯有以社會政策通向社會主義，才是真正社會政策之完成。社會主義社會政策的抬頭並未在社會政策學會取得優勢，政治干預經濟的思想仍然支配德國的社會政策。最後，社會政策學會終在A. Hilter的壓力下，於 1936 年 4 月解散（服部英太郎，1967）。

第三節　福利國家的經濟危機與發展趨勢

一、福利國家的經濟危機

1920 年代，劍橋學派的 A. C. Pigou 以精密的科學方法建構了效用理論，而取得福利經濟學之父的雅號。A. C. Pigou 認為，透過所得重分配增加低所得者的所得，將會提高社會整體的經濟性福利，進而促進國民所得的成長（Pigou, 1920）。另一方面，J. M. Keynes 則以總體經濟一般均衡（general equilibrium）理論，而被稱為總體經濟學（marco-economics）之父。J. M. Keynes 在 1926 年發表的自由放任的終結（Essay in Persuasion）論文中強調，政府必須重新界定應為與不應為的範圍，而在應為的事務中，個人無力履行的事務與大企業的社會化（資本與經營的分離）是最重要的。J. M. Keynes在 1936 年出版的《雇用、利息與貨幣的一般均衡》（*The General Theory of Employment, Interest and Money*）中將 1929 年的經濟大恐慌歸咎於有效需求（effective demand）的不足，而主張政府必須強制干預，並透過所得重分配的方式促進有效需求。福利經濟學與總體經濟學的結合為福利國家所得重分配政策與福利的擴張奠定了理論的基礎，而個人與社會效用的增加以及經濟效益的提升則為福利國家的追求目標。在此種條件，各種福利方案紛紛出籠，社會福利也不再是對窮人的施捨，而是國民應享的權利。美國總統Franklin D. Roosevelt在 1933 年提出三R（relief, recover, reform）的新政（New Deal）主張，並於1935年制定社會保障法（Social Insurance and Allied Service）的報告。第二次世界大戰以後，英美紛以復興為由，擴大公共投資；增加社會福利支出。尤其在工黨主政下的英國更將福利國家帶入了極盛期。

1960 年代後期，福利國家的經濟狀況逐漸衰退（deflation），失業人口不斷增加。1970 年代初期，兩次的石油危機（oil crisis）又引發了嚴重的物價膨脹（inflation）。不景氣和物價膨脹的結合終於爆發了前所未有的停滯性膨脹，大大增加了政府的財政負擔，終於產生了政府的財政危機（fiscal crisis）。福利國家的社會政策對失業與貧窮的惡化束手無策，終於導致社會政策的失敗（policy failure）。於是，停滯性膨脹、財政危機與政策失敗就構成了福利國家的危機（crisis of welfare state）。除了福利國家的理論爭論之外，OECD 亦於 1981 年宣佈福利國家的危機（OECD, 1981），而 ILO 則於 1984 年指稱社會保障加速了世界經濟的危機（ILO, 1984）。或許造成福利國家危機的真兇並非福利國家本身的結構和政策的問題，而是資本主義潛在性危機以及兩次的石油危機，因為資本主義的發展本來就具有景氣循環的機能，福利國家在戰後二十年中已經歷復甦與繁榮的過程，衰退是必然的現象，而這種現象也可以凱恩斯理論的景氣刺激政策加以因應。可是，兩次的石油危機卻使凱恩斯的經濟政策失靈，而將福利國家推入危機之境。我們也許可以大膽假設，如果沒有石油危機，就不會產生停滯性膨脹，就不會有政府的財政危機與社會政策的失敗。可是，這種假設畢竟太牽強，而無法讓人信服，因為福利國家的勞動政策終究無法提升勞動生產，也未能達成充分就業的政策目標；所得政策（income policy）也終究無法解決國民生活的危機，而由所得差距（income gap）所造成的相對貧窮（relative poverty）和相對剝奪（relative deprivation）卻益形嚴重。若再進一步探討福利國家的運作機制，則由僵硬的科層制所導致的行政浪費由民主政治所產生的公共資源的掠奪，實難使福利國家發揮其功能。因此，不管福利國家有無危機，其本身的失敗是不可否認。但是，在分析福利國家的失敗之前，了解支持論者與反對論者的理論性爭論是必要而且重要的。

福利國家的支持論者大致可以分為三派，第一是Keynes-Beveridge的消極集體主義（reluctant collectivism）；第二是 Titmuss-Flora-Heidenheimer的積極集體主義（positive collectivism）；第三是Mishra-Plant的中間派（semi-collectivism）。J. M. Keynes的一般均衡理論與所得重分配效益以及 W. H. Beveridge 的充分就業政策與社會保障制度奠定了福利國家的理論基礎，而 J. M. Keynes 的政府的適度干預（以不侵害個人自由為限度）與 W. H. Beveridge 的最低生活保障則構成了福利國家的政策原則。R. M. Timuss等人則認為福利國家的社會保障制度是維護西歐社會穩定不可或缺的要素（Flara & Heidenheimer, 1981），必須加以擴展，因為社會政策的平等化措施能提高經濟效率，促進經濟成長（George & Wilding, 1985）。英國工黨的理論家甚至認為，所得與機會的均等、社會保障制度的充實、充分就業的達成與生活水準的提升是邁向後資本主義社會（post-capitalism）新社會的必要途徑（Krieger, 1986）。中間派的 R. Mishra 則採折衷主義，認為英國的福利國家確有其存在的缺失，但是，絕不可因噎廢食，英國式的分化型福利國家（differentiated welfare state）或多元型福利國家（pluralistic welfare state）必須朝向瑞典式的統合型福利國家（integrated welfare state）或組合型福利國家（corporative welfare state）（Mishra, 1984）。R. Plan 一方面承認新自由主義的批判，另一方面則主張以更公平的分配（fairer distribution）、更多的所得重分配（much more redistribution）、更少的科層制（less bureaucracy）以及改採現金給付（cash payment）將福利國家導向正途（Plant, 1985）。

反對福利國家最激烈的就是新自由主義，也就是芝加哥學派（Chicago School）的 F. A. Hayek、M. Friedman 等學者。F. A. Hayek 在 1944 年出版的《邁向奴役之路》（*The Road to Serfdom*）中已對西歐的社會主義化提出警言，而 1960 年出版的《自由憲法》（*The Constitution on Liberty*）不僅是新自由主義的理論基礎，也是新自由主義批判福利國家的依據。F. A. Hayek 對自由（freedom）的定義是：不存有被他人強制的特殊障礙（the absence of a particular obstacle-coercion by other men）。雖然 F. A. Hayek 並不直接反對福利國家，卻認為福利國家的科層制、政策的正當性和福利活動都具有強制力的作用，極易威脅市民的自由。F. A. Hayek 強烈主張，個人的選擇自由與市場活動的自由必須受到尊重，政府的干預是對自由社會的傷害。Hayek 認為，政府的正義干預（平等）其實會造成不正義的干預（不平等），因為干預所得或結果的平等其實就是不平等。他所承認的政府責任只是法律與秩序的維護；他所接受的社會保障只有必須經由資產調查的最低保障（safety net）（Hayek, 1960）。至於 M. Friedman，我們可以從他的主要著作中歸納出六點經濟思想，第一是由個人自由、交換自由與市場自由所構成的自由社會；第二是維護經濟秩序的政府責任，包括法律與秩序的維護、契約履行的保障、財產權的保護、貨幣制度的充實等；第三是廢除社會保障制度，否定所得重分配功能，主張採用負所得稅制（negative income tax system），凡所得低於最低保障水準者均可獲得差額補助；第四是第三部門的擴充，包括企業年金、個人年金、慈善服務等；第五是政治權力的分散與生產創新的促進，主張地方分權和生產優先；第六是貨幣政策的加強，減少貨幣供給的自由裁量，代之以定率化（Friedman, 1980；田端博邦，1988）。

二、福利國家的發展趨勢

1979 年，保守黨領袖 M. Thatcher 當選為英國首相，隨即採取新自由主義的理念，推動所謂的柴契爾主義（Thatcherism）。M. Thatcher 一方面採取減稅、減少政府支出及控制貨幣供給等措施抑制物價膨脹；另一方面則將社會福利政策納入勞動政策，以社會保障制度補充勞動市場的低工資，試圖降低資本家的生產成本，以增加雇用，降低失業率。1981 年，R. Reagan 就任美國總統，也隨即進行小而有效率政府（limited and efficient government）的政策，試圖挽救福利國家的經濟危機。R. Regan 的施政原則基本上有三個重點，第一是以減稅促進投資意願和工作意願；第二是進行行政改革，簡化行政，推動地方分權，對地方的補助由範疇性補助（categorical grant）改為總括性補助（block grant）；第三是減少社會福利支出，修改社會保障法案，提高社會保障稅，延長年金給付年齡等。OECD在1980年的社會政策一文化，也提出以新的價值觀重訂社會政策的優先順序、採取低度成長的充分就業政策、確立家庭與社區的社會責任等作為克服福利國家危機的對策（OECD, 1981）。I. Gough 主張以促進勞力的再生產、提升福利服務的生產效率、加強社會控制及推動私有化（privatization）等方式重構（restructuring）福利國家（Gough, 1975）。W. A. Robson 則主張對福利國家的理論從意識形態、政治倫理及自由與干預的適度性等方面重新檢討（Robson, 1976）。H. Glennerster 提議對福利國家的所得重分配效果、平等化效果及科層制的缺失等再加評估（Flennerster, 1983）。R. Klein 則強調應以穩定型國家（the stationary state）而非成長型國家（the growth state）為前題，對社會政策的目標與實施方式明確化（Klein & O' Higgins, 1985）。

由上述分析可以歸納成四項因應福利國家危機的對策，第一是政府社會福利支出的控制；第二是由普遍主義（universalism）移向選擇主義（selectivism）；第三是福利市場化或私有化；第四是社會政策的分權化（decentralization）。在物價膨脹的壓力下，最低保障水準勢必提高，各種福利給付也必然增加，而老人人口的增加更使社會福利支出必須面對無法削減的命運。這就是 M. Thatcher 和 R. Reagan 試圖控制社會福利支出的努力變成夢幻的主要因素。M. Thatcher 的所得補助方案（income support, IS），R. Reagan的在職年金制度都在加強福利的選擇主義色彩。問題是在從普遍主義移向選擇主義的過程中，必有許多中高所得者將被排除於受益範圍，而且要增加受益者負擔，反對浪潮是可想而知的，若無高度的政治技巧勢難圓滿解決。在市場失敗仍無有效對策，第三部門尚未制度化和健全之前，推動福利市場化或私有化，不僅不負責任，也可能產生負面作用，製造更多剝削，降低福利品質。因此，在推動福利市場化或私有化之前，必須先健全市場制度和非營利組織制度。至於社會政策的分權化，一方面可以減輕中央政府的財政負擔，一方面可以加強地域居民或勞動者參與的意識與功能，是頗值採行的措施，但是，如果中央與地方之間或地方與地方之間的財政結構或資源配置的差異過大，社會政策的分權化將可能導致更不公平和更無效率。因此，上述這些危機對策都只是在重構福利國家，而不是在重建（rebuilding）福利國家，也就是在對福利國家的部分改造，其結果可能不盡理想。易言之，若要真正解決福利國家的危機，可能需要全面重建福利國家，以全新的政府結構，政策原則與制度內涵去取代福利國家。我們可以將後福利國家（post-welfare state）稱為福利社會（welfare society）（丸尾直美，1984），也可以稱為最適社會（optimum society）（加藤寬，1971）。一般所謂的福利社會有兩個意涵，第一是由國家責任轉為社會責任；第二是由國家福利（national welfare）轉為綜合福利（mixed welfare）。最適社會除了具有這兩種意涵之外，還具有調和資源配置（resources allocation）效率化與社會效用極大化的最適性。

國家機器（national machine）包括政治結構（politic structure）與經濟結構（economic structure），前者有行政、立法和司法等結構；後者則有政府收入和政府支出等結構。這些結構不僅相互關聯，也相互影響，共同推動國家機器的運作。如果國家機器運作良好，政策效率就可提高，國民福祉就會提升。本研究基於經濟本質的探討，只對經濟結構中的政府收入與政府支出作分析。在政府收入方面，有租稅（tax）與非租稅（non-tax）；前者又分為一般稅與指定用途稅；後者則有國營事業盈餘、公債、規費等。一般稅有所得稅、銷售稅與財產稅；而所得稅有薪資所得稅、營業所得稅、資產增益稅等。租稅原則主要有平等原則（全體國民一體適用）、公平原則（高所得高負擔）與彈性原則（依需要適當調整）（王正，1992）。國家的正義干預必須堅守這些租稅原則，如果有所得卻不必納稅；如果高所得者反納較少的稅；如果課稅永無終止的擴張，就難以邁入最適社會。在非租稅收入中，國營事業應儘量開放民營（如果民間願意做，有能力做或能做得更好的國營事業應由民間經營），公債必須控制發行量，以免產生所得逆分配效果；規費宜採受益原則，受益程度越高者就必須支付越高的規費。最適社會的政府收入宜由薪資稅和非租稅為主的租稅制度轉向以資產增益稅和消費稅為主的租稅結構，這樣才能達到正義課稅的目標。在政府支出方面，主要可以分為行政支出、公共投資與移轉性支出（transfer payment expenditure）。最適社會的行政支出應該遵守菁英原則（任何支出都必須達成政策目標）與節約原則（嚴格控制經費的膨脹）。政府的公共投資除影響民生至鉅的公用事業外，宜採公私合營的方式，以減少政府的財政負擔。政府的移轉性支出宜採現金補助方式，少採實物提供方式。至於國防支出，是最無效率、最大浪費和最大罪惡的政府支出，必須嚴加控制（如果將全世界的國防費用全部用來充實社會福利，不僅可以促進世界經濟的繁榮，也會帶給人類莫大的福祉）。此外，中央政府與地方政府之間的財政結構必須合理化，以避免中央集權化（centralization）的缺失，而各地方政府間的財政結構也必須均等化（equalization）。政府可以調整式一般補助（adjustment general grant），對貧窮的地方政府提供較多的補助，而由反地方政府去發展具有特色的地方建設。這種施要比由中央政府以硬體建設縮小地域差距更為有效。政府結構若能充分改造，將可為最適社會提供最有利的條件。

最適社會的社會政策原則必須大幅修正，福利國家的父權主義（partriarchy）必須徹底消除。首先，在政策的哲學基礎方面，必須導循自助→互助→國助的思考邏輯。一個獨立的個人必須從市場制度中尋求幸福生活的途徑，這是人類自主性（autonomy）的根基，也是作為一個人的基本責任。但是，由於先天的不平等、社會結構的限制、市場的不公平競爭等因素，常會使個人的自主性無從發揮，進而產生生活上的風險。於是，個人必須尋求互助的手段，藉由組織（宗教、工會、農會或其他職業性或地域性的組合）的相互保障，分攤風險。但是，有些人既無自立的能力，也無互助的可能，這些弱勢族群就必須仰賴國家的扶助。如果政府的生活扶助標準偏高，勢必影響工作意願；如果標準偏低則喪失生活保障的意義。因此，一個最適的生活扶助標準是最適社會最重要的指標。其次，在政策的規劃原則方面，第一必須採取選擇主義（selectivism），對有絕對需要者提供全額補助；對有部分需要者提供部分補助；對無需要者則不予補助。第二宜採組合主義（corporativism），由國民依職業、產業或地域組成互助組織，而政府則依其成員的所得水準提供不同的補助。第三要堅守社會最低保障（social minimum security）的原則，政府必須基於相對貧窮與相對剝奪的理念，制定社會共識（social consensus）的最低生活保障標準。最後，在政策的執行原則方面，政府必須根據效率原則（資源配置的效率、競爭的效率）、公平原則（機會均等、公平分配）及穩定原則（市場均衡與生活保障）加以推動。

最適社會的所得維護制度（income maintenance system）宜對無自助和他助的弱勢族群提供生活扶助或福利年金（welfare pension）；對有互助能力者則採組合或基金方式，成員自行運作，政府再依需要給予補助。由於所得政策是國家的總體政策，必須由中央政府負擔必要的經費。最適社會的就業促進制度（employment promotion system）必須以無謀生技能或半熟練勞動者為訓練和輔導對象，尤其對高齡者的繼續雇用、非勞動力人口的勞力開發和農業人口的就業促進等應列為重點措施。此外，雇用形態的改變與因應（如派遣雇用、契約雇用、部分工時雇用、在宅雇用等）亦就業促進度的重要措施。在最適社會的社會政策下，福利國家的社會救濟制度必須改為所得維護制度，並由中央政府負擔經費，而構成福利國家主軸，也是造成福利國家財政危機主兇的社會保險制度，則必須改採互助式的民營保險。至於福利國家的勞動政策，一方面要配合經濟政策（尤其是產業政策），以生產和分配並重的觀點（不可只重視分配）制定政策，達成充分就業的理想目標。最後，最適社會必須健全第三部門的組織、運作與管理。非營利組織必須有健全的會計制度和簽証制度，也必須課徵所得稅。另一方面，則依其福利方案之需要提供補助。此外，也必須制定福利事業獎勵管理辦法，將第三部門的福利制度法制化。福利國家唯有如此改革，才能克服危機，提升國民福祉。

參考文獻

Barry, N. (1990). *Welfare*, University of Minnesota Press.

Beveridpe, W. H. (1944). *Full Employment in a Free Society*, Allen and Unwin.

Briggs, A. (1961). "The Welfare State in Historical Perspective," *European Journal of Sociology*, II, pp. 221-258.

Brnce, M. (1962). *The Coming of the Welfare State*, Batsford.

Flora, P. & A. J. Heidenheimer (1987). *Development of Welfare State in Europe and America*, Transaction Books.

Friedman, M. (1962). *Capitalism and Freedom*, Clniversit, of Chicago Press.

Friedman, M. (1980). *Free to Choose*, Harcourt Brace Javanovitch.

Furniss, N. & T. Tilton (1977). *The Case for the Welfare State from Social Secarity to Social Equality*, Zndiana Unirersity Press.

George, V. & P. Wilding (1985). *Zdeology and Social Welfare*, Roatledge and Kegan Paul.

Gough, Z. (1975). *The Political Zconomy of the Welfare State*, Macmillan Press Ltd.

Hayek, F. A. (1944). *The Road to Serfdom*, George Routledge Sons.

Hayek, F. A. (1960). *The Constitution on Liberty*, Clniversity of Chicago Press.

ILO (1984). *Into The Twenty-First Century the Development of Social Security*, ZLO.

Klein, R. & M. O' Higgins (eds.) (1985). *The Fature of Welfare*, Basil Blackwell.

Krieger, J. (1986). *Reagan, Thatcher and the Politics of Decline*, Polity Press.

Mishra, R. (1984). *The Welfare State in Crisis*, Harrester Press.

Myrdal, G. (1960). *Beyond the Welfare State: Economic Planning in the Welfare State and Its International Imprications*, Gerald Duckworth.

O'connor, J. (1973). *The First Crisis of the State*, St. Martin's Press.

OECD (1981). *The Welfart State in Crisis an Account of the Conference on Social Policies in the 1980's*, OECD.

Pigou, A. C. (1920). *The Economics of Welfare*, Macmillan Press Ltd.

Plant, R. (1985). "The Very Idea of a Welfare State," in P. Bean (ed.) *In Defense of Welfare*, Tavistock.

Richardson, J. H. (1962). *Economic and Financial Aspects of Social Secuity*, George Allen & Unwin, Ltd.

Robson, W. A. (1976). *Welfare State and Welfare Society*, George Allen & Unwin, Ltd.

Titmuss, R. M. (1968). *The Subject of Social Administration in Commitment to Welfare*, Unwin University Books.

Titmuss, R. M. (1974). *Social Policy*, George Allen & Unwin.

Wilensky, H. L. (1975). *The Welfare State and Equality: Structural and Ideological Roots of Public Expenditure*, Univer.

九尾直美（1984），《日本型福祉社會》，日本放送出版協會。

加藤寛（1971），《最適社會の經濟學》，講談社。

岸本英太郎（1969），《社會政策入門》，有斐閣。

西村豁通（1991），《社會政策と學ぶ》，有斐閣。

服部英太郎（1967），《ドイツ社會政策論史（上、下）》，未來社。

田端博邦（1988），《轉換期の福祉國家（上、下）》，東京大學出版社。

大河內一男（1968），《獨逸志社會政策思想史（上、下）》，青林書院。

山田雄三譯（1969），《社會保險及び關連サービス》，至誠堂。

王正＆徐偉初（1992），《財政學》，國立空中大學。

黃振華等譯（1991），《社會科學方法論》，時報文化出版社。

Chapter 3

第三章

社會福利的水準測定

第一節　社會福利水準的測定方法

第二節　社會福利指標的設定與指數化

第三節　社會福利資源配置的均等度、可近性與滿意度

第四節　社會福利變數的相關性與目的函數

第一節　社會福利水準的測定方法

國民生產毛額（Gross National Product, GNP）在運用上有許多限制，例如，非市場活動、地下經濟及生活品質等因素，都無法在GNP中顯現出來。易言之，GNP 只是國民所創造的財物和勞務的貨幣總值，卻未能代表國民真正的生活狀況和福利水準。為了克服這個缺失，許多學者提出了各種 GNP 的修正案，其共通性是將某些非市場活動（如家庭主婦的家庭管理）和福利因素（如休閒時間和生活安全）加入，而將某些反福利因素（如公害和犯罪）扣除。這些努力都試圖將福利的因素納入 GNP 中，使 GNP 更能涵蓋國民的生活狀況，也就是要把國民所得的概念轉變為國民福利（national welfare）。問題是，生活所涵蓋的層面太廣，無法量化（quantifization）的現象也太多，這些困難不獲解決，福利 GNP 就難以廣泛被應用。

早在 1937 年，M. K. Bennett 在其論文中，就提出國民生活水準的測定方法（Bennett, 1937）。在 1960 年代，國際上曾掀起了生活水準的研究風潮。其中，最有名的要屬波蘭經濟學家 J. Drewnowski 的研究成果（Drewnowski, 1976）。基本上，他採用福利經濟學的效用理論，去解釋社會福利效用（福利函數），並以統計學的量化技術，去測定福利水準。他認為任何社會現象都是由許多因素構成的複合體，這個社會現象的本身雖然無法完全量化，但是，在其構成因素中，一定會有可以量化的層面，量化的技術問題，可以用人口統計學、計量經濟學或社會調查等方法加以解決。至於無法以現代的知識和技術量化的層面，就留待後人去研究開發。因此，J. Drewnowski 對於福利水準的研究，只限定在可測定的福利（measurable welfare），而不處理不可測定的福利。

一般人把生活水準（standard of living）與福利水準（standard of

welfare）混為一談，而把國民在一年內平均取得的財務和勞務數量，作為測定和比較福利水準的依據。其實，那只是生活水準，而非福利水準。根據J. Drewnowski的定義，福利水準是國民在某一個時候的生活狀況，例如，健康狀況、教育狀況、工作狀況、經濟狀況、環境狀況等。這些生活狀況都應該涵蓋平均的擁有狀況、資源的配置狀況與社會的效用狀況。平均的擁有狀況也就是生活水準的涵義，所以生活水準也是福利水準的一環，而且兩者的關係十分密切，生活水準提高必將導致福利水準的提升。一般在說明擁有狀況的時候，常以少數的量化因素來說明，譬如，只以熱量和蛋白質的攝取量解釋營養狀況，或以嬰兒死亡率和平均壽命說明健康狀況。這樣的說明是不夠的，必須進一步把社會中消費的食品和營養來源的結構也列入營養狀況，或將國民的身體機能和罹病的情形也列健康狀況中。因此，所謂擁有狀況，並將所有可能量化的因素全部考慮進去，才能測出確實的福利水準。

關於資源的配置狀況，如果能夠達到絕對的平均，所有國民就能充分利用這些資源；如果配置得不平均，有些國民就會犧牲使用的利益，資源就無法獲得充分的利用。譬如說，國民的所得分配越平均，社會的有效需求就越高，所得差距越大，有效需求就越低。根據邊際效用遞減法則，擁有資源（或所得）較少者的邊際效用高於擁有資源（或所得）較多者，資源的平均配置會使社會的邊際效用提高，國民的滿足程度也會增加。因此，資源的配置狀況也是測定福利水準的重要指標。

關於社會的效用狀況，就是國民主觀上對生活的滿足程度。主觀感受因性別、年齡、教育、職業、所得等不同而有差異，不同屬性的國民對於同一種生活狀況，會有不同的感受。把國民對某種生活狀況的不同感受集約起來，就可以測定出該生活狀況的社會效用。理論上，生活水準越高，社會效用就越高社會效用越高，福利水準就越高。問題是，生活水準越高的社會往往有環境的污染、物價的膨脹、就業的不安、貧富的懸殊、道德的墮落、犯罪的橫行等負面效用（negative utility）的因素存在，致使社會效用不升反降，而對福利水準產生負面作用。因此，在提升生活水準的過程中，必須防止負面效用的增加，才能提升社會效用與福利水準。

在了解福利水準的定義之後，就要面對如何測定的問題了。理論上，測定福利水準有下列幾個步驟：

第一、 設定福利指標。

第二、 測定福利指標的指數值。

第三、 測定資源配置的均等度。

第四、 測定資源利用的可近性與滿意度。

第五、 測定福利變數的相關性與目的函數。

福利指標所涵蓋的層面很廣，一般採用的福利指標大都包括健康狀況、文化狀況、所得狀況、勞動狀況、環境狀況、休閒狀況、個人安全狀況、家庭生活狀況、社會參與、階層移動等指標。由於福利指標的單位不同，必須加以指數化，才能測定出共同的尺度值。福利指標所蘊含的資源配置狀況和資源利用狀況，也是測定福利水準不可或缺的，而配置的均等度和利用的可近性則是最主要的測定方法。此外，社會效用的主觀感受也必須調查，才能了解國民對生活的滿意程度。最後，福利指標與各種經濟性變數（economic variable）和社會性變數（social variable）間的相關係數和各種福利計畫的效果係數與目的函數也必須測定，才能正確掌握福利水準的變動狀況與未來趨勢以及福利政策的目的與效果。

社會福利是國民福利的一環，社會福利水準也是國民福利水準的一個層面，所以社會福利水準也可以用福利水準的測定方法加以測定。測定社會福利水準和測定福利水準的主要不同點，就是社會福利指標的設定只限制在狹義社會福利的範圍內，也就是以健康保障、經濟保障與精神保障三大指標加以測定。至於測定的步驟與方法，兩者完全相同。以下就以社會福利指標、指標指數值、資源配置的均等度、資源利用的可近性、福利變數的相關性及社會效用的滿意度等六個領域分別加以說明。

第二節　社會福利指標的設定與指數化

一、社會福利指標的設定

根據降矢憲一的觀點，社會福利指標的設定要根據幾個原則（降矢憲一，1987）第一就是適當性，也就是要基於社會福利的定義去設定，在狹義社會福利的範圍內去選擇，把狹義範圍的因素排除。在設定指標時，要選擇可以量化的因素（如數量單位或貨幣價值），把無法量化（如社會性）的因素排除。有些可以量化的因素並沒有正式的統計資料，而個人能力也無法從事調查統計，這些因素也不得不排除。總之，指標的適掌性是指合乎狹義社會福利的定義與範圍，而可能蒐集得到的量化因素。

第二個原則就是涵蓋性，也就是要把社會福利範圍內可能涵蓋的因素全部考慮進去，不要有所漏失。當然，這是最理想的做法，但是，也是十分困難做到的。如果不能百分之百涵蓋，也應該把具有代表性的因素全部納入，這是最基本的做法。

第三個原則是均等性，尤其在選擇大指標時，必須考慮指標間的比重，如果某一指標所占的比重太高，就應該把它劃分為兩個或數個不同代表性的指標。其次，必須注意指標間是否有重複的現象，避免重複計算，以維持指標間的適當比重。

第四個原則就是單純性，尤其在選擇最大的項指標時，必須維持該指標的單純性，以一個單純的因素代表一個項指標。

第五個原則就是柔軟性，也就是不管統計資料的多寡都要將其納入，因為再簡單的統計資料都具有意義，都有計算的可能。社會福利指標必須具有鉅細靡的柔軟性，而且必須將這種特性表現在流程圖上。

第六個原則就是非實物性，也就是要兼顧實物性（如貨幣、資源等）與非實物性（如制度內涵、資源配置、服務品質、社會效用等）的因素，尤其是非實物性的指標應多加研究開發。

社會福利指標的設定可以分為大指標、中指標、小指標及項指標四種。（當然，若有必要亦可再加細分）根據第一節的定義，社會福利的大指標可以限定為健康福利、經濟福利及精神福利三個指標。在每個大指標下，可以分為一般狀況、擁有狀況、配置狀況及滿意程度四個中指標。所謂一般狀況，是指一般國民的健康狀況、經濟生活與精神活動。所謂擁有狀況，是指平均每一國民（或單位數國民）所擁有的社會福利資源（包括費用、設施、人力等）。所謂配置狀況，是指社會福利資源配置的均等度與國民利用社會福利資源的可近性。所謂滿意程度，是指國民對於社會福利的制度、資源與服務品質的滿意狀況。在這些中指標下，可再分為各種小指標；而在各種小指標下，可又細分為更小的項指標。為使讀者更清楚了解各種指標的內涵，就以健康福利、經濟福利及精神福利等三個大指標分別加以說明。當然，若要針對某一個社會的社會福利水準進行全面性的測定，就必須結合各方面的專家學者專案加以研究。

首先，在健康福利指標方面，在一般狀況的中指標下，可以考慮健康、罹病及壽命等三個小指標。在健康狀況下，至少可以考慮營養狀況、身高和體重、衛生保健支出等項指標；在罹病狀況下，至少可以考慮罹病率、疾病結構、傳染病發生率等項指標；在壽命狀況下，至少可以考慮平均壽命、死亡率、嬰兒死亡率等項指標。當然，有些項指標可以再予細分，例如，營養狀況可以細分為熱量，蛋白質澱粉以外的熱量及食品結構等。關於擁有狀況，至少可以分為健康福利經費與醫療衛生資源兩個小指標，前者包括平均每個國民所享有的政府健康福利經費、社會保險醫療給付金額、醫療費用中政府與民間的負擔比率等；後者包括醫療衛生機構、醫事人力、醫療設備與藥物等的種類、數量與平均每位國民的擁有狀況。

關於配置狀況，至少可分為均等度與可近性二個小指標，前者包括制度適用差異和給付內容的差異及資源配置的地區性差異和結構性差異（如公立與私立、綜合醫院與一般醫院、專科醫生與家庭醫生、西醫與中醫等的比率）；後者包括機構的可近性、價格的可近性、資格的可近性、時間的可近性及認知的可近性等。關於滿意程度，至少可以分為對制度的滿意程度、對資源的滿意程度及對服務品質的滿意程度四個小指標：對制度的滿意程度可分為對社會保險醫療給付、對衛生保健措施、對各種實物性醫療補助等的滿意程度等項指標；對資源的滿意程度可以分為對醫療衛生機構、醫事人力、醫療設備和藥物滿意程度；對服務品質的滿意程度可分為對醫療技術、服務態度與醫療效果等的滿意程度（**圖 3-1**）。

其次，在經濟福利指標方面，一般狀況（中指標）的小指標至少應該包括所得狀況、消費狀況與儲蓄狀況三個因素。所得狀況可以涵蓋平均每人（或每戶）所得、平均工資、所得差距等；消費狀況可以包括平均每人（或每戶）消費支出、家庭消費結構、平均消費傾向（average propensity to consume, APC）等；儲蓄狀況可以包括平均每人（或每戶）存款額、資產額、負債額及不動產持有比率等。關於經濟福利指標的擁有狀況（中指標），至少可分為社會保險現金給付、社會救助及福利津貼三個小指標。社會保險現金給付可包括生育、傷病、殘廢、失業、老年及死亡等的平均給付金額；社會救助可以包括生活、住宅、教育、醫療、生育、喪葬等的平均補助金額；福利津貼則可包括兒童津貼、福利年金（非保險的政府補助）、戰爭犧牲者津貼等的平均津貼金額。關於經濟福利資源的配置狀況（中指標），也可以分為均等度與可近性兩個小指標，均等度又可分為地區間的差異（如台灣省與台北市生活補助標準的差異）及制度間的差異（如勞保與公保老年給付水準的差異）；可近性則可分為資格的可近性、時間的可近性及認知的可近性等三個項指標。關於滿意程度的指標，可以分為對

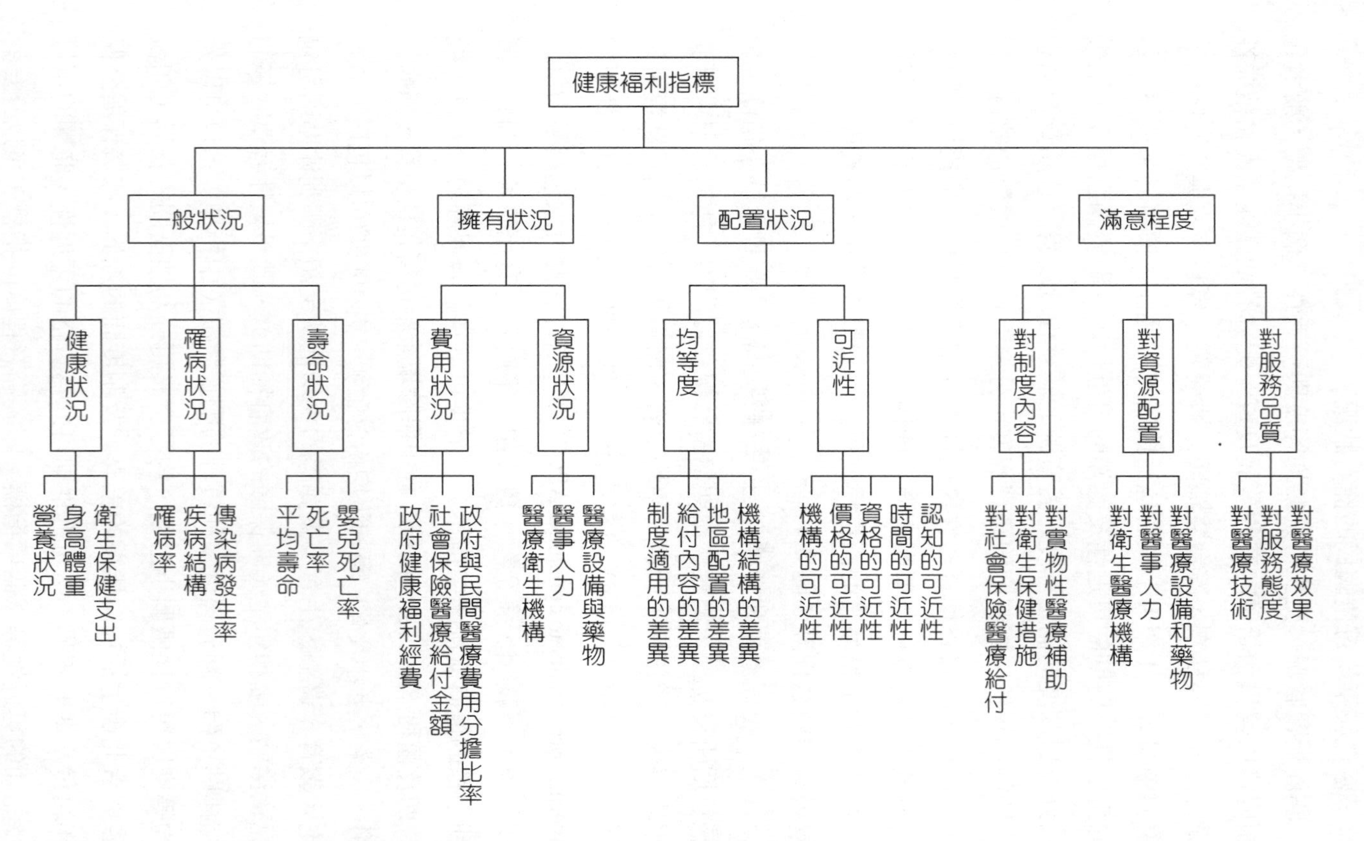
健康福利指標
一般狀況
健康狀況
衛生保健支出
身高體重
營養狀況
罹病狀況
傳染病發生率
疾病結構
罹病率
壽命狀況
嬰兒死亡率
死亡率
平均壽命
擁有狀況
費用狀況
政府與民間醫療費用分擔比率
社會保險醫療給付金額
政府健康福利經費
資源狀況
醫療設備與藥物
醫事人力
醫療衛生機構
配置狀況
均等度
機構結構的差異
地區配置的差異
給付內容的差異
制度適用的差異
可近性
認知的可近性
時間的可近性
資格的可近性
價格的可近性
機構的可近性
滿意程度
對制度內容
對實物性醫療補助
對衛生保健措施
對社會保險醫療給付
對資源配置
對醫療設備和藥物
對醫事人力
對衛生醫療機構
對服務品質
對醫療效果
對服務態度
對醫療技術

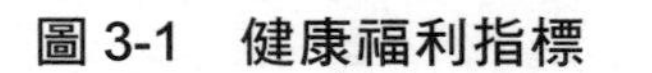
圖 3-1 健康福利指標

經濟福利制度內容的滿意程度，對給付或補助水準的滿意程度及對接受給付或補助方便的滿意程度等三個小指標。對制度內容的滿意度又可分為對適用對象、制度內涵與費用負擔等項指標；對給付或補助水準的滿意度可分為對各種社會保險現金給付、社會救助補助水準的滿意度及福利津貼等水準的滿意程度；對方便性的滿意度可分為對手續、所需時間及服務態度等項指標（**圖 3-2**）。

最後，在精神福利指標方面，也可以分為一般狀況、擁有狀況、配置狀況及滿意程度四個中指標。一般狀況可以考慮個人及家庭活動、社會活動及不安狀況等三個小指標，個人及家庭活動可以包括各種娛樂性活動（如旅遊、看電影）、學習性活動（如學習繪畫、外文）、創造性活動（如寫作、作曲）等項指標；社會活動可以包括各種政治性活動、經濟性活動、文化性活動及服務性活動等項指標；不安狀況可以包括破碎家庭、非行青少年、社會犯罪等項指標。在擁有狀況的中指標，可以分為機構服務、社團服務及住宅服務等三個小指標。機構服務則可分為安養機構、庇護機構、訓練機構、福利服務中心等的收容人數與服務內涵；社團服務可以分為老人、殘障者、兒童、青少年及婦女等社團的數目與服務；在宅服務可分為家事、飲食、精神、外出等服務的擁有狀況。在配置狀況的中指標下，可以分為均等度與可近性兩個小指標，前者包括制度配置的差異性、地區配置的差異性及機構結構（如公立與私立、免費與收費、綜合機構與專業機構等）的差異性；後者包括機構、價格、資格、時間與認知等的可近性。在滿意程度的中指標下，可以涵蓋對制度內容的滿意度、對服務資源的滿意度及對服務品質的滿意度等三個小指標。對制度內容的滿意度可以包括對適用對象、制度內涵及費用負擔等的滿意程度；對服務資源的滿意度可包括對服務機構、服務設備及服務人力等項指標；對服務品質的滿意度可包括對專業化、服務態度及服務效果等項指標（**圖 3-3**）。

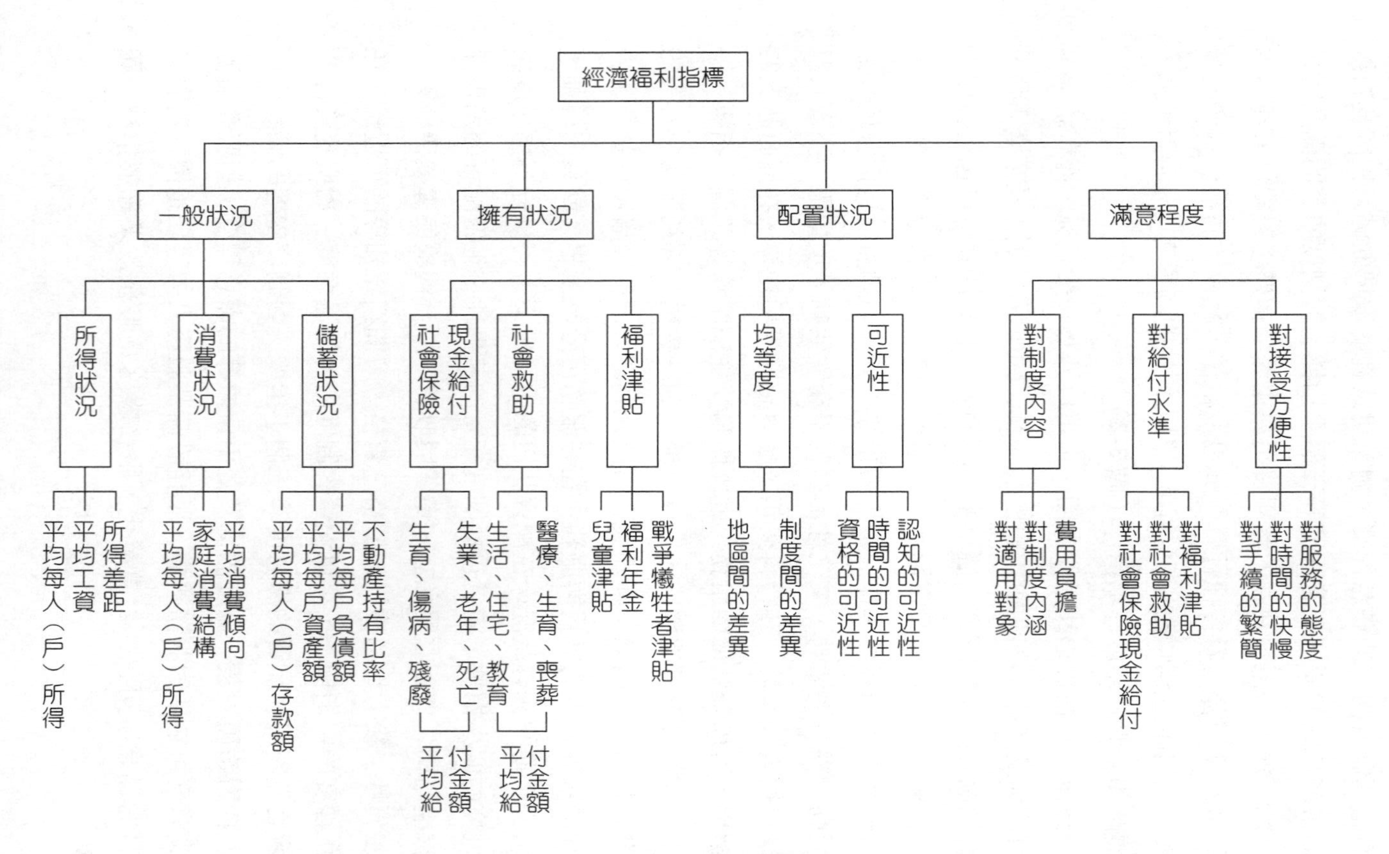
經濟福利指標
一般狀況
所得狀況
平均每人（戶）所得
平均工資
所得差距
消費狀況
平均每人（戶）所得
家庭消費結構
平均消費傾向
儲蓄狀況
平均每人（戶）存款額
平均每戶資產額
平均每戶負債額
不動產持有比率
擁有狀況
社會保險現金給付
生育、傷病、殘廢
失業、老年、死亡
平均給付金額
社會救助
生活、住宅、教育
醫療、生育、喪葬
平均給付金額
福利津貼
兒童津貼
福利年金
戰爭犧牲者津貼
配置狀況
均等度
地區間的差異
制度間的差異
可近性
資格的可近性
時間的可近性
認知的可近性
滿意程度
對制度內容
對適用對象
對制度內涵
費用負擔
對給付水準
對社會保險現金給付
對社會救助
對福利津貼
對接受方便性
對手續的繁簡
對時間的快慢
對服務的態度

圖 3-2 經濟福利指標

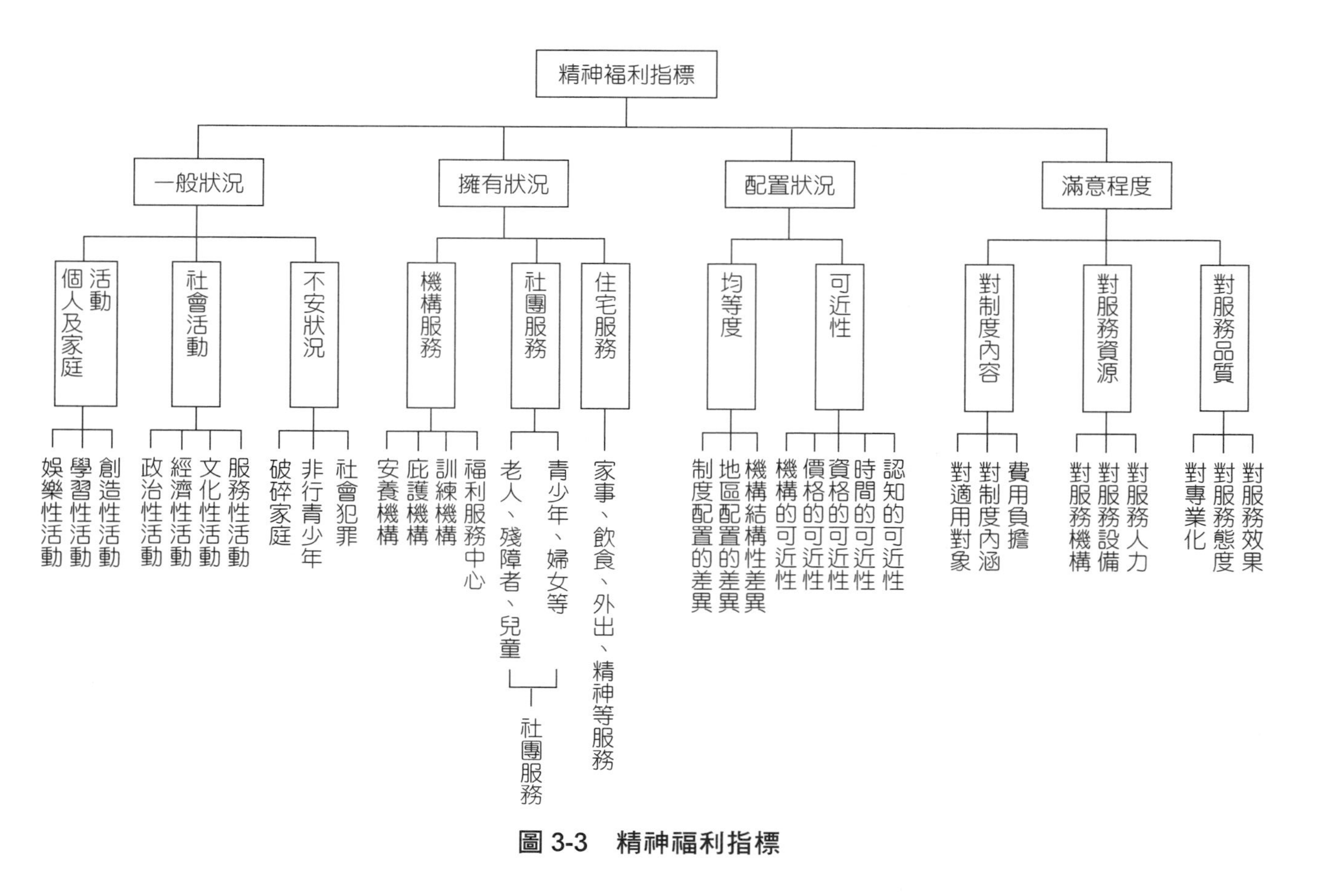

精神福利指標
一般狀況
個人及家庭活動
創造性活動
學習性活動
娛樂性活動
社會活動
服務性活動
文化性活動
經濟性活動
政治性活動
不安狀況
社會犯罪
非行青少年
破碎家庭
擁有狀況
機構服務
福利服務中心
訓練機構
庇護機構
安養機構
社團服務
青少年、婦女等
老人、殘障者、兒童
社團服務
住宅服務
家事、飲食、外出、精神等服務
配置狀況
均等度
機構結構性差異
地區配置的差異
制度配置的差異
可近性
認知的可近性
時間的可近性
資格的可近性
價格的可近性
機構的可近性
滿意程度
對制度內容
費用負擔
對制度內涵
對適用對象
對服務資源
對服務人力
對服務設備
對服務機構
對服務品質
對服務效果
對服務態度
對專業化

圖 3-3　精神福利指標

二、社會福利指標的指數化

由於各種社會福利指標的計算單位不同，必須設定共同的量化基準，而加以指數化之後，方能測定社會福利水準。目前，被廣泛採用的方法，就是J. Drewnowski所開發的基準點公式。這種方法是先設定臨界點O表示維持肉體上和文化上的需求所必要的最低標準，M表示維持肉體和文化上的需求所必要的適當標準；F 表示維持肉體上和文化上的需求所必要的充裕標準。OMF的基準值是由專家設定，例如，熱量的基準值O為1,200，M為2,000，F為3,000；蛋白質的基準值O為36，M 為60，F 為90。如果某一社會的營養狀況為熱量2,500，蛋白質65，那麼，依

$$I_1 = \frac{A - O}{M - O} \cdot 100$$

I_1 ＝指數值

A ＝實際值

O ＝最低標準值

M ＝適當標準值

就可以算出該社會營養狀況的熱量指數值為 162.5，蛋白質指數值為120.8，兩者平均的結果，該社會營養狀況的指數值為141.65。如果某種指標有許多狀況因素，則可用下列公式計算：

$$I_2 = \frac{\sum_{0}^{n} I_1}{n}$$

I_2 ＝指標平均指數值

ΣI_1 ＝指標總和指數值

n ＝指標數

現在，假設社會保險現金給付指標是由生育、傷病、殘廢、失業、老年及死亡等六種給付狀況所構成，而以 OMF 方式測定的結果，生育指數值為90，傷病為95，殘廢為100，失業為105，老年為110，死

亡為 115，那麼，社會保險現金給付指標的指數值為 102.5。用這種方法同樣可以計算出社會救助和福利津貼的指數值。把社會保險現金給付、社會救助和福利津貼三者的指數值平均，就足以算出擁有狀況的指數值。再由相同方法把一般狀況、擁有狀況、配置狀況及滿意程度的指數值平均，即可算出經濟福利的指數值。最後，再以相同方法將健康福利指標、經濟福利指標及精神指標的指數值平均，即可測定社會福利的水準。

如果各種指標的比重（重要性不同，就可用簡易平均法）

$$I_3=\left[\sum_{o}^{n}a_1x_1+\ a_2x_2\cdots\right]\div\ n$$

I_3＝指標平均指數值

a_1，a_2，$a_3\cdots$＝比重值

x_1，x_2，$x_3\cdots$＝指標指數值

n＝指標數

計算指標平均指數值。如果要比較同一社會的不同年度或不同地區的社會福利水準，就必須以某一年度或某一地區的社會福利水準為基準，去計算另一年度或另一地區的社會福利水準指數，最簡單的方法就是以下列公式加以計算：

$$I_t=\frac{X_t}{X_j}$$

I_t＝某年度（或某地區）的指標指數值

X_t＝某年度（或某地區）的指標實際值

X_j＝某年度（或某地區）的指標基準值

通常都將X_j設定為 100，如果某一年度（或某地區）的實際值為 120，就可以知道，該年度或該地區的指標指數值為基期或基準地區的 1.2 倍。當然，在考慮標準偏差的問題時，就必須 I_t 再除以標準差。

有些指標的實際值越小，福利水準反而越高，例如，犯罪率、物價膨脹率、死亡率等。在計算這種福利指標的指數值時，只要把OMF的基準值以逆數設定，例如物價膨脹率的基準值O為 0.1，M為 0.05，

F 為 0，如果物價膨脹率的實際值為 0.6，則：

$$I_t = \frac{0.06 - 0.1}{0.05 - 0.1} \cdot 100 = 80$$

如果指數值為負數，就必須以絕對值計算。

社會福利指標也可以幾何圖形的方式表達，**圖 3-4** 的 OO'為人口數，右側的縱座標為指數值（I），左側的縱座標為總和指數值（NI），右側的指數值與左側的總和指標值相對應，O' 為 0，M' 為 100，那麼

$$\tan\alpha = \frac{O'M'}{OO'} = \frac{NI_m - NI_o}{n} = M - O$$

$$\tan\beta = \frac{O'A'}{OO'} = \frac{NI - NI_o}{n} = A - O$$

$$I = \frac{\tan\beta}{\tan\alpha} \cdot 100 = \frac{O'A'}{O'M'} \cdot 100$$

$$\because O'M' = 100$$

$$\therefore I = O'A'$$

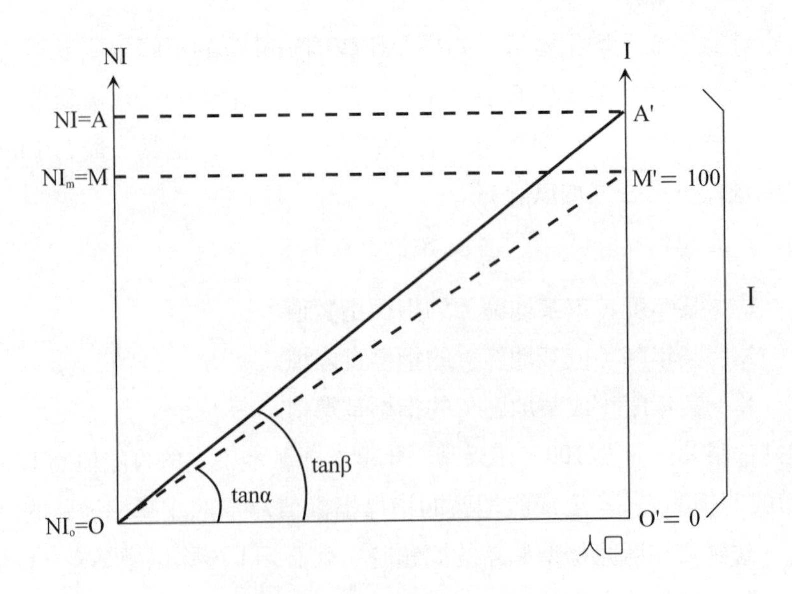

圖 3-4　福利指標指數

第三節 社會福利資源配置的均等度、可近性與滿意度

一、社會福利資源的均等度

在測定社會福利資源的配置狀況時，可以藉用羅倫斯曲線（Lorenz curve）加以說明。首先，可以依照社會福利資源配置狀況，區分為數種不同的地區，然後，統計各地區所擁有的人口與社會福利資源，並計算出該地區人口占總人口比率與該地區社會福利資源占全部社會福利資源的比率。最後，再計算出社會福利資源的集中度係數與分配係數，就可以了解社會福利資源配置的均等度。**圖 3-5** 的橫座標是人口累積百分比，縱座標是資源累積百分比，斜線的部分是資源配置的集中度，而分配係數就是一減集中度係數（即 $D = 1 - K$）。圖 3-5 的特徵是 10%的人口完全沒有分配到資源，而有 10%的人口卻擁有 30%的資源，羅倫斯曲線不是連續的曲線而是折線。

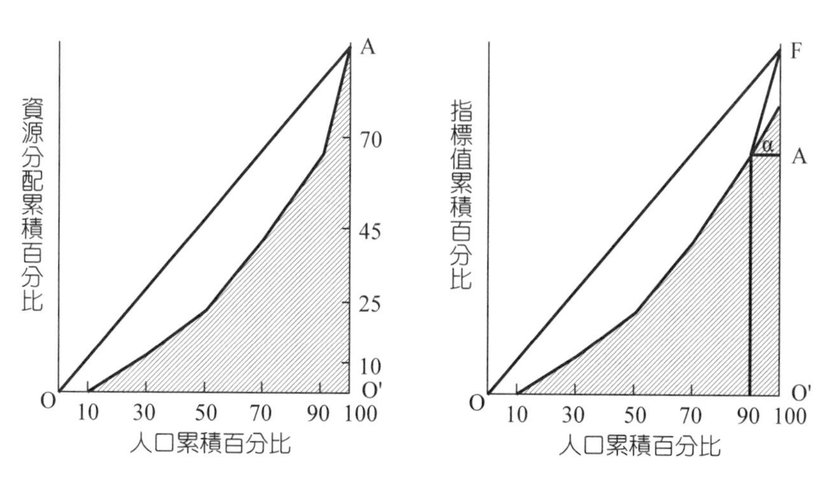

圖 3-5　福利資源配置的羅倫斯曲線　圖 3-6　福利指標值的羅倫斯曲線

將社會福利指標應用於羅倫斯曲線時，縱座標表示總和指標值的累積百分比，**圖 3-6** 折線右上方的最後部分表示指標的平均值。如果平均值大於 F 點，就不應該反映在指標指數中，所以 A 點必須在 F 點下，而α表示指標值與F基準值的差距，也就是指標的浪費部分。假設 NI 為指標值小於或等於 I（定數）的人口累積百分比，f（NI）為指標值的累積百分比，那麼，分配係數為：

$$D=\frac{\sum_{0}^{n} f(NI)dNI}{\sum NIdNI} \qquad \text{or} \qquad D=\frac{\int_{0}^{n}(NI)\,dNI}{\int_{0}^{n} NIdNI}$$

計算最終指標時，必須導入分配係數，也就是：

$$I_4=I_1 \cdot D=\frac{A-O}{M-O} \cdot 100 \cdot D$$

如果用幾何圖形加以說明（**圖 3-7**），根據圖 3-4 的原理，曲線 OLA' 為羅倫斯的分配曲線，橫座標為人口累積百分比，縱座標為指標值累積百分比，分配係數為：

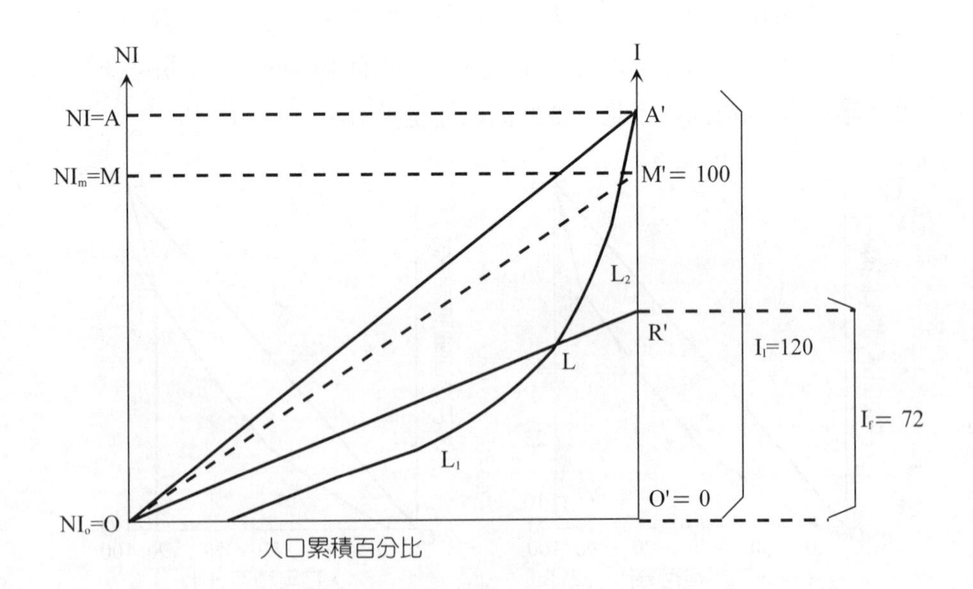

圖 3-7　資源配置係數

$$D = \frac{OLA'\text{的面積}}{OA'O'\text{的面積}} = \frac{OR'O'}{OA'O'} = \frac{O'R'}{O'A'}$$

（$\because OL_1L$ 的面積＝$LL_2A'R'$ 的面積）

而最終指標指數為：

$$I_f = I_l \cdot D = O'A' \cdot \frac{OR'}{O'A'} = O'R'$$

假設 I 為 100，D 為 0.6，那麼，$I_f = 120 \cdot 0.6 = 72$

二、社會福利資源的可近性與滿意度

所謂可近性（accessibility），就是個人在利用社會福利資源時，所產生的障礙程度。根據這種定義，可近性與成本有密切關係，當然，這種成本包含金錢、時間或不悅等犧牲。利用者支付的成本越高，可近性就越低。第一種可近性就是資源利用的障礙程度，例如，資源配置不均，交通的不便等都會阻礙民眾的利用。第二種可近性就是時間的限制，例如，利用資源需在特定的日期或時間，都會影響利用的程度。第三種可近性就是資格的限制，除了合法的限制（如公保醫院只為公保的被保險人服務、公立老人安養機構只收容當地老人等）之外，慣例（如福利活動中心只提供青少年活動，醫療機構往往拒收貧民病患等）也會阻礙資源的利用。第四種可近性就是認知的障礙，也就是民眾對於資源的存在、所需的費用、利用效果等資訊的認知程度。如果認知程度程度不夠，資源的利用就會受到影響。第五種可近性就是價格的障礙，也就是價格對於利用者所構成的負擔程度。越來越多的社會福利設施採用收費的方式，也就是所謂的受益者付費原則，其收費標準往往會影響資源的利用。

計算可近性的方法，隨可近性的性質而異。本研究僅以價格可近性為例，提供最簡單的計算方法。一般社會福利制度所提供的服務價格，往往比一般市場價格為低，這種補助對利用者家計能夠減少多少負擔，就是價格可近性。根據這個定義，可以用下列的公式計算價格可近性：

$$A_P = \frac{Y_d - P_f}{Y_d - P_a}$$

A_P＝價格可近性

Y_d＝家庭可支配所得

P_f＝社會福利設施或服務的市場價格（充分價格）

P_a＝社會福利設施或服務的實際價格（補助價格）

價格的可近性越小，就表示補助價格對家計的減輕程度越大；價格的可近性越大，就表示補助價格對家計的減輕程度越小。如果政府不直接補助價格，而在事後間接補助利用者，那麼，理論上，兩者的可近性是相等的，但是，間接補助往往會犧牲利用者的時間偏好（time preference）或流動性偏好，而增加資源的利用成本，如果申請間接補助的手續十分繁苛，資源的利用成本將會更高，所以間接補助的可近性往往會高於直接補助，也就是直接補助對家計的減輕程度會大於間接補助。

有些可近性可以利用現有資料加以測定，有些可近性則必須進行主觀的意向調查之後才能分析，前者如資源和物價的可近性，後者如時間和認知的可近性。有些可近性只是抽象的概念，尚難測定，有待進一步的開發。歐美先進國家在設計社會指標（social indicator）時，已導入可近性的理念，而在測定生活素質的水準時，更廣泛運用可近性的測定技術。相信可近性的開發將對社會福利水準的測定和社會福利效果的評估產生深遠的影響。

關於資源利用的滿意程度，通常使用兩種測定方法，一種是平均意向調查法，就是由被調查者直接評價某一福利項目或綜合福利指標的重要和滿意度；另一種是以多變量分析的方法，將個別的滿意度轉變為綜合的滿意度。平均意向調查法的缺點，使少數社會弱者的意向無法顯露出來，而多變量分析法的可靠性也頗受批評。隨著客觀條件的變化，人們的主觀意向經常在變，意向調查只能反映調查當時的意向，無法作為預測未來意向的依據。此外，由於個人條件（如年齡、性別、教育、所得階層等）不同，個人價值觀十分分歧，綜合滿意度的運用必須十分慎重；否則，就易於歪曲事實，誤導政策。

經濟學上的效用，是以財物或勞務的擁有數量，作為測定的依據，所以把個人效用轉變為社會效用或將個人偏好轉變為社會偏好就有可能。但是，人們的主觀意向並不完全符合效用的原則，往往受到非財物因素或無法量化的因素所左右。譬如說，人們雖可獲得充分的醫療資源與保健服務，可是，醫護人員的服務態度如果非常惡劣，人們的滿足程度必不會很高，甚至利用率也會降低。因此，以純粹的效用觀點去評估社會福利水準是不充分的，必須配合主觀的意向調查才比較周延。雖然主觀意向調查仍有不少缺失，但是，在掌握個人欲望的動向，提供公共政策的導向上，仍具有絕對的意義與價值。

第四節　社會福利變數的相關性與目的函數

社會福利指標所涵蓋的項目很多，而影響每一個項指標的變數也不少，所以流程圖的架構必然十分龐大，相關性的計算必然十分繁瑣。本文基於理念性的探討，不擬以實際的流程去分析社會福利變數的相關性，只以代表性的模型去說明測定的方法。

影響社會福利的變數可以分為經濟性變數與社會性變數兩種，經濟性變數包括GNP、資本、技術、勞動、所得分配、消費、中間財等等；社會性變數則有營養、住宅、教育、休閒、社會制度、人際關係、風俗文化等等。經濟性變數大都可以量化，處理上比較沒有困難，但是，社會性變數卻包含許多無法量化的部分，而不得不刪除。在選擇變數時，只能採用量化的變數。若把挑選出來的福利指標列在橫座標上，把福利變數列在縱座標上，然後以不同的符號代表每一個指標和變數，最後再計算每一個指標（或變數）與相對變數（或相對指標）間的相關性。最簡單的方法就是以統計學上的迴歸（regression）計算迴歸係數，就可以了解兩者間的相關性。迴歸係數為正時，就表示兩者間有正相關，迴歸係數為負時，就表示兩者間有負相關；係數越大就表示相關性越高，也就是影響比重越大。根據中華民國社會報告的資料（中華民國第一次社會報告，1985），蛋白質攝取量對營養指標的迴歸係數為 0.64482，對平均壽命指標的迴歸係數為 0.12828，對死亡率的迴歸係數為 10.0499，可見，蛋白質攝取對營養指標的影響，而對死亡率則有負的影響，也就是蛋白質攝取量越高，死亡率越低。現在，以低收入人口比率的影響因素為例（**表 3-1**），稍加分析的話，就可以更清楚了解社會福利變數的相關性了。

表 3-1　低收入人口比率的影響因素

決定變數	迴歸係數	標準偏差	誤差機率
截距	-13.39189	6.41636	0.0665
個人可支配所得	-0.01997	0.05304	0.7152
所得分配均等度	4.02570	1.08968	0.0050
政府對社會福利的重視	-0.20286	0.16886	0.2603

資料來源：〈中華民國第一次社會報告〉，p. 275。

站在政策規劃的立場，最需考慮的就是實施某種福利措施會產生多少預期的福利效果，這就是社會福利的生產性效果。如果能夠計算出福利狀況的變動，就可以計算出社會福利的生產性效果。最簡單的方法可以用下面公式求出：

$$PR = \frac{\Delta W}{\Delta SW}$$

PE ＝社會福利的生產性效果

ΔW ＝福利狀況的變動

ΔSW ＝社會福利成本的變動

問題是，福利狀況的變動要如何求出呢？首先，必須了解社會福利措施與福利狀況之間的效果係數，也就是兩者之間的相關係數。然後，將社會福利措施的投入量乘以效果係數，就可以了解福利狀況的變動狀況。但是，這只是單項福利指標與單一變數的關係。若要了解各種福利措施與各種福利指標間的關係，就必須以目的函數的方法加以測定。所謂目的函數，就是整體社會福利計畫最終目的的評價係數，也就是社會福利計畫生產效果的極大化。

根據上述有關社會福利範圍與指標的狹義定義，社會福利措施可以分為社會保險、社會救助、福利服務與衛生醫療等四個領域（可以1、2、3、4表示），每個領域都涵蓋好幾個變數（可以11、12、13......等表示社會保險的各種措施，以21、22、23……等表示社會救助的各種措施，其餘類推）。另一方面，福利指標亦可分為健康福利、經濟福利與精神福利三個指標（可以 5、6、7 表示），每個指標亦有各種不同的項指標（可以 1、2、3……等表示健康福利的各種項指標，其餘類推）。如果計畫變數與指標收數間的效果係數為已知（可以aij表示社會保險計畫對福利指標的影響，以bij表示社會救助計畫對福利指標的影響，其餘類推），那麼，就可以作出效果係數表。為了便於說明，本文僅以五種社會保險計畫（11-15）、四種社會救助（21-24）和一種福利服務（3）以及三種健康福利指標（41-43）、四種經濟福利指標（51-54）和一種精神福利指標（6）作為基本模型，此外，也只以三種假設的關係結構（社會保險與所有的健康和經濟指標都有關係、社會救助與少數的健康和經濟指標有關係、福利服務只與精神指標有關係）作為說明的依據。**表 3-2** 就是根據上述前提作出的效果係數表。

為了解開此模型，可以利用投入一產出表所共同使用的符號加以說明：

$x_{ij} = a_{ij}$

x_{ij}＝計畫變數對指標變數的影響

x_i＝計畫變數的總投入量

表 3-2 效果係數表

		健康福利指標			經濟福利指標				精神福利指標
		41	42	43	51	52	53	53	6
社會保險	11	$a_{11 \cdot 41}$	$a_{11 \cdot 42}$	$a_{11 \cdot 43}$	$a_{11 \cdot 51}$	$a_{11 \cdot 52}$	$a_{11 \cdot 53}$	$a_{11 \cdot 54}$	
	12	$a_{12 \cdot 41}$	$a_{12 \cdot 42}$	$a_{12 \cdot 43}$	$a_{12 \cdot 51}$	$a_{12 \cdot 52}$	$a_{12 \cdot 53}$	$a_{12 \cdot 54}$	
	13	$a_{13 \cdot 41}$	$a_{13 \cdot 42}$	$a_{13 \cdot 43}$	$a_{13 \cdot 51}$	$a_{13 \cdot 52}$	$a_{13 \cdot 53}$	$a_{13 \cdot 54}$	
	14	$a_{14 \cdot 41}$	$a_{14 \cdot 42}$	$a_{14 \cdot 43}$	$a_{14 \cdot 51}$	$a_{14 \cdot 52}$	$a_{14 \cdot 53}$	$a_{14 \cdot 54}$	
	15	$a_{15 \cdot 41}$	$a_{15 \cdot 42}$	$a_{15 \cdot 43}$	$a_{15 \cdot 51}$	$a_{15 \cdot 52}$	$a_{15 \cdot 53}$	$a_{15 \cdot 54}$	
社會救助	21			$b_{21 \cdot 43}$					
	22					$b_{22 \cdot 51}$			
	23					$b_{23 \cdot 52}$			
	24						$b_{24 \cdot 53}$		
福利服務	3								$c_{3 \cdot 6}$

x_j＝指標變數的總產出量

x_i^a＝計畫開始時指標變數的投入量

x_i^o＝計畫開始時指標變數的產出量

$x^A = x_j - x_j^o$

a_{ij}，b_{ij}，c_{ij}＝計量變數對指標變數的效果係數

u_j＝目的函數的評價係數

u ＝目的函數值

由表 3-2 的資料可以歸納成下列兩個行列式（A和B）及一個方程式（C）。

$$A = \begin{matrix} a_{11 \cdot 41} & a_{11 \cdot 42} & a_{11 \cdot 43} & a_{11 \cdot 51} & a_{11 \cdot 52} & a_{11 \cdot 53} & a_{11 \cdot 54} \\ a_{12 \cdot 41} & a_{12 \cdot 42} & a_{12 \cdot 43} & a_{12 \cdot 51} & a_{12 \cdot 52} & a_{12 \cdot 53} & a_{12 \cdot 54} \\ a_{13 \cdot 41} & a_{13 \cdot 42} & a_{13 \cdot 43} & a_{13 \cdot 51} & a_{13 \cdot 52} & a_{13 \cdot 53} & a_{13 \cdot 54} \\ a_{14 \cdot 41} & a_{14 \cdot 42} & a_{14 \cdot 43} & a_{14 \cdot 51} & a_{14 \cdot 52} & a_{14 \cdot 53} & a_{14 \cdot 54} \\ a_{15 \cdot 41} & a_{15 \cdot 42} & a_{15 \cdot 43} & a_{15 \cdot 51} & a_{15 \cdot 52} & a_{15 \cdot 53} & a_{15 \cdot 54} \end{matrix}$$

$$B = \begin{matrix} b_{21 \cdot 43} & 0 & 0 & 0 \\ 0 & b_{22 \cdot 51} & 0 & 0 \\ 0 & 0 & b_{23 \cdot 52} & 0 \\ 0 & 0 & 0 & b_{24 \cdot 53} \end{matrix}$$

$C = c_{3 \cdot 6}x_3 = x_6$

再考慮指標變數總量時，各計量變數的生產效果為：

$x_{11} = a_{11 \cdot 41}x_{11} + a_{11 \cdot 42}x_{11} + a_{11 \cdot 43}x_{11} + a_{11 \cdot 51}x_{11} + a_{11 \cdot 52}x_{11} + a_{11 \cdot 53}x_{11} + a_{11 \cdot 54}x_{11} \geq x_{11}^0$

$x_{12} = a_{12 \cdot 41}x_{12} + a_{12 \cdot 42}x_{12} + a_{12 \cdot 43}x_{12} + a_{12 \cdot 51}x_{12} + a_{12 \cdot 52}x_{12} + a_{12 \cdot 53}x_{12} + a_{12 \cdot 54}x_{12} \geq x_{12}^0$

$x_{13} = a_{13 \cdot 41}x_{13} + a_{13 \cdot 42}x_{13} + a_{13 \cdot 43}x_{13} + a_{13 \cdot 51}x_{13} + a_{13 \cdot 52}x_{13} + a_{13 \cdot 53}x_{13} + a_{13 \cdot 54}x_{13} \geq x_{13}^0$

$x_{14} = a_{14 \cdot 41}x_{14} + a_{14 \cdot 42}x_{14} + a_{14 \cdot 43}x_{14} + a_{14 \cdot 51}x_{14} + a_{14 \cdot 52}x_{14} + a_{14 \cdot 53}x_{14} + a_{14 \cdot 54}x_{14} \geq x_{14}^0$

$x_{15} = a_{15 \cdot 41}x_{15} + a_{15 \cdot 42}x_{15} + a_{15 \cdot 43}x_{15} + a_{15 \cdot 51}x_{15} + a_{15 \cdot 52}x_{15} + a_{15 \cdot 53}x_{15} + a_{15 \cdot 54}x_{15} \geq x_{15}^0$

$x_{21} = b_{21 \cdot 43}x_{21} \geq x_{21}^0$

$x_{22} = b_{21 \cdot 51}x_{22} \geq x_{22}^0$

$x_{23} = b_{23 \cdot 52}x_{23} \geq x_{23}^0$

$x_{24} = b_{24 \cdot 53}x_{24} \geq x_{24}^0$

$x_6 = b_{3 \cdot 6}x_3 \geq x_3^0$

$\because x^4 = x_j - x_j^0$

u_j＝目的函數的評價係數

$\therefore$目的函數值

$u = u_{41}x_{41}^A + u_{42}x_{42}^A + u_{43}x_{43}^A + u_{51}x_{51}^A + u_{52}x_{52}^A + u_{53}x_{53}^A + u_{54}x_{54}^A + u_6x_6^A$

參考文獻

Bennett, M. K. (1937). "On Measurement of Relative National Standards of Living," *Quarterly Journal of Economics*, February.

Drewnwski, J. (1976). *On Measurement and Planning the Quality of Life*, Uitgeverij Mount & Co.

降矢憲一（1987），《社會指標の話》，日本經濟新聞社。

明德基金會生活素質研究中心編（1985），《中華民國第一次社會報告：國民生活素質之評估》，明德基金會出版部。

Chapter 4

第四章

社會福利的經濟效益

第一節　解決貧窮問題的效益

社會福利的原始機能是在解決貧窮的問題，這是任何時代的任何社會都普遍存在的事實。可是，人們對貧窮的定義和政府解決貧窮問題的措施，卻隨著社會的變遷和經濟的發展而有不同。早期的社會福利只是在解決絕對的貧窮，而現代的社會福利不只在解決絕對的貧窮，也在解決相對的貧窮，甚至相對剝奪（relatvie deprivation）；早期解決貧窮的措施只限於社會救助，而現代解決貧窮的措施除社會救助外，還涵蓋社會保險、福利服務及雇用對策等。1948年，世界人權宣言第二十五條明定：任何人都享有維持自己及其眷屬的健康與福利所必要的生活水準（包括食、衣、住、醫療及社會設施），以及因失業、傷病、年老或死亡等不可抗拒因素而難以生活時，有接受保障的權利。我國憲法第十五條亦有保障人民生存權的規定，而生存權的詮釋，至少應符合世界人權宣言第二十五條的規定。因此，生存權的保障不僅是政府的責任，也是社會福利的基本精神；生存權的內涵不僅包括絕對貧窮的保障，也包括相對貧窮和相對剝奪的保障。

社會福利要解決的第一種貧窮問題就是絕對的貧窮。所謂絕對的貧窮就是單純的飢餓狀態，也就是由於所得喪失或中斷或所得水準太低，無法維持基本生活的狀態。對於陷入絕對貧窮的國民，一般均以貧民救助（社會救助的一環）的方式，提供必要的保障。政府在解決絕對貧窮的問題時，必先制定「最低生活費用標準」（即貧窮線）與「貧民救助標準」，再經「資力調查」後始予救助。最低生活費用標準的制定方式，早期是採用B. S. Rowntree所提出的一籃市價制（market basket method）。這種方式是將維持生存所必要的熱量、蛋白質等食品數量以及居住、保健、教育、服飾等生活必需品的數量乘以市場價格計算。後來，一般國家（包括我國）是採用P. Townsend所提出的平均所得制（average income method）。這種方式是以平均每人所得的一定比率（我國現制為三分之一）制定。目前，一般先進國家則採用恩格爾方式（Engel system），先以一籃市價制算出最低飲食費用，再除以恩格爾係數（Engel cofficient），作為最低消費支出，再加上最低需要的住宅、保健、教育等費用。關於貧民救助標準，應依救助項目（一般有生活、住宅、醫療、教育、創業或就業及喪葬等救助）而有不同的標準。就以生活救助的標準而言，理論上對於完全沒有所得的貧民，應補足其所得與最低生活費用標準的差距。有些國家（如我國）以低於最低生活費用標準的金額作為生活救助的標準，而且不提供住宅、教育、創業或就業等補充性救助，就有明顯偏低的現象。解決絕對貧窮是政府責無旁貸的要務，絕不可因為財政的困難，而降低貧民救助的標準或以過於嚴苛的行政手段限制貧民的認定。

社會福利要解決的第二種貧窮問題就是相對的貧窮。所謂相對的貧窮就是平均生活狀態的差距，也就是由於所得偏低而無法享有社會上平均狀態的生活，或由於遭逢事故而無法維持其正常狀態的生活。政府對於低所得的國民（非貧民）通常都提供補充性給付（supplementary benefit），例如眷屬補助、兒童津貼、一般性補助（general assistance）等。政府對於遭逢事故的國民，通常均以社會保險的方式加以因應，例如因傷病、勞動災害、失業和年老等因素而無法維持其正常生活時，則提供健康保險、勞災保險、失業保險和年金保險等現金給付。社會福利要解決的相對貧窮並不是要消弭所得的差距，而是要維持合理的所得差距，使相對貧窮不致惡化。事實上，合理的所得差距對社會經濟的發展具有正面的作用，相對貧窮是任何時代的任何社會都無法消滅的必要存在。因此，社會福利所提供的各種補充性給付，並不是要使受益者獲得一般標準的生活狀態，而是要補助他們改善生活狀態；社會保險所提供的各種現金給付，並不是要使受益者獲得原有的生活狀態，而是要保障他們的基本生活。社會保險的給付金額如果達到最低生活費用的標準，政府就已盡到了基本的責任，如果被保險人願意支付較高的保險費，給付水準當可相對提高。如果所得差距過高，補充性給付與社會保險給付就應該酌情提高，以防相對貧窮的惡化。

社會福利要解決的第三種貧窮問題就是相對的剝奪。所謂相對的剝奪是指老人、殘障者或長期病患等弱勢團體在利用社會上所提供的物品、設施、服務或機會時，遭受不公平的待遇，致使其生活條件受到剝奪。這種剝奪極易產生工作上或所得上的不利，而造成生活上的貧窮，所以也是社會福利必須解決的問題。先進國家通常是以社會資本（social capital）的充實與福利服務的普及，保障弱勢團體享有一個無障礙的生活環境。歐美所謂的人類服務（human service or personal social service），就是要以硬體建設與軟體服務，幫助具有社會障礙（social handicap）者改善其生活條件。要解決相對的剝奪，不是要限制一般人的使用或參與，而是幫助弱勢團體去使用或參與，讓他們在一個毫無障礙的環境下，公平地使用資源，參與競爭；不是要以特殊的優惠待遇去保障他們的生活，而是幫助他們去做一個能盡義務享受權利的正常國民。

除了上述三種事後效益之外，社會福利也含有事前預防的效益。1964 年，詹森總統（Lyndon B. Johnson）在抗貧（War on Poverty）宣言中強調，解決貧窮問題的最佳途徑應從教育、訓練、雇用、保健、住宅等概括性計畫（comprehensive programs）著手，所得的保障只是不得已的事後措施。英國在同時期所實施的「優先教育地區」（priority education district）和「社區發展」（community development）等計畫，就是要解決貧窮地區的貧窮問題，提升貧窮地區全體居民的生活水準（Marshall, 1973）。這種預防貧窮的理念與措施不僅成為 1960 年代社會福利理論的主要潮流，也奠定了福利國家的理想典範。這種「大社會」（the great society）的福利計畫在一個經濟繁榮的時代當可收到效果，可是，經濟一旦陷入衰退，這種福利計畫的效益就令人生疑了。事實上，歐美福利國家經過戰後六十多年來的努力，依然無法解決貧窮的問題，這個古老的新問題不僅可提供福利國家論者的借鏡，也可作為全體國民共同思考的問題。

第二節　重新分配所得的效益

在自由經濟體制下，所得分配的不均是無法避免的。個人以自己所擁有的生產因素（包括能力、努力、資本、土地等）投入生產因素市場，由市場決定價格，然後由價格決定個人所得（即生產因素的數量乘以生產因素的價格）。由於個人所擁有的生產因素在數量和價格上各不相同，個人所得當然不同，這就是所得差距（income gap）的由來。在這種自由市場的功績原理（merit principle）下，所得重分配（income redistribution）不僅違反市場原理，也會引發高所得者的抗拒，影響總體經濟的發展。問題是，有些生產因素是由繼承而來（如資本和土地），有些生產因素是由家庭給予（如教育和機會），個人本身所擁有的生產因素只有能力與努力而已，所以功績原理的立足點事實上並不公平。此外，個人本身擁有的生產因素往往會因不可抗拒的因素（如傷病、殘廢或年老）而無法提供，或因經濟的不景氣而無法出售，這些都不是個人的責任。因此，站在保護國民的立場，政府應該採取所得重分配措施，使處於劣勢條件的國民獲得應有的保障。

根據效用學派的理論，當個人的邊際效用相等時，社會的總效用最大。由於高所得者的貨幣邊際效用低於所得者，所得重分配的結果，會接近個人的邊際效用，使社會的總效用增加。問題是，如果所得分配達到完全均等的話，反會造成不公平和無效率。那麼，如何才能達到最適當的所得移轉呢？ H. M. Hochman 和 J. D. Rodgers 曾於 1969 年提出巴勒圖最適重分配（Pareto optimal redistribution）的理論。這個理論的基本假設是：如果沒有所得移轉，低所得者增加所得時，高所得者的效用也會增加；如果低所得者所增加的所得來自高所得者，高所得者的效用就會減少。當高所得者增加和減少的效用相等時，就是最適的所得移轉（Hochman & Rodgers, 1969）。現在，以圖 **4-1** 加以說明。Y_1為高所得者的所得，Y_2為低所得者的所得，Y_1A為高所得者的所得移轉可能線，I為高所得者自己保有的所得與願意移轉的金額的無異曲線，Y_1A與I交點的e就是最適所得移轉點，此時，T為最適所得移轉金額，而重分配後，高所得者的所得為Y_1-T，低所得者的所得為Y_2+T。如果高所得者的所得增加（所得差距加大），所得移轉可能線由Y_1A移至$Y_1'A'$，最適所得移轉點由e移至e'，那麼，ee'的軌跡T' T'就是所得差距移轉曲線，T' T'的彈性值（E）就是所得差距變化與最適移轉金額變化的比率。如果E＝0，T'T'就呈垂直線，則不管所得差距如何變化，最適移轉金額均為固定；如果 E ＝ 1，T'T'就呈一直線，最適移轉金額的變化與所得差距的變化相等；如果 E ＞1，最適移轉金額的變化就大於所得移轉的變化。

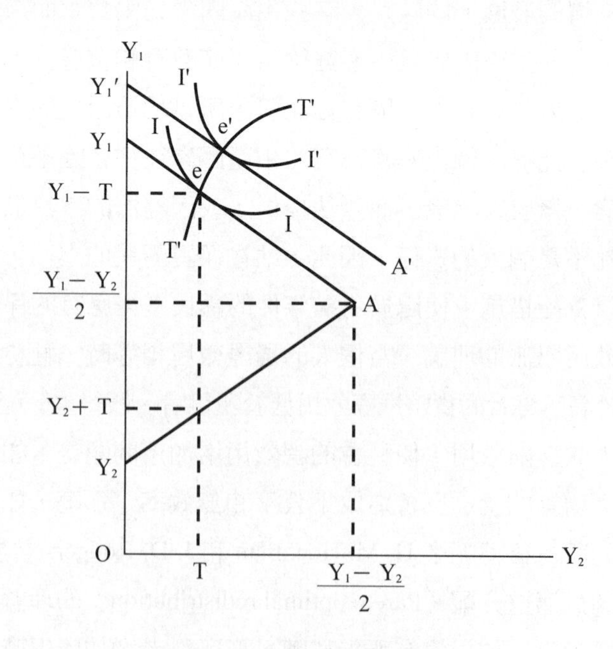

圖 4-1　最適所得移轉

在了解最適所得移轉的理論之後，必須了解社會福利與所得移轉的關係。第一種關係就垂直所得重分配（vertical income redistribution），也就是高所得者對低所得者的所得移轉。社會福利財源主要來自政府稅收與社會保險費的數入，一般政府的稅收直接稅所占的比率較高，而直接稅大都採取累進稅率，所以政府稅收結構中，高所得者的負擔較低所得者為重。至於社會保險費，雖然大都採取固定稅率，但是，高所得者的負擔金額當比低所得者為多。因此，在社會福利的財源方面，高所得者必須負擔較多的金額。另一方面，社會福利的支出，大部分是以弱勢團體為對象，而弱勢團體大多為較低所得者。因此，社會保險的支出以低所得者獲得的利益較多。測定垂直所得重分配的方法，一般是以重分配係數和吉尼係數的改善度加以測定。其公式為：

$$所得重分配係數=\frac{重分配後所得-重分配前所得}{重分配前所得}\times 100$$

$$吉尼係數改善度=\frac{重分配後吉尼係數-重分配前吉尼係數}{重分配前吉尼係數}\times 100$$

社會福利與所得移轉的第二種關係就是水平所得重分配（horizontal income redistribution），也就是相同條件（資格、所得等）者之間的所得移轉。譬如說，同一社會保險制度的被保險人遭逢傷病、勞動災害、失業、殘廢、老年或死亡時，所獲得的實物和現金給付就是其他未遭逢事故的被保險人所提供的所得移轉，水平的所得重分配是基於互助和互惠的公平原則所產生的經濟效益，不是犧牲某些人，利益其他人的反公平效果。每一個相同條件的成員都有機會遭逢事故，接受給付，所以理論上，沒有機會接受給付，並不是權益的受害，也不會影響個人的效用。可是，實務上，不接受給付常會產生吃虧的心態，而假藉名義接受給付或故意浪費給付，致使水平所得重分配的美意遭受扭曲。此外，同一社會保險制度的被保險人並非相同的所得階層，社會保險財源仍以高所得者的負擔為重，所以也具有垂直所得重分配的效果，而非單純的水平重分配。在不同的社會保險制度下，相同的所得階層可能會參與不同的社會保險制度，接受不同的社會保險給付，而造成不公平的現象。因此，為了維護水平所得重分配的公平性，不同社會保險制度間的保險費和給付水準應力求公平，不宜有太大的差距。

社會福利與所得移轉的第三種關係是世代所得重分配（generation income redistribution），也就是這一代對上一代的所得重分配。社會福利的財源主要是由工作的一代所負擔，而老人的福利措施（如老人保健服務制度、非保險老年年金制度及各種老人福利服務制度）則是對退休的一代所提供的給付或服務，所以是工作的一代對退休的一代所作的所得移轉。雖然對退休一代的給付或服務並沒有生產性，完全是基於人道的立場，但是，如果沒有這種給付或服務，退休的一代仍然需要由工作一代的親屬扶養，結果，必須扶養上一代的人就比無須扶養上一代的人負擔更高的生活費用，造成相對的貧窮。因此，世代間的所得重分配也間接反映了工作一代的所得重分配。當老人的福利措施開始實施之時，受益老人可以不必負擔經費，一俟制度成熟運作時，受益老人都會在年輕時負擔了上一代的經費，世代間的所得重分配就可以正常運作。此外，值得一提的是，社會保險的老年年金給付理論上並沒有世代間所得重分配的效果，因為那是受益老人本身所繳納的保險費的累積。

所得重分配最受詬病的就是對工作意願的影響，如果所得過度重分配，高所得階層的工作意願就會降低。因此，在財源徵收與給付內容方面，應該適度約束，避免過度重分配。例如，所得稅的累進稅率和社會保險費的投保薪資標準都應有個合理的上限規定，福利服務的內容和社會保險的給付水準也必須有所節制，而且必須採取受益者部分負擔的制度。此外，對於社會救助對象的認定，必須採取資力調查，以防被濫用。社會福利的所得重分配是國民之間的所得移轉，不是國民與政府之間的所得移轉，當部分國民要求政府提高社會福利水準時，就必須加重其他國民的負擔，侵犯了其他國民的私有財產權。因此，政府對於國民的福利要求應適當加以節制，不可予取予求，造成所得重分配的逆效果。

第三節 促進經濟成長的效益

凱恩斯學派對社會福利的經濟成長效益寄予厚望，因為他們認為，消費與投資是創造國民所得的主要因素，而社會福利對消費與投資都有促進作用。雖然移轉性的社會福利支出對國民所得並沒有直接的影響，但是，可以提高消費與投資的水準，所以對國民所得具有間接的影響。此外，社會福利亦能提高勞力品質和勞動生產力，對國民所得亦有間接的促進作用。另一方面，供給學派對社會福利的經濟成長效益卻抱持懷疑甚至反對的態度。他們認為，社會福利的經濟成長效益並不明確，尤其是長期效果更難期待。第二次世界大戰以後的高度經濟成長締造了福利國家，但是，社會福利制度的擴張，卻使福利國家的經濟陷入低度成長，甚至產生滯性膨脹（stagflation）的危機，所以供給學派振振有詞地認為，社會福利是經濟成長的絆腳石，甚至把政府財政赤字、物價膨脹、勞動生產力的低落、道德的墮落等缺失均歸咎於社會福利。其實，經濟衰退是受了景氣循環與世界經濟的影響；政府財政赤字是財政政策過度擴張的結果；物價膨脹除了需求拉升（demand - pull）之外，亦有成本推動（cost - push）的因素；勞動生產力的降低是由於經營管理失敗；而道德的墮落則是社會變遷的副產物，如果把一切缺失都歸咎於社會福利，就過於偏見了。理論上，社會福利對消費、投資與勞動生產力的正面影響是可以肯定的，實際上，社會福利支出占國民所得的比率較高的國家，如瑞典、法國、西德等國的經濟成長率都比美國、英國等社會福利支出比率較低的國家為高（厚生白書，1992）。可見，社會福利支出並不會阻礙經濟成長。

社會福利的所得重分配效益可以提高社會全體的平均消費傾向（APC），使線型消費函數曲線向上方移動，進而使國民所得增加。假設國民分為高所得階層與低所得階層兩種，前者的 APC 為 0.6，後者的APC為 0.8，而所得分配為 0.6 與 0.4，那麼，社會全體的APC為：

$0.6 \times 0.6 + 0.8 \times 0.4 = 0.68$

所得重分配的結果，如果所得分配比率調整為 0.5 與 0.5，那麼，社會全體的 APC 可增加為：

$0.6 \times 0.5 + 0.8 \times 0.5 = 0.70$

由此看來，低所得階層的APC越高，所得重分配對消費的影響越大。但是，如果低所得階層的 APC 超過 1（即有負儲蓄的現象），所得重分配所增加的所得將轉用於負債，對消費並不會產生影響。在一個富裕的國家，由於低所得階層的APC較低，所以社會福利的所得重分配對消費的影響也較小。旦是，在一個極度貧窮的國家，如果低所得階層的 APC 大於 1，社會福利的所得重分配對消費也不會有影響。因此，APC 的高低與所得重分配的程度是決定社會福利對消費的主要影響因素。至於APC的高低，與一個社會的經濟條件和社會背景有密切關係，例如，資產－所得比率、就業結構、人口結構、自用住宅持有率、社會福利水準及消費觀念等，都會影響到 APC。

如果社會福利對促進消費的效果是肯定的話，那麼，消費的增加必將誘發投資的增加，這就是加速原理（acceleration）。若用公式發達就是：

$\Delta Iu = \beta \cdot \Delta C$

ΔIu ＝誘發性投資

β＝資本係數（即$\dfrac{\Delta K}{\Delta O}$，$\Delta K$為資本的變動，$\Delta O$為銷售量的變動）

ΔC＝消費的變動（即$C_t - C_{t-1}$）

另一方面，從資本形成（capital formation）的觀點來說，任何形式的社會福利基金都是資本形成的手段，尤其是社會保險的累積基金

（reserved fund）更是一種強制性的社會儲蓄。這些資本不管是用於公共投資或民間投資，對總和需求（aggregated demand）和國民所得都有絕對的影響。問題是，資本形成的結果，能否完全用於投資。從經濟分析的理論來說，投資是依存於資本的需求量而非存在量，如果投資意願低落，累積的資本除了會助長投機活動與物價膨脹之外，對正常的投資活動並無太大的幫助。當然，社會福利的累積資本可以完全提供政府公共投資之用，與民間的投資意願無關，但是，政府是否能夠有效運用這些資本，是個頗值商榷的問題。供給學派對於社會福利基金的運用，就抱持反對的態度，他們既不信任公共投資的效益，更反對以強制性儲蓄的手段阻礙民間投資，因為政府為了維護社會福利基金的穩定，必將基金用於風險較低且利潤率也較低的投資；另一方面，卻必須支付較高的利率，所以資金成本必然加重，結果，不是由政府或企業承擔虧損，就是由受益者或消費者分攤這些成本。這就是美國商業總會（the United Chamber of Commerce）堅持反對累積基金制（reserved funding system），主張隨收隨付制（pay-as-you-go system）的理由。總之，社會福利對投資的影響是絕對肯定的，但是，對投資的效益則有待進一步的研究和改進。

社會福利對勞動生產力的提升亦有正面的效果，至少對於勞力品質、工作意願與流動率都會產生影響。社會福利是一種「對人的投資」（human investment），藉由這種投資，可使貧窮的國民脫離貧窮，使喪失工作的國民重返勞力市場，使傷病的國民恢復健康，其效益不可謂不大。提升勞動生產力不僅是企業經營的手段，也是社會福利的目標。社會福利的健康保險與衛生保健服務可以維護勞力的健康；各種福利服務可以增進勞力的技能、知識與活動範圍，這些都可提高勞力的品質。社會保險的現金給付可以保障勞工在遭受傷病、職業災害、失業、年老或死亡時的生活，使勞工安心工作；社會福利的所得重分配效果可以縮小國民間的所得差距，提高勞工的中產階層意識，這些都可以提高勞工的工作意願。健康保險、職災保險及失業保險可以使傷病、職業災害及失業的勞工儘速重返勞力的市場；各種社會福利法亦有保護勞工免於被逐出勞力市場，對穩定勞力的流動率只有正面的影響。持相反看法的人士認為，社會福利容易養成人們的墮性，使勞動生產力降低。其實，這種說法必須基於兩個前提，第一是國民的勞動意識偏低；第二就是社會的保障水準偏高。如果國民都十分勤勞，而社會福利只提供最低的生活保障，不會養成人們的墮性，或阻礙勞動生產力的提升。

總之，社會福利對消費、投資和勞動生產力都有正面的影響，所以具有促進經濟成長的效益。為了使讀者更清楚了解社會福利的經濟成長效益，而以**圖 4-2** 加以說明。在生產可能曲線（product possibility curve）AB 下，高所得者的所得為 Ob_1，低所得者的所得為 Oa_1，所得重分配的結果，使高所得者犧牲了 b_1b_2 的所得，而使低所得者獲得了 a_1a_2 的所得。社會全體平均消費增加的結果，投資和利潤都會增加，高所得者的所得也會提高，由 b_2 增至 b_3，另一方面，社會全體勞動生產力提高的結果，工資和生活水準也會提高，低所得者的所得自然會相

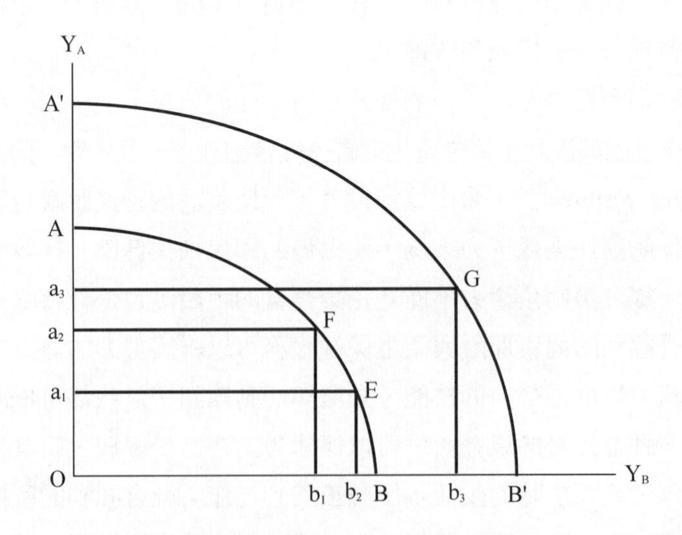

圖 4-2　社會福利與生產可能曲線

對增加，由a_2增至a_3。如此一來，生產可能曲線就會由AB移至A'B'，國民生產就會增加，經濟成長就會加速。

第四節　維護經濟穩定的效益

社會福利對於調節景氣，具有自動安定功能（built-in stablizer），因為在景氣時，社會福利基金或社會保險可以吸收過剩的資金，有助於控制物價膨脹；而在不景氣時，社會福利支出或社會保險給付可以促進有效需求，有助於景氣的復甦。但是，並非所有的社會福利支出都具有安定景氣的效益，例如，福利服務、兒童津貼、傷病給付及職業災害給付等變化性較小的支出，對調節景氣並無很大的作用，因為在景氣或不景氣時，這些支出的規模都很穩定。至於老年年金給付，雖然在不景氣時，申請給付的老人會增加，但是，變動不會太大，因為有給付條件（如投保期間、給付年齡等）的種種限制；另一方面，不景氣時創業較為困難，希望延長就業的老人必會增加，所以老年年金給付對穩定景氣的作用不會很大。影響景氣最大的就是失業保險與社會救助。在景氣時，失業保險基金和社會救助基金的收入會增加，而失業給付和救助金額則會減少；在不景氣時，失業保險基金和社會救助基金的收入會減少，但失業給付和救助金額則會激增。因此，失業保險和社會救助的穩定經濟效益是最值得探討的。

失業保險具有穩定勞力市場與消費水準的功能。失業保險除了失業給付之外，有職業訓練與雇用促進兩種措施，前者是幫助失業者在接受訓練與輔導之後，儘速返回勞力市場；後者是協助企業維護雇用的穩定，不要解雇員工造成失業。因此，失業保險是藉由事後的補救與事前的預防兩種手段，穩定勞力市場。失業保險的現金給付主要是提供消費財的使用，使社會整體的消費水準不致於因不景氣而遽減，可以維持有效需求的穩定。勞力市場與消費水準是穩定經濟的兩大支柱，失業保險的經濟效益是不可忽視的。

雖然如此，我們對於失業保險的穩定功能仍不可過度期待。當大量失業來臨時，失業保險不僅無法穩定勞力市場，連保險財務都會面臨破產，所以失業保險只有在預防失業和克服少量失業時，方能發揮效果。另一方面，由於失業給付一般均比失業前的工資為低，接受失業給付者的消費能力必然低於失業前的消費能力，所以失業給付並無法提高消費水準，只能穩定消費水準不要遽減而已。

對於未能接受失業給付的貧民而言，社會救助是維持其基本購買能力的唯一手段，尤其當大量失業產生時，失業保險根本無法解決問題，最後仍須以社會救助的方式加以解決。因此，如果說失業保險是扮演了前期的穩定角色，社會救助就扮演了後期的穩定角色。社會救助不僅可以穩定消費水準，也可透過職業訓練與就業輔導，穩定勞力市場。為了發揮社會救助的穩定功能，最好設置社會救助基金，在景氣時，吸收資金，充裕財源，一方面控制物價膨脹，另一方面，充實社會資本；不景氣時，則放寬受益標準，改善給付內容，以穩定消費水準，促進經濟的復甦。若遭逢嚴重蕭條，則發行公債支應，俟景氣恢復後再行償還。

為了加強社會福利的穩定經濟效益，理論上，在景氣時，應該提高保險費或租稅，降低給付水準；在不景氣時，則降低保險費或租稅，提高給付水準，因為這樣才能在景氣時發揮控制物價膨脹，在不景氣時發揮穩定勞力市場與消費水準的功能。但是，實務上，這種做法似乎有困難，因為在景氣時，要提高保險費或租稅，極易引發國民的反對，而在不景氣時，要提高給付水準，政府主管機關可能不會輕易贊成。因此，要加強社會福利的穩定經濟效益並非易事。有些政府在種種壓力下，甚至採取反穩定的社會福利措施，美國失業保險制度所採行的經驗費率（experience rating system）是一例。所謂經驗費率，就是在景氣時降低保險費，提高給付水準，而在不景氣時提高保險費，調低給付水準。這種制度在景氣時具有加速膨脹（inflation）的作用，在不景氣時造成經濟的衰退（deflation），對經濟的穩定具有負面的影響。

最後，關於社會福利與物價膨脹的關係，理論上，社會福利基金可以吸收多餘的資金，紓緩物價膨脹的壓力，但是，在經濟成長與物價膨脹的密切關係下，成長期的物價膨脹是無可避免的，為了因應物價膨脹，社會福利的給付水準必然相對調高，（先進國家的各種年金給付大都採用波動調整（slide system），以保障年金受益者的生活），結果，需求會增加，需求拉升的物價膨脹就會產生。另一方面，如果企業也要負擔社會福利費用，就會增加生產成本，尤其在物價膨脹之時，勞工要求調高工資的結果，更會加重企業對社會福利費用的負擔，而不得不轉嫁給消費者，造成成本推動的物價膨脹。因此，社會福利的穩定物價效益，必須進一步研究後，才能正確加以評估。

總之，社會福利的穩定經濟效益除了與制度設計、財務規模、給付水準等有密切關係外，貨幣政策、財政政策及相關公共政策的配合也相當重要。譬如說，若在景氣時採用寬鬆的貨幣或財政政策，就有利於景氣的復甦。英美等國在目前不景氣的情況下，以減稅及減少政府支出（尤其是社會福利支出）等供給學派的對策，作為恢復景氣的手段，無異否定了社會福利的穩定經濟功能，供給學派試圖將福利國家導入一個由政府主導的社會福利、企業主導的經營福利及民間主導的志願性福利所構成的福利社會，要讓福利的歸於福利，經濟的屬於經濟。在這種趨勢下，社會福利的經濟效益將面臨極大的挑戰，福利經濟學者將如何因應，是個頗值期待的問題。

參考文獻

Hochman, H. M. & J. D. Rodgers (1969). "Pareto Optimal Redistribution," *American Economic Review,* Vol. 59, No.4.

Marshall, T. H. (1975). *Social Policy in the Twenty Century*, Hitchinson.
日本厚生省編（1992），《厚生白書》，厚生問題研討會。

Chapter 5

第五章

效用理論

第一節　效用與社會效用

根據經濟學家 Paul A. Samuelson 的定義，效用（utility）是人們從購買財物或勞務（goods or services）中所獲得的主觀性喜悅或滿意（subjective pleasure or satisfaction）（Samuelson & Nordhans, 1989）。根據 The American Heritage Dictionary，所謂喜悅是一種可以享受的感覺或情緒（an enjoyable sensation or emotion）；所謂滿意是一種欲望的實現（fulfillment of a desire）；所謂欲望是一種意欲或渴望的表達（to express a wish for）。從這些文義性定義（literary definition）中，我們似可將效用化約成欲望的滿足程度。這個定義包含三個要義：第一是欲望的表達；第二是資源的存在；第三是享受的感覺。這三個要素缺一不可，否則就不會產生效用。人們對資源的欲望除了財物與勞務之外，對知識、情誼、愛情、權力和權利等也都有渴望。當這些資源出現的時候，渴望會轉化成效用。由於感覺具有個別性（distinct）、主觀性（subjective）、可替代性（substitutive）和可改變性（changeable）等特質，效用常呈現不穩定的狀態。同一個人對不同的資源會產生不同的效用，對相同的資源也可能產生不同的效用。

古典福利經濟學對效用有下列四個基本命題：

第一、平等性（postulate of equality）：每一個人享受效用的能力相等。

第二、可測性（postulate of measurability）：人們的效用是可以測定的。

第三、可比較性（postulate of comparability）：不同的個人和不同的資源各有不同的效用，其效用可以比較。

第四、可累計性（postulate of accumulatability）：資源效用是可以累計的，個人效用的總和就是總效用（total utility）。

關於第一個命題，似乎把人們的欲望均等化，也就是否定了個人的差異性。每一個人都有不同的價值觀、人格特質、潛在能力（capability），也有不同的生活環境和利害關係，當然會產生不同的欲望和效用。因此每一個人享受效用的能力是不同的。效用主義者的基本命題其實是建立在不平等的基礎上。關於第二個命題，是將人們理性化，把感覺計量化，把效用尺度化。

個人或許可以測定自己的感覺（內省法），卻無法測定他人的感覺。以尺度測量他人的感覺其實並無科學的基礎。關於第三個命題，只有在相同的個人或資源的前提下，效用的比較才有可能，不同的個人或資源的效用是難以比較的。若以五分位量表作為測定效用的依據，某一個人對賓士實S型的效用為5，對E型的效用為4，對C型的效用為 3，那麼，效用是可以比較的。如果要比較賓士車和麵包的效用就難以比較了。至於不同個人間對不同資源的效用比較也缺乏客觀性。關於第四個命題，如果不同資源間的效用無從比較，效用加總就失去了意義。由於資源的種類繁多，要正確加總效用是不太可能的，只會呈現見林不見樹的假象。正如 L. C. Robbins 的指摘的，上述四個命題並非可以實証的經濟理論，只是一種政治哲學的價值命題（Robbins, 1937）。如果人們能夠充分理性化，而且效用的測量和累計方法能夠更加精密，上述四個命題仍有成立的妥當性。至少在可以替代的效用命題尚未出現之前，這些價值命題仍可作為分析經濟現象的規範性依據。

由上述定義和命題所形成的效用就是直接效用（direct utility），也就是個人對資源直接產生的效用。此種效用可以分為正效用（positive utility）和負效用（negative utility）兩種類型，前者是喜悅的感覺，後者則是不悅的感覺。效用大於 0 就是正效用；等於 0 就是無效用；小於 0 就是負效用。除了間接效用之外，還有一種外部效用（external utility），也就是個人在享受資源時所產生的間接性效用。外部效用也有正效用和負效用。例如看電視會產生直接正效用，也會產生外部負效用（害怕功課沒做完所產生的不悅感覺）。再如讀書會產生直接的負效用，也會產生外部的正效用（考試成績好的喜悅感覺）。因此在計算總效用的時候，必須將直接效用和外部效用加總才正確。例如，花一個小時看電視會產生 5 個單位的正效用和花 1 個單位的負效用，其總效用就是 4 個單位。

個人擁有某種資源的數量越多，直接正效用就越少，這就是邊際效用遞減法則（the diminishing law of marginal utility）。所謂邊際效用就是每增加一個資源的數量所增加的效用單位。例如看電視所產生的直接正效用，第 1 個小時為 5 個單位，第 2 個小時為 4 個單位，第 3 個小時為 3 個單位，呈現遞減的趨勢。相反的外部效用則會呈現遞增的現象。例如，讀書的外部正效用第 1 個小時為 1 個單位，第 2 個小時為 2 個單位，第 3 個小時為 3 個單位等。又如看電視的外部負效用第 1 個小時為－ 1，第 2 個小時為－ 2，第 3 個小時為－ 3 等。因此，邊際效用遞減法則只限於直接正效用，而外部效用（含正效用和負效用）則適用邊際效用遞增法則（the increasing law of marginal utility）。這兩個法則似可修正為直接正邊際效用遞減法則（the diminishing law of direct positive marginal utility）與外部邊際效用遞增法則（the increasing law of external marginal utility）。直接邊際效用加以外部邊際效用就是實質邊際效用（real marginal utility）。一般人都以實值邊際效用作為選擇資源的依據，而不是以直接的邊際效用作準則。由於直接邊際效用是遞減，而外部邊際效用為遞增，所以實值邊際效用有時會遞減，有時則會遞增。

實質邊際效用越大的資源越能吸引人們去追求，但是人們的能力（ability）有限，只能在其能力範圍內追求實值效用較大的資源。再以看電視和讀書為例，如果這兩項活動的直接邊際效用（DMU），外部邊際效用（EMU）和實質邊際效用（RMU）如**表 5-1** 所示，個人有第 1 個小時的時間能力時，他會選擇看電視，因為它的RMU較大。如果有第 2 個小時的時間能力時，他也會選擇看電視。但是當有第 3 個小

表 5-1 邊際效用

活動項目	時間（單位）	直接邊際效用（a）	外部邊際效用（b）	實質邊際效用（a＋b）
看電視	1	5	－1	4
	2	4	－2	2
	3	3	－3	0
	4	2	－4	－2
	5	1	－5	－4
	6	0	－6	－6
讀書	1	－5	＋1	－4
	2	－4	＋2	－2
	3	－3	＋3	0
	4	－2	＋4	＋2
	5	－1	＋5	＋4
	6	0	＋6	＋6

時的時間能力時，他可能繼續看電視或改為讀書，因為兩者的 RMU 相等。如果有第 4 個小時的時間能力，他就會選擇讀書，因為讀書的 RMU 較大。

我們也可以用**圖 5-1** 來說明，橫座標為小時（hours），縱座標為效用 AA'為看電視的 RMU（RMU_t），BB'為讀書的 RMU（RMU_r）。當 $RMU_t > RMU_r$ 時，會選擇看電視；當 $RMU_r > RMU_t$ 時就會選擇讀書；當 $RMU_t = RMU_r$ 時，兩種選擇皆有可能。

邊際效用的和就是總效用，譬如看了 2 個小時的電視就有 6 個單位的總效用；讀了 2 個小時的書則有－6 個單位的總效用，這就是單獨資源的總效用。如果將兩種以上資源的總效用加總，就是複數資源的總效用。例如看了 2 個小時的電視和讀了 1 小時的書，總效用就是 2（4＋2－4）。人們總會選擇總效用較大的資源組合。譬如有 X 財和 Y 財兩種資源組合，而 $X_1 + Y_1 = Tu_a$，$X_2 + Y_2 = Tu_b$，如果 $Tu_a > Tu_b$，人們就會選擇 $X_1 + Y_1$ 的資源組合。如果 $Tu_a = Tu_b$，人們就有可

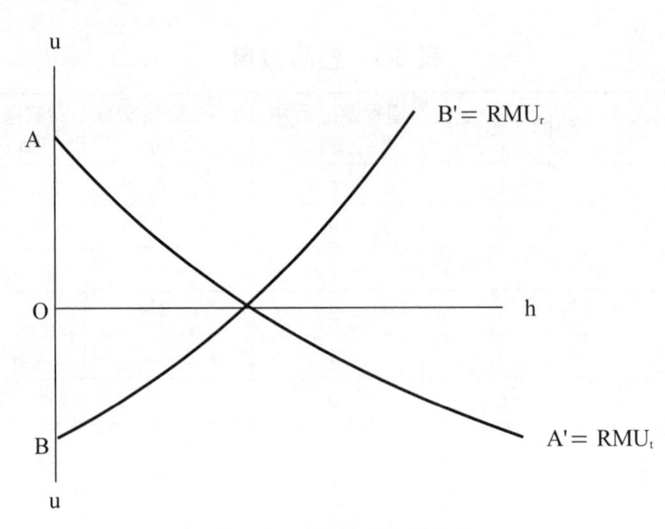

圖 5-1　實質邊際效用

能選擇 $X_1 + Y_1$，也有可能選擇 $X_2 + Y_2$，因為兩種選擇的總效用相等。由總效用相等的資源組合所構成的曲線就是所謂的無異曲線（indifference curve）或無差別曲線。如**圖 5-2** 所示，在無異曲線（I）上的任一點（a, b, ...）上的資源組合其總效用都是相等的。要在無異曲線上的多

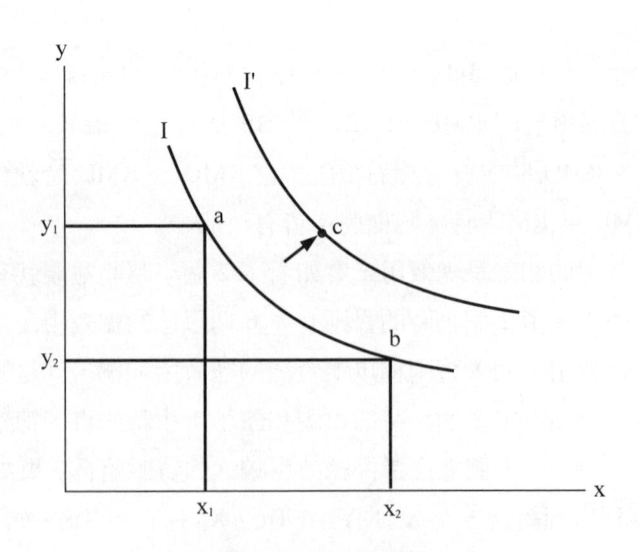

圖 5-2　無異曲線

種組合中選擇一種組合是不可能的，這就是無異曲線的困惑。遇到這種麻煩事，必須重新評估各種組合的總效用，使其不在一個無異曲線上。無異曲線往右上方移動就表示總效用越大，往左下方移動就表示總效用越小，人們總會選擇總效用較大的資源組合。

由於人們的能力（如預算）有限，如何在能力範圍內選擇總效用最大的資源組合（如財物組合）就是效用極大化（maximization of utility）的概念。經濟學上將預算線（budget line）和無異曲線相交點所構成的財物組合稱為消費者的均衡（consumers equilibrium），也就是最佳的消費組合成效用極大化組合（**圖 5-3**）。消費者的均衡是如何形成的呢？簡單的說就是替代關係（substitution relation）所形成的。個人在感覺上都有以多少 X 財去換取多少 Y 財的預期。另一方面，市場上則以價格決定兩種財物的替代關係。如果感覺上兩財的邊際替代率（marginal rate of substitution, MRS）大於市場上兩財的邊際替代率，個人就會繼續交換（有利的感覺）直至兩者的邊際替代率相等為止。

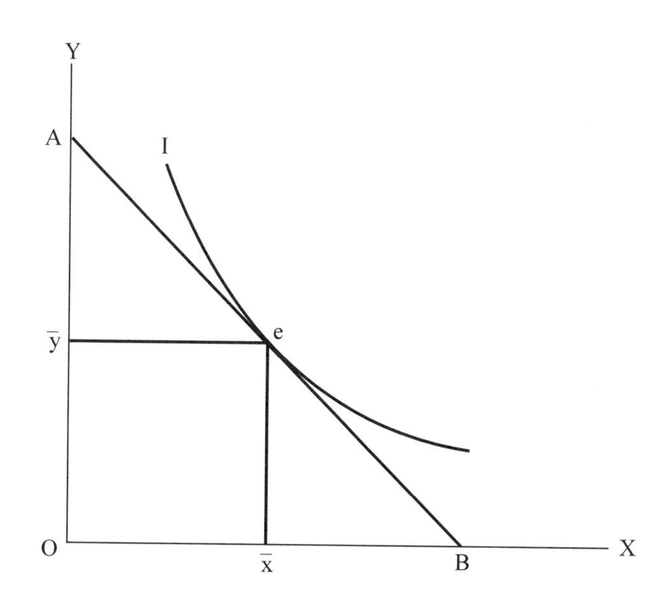

圖 5-3　消費者的均衡

如果個人的效用可以測定，那麼將個人效用加總就是社會效用（social utility），一般是以$su = \sum_{i=1}^{n} u_i$來表示。如果社會效用可以測定，那麼社會無異曲線（social indifference curve）就可以成立。如果社會無異曲線可以成立，那麼社會效用極大化就可以達成。如**圖 5-4** 所示，當生產可能曲線AA（production possibility frontier）等於社會無異曲線（SIC）時，社會效用極大化。如果社會效用的邊際替代率大於生產物的邊際替代率，人們就會繼續生產，直至兩者的邊際替代率相等為止。這就是競爭性均衡（competitive equilibrium）或巴勒圖最適性（Pareto optimality）。

假設某一社會有A和B兩人，可生產100塊巧克力，而A對巧克力的效用為1，B對巧克力的效用為3，那麼根據社會效用極大化的原理，應該分給A 25元（100×1/4），分給B 75元（100×3/4）。同理，假設某一社會有A和B兩人，可生產100元的國民所得，而A對貨幣的效用為1，B對貨幣的效用為3，那麼根據社會效用極大化的原理，應該分給 A 25元，分給 B 75元。為了達成社會福利效用的極大化，可先測定各受益人口群的平均效用，再依效用比率分配社會福利資源。

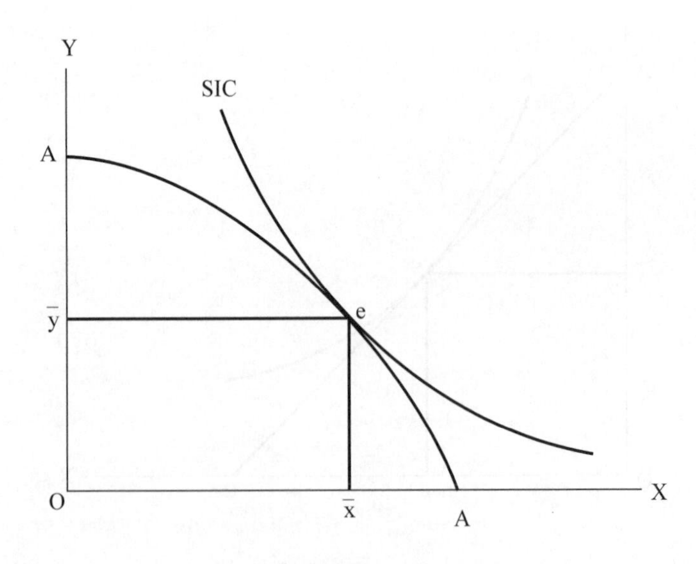

圖 5-4　競爭性均衡

依直接邊際效用遞減法則，高所得者對貨幣的效用低於低所得者，若將高所得者的部分所得移轉給低所得者，社會效用也會增加。

第二節 需要與社會需要

根據 *The American Heritage Dictionary* 的解釋，需要（needs）是一種必要的狀況（a situation in which something necessary）。這個定義涵蓋兩個要素，第一是必要性；第二是欠缺性。需要的必要性來自強烈的欲望（to desire greatly），這些欲望有些來自個人的自發性，有些則來自社會的規範性，前者就是R. E. Goodin所謂的意志性需要（volitional needs）；後者就是所謂的非意志性需要（non-volitional needs）（Goodin, 1988）。當意志性需要與非意志性需要有衝突時，理性的人會選擇非意志性需要，而感性的人則會堅持意志性需要。需要必須有欠缺的事實才成立，否則就不構成需要。一個人若不欠缺任何資源，就沒有需要可言。因此，我們似可將需要定義為一種必要但是欠缺的狀況。個人有某種需要時，有些人只停留在感覺的階段；有些人就會表達出來，有些人則會以行動去獲得。J. Bradshaw 所謂的感覺性需要（felt needs）和表達性需要（express needs）就屬於前二者，而L. Doyal與 I. Gough 所謂的策略性需要（strategic needs）就是第三者（王慶中&萬育維，2000）。A. Maslow以內在驅力理論詮釋需要，認為人類在滿足生理需要之後會產生內在驅力去追求安全感，然後再去追求更高層次的社會歸屬、自尊和自我實現等需要。如果需要只是一種必要的欠缺，就與滿足需要的動機或策略無關。既不需要去探討有無感覺、表達或行動的問題，也不需要去分析驅力或目的的理論，而只需單純探討必要的欠缺這個議題。

人類生活大致說來只有個人生活與社會生活兩種，前者包括生理和心理的生活，後者則有社群、經濟和政治等生活。依此觀點，人類需要可以分為生理需要（physical needs）、心理需要（psychological needs）、社群需要（community needs）、經濟需要（economic needs）與政治需要（political needs）等五種類型。幾乎每個人都需要生理的健康、心理的喜悅、社群的和諧、經濟的富裕以及政治的權利。這是一個平行的生活需要，而不是層次型的生活需要（Maslow），也不是意識型的生活需要（Bradshaw）。這五種需要必須同時滿足才能維持一個正常的生活水準。如果一個人有生理上的健康，卻沒有社群的和諧，或是雖有經濟上的富裕卻要遭受精神上的痛苦，都無法達成生活的目標。當然不同的個人有不同的需要。若以經濟需要為例，有些人認為年所得 100 萬元就已足夠，有些人的年所得 1000 萬元還是不滿意。個人的人格特質、生活價值、擁有物的狀況以及能力與潛能等都會影響人們的需要。意志性需要是依自己的欲望所形成的自發性需要。這種需要是可以改變的、可以替代的，也可以放棄的。當個人的意志性需要無法滿足時，他可以改變這種需要，可以用別的需要來替代，甚至可以放棄這種需要。但是非意志性的需要則是無法改變的、無法替代的，也無法放棄的，因為它超越了個人的意志，是社會上公認的普遍需要（universal needs）或是客觀需要（objective needs）。

個人的需要（含意志性需要與非意志性需要）經過國家判定的政治過程，就形成了社會需要（social needs）。根據 R. E. Goodin 的觀點，社會需要必須具備四個要件：第一是目的價值（goal value），第二是非意志性需要，第三是相對緊急（relative urgency），第四是優先原則（priority principle）（Goodin, 1988）。如何將不同國民的需要整合成社會需要是國家的責任，而判定社會需要的依據，就是目的價值。個人需要可以沒有目的，只因為欠缺所以需要（如因為沒有錢，所以需要錢），至於如何去滿足需要（如因為要賺錢，所以去工作）則是另一層次的問題。可是社會需要就必須有目的價值，為要達到什麼目的才去滿足國民的需要。在目的價值的前題下，滿足社會需要，不一定會滿足個人的缺乏，也不一定會滿足個人的需要，因為社會需要只是實現目的價值的工具而已。以社會福利滿足社會需要，只是達到社會效用極大化目的的手段或工具而已。因此，社會效用極大化是社會福利的目的價值，而社會需要則是達成社會福利目的價值的手段。其次，社會需要必須是非意志性的客觀需要，它是無法改變、替代或放棄的。社會需要必須具有普遍前提的必要性。對個人而言，這才是真正必要的要求；對國家而言，這才是真正必要的保障。非意志性需要必須具有不能或缺的條件（indispensable condition），這些條件必須是明確而且合理，才具有必要的正當性。關於相對緊急，就是緊急與非緊急的相對性，簡單的說就是現在滿足比以後滿足更有價值。對一個緊急的需要者而言，現在獲得最有價值，否則就沒有意義（now or never）。如果現在獲得與以後獲得對需要者並無差別就是不緊急。社會需要必須依據需要的緊急度排定優先順序。緊急度越高的需要必須優先提供，緊急度越低的需要就必須延後提供。在公共資源一定的條件下，政府必須依優先順序提供資源滿足國民的需要。

滿足個人需要的目的就是要提高個人效用；滿足社會需要的目的就是要提高社會效用。如果我們能夠接受邊際效用遞減法則，那麼，每增加一個單位的資源所增加的效用，要比每減少一個單位的資源所減少的效用為低。如**圖 5-5** 所示，個人擁有的資源由 oq_0 增至 oq_1 時，最後一個資源的邊際效用為 a_1q_1，而增加的總效用為 $a_0q_0q_1a_1$。個人擁有的資源由 oq_0 減至 oq_2 時，最後一個資源的邊際效用為 a_2q_2，而減少的總效用為 $a_2q_2q_0a_0$。由於 $a_2q_2q_0a_0 > a_0q_0q_1a_1$，所以增加資源所增加的總效用小於減少資源所減少的總效用。因此滿足個人需要的時候，不要使其資源減少（keeping thing worse）要比增加其資源（making thing better）更有效用。基於社會效用極大化的原理，政府能夠防止減少國民所得或補助其減少的所得要比增加國民的所得更有價值。各種社會保險就具有預防或補助國民所得減少的功能，而社會扶助（含社會救助和社會津貼）則具有增加國民所得的效果。依此原理，社會保險的社會效用就高於社會扶助。

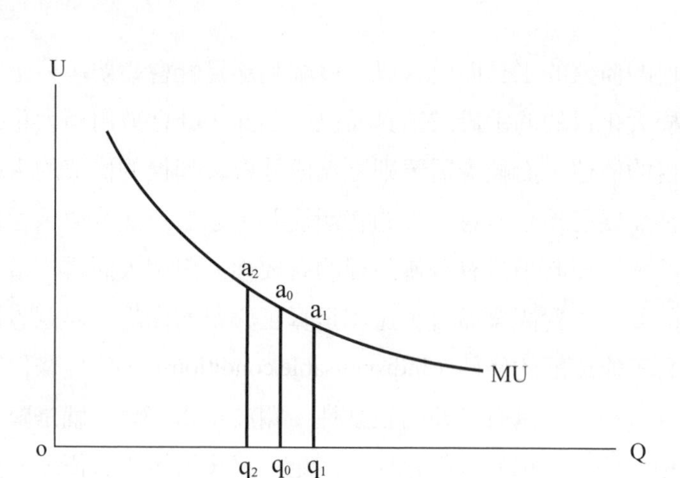

圖 5-5　總效用的變動

第三節　社會均衡

在利己主義的前提下，個人在選擇財物的組合或與人進行物物交換的過程中，會逐漸趨於均衡的狀態。我們不要去考慮貨幣、價格或預算的問題，純粹以物易物的條件去思考。假設個人 i 有兩種財物 X 和 Y。如果他要多獲得 X，就必須犧牲 Y，這種交換關係就是邊際替代率。個人 i 對 X 財的邊際效用是 X 財與效用的變動比（即$Mu_x=\frac{\Delta u}{\Delta X}$）；對 Y 財的邊際效用是 Y 財與效用的變動比（$Mu_y=\frac{\Delta u}{\Delta Y}$）。根據這個關係就可以導出個人 i 對兩種財物的邊際替代率。

$$MRS_{x,y}=\frac{\Delta u}{\Delta x}/\frac{\Delta u}{\Delta y}=\frac{\Delta y}{\Delta x}$$

上式的意義就是個人 i 若要獲得Δx，就願意犧牲Δy。相反的，$MRS_{y,x}=\frac{\Delta x}{\Delta y}$就表示個人 i 若要獲得$\Delta$y，就願意犧牲$\Delta$x。如果個人 i 要獲得$\Delta$x，而必須犧牲的$\Delta$y 小於其願意犧牲的$\Delta$y，他就會樂於交換，

相反的他就不願意交換。當個人 i 擁有較少的 X 財和較多的 Y 財時，他願意犧牲較多的Δy 去獲得較少的Δx。當個人 i 擁有較多的 X 財和較少的 Y 財時，他只願意犧牲較少的Δy 去獲得較多的Δx。當$|MRS_{x,y}|=|MRS_{y,x}|$或$\left|\frac{\Delta y}{\Delta x}\right|=\left|\frac{\Delta x}{\Delta y}\right|$時，就是物物交換的均衡。

我們可以進一步以最簡化的物物交換關係來說明社會均衡（social balance）的原理。假設某個社會只有兩個人（1 和 2）和兩種財（X 和 Y）。在利己主義的前提下，任何財物組合的變化都不致於使個人的總效用減少，否則就會排拒。當然能使個人總效用增加的財物組合的變化都會被接受。**圖 5-6** 中的 w 是最初的財物組合。如果由 w 移至 c，個人 1 就會排拒，因為無異曲線由 I_2 移至 I_1，總效用減少。如果由 w 移至 d，個人 2 就會排拒，因無異曲線由 I'_2 移至 I_1'，總效用減少。如果由 w 移至 a，個人 1 的無異曲線不變，而個人 2 的無異曲線由 I_2'移至 I_1'，總效用增加。如果由 w 移至 b，個人 2 的無異曲線不變，而個人 1 的無異曲線由 I_2 移至 I_3，總效用增加。如果由 w 移至 e，則個人

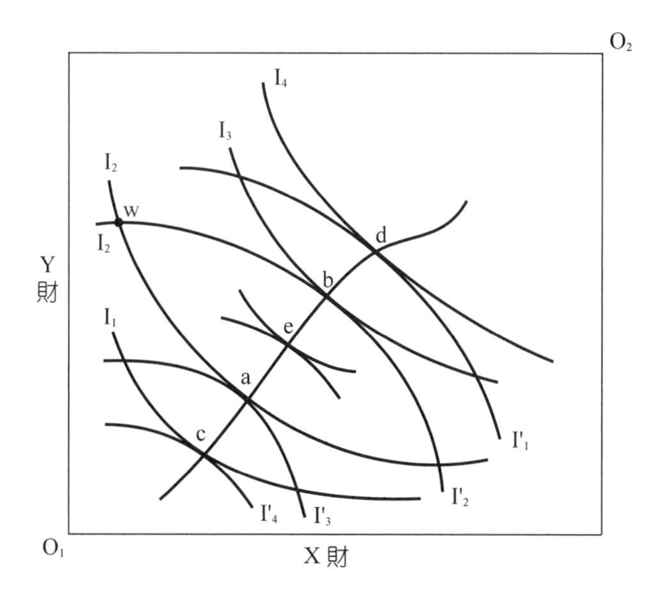

圖 5-6 最適交換原理

1 和個人 2 的總效用都增加。因此，ab 之間的財物組合是個人 1 和個人 2 都可以接受的財物組合的集合（coalition），也就是最適的物物交換原理（或均衡原理）。

在談到市場均衡（market equilibrium）原理之前，必須先了解需求曲線（demand curve）與供給曲線（supply curve）。我們可以從邊際效用的原理導出需求曲線，也可以從邊際成本（marginal cost）的原理導出供給曲線。所謂邊際成本就是每增加一個單位的生產物（product）所必須投入的成本（$MC = \frac{\Delta C}{\Delta Q}$）。基於邊際成本遞增法則，供給曲線也呈遞增狀態。生產物的需求曲線和供給曲線決定了均衡的價格（equilibrium price）和均衡的交易量（equilibrium quantity）。均衡價格的形成基本上有三種理論，第一種理論是以價格為考量因素者，謂之 Walrus theorem；第二種理論是以產量為考量因素者，謂之 Marshall theorem；第三種理論是以價格和產量綜合考量者，謂之 Cobweb theorem（蔡宏昭，1998）。市場均衡原理必須具有下列各種條件前提，否則無法達成。

第一、個人都有選擇財物的自由。

第二、個人都擁有充分的市場資訊。

第三、有眾多的供給者與消費者，無人能左右價格。

第四、同質性商品。

第五、資源具有流動性。

第六、沒有人為（政府）的干預。

第七、沒有外部效果（external effect）。

個人或個人間的物物交換以及市場的商品交換都是私有財（private goods）的交換關係。個人或企業在追求私有財時，常會造成其他人的損失或增加其他企業的成本。例如一個製造污染的企業會造成居民健康的危害，也會造成其他企業生產成本的增加，這就是外部成本（external cost）。相反的個人或企業在追求私有財時，也常會造成其他人的利益或減少其他企業的成本。例如一個高科技企業，不僅帶給消費者利益（高品質低價格），也會節省其他相關企業的生產成本，這就是外部利益（external benefit）。因此，社會淨產物（social net product）必須從私人淨產物（private net product）中扣除外部成本再加上外部利益之後的總和。如果社會淨產物大於私人淨產物，這個社會就具有外部經濟（external economy）的效果。如果社會淨產物小於私人淨產物，這個社會就具有外部不經濟（external diseconomy）的效果。私人成本加上外部成本的總和就是社會成本。一個社會每多生產一個單位的生產物必須付出的社會成本就是邊際社會成本（marginal social cost）。相反的，私人利益加上外部利益的總和就是社會利益（social benefit），而每增加一個單位的生產物所得獲得的利益就是邊際社會利益（marginal social benefit）。根據 Pareto optimality 的原理，當邊際社會利益等於邊際社會成本的時候，就是社會均衡（social balance）。此外，也可以從社會效用和社會成本的觀點解釋社會均衡。所謂邊際社會效用（marginal social utility）就是社會每多生產一個單位的生產物所獲得的社會效用。當邊際社會效用等於邊際社會成本時，就是社會均衡。如**圖 5-7** 所示，

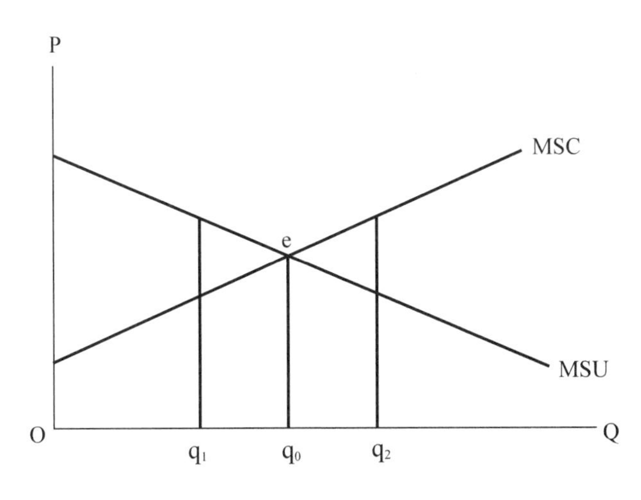

圖 5-7　最適產量

如果社會只生產 Oq 的生產物，邊際社會效用（MSU）大於邊際社會成本（MSC），就會繼續生產（社會利益會增加）。如果社會生產Oq_2的生產物，邊際社會成本大於邊際社會效用，就不會生產（社會利益減少）。只有生產Oq_0（MSU = MSC）時，社會利益最大，也就是均衡或最適產量。

由於獨占（monopoly）或寡占（oligopoly）的存在，成本遞減產業（技術革新所造成的平均變動成本的遞減）外部效果（external effect）的忽視以及政府與公共財的干預等因素使市場均衡不易達成，這就是市場的失敗（market failure）。由於外部效果的難以評估，導致社會成本和社會利益難以估計，致使社會均衡無法達成，所以凱恩斯理論提出藉由政府的介入，矯正市場的失敗，創造有效需求，達成充分就業，促進經濟成長。但是政府介入的結果卻由於行政科層的無效率與資源配置的不當而導致政府的失敗（government failure）。因此，市場均衡和社會均衡只是一個理想目標，人們仍要繼續努力，不斷改進，才能逐漸接近此一目標。

參考文獻

Sumuelson, P. A., & W. Nordhaus (1989), *Economics*, N. Y. McGraw-Hill.

Robbins, L. (1937), *An Essay on the Nature and Significance of Economic Science*, Macmillan Ch. III.

Goodin, E. G. (1988), *Reasons for Welfare*, Princeton University Press.

王慶中&萬育維譯（L. Doyal & I. Gough著）（2000），《人類需求》，洪葉文化事業有限公司。

蔡宏昭（1998），《生活經濟學》，遠流出版公司，第七章。

Chapter 6

第六章

公共性理論

第一節　公共財的特性

第二節　公共財的財源

第三節　公共財的配置

第一節　公共財的特性

由一個社會全體成員（或許是全國性或許是地方性）所共同設置的財物或勞務課之公共財（public goods）。公共財有兩個基本特性，第一是排他性（non-excludability），第二是無競合性（non-rival consumption）。所謂無排他性就是同時提供給全體成員，每一成員均能享有相等的效益。根據 P. A. Samuelson 的定義，若個人 1 對某一公共財（X）的消費量為 X_1，個人 2 為 X_2，個人 n 為 X_n，那麼，$X = X_1 = X_2 \cdots\cdots X_n$（Samuelson, 1989）。例如，公共電視台每天播放 24 小時的節目，任何人都可以觀看 24 小時的電視節目。公共財的國防或警察要保護每一個社會成員的安全，不能只保護部分人的安全。公立圖書館也是一樣必須開放給所有人，不能限制人們進入。至於無競合性就是公共財的使用不會因使用者的增加而減少其分量。簡單的說就是你使用越多並不造成我使用的減少（more of you means no less for me）。例如個人 1 多看 1 小時的公共電視，並不會造成個人 2 少看 1 小時。根據R. A. Musgrave的定義，公共財的邊際社會成本為 0（Mci（X）＝ 0, I＝ 1, 2,......n）。每增加 1 人使用社會的邊際成本不會增加，公共財的消費量也不會減少（Musgrave, 1959）。**表 6-1** 所示，d 為純公共財（pure public goods），具有無排他性和無競合性的特性；b 和 c 為準公共財（quasi public goods），具有無排他性和競合性的特性（b）或無競合性和排他性的特性（c）；a 則為私有財（private goods），具有排他性和競合性的特性。任何財物均依其使用的排他性和消費的競合性決定其性質。例如，高速公路在車輛很少時，既無排他性也無競合性，是純公共財，但是當車輛眾多時，雖無排他性，卻有競合性，就屬於準公共財。因此，高速公路是純公共財或準公共財，要視其擁擠程度而定，不能說高速公路就是純公共財或準公共財。純公共財和準公共財

表 6-1 公共財的特性

		排他性	
		可能	不可能
競合性	競合	a	b
	無競合	c	d

都屬於公共財。

有些公共財的使用具有排他性，例如地方公共財（local public goods）、俱樂部財（club goods）和殊價財（merit goods）。所謂地方公共財是由地方居民共同設置使用的公共財，具有地域上的限制，只能由該地方居民才能使用。純地方公共財理論上應由地方居民負擔費用或以地方稅作為財源，但是，實務上均有中央政府補助的經費，所以只能稱為準地方公共財。所謂俱樂部財，依H. Shibata的定義是指由特定會員共同使用具有排他性的公共物（Shibata, 1976）。俱樂部財對於具有會員資格者不得限制其使用，對於不具會員資格者則限制其使用。會員資格可以繳納會費、使用費或稅金等方式取得。如果以繳納地方稅的方式取得會員資格，俱樂部財就是地方公共財。所謂殊價財，依 R. A. Musgrave 的定義就是為了共同欲望（communal wants）而提供的公共財（Musgrave, 1990）。殊價財一般均對特定對象提供（如貧民救助、老人津貼等），但也有提供給全體國民（如全民健保）。殊價財的財源若來自中央政府使用就設有地域的限制，若來自地方政府則只能適用於該地方。

公共財與私有財的關係有三種，第一是獨立關係（independent relations），第二是互補關係（supplementary relations），第三是替代關係（substitution relations）。所謂獨立關係是公共財的變動不會影響私有財，例如國防與私人餐廳，國防的增減與餐廳的增減無關。所謂互補關係是公共財的變動會影響私有財。例如，公共道路的增加會帶動私人汽車的增加。我們可以**圖 6-1** 來說明公共財與私有財的互補關係。假設 X 為私有財，Y 為公共財，AB 為兩財的價格線，I 為社會無異曲

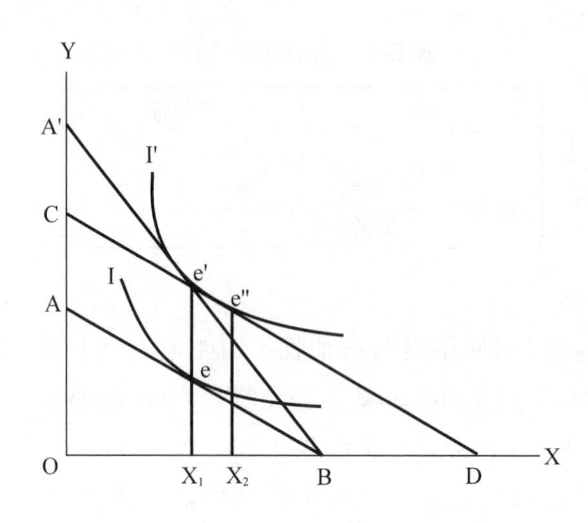

圖 6-1　公共財與私有財的互補關係

線。根據均衡原理，此一社會對私有財的需求量為 OX_1，如果公共財增至 A'，價格線會由 AB 移至 A'B，則新的社會無異曲線為 I'，新的均衡點為 e'。但是，公共財與私有財的價格比一定，新的價格線將調整為與 AB 平行而與 I'相切的 CD。此時新的均衡點為 e''，而私有財的需求量將由 OX_1 增至 OX_2。此一模型說明公共財的增加將帶動私有財的增加。我們可以**圖 6-2** 來說明公共財與私有財的替代關係。

假設 X 為私有財，Y 為公共財，AB 為兩財的價格線，I 為社會無異曲線。根據均衡原理，此一社會對私有財的需求量為 OX_1。如果公共財增至 A'，價格線會由 AB 移至 A'B，則新的社會無異曲線為 I'，新的均衡點為 e'。但是，個人對此種財物的需求是一定的，不會無限增加，所以社會無異曲線不會改變，仍維持在 I，而新的價格線將調整為由 A'出發而與 I 相切的 A'C。此時新的均衡點為 e''，而私有財的需求量將由 OX_1 減至 OX_2。此一模型說明公共財的增加將造成私有財的減少。

公共財種類繁多，但可簡化成三大類，第一是消費性公共財（如一般政務支出和國防支出等），第二是投資性公共財（如對個人有明確利益的教育投資和可以減輕企業生產成本的相關投資），第三是移

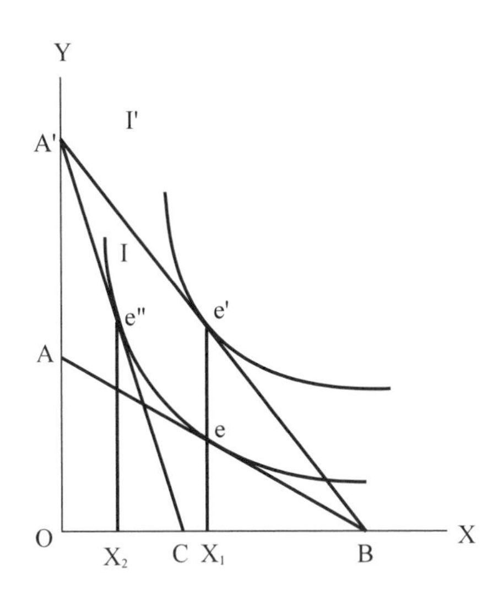

圖 6-2　公共財與私有財的替代關係

轉性公共財（如社會福利支出）。消費性公共財和大部分的移轉性公共財會帶動消費的增加。投資性公共財和一部分移轉性公共財則會刺激投資的增加。消費和投資的增加就是有效需求（effective demand）的增加。根據凱恩斯理論，有效需求的增加會促進國民所得的提高。如**圖 6-3** 所示，當有效需求由 E 增至 E'時，國民所得會由 Y_1 增至 Y_2，公共財的增加會創造有效需求，提高國民所得，這就是公共財的乘數效果（multiplier effect）。

我們必先了解邊際消費傾向（marginal propensity to consume, MPC）的概念，才能了解公共財的乘數效果。所謂邊際消費傾向，就是每增加一個單位的可支配所得（disposable income）所增加的消費金額，一般用$MPC=\frac{\Delta C}{\Delta Y_d}$來表示。我們可以利用迴歸（regression）的原理求得消費函數 $C = A + BY_d$（a 為迴歸係數，b 為 MPC），再依下式國民所得的均衡原理導出公共財的乘數$Kg=\frac{1}{1-MPC}$，易言之公共財所造成的國民所得的增加可以用$\Delta Y=\frac{1}{1-MPC}\cdot G$的公式計算。

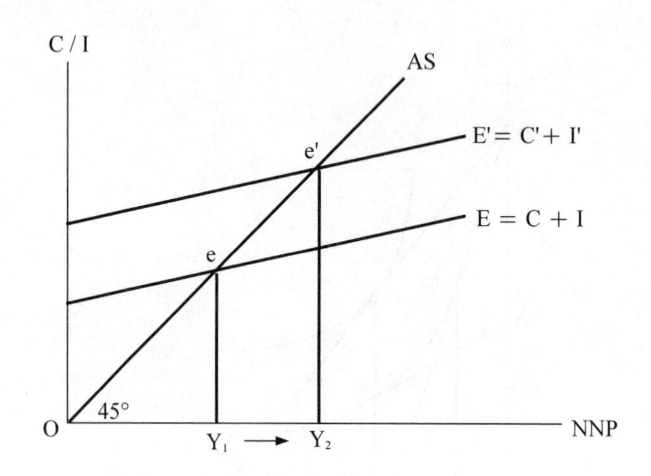

圖 6-3　國民所得均衡模型

$$\overline{Y} = C + I + G$$

$$\because C = a + b\overline{Y}$$

$$\overline{Y} = a + b\overline{Y} + I + G$$

$$\overline{Y}(1 - b) = a + I + G$$

$$\overline{Y} = \frac{1}{1 - b}(a + I + G)$$

$$\because \overline{Y} = y + \Delta Y \quad \cdots\cdots(1)$$

$$Y + \Delta Y = \frac{1}{1 - b}(a + I + G) \cdots\cdots(2)$$

$$\because Y = \frac{1}{1 - b}(a + I)$$

$$(1)-(2) \quad \Delta T = \frac{1}{1 - b} \cdot G$$

$$Kg = \frac{1}{1 - b}$$

第二節　公共財的財源

政府為了創造和維護公共財，必須向國民強制徵收貨幣而不給予任何對等的代價，這就是租稅。因此，租稅必須具有強制性、貨幣性和無償性等特性。此外，政府必有非租稅（non-tax）的收入，例如：國營事業盈餘、公債收入、規費、公共造產以及罰款等。租稅的分類標準很多，最常見的有三種：第一是直接稅（direct tax）與間接稅（indirect tax）；第二是國稅（national tax）與地方稅（local tax）；第三是一般稅（general tax）與特別稅（special tax）。若以一般稅與特別稅作為分類標準，一般稅又可分為所得稅（如個人綜合所得稅、營利事業所得稅、資本增益所得稅等）、銷售稅（如關稅、貨物稅、營業稅、印花稅、牌照稅等），以及財產稅（如房屋稅、地價稅、契稅、遺產稅等），特別稅則有社會保險稅（費）、工程受益費、商港建設費、教育捐等。

課徵租稅有兩個基本原則，第一是應能原則（ability-to-pay principle）；第二是受益原則（benefit-receive of principle）。所謂應能原則就是依納稅人的經濟能力課徵，凡有相同能力者就負擔相同的租稅，此謂之水平原則（horizontal principle），而經濟能力不同者就負擔不同的租稅，此謂之垂直原則（vertical principle）。應能原則所依據的能力係指所得能力（如勞動所得移轉所得、營利所得、資本增益所得等）、財產能力（如債券、遺產、財產等）以及消費能力（購買力）。垂直原則有三種學說：第一是均等犧牲說（equal absolute sacrifice），第二是比例犧牲說（equal proportional sacrifice），第三是最小犧牲說（least aggregate sacrifice）。我們可以用**圖 6-4** 來說明。假設個人 1 為高所得者，個人 2 為低所得者，橫座標為所得，縱座標為總效用，個人 1 的所得為 OA，個人 2 的所得為 OB，而所得的邊際效用是由遞增

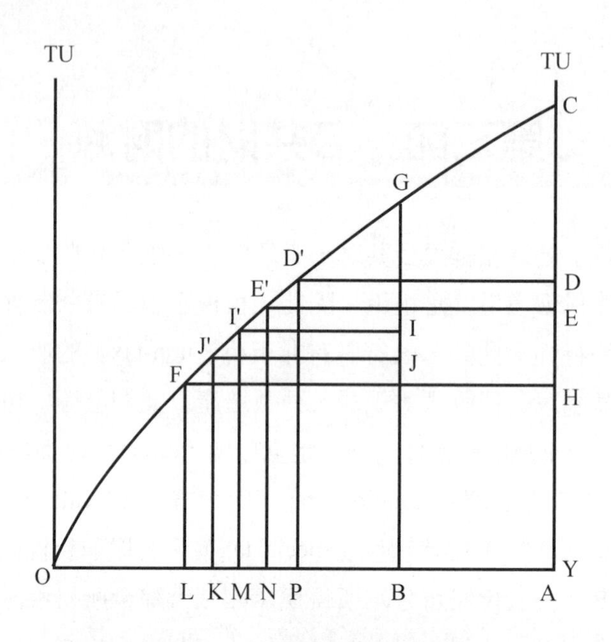

圖 6-4　租稅的應能原則

再遞減。如果根據均等犧牲說，為讓課稅後兩者所犧牲的總效用相等（CD ＝ GJ），就必須對個人 1 課徵 PA 的稅，對個人 2 課徵 KB 的稅。如果根據比例犧牲說，為讓課稅後兩者所犧牲的總效用占其原有總效用的比例相等（$\frac{CE}{CA}=\frac{GI}{GB}$），就必須對個人 1 課徵 NA 的稅，對個人 2 課徵 MB 的稅。如果根據最小犧牲說，為讓課稅後兩者的所得相等（OL），就必須對個人 1 課徵LA的稅，對個人 2 課徵LB的稅。至於受益原則就是享用相同利益者必須負擔相同的租稅；享用不同利益者必須負擔不同的租稅。受益原則有兩個基本前提，第一是自願支付，第二是稅款等於利益。個人在使用前必須知道應繳的稅款或費用，然後心甘情願的去使用。其次稅款的訂定並非由市場決定，而是基於政府對使用利益的評定。政府在評定使用利益時有兩種考量方法，第一是成本回收的考量，第二是市場價格的考量。成本回收法是將投入的總成本分 n 年回收，再除以預定使用量，就可以計算出每一單位的使用費用。市場價格法是依同質私有財的市場價格乘以調整率（小於

1，因為公共財不宜有企業利潤），即可計算出使用費用。這兩種方法雖與使用利益不盡吻合，但是，在沒有其他更確實的評定方法之前，可能是較佳的方法。至於學者主張的所得彈性和價格彈性法（王正&徐偉初，1992），則只能決定累進稅或累退稅，無法正確計算使用利益。

公共財可以透過租稅的運作使社會效用增加。我們用一個例子來說明這種效果。假設政府要建設一個公園的費用為 1,010 萬元，而社會上有兩個群體，高所得群體為Y_A，有 1 萬人，低所得群體為Y_B，有 10 萬人。高所得者對公園的效用每人為 1000 元，合計為 1,000 萬元；低所得者對公園的效用為每人 200 元，合計為 2,000 萬元。如果政府對Y_A每人課徵 500 元的所得稅（對Y_B不課稅），而使用費為 50 元（Y_A, Y_B的使用者均需負擔），則政府的收入為 1,010 萬元（500 元×10,000 ＋ 50 元×110,000），如果每人使用 2 次以上，政府收入就高於建設成本。Y_A的使用效用為 1,000 元，付繳納 500 元的所得稅和支付 50 元的使用費，效用剩餘 450 元，合計 450 萬元；Y_B的使用效用為 200 元，支付 50 元的使用費，效用剩餘 150 元，合計 1500 萬元。Y_A 和 Y_B 的使用效用剩餘合計為 1,950 萬元。因此，公共財透過租稅和使用費的作用可使社會效用增加。

個人綜合所得稅對個人的工作意願和儲蓄意願是否會有影響，一直是經濟學家所樂於研究的主題。所得稅是否會阻礙個人的工作意願，是個見仁見智的問題，有些人會因所得的減少而降低工作意願；有些人則為了彌補所得的減少而增加工作意願。**圖 6-5** 中的橫座標為所得，縱座標為休閒，MA為所得與休閒的交換比率（價格線），I為無異曲線。如果政府採累進稅率，價格線將由 MA 轉變為 MQ。如果所得稅對工作意願有影響，無異曲線將由I移至I'，交MQ於e'，所得減少，休閒增加，如果所得稅對工作意願沒有影響，無異曲線將由I移至I''，新的均衡點為e''，所得和休閒都會減少，也就是為了彌補所得的損失而增加工作。

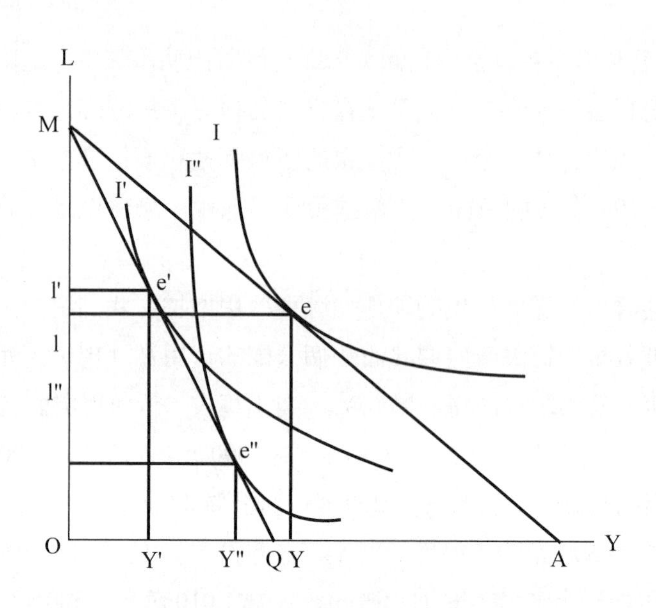

圖 6-5　所得稅與工作意願

儲蓄的影響也是一樣，由於所得稅具有所得效果與替代效果，人們可能會因所得的減少而減少消費增加儲蓄。如**圖 6-6** 所示，橫座標為儲蓄，縱座標為消費。個人依預算線與無異曲線決定儲蓄與消費的比率（$\frac{OS}{OC}$）課徵所得稅後，預算線由 AB 移至 A'B'，無異曲線由 I 移至 I'，新的均衡點為 e'，儲蓄由 OS 減至 OS'，消費由 OC 減至 OC'，但是替代效果會使預算線由 A'B'移至 A'B"（A'B"與 I 相切），新的均衡點為 e"，儲蓄增至 OS"，消費減至 OC"。

所得稅對個人資產的配置也會有影響。個人均依其儲蓄收益率（收益金額／儲蓄金額）決定儲蓄的類別。假設定儲年利率為 1.5%，證券投資的年收益率為 5%，如果政府對兩者均不課徵，兩者的利差為 3.5%，如果政府對兩者各課徵 10%的比例稅，兩者的利差為 3.15%。如果政府對定儲課徵 10%的稅，對證券所得不課稅，兩者的利差為 3.65%。兩者的利差越大，個人越會增加證券的購買，減少定期的儲蓄。此外，個人會根據課稅收益率（儲蓄收益額／危險負擔額）的大

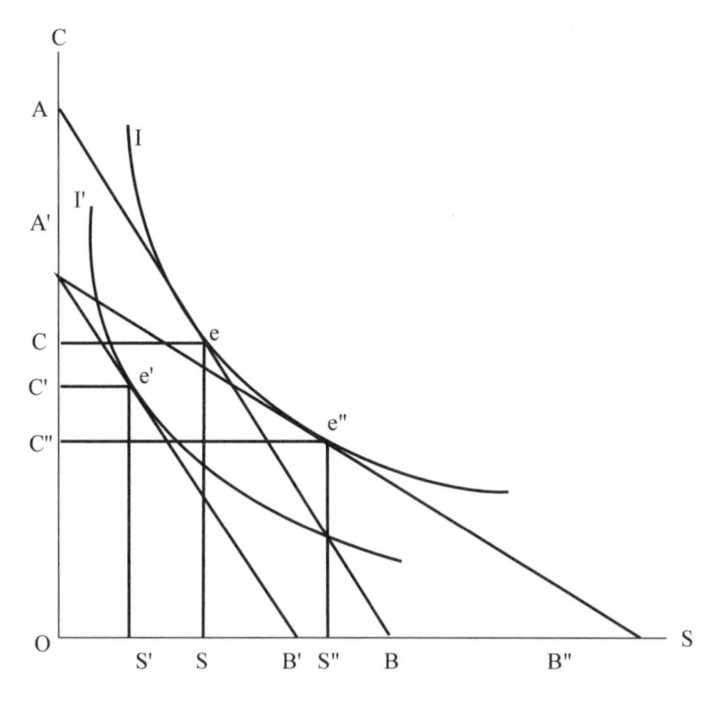

圖 6-6　所得稅與儲蓄和消費

小決定捐款意願。所謂儲蓄收益額就是儲蓄金額所能產生的收益額；所謂危險負擔額就是捐款額－〔（捐款額×稅率）扣除率〕。例如個人捐款 100 萬元，定儲年利率為 1.5%，所得稅率為 40%，政府的捐款扣除率為 100%，則課稅收益率 2.5%，（儲蓄收益額為 1.5 萬元，危險負擔額為 60 萬元）。如果政府的捐款扣除率為 50%，則課稅收益率為 1.88%（儲蓄收益額為 1.5 萬，危險負擔額為 80 萬元）。課稅收益率越高，個人捐款的意願就越高（高木壽一等，1985）。

政府對企業課徵營利事業所得稅勢必增加企業的生產成本。營利事業所得稅者採比例稅，會增加企業的變動成本，致使平均成本和邊際成本提高。如**圖 6-7a** 所示，AC 會移至 AC'，MC 會移至 MC'，均衡點由 e 移至 e'，產量由 Oq 移至 Oq'，利潤由 abec 減至 a'b'e'c。在商品市場上，由於產業的減少，使供給曲線由 S 移至 S'，均衡點由 e 移至

e'，均衡價格由 Op 增至 Op'（**圖 6-7b**）。在勞動市場上，由於產量的減少，使勞力需求曲線由 D 移至 D'，均衡點由 e 移至 e'，工資由 OW 降至OW'。（**圖 6-7c**）。因此，政府若對企業課徵比例稅，企業就容易轉嫁給消費者（調高商品價格）或受雇者（降低工資水準）。

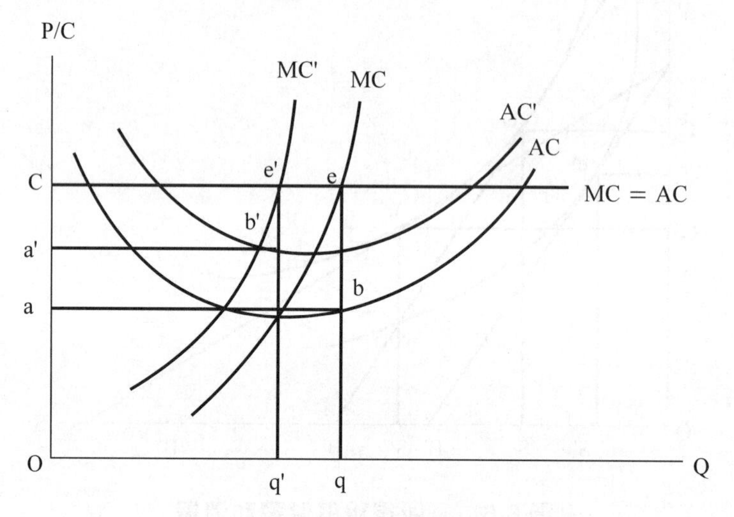

圖 6-7a　營利事業所得稅與成本結構

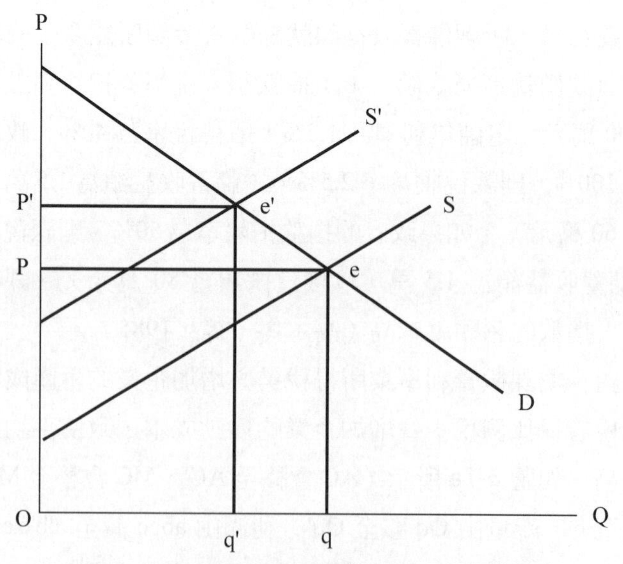

圖 6-7b　營利事業所得稅與商品市場

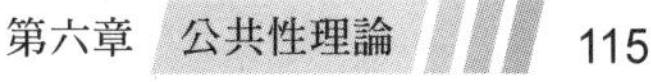

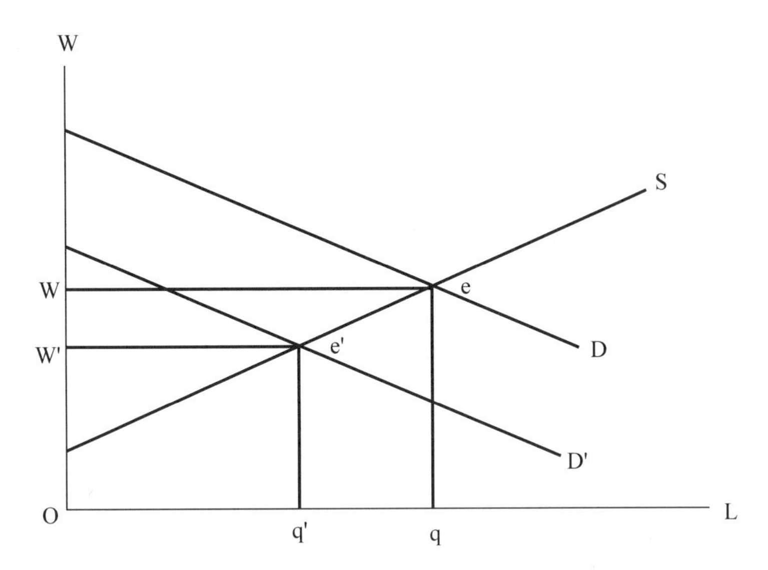

圖 6-7c　營利事業所得稅與勞動市場

租稅對個人的資產配置與企業的生產成本都會產生影響，自然也會影響消費與投資的水準（有效需求），最後則會波及國民所得。依凱恩斯的國民所得均衡模型（**圖 6-8**），當有效需求由 E 移至 E'時，均衡點由 e 移至 e'，國民所得由 Y 移至 Y'。

由課徵租稅所造成的國民所得的減少就是租稅的乘數效果。我們也可以依下式國民所得的均衡原理導出租稅的乘數：$K_t = \dfrac{-b}{1-MPC}$，易言之，租稅所造成的國民所得的減少可以用$\Delta Y = \dfrac{-MPC}{1-MPC} \cdot T$的公式計算。

$$\overline{Y} = C + 1$$

$$\because C = a + bY_d(Y_d = \overline{Y} - T)$$

$$\overline{Y} = a + b(\overline{Y} - T) + I = \frac{1}{1-b}(a - bT + I)$$

$$\because \overline{Y} = Y + \Delta Y$$

$$Y + \Delta Y = \frac{1}{1-b}(a - bT + I) \cdots\cdots\cdots\cdots (1)$$

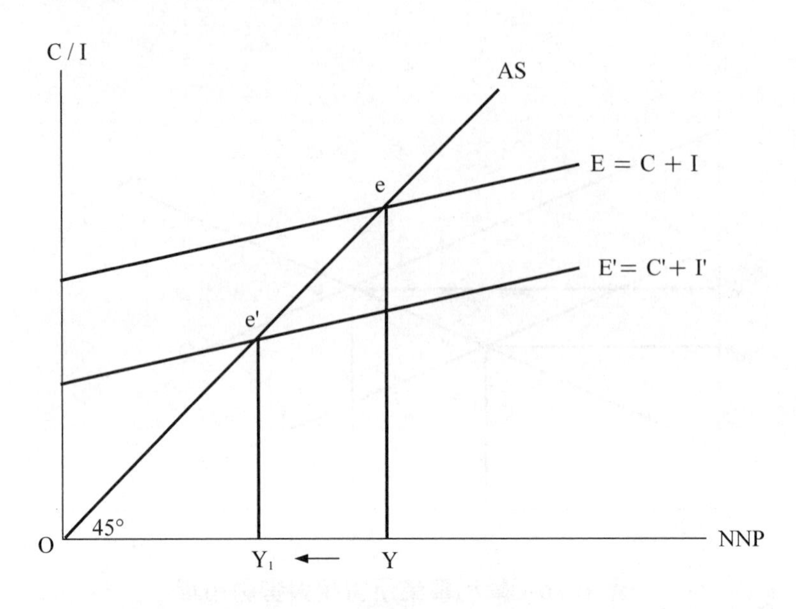

圖 6-8　租稅的乘數效果

$$\because Y = \frac{1}{1-b}(a+I) \cdots\cdots (2)$$

$$(1)-(2)\quad \Delta Y = \frac{-b}{1-b} \cdot T$$

$$K_t = \frac{-b}{1-b}$$

第三節　公共財的配置

基於無排他性與無競合性的公共財特性，公共財的最適消費者數為全體社會成員。公共財的供給每增加一個單位，社會上每一個成員都會享受效用的增加。將每一個成員的邊際效用加總，就是社會的邊際效用。如果公共財對社會成員所產生的邊際效用大於供給所需的邊際成本，公共財就會繼續供給，因為邊際成本由社會成員共同負擔，每一個成員對公共財的邊際效用大於分擔的邊際成本，所以會支持此

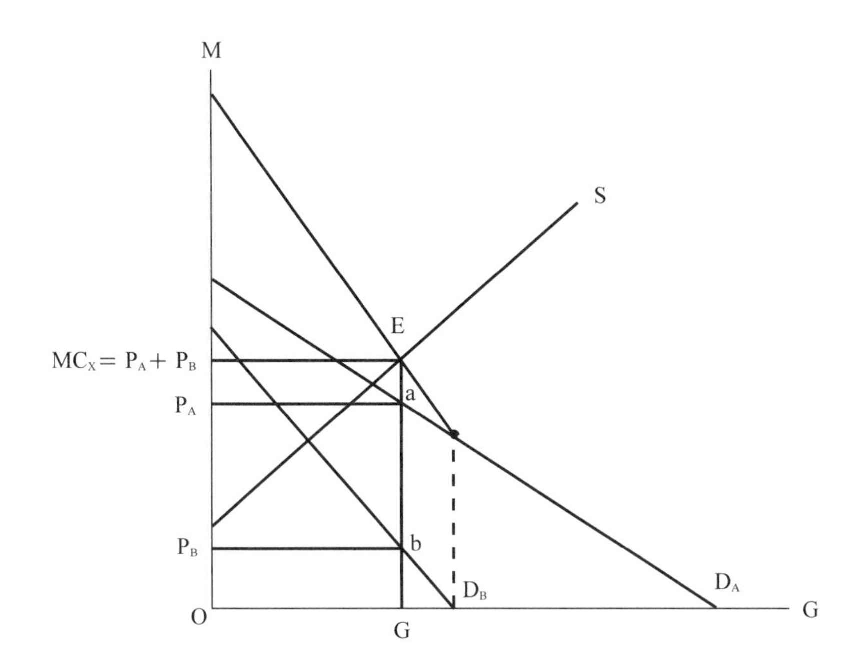

圖 6-9　公共財的部分均衡

一公共財繼續供給，直到邊際社會效用等於邊際社會成本時，才會停止供給。R. A. Musgrave 就用此種垂直的加總（vertical summation）說明公共財的部分均衡（Musgrave, 1959）。**圖 6-9** 的橫座標為公共財（G），縱座標為貨幣（M），D_A 為個人 A 的需求曲線（或邊際效用），D_B 為個人 B 的需求曲線（或邊際效用）。當公共財的邊際成本等於社會成員的邊際效用和（$MC_x = MU_A + MU_B$）時達成均衡。此時公共財的供給量為 OG，個人 A 負擔 OP_A 的成本，個人 B 負擔 OP_B 的成本，$MC_X = OP_A + OP_B$。一般稱此為 P. A. Samuelson 的最適供給條件，而下列公式就是一般所採用的數學模式：

$$\frac{MC_x}{P_y} = \sum_{i=1}^{n}\left(\frac{\partial U_i}{\partial X} \Big/ \frac{\partial U_i}{\partial Y_i}\right)$$

$\frac{\partial U_i}{\partial X}$ 和 $\frac{\partial U_i}{\partial Y_i}$ 是第 I 個人對公共財（X）和私有財（Y）的貨幣性邊際效用（邊際效用的貨幣性評價），P_y 為貨幣價格（＝1）。

公共財供給的部分均衡是建立在社會成員貨幣性邊際效用的基礎上，但是公共財成本的分配會影響社會成員的所得，進而影響個人的貨幣性邊際效用。因此，社會成員對公共財的成本分配就成為公共財最適供給的主要因素，這就是 P.A. Samuelson 的一般均衡分析（Samuelson, 1954, 1955）。**圖 6-10** 的橫座標為公共財（X），縱座標為私有財（Y），O_AM 為生產可能曲線，α1...α4 為個人 a 的無異曲線，β1...β4 為個人 b 的無異曲線。在 O_AO_BM 扇形內的任意點均是 X 和 Y 的組合。例如 Q 點時公共財（X）的量為 Qc，a 的私有財（Y_A）為 Qa，B 的私有財（Y_B）為 Qb，在 O_AO_BM 扇形內 X，Y_A，Y_B 組合的變動影響 ab 兩者的效用水準（兩者同時增加或一方增加另一方不增加）。Q 點向扇形內任意點（如 R）移動後，會形成一個新的扇形。同樣的在新扇形內 X，Y_A，Y_B 組合的變動也會影響 ab 兩者的效用水準。

如此推進至 P 就形成了巴勒圖最適性，也就是 X，Y_A，Y_B 組合的最適性。ab 兩者的效用水準同時增加或一方增加另一方不增加都是可以被接受的，所以在每一個扇形中兩者無異曲線的切點（如 S, T, P）就會連結成為一個契約曲線（contract curve）。契約曲線上的任意點都

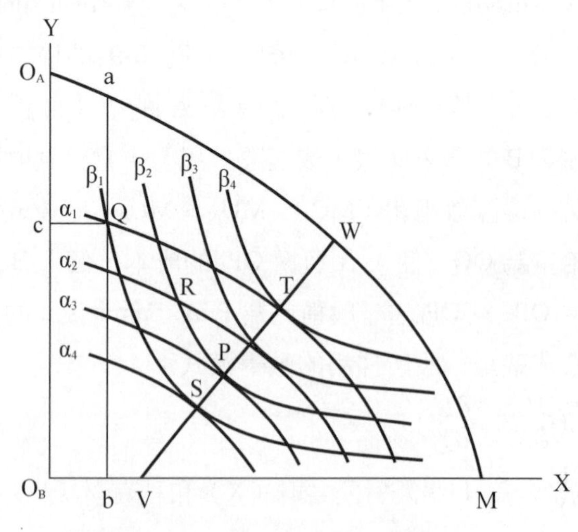

圖 6-10　公共財的一般均衡

是兩者無異曲線的切點，斜率相同。由於 b 對 X 與 Y 的邊際替代率為 $-MRS^{X,Y}$，而 a 對 X 與 Y 的邊際替代率（$MRS_A^{X,Y}$）為生產可能曲線邊際替代率，b 邊際替代率（$MRT^{X,Y}-MRS_B^{X,Y}$），當 $MRS_A^{X,Y}+MRS_B^{X,Y}=MRT^{X,Y}$ 時達成最適條件。

美國的財政學者 C. M. Tiebout 反對 P. A. Samuelson 的公共財均衡理論，提出地方公共財的均衡理論。Tiebout 認為 Samuelson 的理論基礎是建立在無排他性以及等量消費的前提上，常會產生白吃午餐者（free riders），而無法顯示消費者對公共財的真正需求。因此，他主張公共財需有部分的排除原則（某地區的公共財只限該地區居民使用），並藉由人們在地區間的自由移動顯示真正的需求，這就是他所謂以腳投票（voting with feet）的原理（Tiebout, 1956）。Tiebout 的理論有下列幾個假設：

第一、人們必須從住在特定地區的制約中解放出來（Tiebout因此假設消費者是依靠利息、股利和年金生活）。

第二、地方政府的經營者宛如地方公共財的行銷者，提供最好的地方公共財，並誘導居民使用，而居民對地方公共財的內容有充分的資訊。

第三、提供相同地方公共財的地區多數存在，可供人們自由選擇居住地區。

第四、地方公共財的使用費用要滿足每一個居民的最低負擔，每一地區均為最適人口規模。

第五、每一地區地方公共財的使用利益沒有溢出（spill-out）或溢入（spill-in）的現象。

第六、消費者（居民）在地區間的移動不得有法律上或經濟上的限制。

第七、對地方公共財有相同偏好的居民多數存在。

在上述條件下，消費者可以依自己的偏好行動，選擇自己喜愛的地區居住。當然使用地方公共財的代價就是支付地方稅，所以不會有白吃午餐的現象。消費依自己對地方公共財的使用量和地方稅的負擔而選擇居住地區。如此一來地方公共財的最適供給就可以達成。如果Tiebout的理論可以實現，那麼，提供良質地方公共財的地區就必須繳納高額的地方稅，而提供劣質地方公共財的地區就可以繳納低額的地方稅，在此情況下，公民可依自己的偏好選擇地方公共財。例如，老人聚集的地區，可以多充實緊急救援設施，而青少年較多的地區則可多提供教育娛樂設施。這樣不僅符合公平原則，也能滿足居民的最大效用。

我們可以利用Tiebout的理論來說明中央集權的缺點或地方分權的優點。假設 A 地區居民較重視教學時數，B 地區居民較不重視教學時數。依**圖 6-11** 所示，橫座標為教學時數（H），縱座標為金額（或成本）（M），D_A 為 A 的需求曲線，D_B 為 B 的需求曲線，AC 為平均每小時的教學成本。如果採用地方分權，A 地區提供 H_A 的教學時數，居

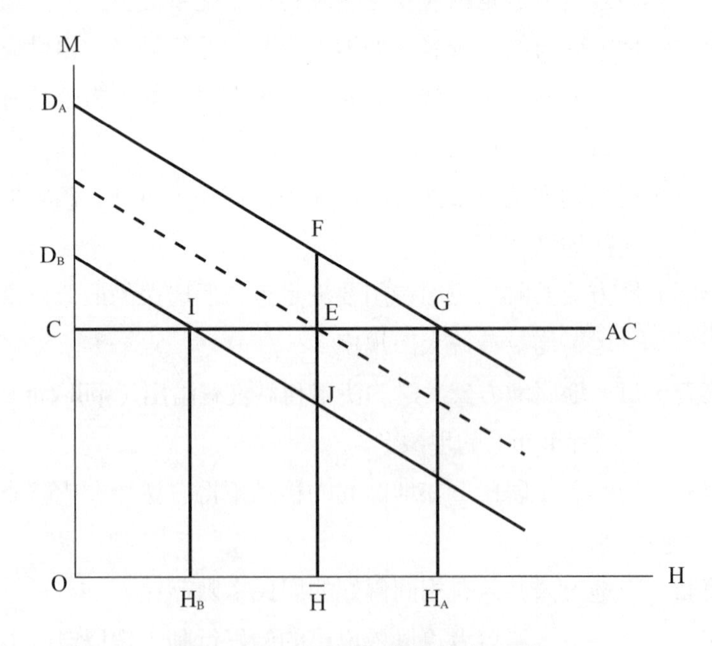

圖 6-11　中央集權與地方分權

民可以獲得D_ACG的消費者剩餘，而B地區提供H_B的教學時數，居民可以獲得D_BCB的消費者剩餘。如果採用中央集權，AB兩地區均提供F的教學時數，則A的消費者剩餘會減少FEG，而B的消費者剩餘會減少。因此，中央集權的結果會使社會效用降低。

由特定群體共同使用的公共財稱為俱樂部財，是準公共財的一種。俱樂部財的最適供給受規模、會員數與費用分擔三種因素所左右。會員每人享有的服務水準（S）受會員數（N）與規模（Z）所影響，可以用 S ＝ S（N , Z）來表示。如果使用者越多規模越大，服務水準就越高。我們可以用**圖 6-12** 來說明公共財、準公共財和私有財的關係。橫座標是使用者人數（N），縱座標是俱樂部財的規模（Z）。U_1, U_2, U_3是公共財的服務水準，S_1, S_2, S_3是準公共財的服務水準，V_1, V_2, V_3則是私有財的服務水準。在無競合性的前提下，使用人類的增加不會影響公共財的擁擠，而能維持一定的服務水準。但是準公共財的使用者在一定人數（N_0）以上時，規模就必須擴大，否則就會影響服務水準，至於私有財，每增加 1 人的使用者，規模就要增加，所以服務線是通過原點的直線。我們也可以用 $Z = (1 - \alpha) S + \alpha NS$ 來說明三者的關係。當$\alpha = 0$時，Z為公共財的規模，而私有財的規模為$\alpha = 1$，俱樂部財的規模為 $0 < \alpha < 1$。

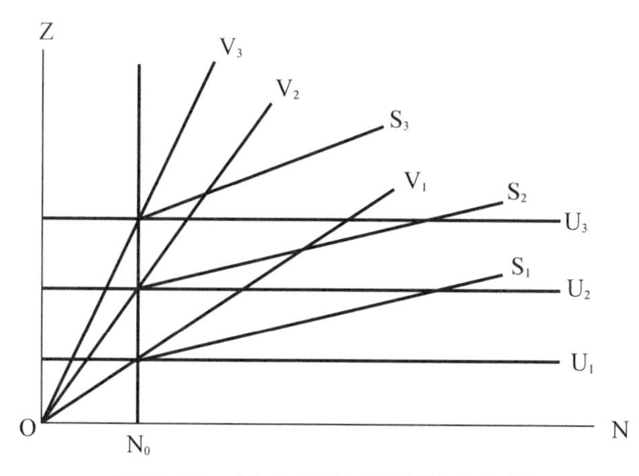

圖 6-12　準公共財的等服務曲線

準公共財的生產成本與私有財和公共財一樣都是固定成本（K）和隨規模的變動而變動的變動成本〔V（Z）〕所構成。也就是C＝V（Z）＋K。如果知道S（N，Z）以及V（Z）＋K，我們就可以用**圖6-13**來說明俱樂部財的最適使用人數、規模以及最低使用成本。在第四象限是使用人數與規模的關係，第二象限是規模與總成本的關係，第三象限是規模關係（45°線），第一象限則是總成本與使用人數的關係。如果第四象限（S）和第二象限（C）為已知，就可以求得服務水準曲線（S）。在S上任一點至使用人數座標垂直距離就是總成本（如P'N'），除以使用人數（如ON'）就是平均使用成本，也就是由該點（如P'）至原點（O）的斜率（如θ'）。斜率越小，平均使用成本就越小。因此在服務水準線上至原點的射線斜率最小的就是最低平均成本點。由最低成本點所形成的使用人數就是最適使用人數。由最適使用人數所形成的規模就是最適規模，由最適規模所形成的總成本就是最適成本。

最後，關於殊價財的配置，根據社會效用極大化的原理，當福利受益者的邊際效用（MU_B）等於經費負擔者負的邊際效用（$-MU_A$）

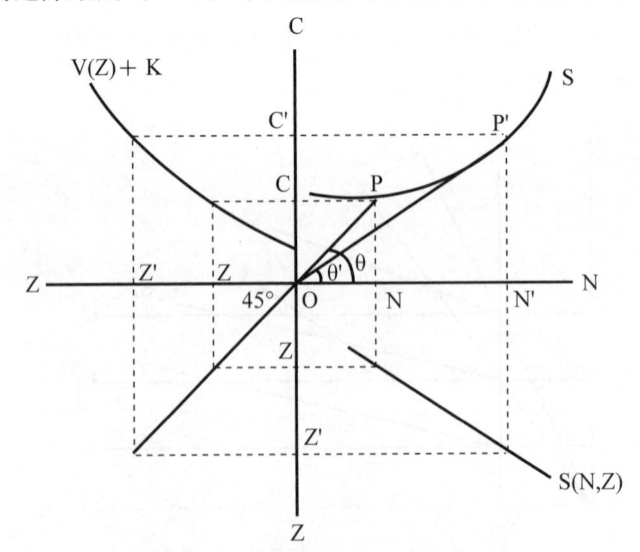

圖6-13　俱樂部財的等服務曲線

相等時，就是最適規模。**圖 6-14** 橫座標為殊價財（G），縱座標為效用（U）。對經費負擔者而言，當殊價財的供給為 OG_1 時，其效用不會受損（經費負擔的負效用加以外部經濟的正效用等於 0），當殊價財的供給超過 OG_1 時，開始產生負效用（經費負擔的負效用＞外部經濟的正效用），而且負效用呈遞增的現象。另一方面，對福利受益者而言，基於邊際效用遞減法則，享受的殊價財越多，邊際效用呈遞減現象。當經費負擔的－MU 等於福利受益者的 MU（$-MU_A = MU_B$）時，殊價財的最適規模就形成（OG_2）。如果政府繼續供給（OG_3），則 $-MU_A > MU_B$，$a'b'G_3G_2 > abG_3G_2$，就產生社會損失。

公共財的配置能否達成均衡的理想目標，答案可能是否定的。我們可以用白吃午餐的動機與囚犯的兩難論（prisoner's delemma）來說明。所謂白吃午餐的動機就是過小評價自己從公共財所可能獲得的利益，以減低自己對公共財費用的負擔。假設社會由 2 人所構成，個人 1 從公共財可能獲得的利益為 R_1，個人 2 為 R_2，個人 1 願意支付的費用為 P_1，個人 2 為 P_2。理論上 $R_1 = P_1$，$R_2 = P_2$，而 $R_1 + R_2 = P_1 + P_2$。可是白吃午餐的動機卻使 $R_1 > P_1$，$R_2 > P_2$，而 $R_1 + R_2 > P_1 + P_2$，如

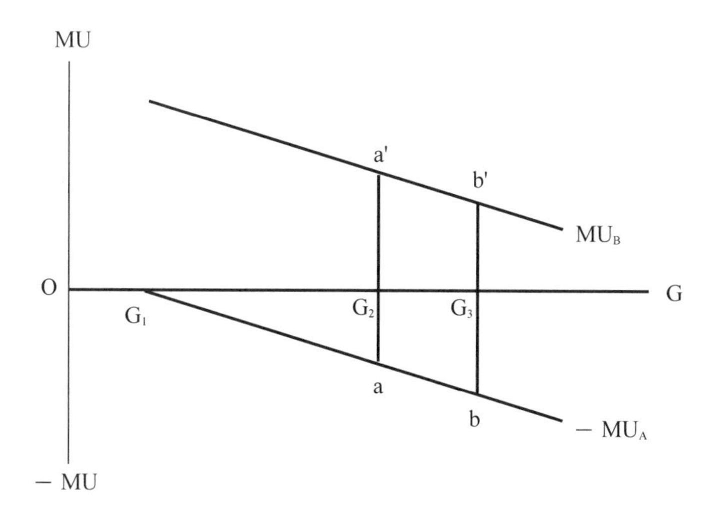

圖 6-14　殊價財的最適規模

此一來，公共財的最適配置就無法達成。至於囚犯的兩難論是將兩名共犯依**表 6-2** 的條件（payoff matrix）供其選擇，結果兩人均會選擇承認犯罪。對共犯 1 而言，他會預期共犯 2 有承認和不承認兩種反應，如果他不承認可能要服刑 1 年或 20 年；如果承認，則可能要服刑 0 年或 10 年，當然他會選擇承認。共犯 2 也是一樣，當然也會選擇承認。其實如果兩人均不承認，每人只要服刑 1 年，是最有利的。

因此，分離偵訊讓囚犯彼此懷疑是招供的良策。我們也可以用囚犯的兩難論來說明公共財最適配置的不可能性。**圖 6-15** 的橫座標為公共財（X），縱座標為私有財（Y），O_AD 為個人 A 的初期所得，O_BD 為個人 B 的初期所得，$\alpha_1,....\alpha_4$ 為 A 的無異曲線，$\beta_1,....\beta_4$ 為 B 的無異曲線，T 為 A 負擔全部公共財費用，P 為 A 負擔 PE，B 負擔 JP 的公共財費用，D 為 AB 均不負擔公共財費用，R 為 B 負擔全部公共財費用。依囚犯的兩難論，當對手採合作行為時，自己採不合作行為較為有利；當對手採不合作行為時，自己也採不合作行為較為有利，結果兩者均會採不合作行為。依公共財的囚犯理論，A 會採取 R 或 S，B 則採取 T 或 S，結果就會採取 S 的結論，也就是 AB 均不負擔公共財的費用，公共財則完全無法供給。因此，依公共財的囚犯理論，由社會成員自行交涉達成公共財最適配置是不可能的。

表 6-2　囚犯的兩難論

		共犯 2			
		不承認		承　認	
共犯 1		1 的刑期	2 的刑期	1 的刑期	2 的刑期
	不承認	1 年	1 年	20 年	20 年
	承　認	0 年	20 年	10 年	20 年

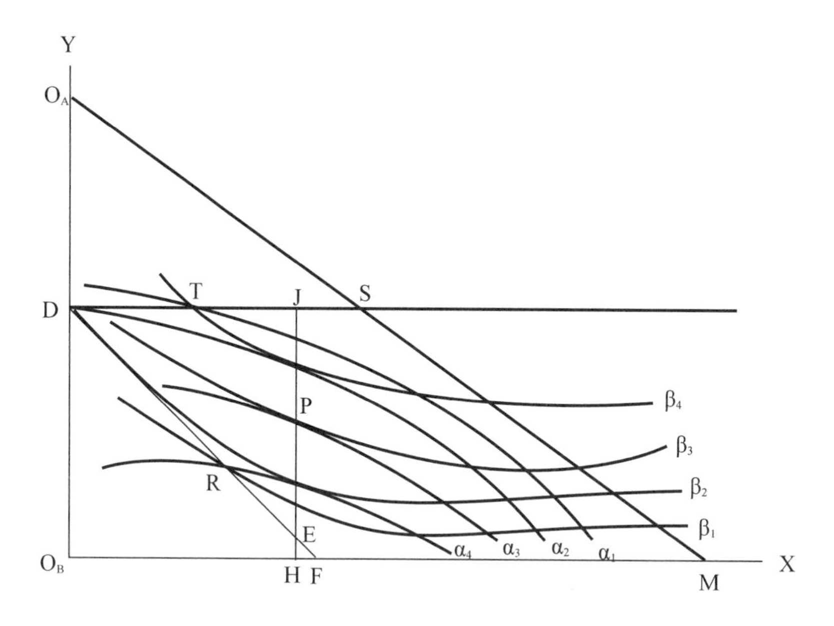

圖 6-15 公共財的囚犯理論

參考文獻

Musgrave (1959). *The Theory of Public Finance*, N. J. McGraw-Hill.

Musgrave, R. A., & P. B. Musgrave (1990). *Public Finance in Theory and Practice*. N. Y. McGraw-Hill.

Shibata, H. (1976). "A Theory of Group Consumption and Group Formation," *Public Finance*, No. 3.

Samuelson, P. A. (1954). "The Pure Theory of Public Expenditure," *Review of Economics and Statistics*, Vol. 36, Novermber.

Samuelson, P. A. (1955). *A Diagrammatic Exposition of a Review of Economics and Statistics*, Vol. 37, November.

Samuelson, & W. Nordhaus (1989). *Economics*, N. Y. McGraw-Hill.

Tiebout, C. M. (1956). "A Pure Theory of Local Expenditures, " *Journal of Political Economy*, Vol. 64, October.

高木壽一、大熊一郎＆古田精司（1985），《財政政策》，世界書院。

王正＆徐偉初（1992），《財政學》，國立空中大學。

Chapter 7

第七章

外部性理論

第一節　外部經濟與外部不經濟

A. Marshall 在其經濟學原理（principles of economics）一書中率先提出外部經濟（external economy）的概念。他所謂的外部經濟就是個人或企業的決定（行為或活動對他人或其他企業所造成的利益。他進一步舉出具體的例子，如勞工的技能訓練和補助產業（如交通運輸、大眾傳播、資訊產業等）的發達都會促進經濟的成長（Marshall，1890）。從 Marshall 的觀點，一個企業生產規模的擴大會造成其他企業生產規模的擴大，就是外部經濟。因此，外部經濟會因生產規模的擴大而促進經濟成長。A. Marshall 所提出的優勢效果就是在完全競爭市場的假設下，外部經濟會使平均成本（AC）和邊際成本（MC）下降，而使生產規模擴大。**圖 7-1a** 是指個別企業，**圖 7-1b** 是指全體產業。橫座標為生產數量（Q），縱座標為成本（C）或價格（P）。個別企業如果有外部經濟就會使AC和MC下降（AC→AC'，MC→MC'）而使價格下跌（$P_1 \rightarrow P_2$）產量增加（$oq_1 \rightarrow oq_2$）。全體產業因價格下跌，需求增加（D→D'），均衡點由 E 移至 E'，產量由 OQ_1 增至 OQ_2。根據優勢效果的理論，A. Marshall 提出了外部經濟企業具有收穫遞增的傾向（或邊際產量遞增），而使供給曲線由左上方向右下方傾斜。

至於外部不經濟（external diseconomy）的概念是由 A. C. Pigou 率先提出。他以當時英國的鐵路為例，火車頭所噴出的火粉常造成沿線森林的火災，而鐵路經營者卻無視於這種損失。他進一步說明，如果鐵路運輸與森林火災息息相關，那麼森林火災的損失應納入鐵路公司的經營成本，由經營者負擔損失費用（Pigou，1932）。鐵路公司的經營成本是為私人成本，森林火災的損失成本是為外部不經濟成本，而社會成本就是私人成本和外部不經濟成本的加總。若以邊際成本的概念來說明，則邊際社會成本（marginal social cost, MSC）等於邊際私

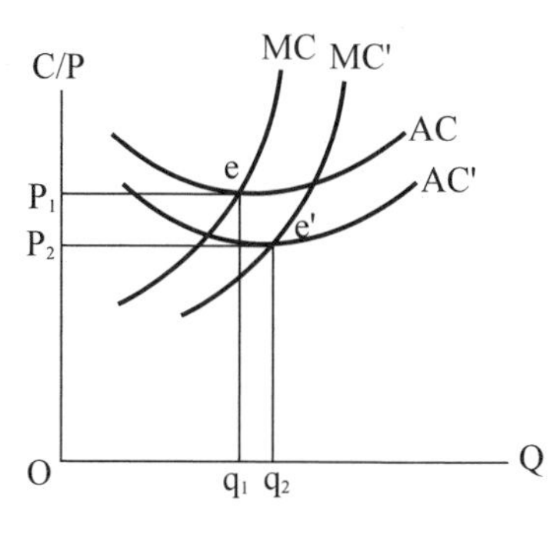

圖 7-1a 外部經濟與成本結構

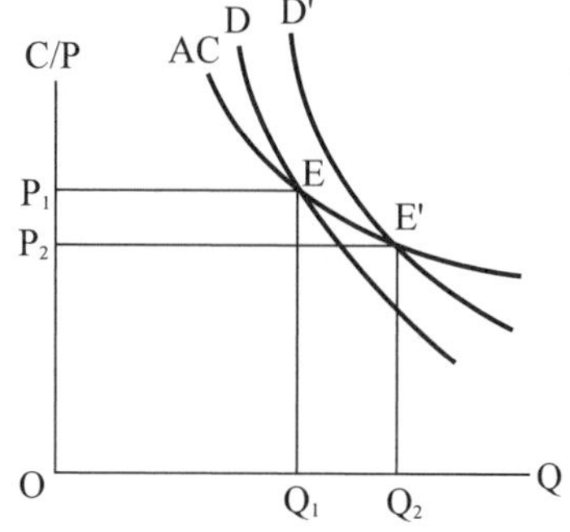

圖 7-1b 外部經濟與市場結構

人成本（marginal private cost, MPC）加以邊際外部不經濟成本（marginal external diseconomy, MED）。若有外部不經濟，邊際私人成本就小於邊際社會成本（MPC ＜ MSC），而邊際私人淨產量（marginal private net product, MPNP）就大於邊際社會淨產量（marginal social net product）。如果 MPNP ＞ MSNP，實際產量將超過均衡產量。如**圖 7-2** 所示，橫座標為產量（Q），縱座標為價格（P）或成本（C）。在均衡狀況下，邊際社會成本（MSC ＝ S）等於邊際社會效用（MSU ＝ D），均衡點為 e，均衡產量為 Oq，均衡價格為 Op。若有外部不經濟，則

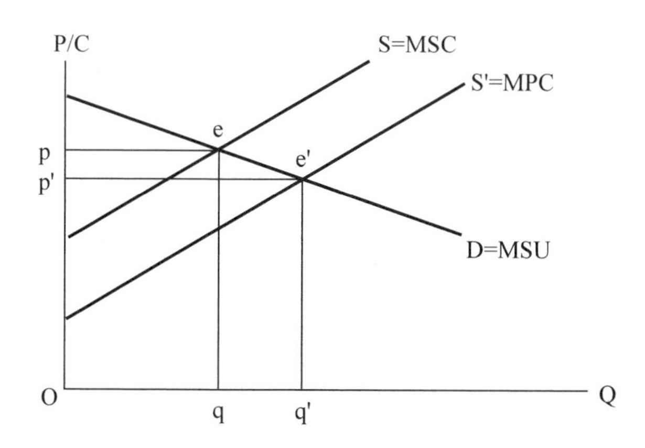

圖 7-2 外部不經濟效果

MPC ＜ MSC，MPNP ＞ MSNP，供給曲線由 S 移至 S'，新的均衡點為 e'，產量為 Oq'，價格為 Op'。因此，若有外部不經濟，產量會增加（Oq' ＞ Oq），價格會下跌（Op'＜ Op），而社會則須負擔外部不經濟成本。另一方面，從消費者的觀點而言，如果邊際私人效用（marginal private utility, MPU）大於邊際社會成本（MPU ＞ MSC），就會產生過大消費，超過均衡消費量。因此 Pigou 主張對外部不經濟企業課徵外部不經濟稅（等於外部不經濟成本），使產量和價格回復均衡水準。

外部經濟和外部不經濟合稱為外部效果（external effect）。根據 J. Viner 的觀點，外部效果有兩種，第一是技術性外部效果（technological externalities），第二是貨幣性外部效果（pecuniary externalities）（viner, 1953）。所謂技術性外部效果是指個人或企業不透過市場機制直接造成其他個人消費財邊際效用乘其他企業生產財邊際產量的所產生的影響。例如養蜂園與果樹園、消防設施與火災發生率、預防注射與傳染病感染率等都會產生技術性外部經濟的效果。又如工廠的水污染與農作物的收成、交通噪音與居民精神的疲勞、超高大樓與附近居民的日照權、抽煙與他人的不愉快等都會產生技術性外部不經濟。所謂貨幣性外部效果是指個人或企業透過市場機制對其他人消費財的邊際效用或其他企業生產財的邊際產量所產生的影響貨幣性的外部經濟效果。例如某一企業擴大生產規模，在市場中會造成供給的增加和價格的下跌，而使消費者的剩餘增加，也會帶動其他相關產業（如運輸業）或企業（如合作廠商）產量的提高。又如某一產業大量使用電腦的結果會促進軟體業的發達。至於貨幣性的外部不經濟效果，例如製紙業者將污水排入大海，則 MPC ＜ MSC，而使產量增加，價格下跌，交易量擴大，海洋污染嚴重，捕漁的邊際成本提高，漁獲量減少，價格上升。又如開發山坡地，因 MPC ＜ MSC，而使開發量增加，價格下跌，於是造成水災發生率的增加。外部效果可以在個人與個人之間產生，也可以在生產者與生產者、生產者與消費者或消費者與消費者之間產生。外部效果的受益者（或製造者）與受害者（受承受者）之間並無一定的界線，有時受益者也是受害者，或受害者也是受益者，有時雙方均為受益者或雙方均為受害者。此外，外部效果除了由單一行動產生單一效果之外，有時由單一行動會產生複數效果，有時由複數行動會產生單一效果或複數效果。因此，外部效果是一個多形態而關聯複雜的議題。

傳統經濟學大都主張經濟主體的行動是受機會成本（opportunity cost）所左右，而機會成本則可用客觀的市場價格加以測定。外部效果的機會成本是否可以此一方法加以測定，而測定出來的結果是否可以矯正經濟主體的行動，是個頗值探討的問題。例如，企業水污染的機會成本（外部不經濟成本）該如何測定，而政府依此機會成本課徵污染稅是否能矯正污染企業的行動？其實外部效果的機會成本或外部成本是主觀性的認定，而非客觀的評價。一般說來，國民所得或生活水準越高對外部性的評價也越高。例如，貧窮地區和富裕地區的居民對於同一環境污染的評價就有很大的差異，後者要比前者有更高的評價。相同的污染產業在不同地區就會產生不同的外部效果。如果政府要依外部不經濟成本課稅，到底要依那一地區的標準測定，就容易產生爭議。此外，外部性也會產生停滯現象，也就是說當受益或受害到某一個程度之後，就不再增加。我們可以將一現象解釋成外部效果的非邊際性。例如在住宅旁邊蓋一座公園當會產生外部經濟，但是公園面積若超過某一水準，就不再有外部經濟的效果。相反的，在住宅房邊蓋一棟大樓當會產生外部不經濟，但是大樓高度超過某一水準，就不再有外部不經濟的效果。因此，外部效果應有一個極限，超過該限，受益者或受害者的邊際效用就不再發生作用。

另有一種特殊的資源會產生特殊的外部性，那就是共有資源（common property resoureces）。一般資源均私人或國家擁有，只有少部分資源在不完善的法律制度下，成為社會或人類共有的資源。共有資源有三個主要特色，第一是非枯竭性或再生可能性，第二是不適用排除原則，第三是過度使用。有些資源具有枯竭性或再生不可能性，如石油、煤炭或其他礦物等。有些資源則具有非枯竭性或再生可能性，如海中的魚類、山中的動物或森林草地等。枯竭性資源屬經濟財（economic goods）較易受到保護，而非枯竭性資源則屬自由財（free goods）較不易受到保護。因此，共有資源常是非枯竭性資源，而且再生速度越快越有可能成為共有資源。在資源使用上，如果排除成本低於排除效益（收取使用費）就較易排除使用，如果排除成本高於排除效益就較難排除使用。共有資源的排除成本高，執行困難，而排除效益難以測定，也不易徵收，所以無法適用排除原則。由於共有資源沒有所有權，無人關心最適保存量的問題，對使用者而言，如果自己不使用，別人也會使用，不使用的效益無法保留。因此共有資源往往要達成過度使用的現象。只要邊際私人成本小於邊際社會成本（MPC < MSC）或邊際私人利益大於邊際社會利益（MPB > MSB）就會繼續使用。共有資源所產生的外部不經濟會使資源的再生速度減緩，使生產的邊際成本增加，使邊際產量降低，最後更會造成資源的枯竭。共有資源必須透過完善的法律制度或國際協定以及有效管理以維持最適均衡水準。

第二節　外部性的一般均衡

外部性活動的最適規模或一般均衡受外部性製造者與外部性承受者的所得左右，因為兩者願意支付的外部成本是對其邊際效用或邊際負效用的貨幣性評價。其次，外部性的一般均衡可用下列公式說明：

$$MRSA^{xy} - MC(x) = -MRSB^{xy}$$

我們先以外部性製造者A的效用函數來說明。假設X為外部性的財物或活動，Y為所得，y為扣除X財後的所得。

$$U = U(x, y) \quad \cdots\cdots (1)$$

將上式微分，使其等於0

$$du = \frac{\partial u}{\partial x}dx + \frac{\partial u}{\partial y}dy = 0$$

則$\frac{dy}{dx} = -\frac{\partial u}{\partial x} / \frac{\partial u}{\partial y}$ ……………………………………………(2)

設 X 財的成本函數為 f(x)

則$y = Y - f(X)$ ……………………………………………(3)

將(3)代入(1)

$u = u〔X, Y - f(x)〕$ ……………………………………………(4)

將上式微分使其等於 0

$$du = \left[\frac{\partial u}{x} + \frac{\partial u}{\partial y} \cdot \frac{y}{\partial}\right]dx + \frac{\partial u}{\partial y} \cdot \frac{\partial y}{\partial Y} \cdot \partial Y = 0$$

$\because \frac{\partial Y}{\partial Y} = 1$，$\frac{\partial y}{ax} = -f'(x)$

則$\frac{dY}{dX} = -(\frac{\partial u}{\partial x} + \frac{\partial u}{\partial y} \cdot \frac{\partial y}{\partial x}) / \frac{\partial u}{\partial y}$

$= -\frac{\partial u}{\partial x} / \frac{\partial u}{\partial y} - \frac{\partial y}{\partial x}$

$= -MRS_A^{X,Y} + f'(x)$ ……………………………………………(5)

即$\frac{dY}{dx} = \frac{\partial u}{\partial x} / \frac{\partial u}{\partial y} - f'(x)$

$= MRS_A^{W,Y} - MC(x)$ ……………………………………………(6)

$\frac{dY}{\Delta x} = -MRS_B^{X,Y}$

則$MRS_A^{X,Y} - MC(x) = -MRS_B^{X,Y}$

外部性的一般均衡至少有兩個特色，第一是最適規模並非只有單一的均衡點，而是有無數的均衡點。第二是因均衡的不同而有不同的最適規模。

為了說明外部經濟的一般均衡，我們可以用 F. Y. Edgeworth 的箱形圖（box diagram）概念來解釋。**圖 7-3** 的橫座標為外部經濟財（X），縱座標為所得（Y），O_AD 為 A 的初期所得，O_BD 為 B 的初期所得，DS 為個人的生產可能曲線，O_AL 與 O_AM 的垂直距離就是生產 X 財所必要的邊際成本，O_AM 與 DS 的垂直距離就是 A 的初期所得減去生產 X 財的邊際成本後的所得。$\alpha_1 \cdots \alpha_3$ 為 A 的無異曲線，$\beta_1 \cdots \beta_3$ 為 B 的無

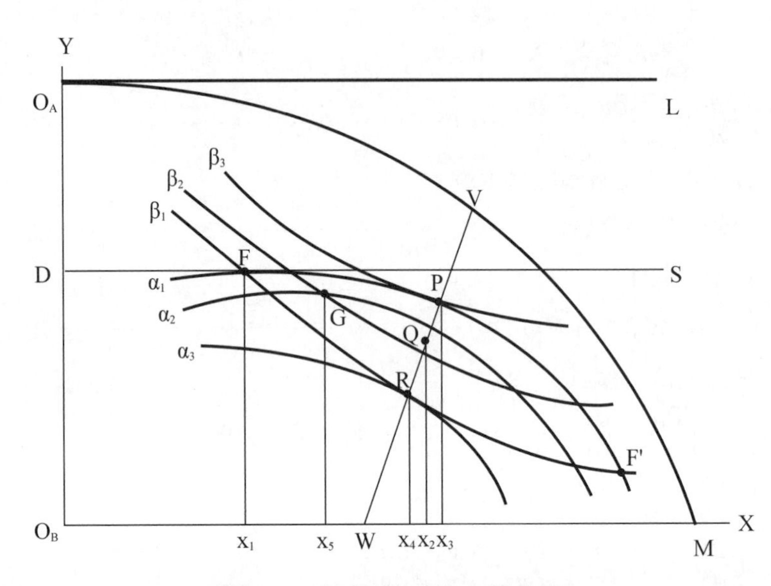

圖 7-3　外部經濟的一般均衡

異曲線。A 和 B 的無異曲線相交點就決定 X 財的規模。A 依無異曲線與預算線的切點作為均衡點（F），則 X 財的最適規模為 O_Bx_1，此時 B 的無異曲線為 β_1。α_1 與 β_1 的勾配所形成的鏡形地區就是所謂的交涉區域（trade-off area）。由 F 點至交涉區域內的任一點的勾配都會使 A，B 兩人的效用增加或一人增加另一人不變。例如，由 F 至 Q 時，兩者的效用都增加；由 F 移至 P 時，A 的效用不變而 B 的效用增加；由 F 移至 R 時，B 的效用不變而 A 的效用增加。交涉後的效用均衡點若為 Q，則 X 財的最適規模為 O_Bx_2；均衡點若為 P，則 x 財的最適規模為 O_Bx_3；均衡點若為 R，則 X 財的最適規模為 O_Bx_4。聯結 PQR 並延長至 VW 就是所謂的契約曲線。如果契約曲線為垂直線（如 Gx_5）就表示在一定量的 X 財（O_Bx_5）下 AB 兩者的邊際效用不隨所得的增減而變化。易言之，所得的邊際效用一定，邊際替代率只依附於 x 財的量。

我們也可以用 J. R. Hicks 和 N Kaldor 所提出的補償原理（compensation principle）來說明外部經濟的一般均衡。所謂補償原理，簡單的說，就是利得者對損失者的補償。如果利得者對損失者補償之後仍然有利，巴勒圖最適性就有改善，直至利得的邊際利益等於損失者的邊際損失時就是最適均衡（Hicks, 1939; Kaldor, 1939）。我們可以用景觀權為例，每一個人都有觀賞景觀的權利，但是景觀提供者並不依他人的要求提供景觀，除非他人（利得者）可以補償其損失。**圖 7-4** 的橫座標為景觀面積（X），縱座標為成本（C）或效用（U），MC 為 X 財的邊際成本，EG 為景觀提供者 A 的邊際效用曲線，IK 為景觀受益者 B 的邊際效用曲線。I'K'為邊際社會成本（$MSC = MC_A - MU_B$）。景觀提供者依MC＝MU的均衡原理決定景觀面積OJ（均衡點為F）。如果景觀受益者要求景觀提供者擴大景觀面積（由OJ增至OS）則 $MC_A > MU_A$，A有RN的邊際損失和FNR的總損失，但是，B可獲得TS的邊際效用和LJST的總效用。在A的均衡時邊際損失為0（$MC_A - MU_A = 0$），而B則可獲得LJ的邊際效用。在A的邊際損失等於B的邊際效用之前，B的邊際效用會大於A的邊際損失。如果由B的邊際效用補償A的邊際損失，依然有利（$MU_B - ML_A > 0$）。在A沒有損失（由B完全補償）而B有利益的條件下，兩者均會同意增加景觀面

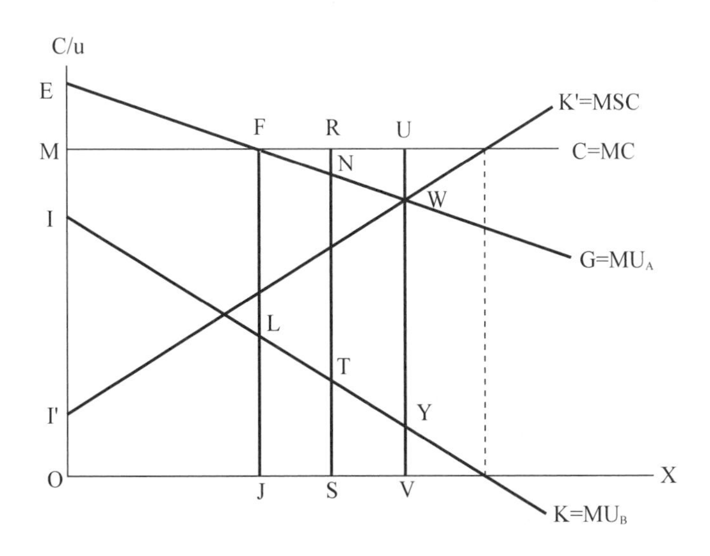

圖 7-4　外部經濟的個別均衡

積，直至$MU_B = ML_A -$（YV＝UW）止，此時景觀面積為OV，即最適的均衡面積。易言之，當邊際社會成本等於A的邊際效用時（MSC＝MU_A）達成均衡。

我們可以用相同的原理來解釋外部不經濟的一般均衡。外部不經濟受害者的無異曲線與外部經濟的無異曲線相反，會向座標的另一個原點凸出。由於外部不經濟財越少受害者的效用越高，所以距離座標的另一個原點越遠的無異曲線就表示外部不經濟財越少，而受害者的效用越高。**圖 7-5** 的橫座標為外部不經濟財（X），縱座標為所得（Y），O_AD為A的初期所得，O_BD為B的初期所得，DS為A的預算線，O_AM為社會的生產可能曲線，$\alpha_1 \cdots \alpha_3$為外部不經濟製造者A的無異曲線，$\beta_1 \cdots \beta_3$為外部不經濟受害者B的無異曲線。A依無異曲線與預算線相切均衡原理（均衡點為F）決定最適規模O_BX_1，此時B的無異曲線為β_1。由α_1與β_1的勾配所形成的鏡形地區就是所謂的交涉區。由F點至交涉區域內的任一點的勾配都會使AB兩人的效用增加或一人增加另一人不變。例如由F移至Q時兩者效用都增加；由F移至P時A的效用不變B的效用增加；由F移至R時B的效用不變A的效

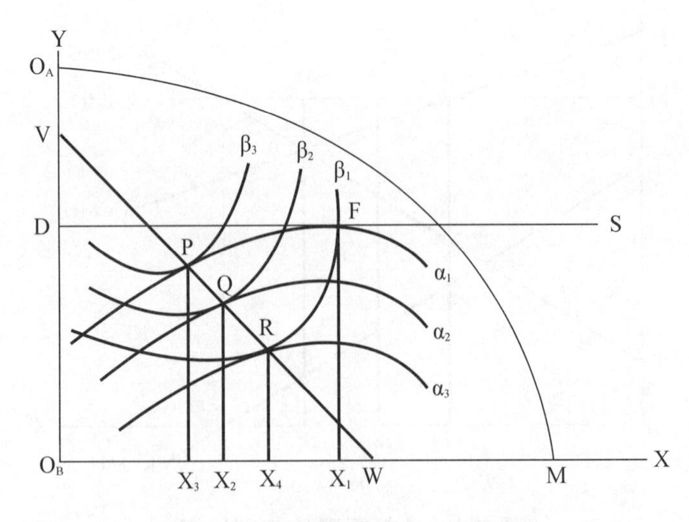

圖 7-5　外部不經濟的一般均衡

用增加。交涉後的均衡點若為Q，則X財的最適規模為 O_BX_2，均衡點在P，則X財的最適規模為 O_BX_3，均衡點在R，則X財的最適規模為 O_BX_4。聯結PQR並延長至VW就是所謂的契約曲線。

同樣的我們也可以用補償原理來說明外部不經濟的一般均衡。以日照權為例，每一個人都享有日照的權利，但是外部不經濟的製造者（如大樓建造者）往往忽視他人的日照權而建造高樓大廈。如果受害者要求建造者降低高度，必損及建造者的利益。除非受害者能夠補償建造者的損失，否則建造者不會降低高度。**圖7-6**的橫座標為大樓高度（X），縱座標為成本（C）或效用（U），MC為X財的邊際成本，EG為建造者A的際效用曲線，IK為受害者的邊際效用曲線，I'K'為邊際社會成本（$MSC = MC_A + MU_B$）。建造者依 $MC = MU$ 的均衡原理決定大樓高度FJ（均衡點為F），此時A可以獲得EMF的總效用，而B則會損失IJL的總效用。如果受害者要求建造者降低大樓高度（由OJ降至OS），則受害者的損失會減少JSTL，而建造者的總效用會減少FRN。如果JSTL > FRN，則受害者願意補償建造者的損失，因為

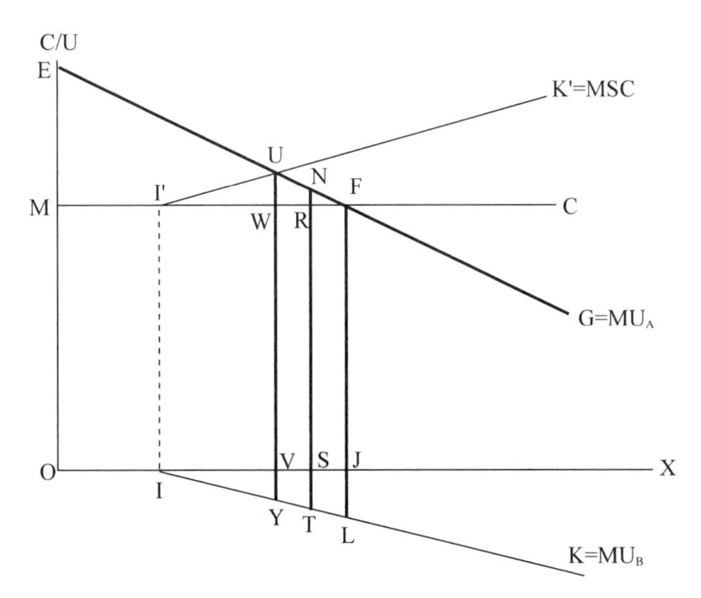

圖7-6　外部不經濟的個別均衡

補償之後仍然有利。另一方面建造者在總效用不變（損失部分已獲補償）的條件下，也願意降低大樓高度。易言之，只要B的邊際負效用（－MUB）大於A的邊際淨效用（MU_A－MC），雙方透過補償會達成協議，直至B的邊際負效用等於A的邊際淨效時（VY＝UW）才會停止協議。此時大樓高度為OV，即最適的均衡高度。易言之，當邊際社會成本等於A的邊際效用時（MSC＝MU_A）達成均衡。

至於非枯竭性共有資源的一般均衡，我們可以用湖中的漁資源來說明。**圖7-7**的橫座標為漁資源的庫存量（X），縱座標為漁資源的增加量或漁獲量（Y），CDA為漁獲量曲線，$P_1 \cdots P_3$為等利益曲線（在利益相等下漁獲量與庫存量替代關係的組合軌跡）。如果庫存量小於C或大於A時Y為負，如果庫存量大於C小於A時Y為正。當庫存量為B時Y最大。如果漁資源能夠有效管理，最適庫存量和漁獲量應在漁獲量曲線與等利益曲線相切的均衡點I所形成的OE與IE。為什麼最適庫存量和漁獲量在OB與DB（DB＞IE）？那是因為減少庫存量後漁獲量的邊際成本會增加，使漁獲量增加的利益低於庫存量減少的成本，而使等利益曲線由P_1移至P_2，利益會減少。如果庫存量為

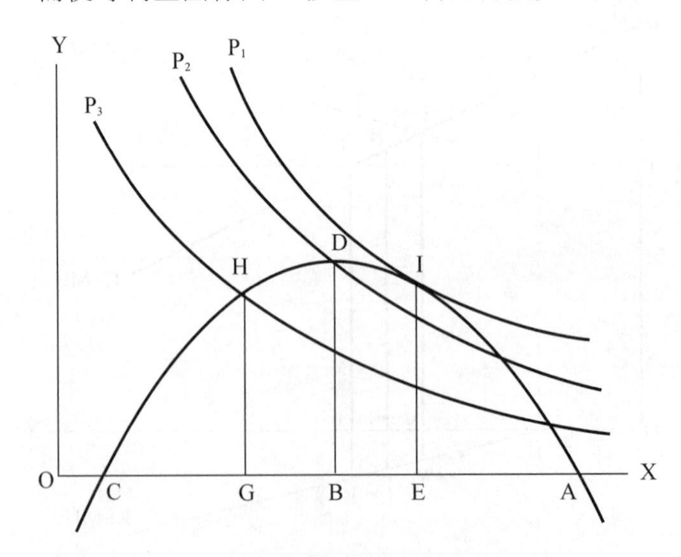

圖7-7　非枯竭性共有資源的一般均衡

OG，漁獲量為 HG，則漁獲量的邊際成本遠超過漁獲量的邊際利益，而使等利益曲線再移至 P_3，利益更少。因此，當漁獲量曲線與等利益曲線相切達成均衡。

第三節 外部性的內部化

外部效果的產生扭曲了資源配置的最適性。如果外部經濟的財物或活動不被評價，其產量必低於最適水準。如果外部不經濟的財物或活動不被計算，其產量必高於最適水準。為了使各種財物或活動維持最適水準，由外部效果所產生的利益或成本都必須轉換成個人或企業的內部利益或成本，這就是外部性的內部化（externality internalization），依傳統福利經濟學的觀點，外部性的內部化需求政府介入，對外部經濟的製造者補助對外部不經濟的製造者課稅，這就是所謂的課稅－補助理論（the tax-bounty thesis）。首先，我先來說明補助金理論。根據優勢效果理論，外部經濟產業的供給線是由左上方向右下方傾斜（邊際產量遞增，價格遞減）。**圖 7-8** 的橫座標為產量（Q）縱座標為價格（P），SS 為供給曲線，DD 為需求曲線。如果政府對此種產業提供補助金，則供給曲線會由 SS 移至 S'S'，均衡點由 E 移至 E'，均衡產量由 OQ 增至 OQ'，均衡價格由 OP 降至 OP'。此時政府補助金總額為 MP'E'K，而消費者的剩餘則增加了 PP'E'E，如果 PP'E'E ＞ MP'E'K（或 PMNE ＞ KNE'）則社會利益增加。因此，政府對外部經濟財提供補助金的結果會使該資源的配置達到最適水準。

關於課稅理論我們可以用**圖 7-9** 來說明。橫座標為產量（Q），縱座標為價格（P），OM 為外部不經濟成本（MED），JS 為邊際私人成本（MPC），JS' 為邊際社會成本（MSC ＝ MPC ＋ MED），DD' 為需求曲線（MPU）。如果政府不對外部不經濟產業課稅，企業會依 MPC ＋ MPU（或 S ＝ D）的均衡原理（均衡點 E）決定 OQ 的產量和 OP 的

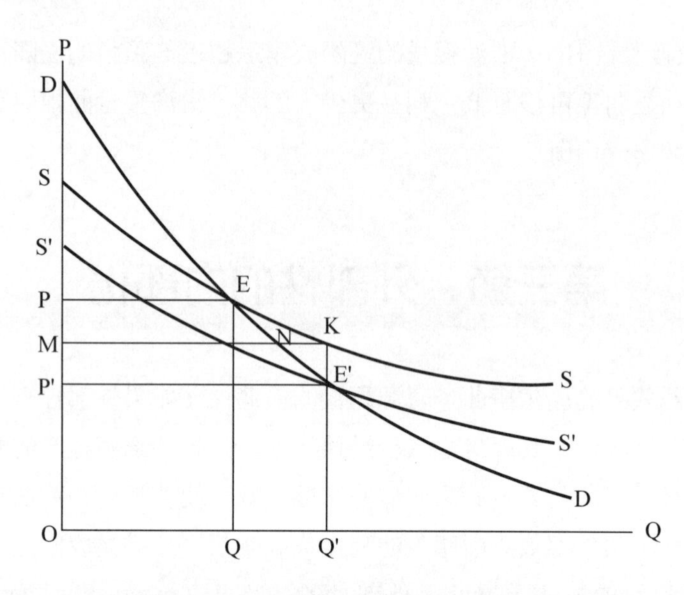

圖 7-8　外部經濟的補助金理論

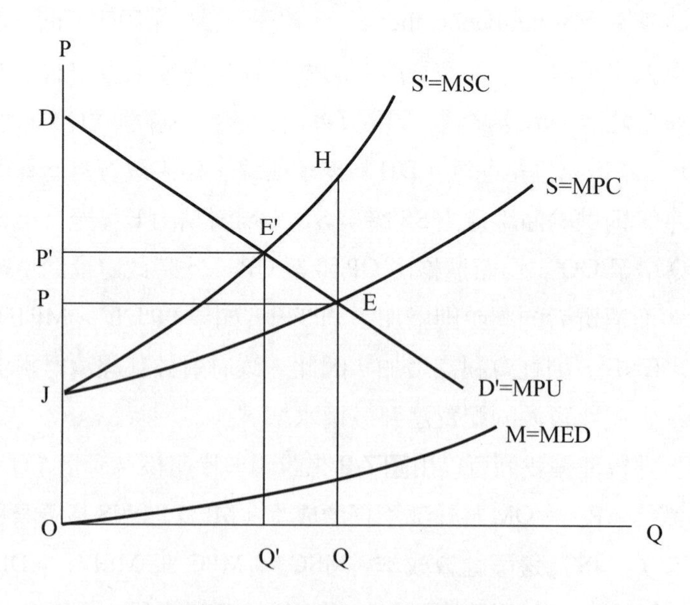

圖 7-9　外部不經濟的課稅理論

價格。如果政府依外部不經濟成本課稅，則供給曲線由 JS 移至 JS'，均衡點由 E 移至 E'，均衡由 OQ 移至 OQ'，均衡價格由 OP 移至 OP'。當產業為OQ時，私人總效用為DOQE，社會總成本為JOQH，兩者相減之後，社會利益為DJE'－HE'E。當產量為OQ'時，私人總效用為DOQ'E'，社會總成本為JOQ'E'，兩者相減之後社會利益為DJE'。因DJE'＞(DJE'－HE'E)，所以透過課稅使產量達最適水準後社會利益會增加。

政府干預的課稅－補助金理論引發了經濟學者的質疑與批判，而首先發難的就是 R. H. Coase，依其觀點，外部效果的問題具有相互性（reciprocal nature），也就是說製造者和承受者雙方均有責任。以企業污染為例。除了製造污染的企業是造成外部不經濟的原因之外，附近居民的存在也是重要的原因。如果沒有居民，就沒有受害，就沒有外部不經濟。如果由政府向企業課徵污染稅似乎否定了居民的責任，而且居民越多，受害程度越重，外部不經濟成本越高，政府是否要課徵更高的污染稅？果真如此則課稅就失去了公正性。政府課稅的結果污染減少了，居民卻增加了，政府依然要課徵污染稅直到此一產業完全消失而不再污染。如果社會需要此一產業，卻要消滅此一產業，結果並非社會的最大利益。相反的如果政府不課徵污染稅，而任由產業污染，結果將使居民消失，這也不是社會之福。因此 R. H. Coase 主張如果不考慮交涉成本，應由雙方進行相互滿足的交涉（mutually satisfactory bargain），以達成最適的資源配置（Coase, 1960）。經濟學者對Coase理論有三個主要的批判，第一是交涉者多，交涉成本高，第二是外部性的原因和影響缺乏客觀的認定標準，第三是交涉權利的不明確。關於交涉成本的問題，Coase 已在基本命題中設定。關於外部性的認定標準，是由雙方透過交涉達成共識，至於權利所在 Coase 則認為權利分配與資源配置的最適性無關。此外 J. M. Buchanan 和 W. C. Stubbebine 則提出雙方課稅－補助金制度（double tax-bounty system）。他們認為既然外部性無法完全去除，單方的課稅或補助都無法達到均衡水準，必須採雙方課稅或補助的方法，以矯正外部效果製造者的行動，並正確評估外部效果承受者的外部邊際成本。政府必須規範外部效果的受益者為確保其利益而有支付價格（或代價）的義務，並藉由不斷的調整去除所有的外部效果，達到最適狀態（Bachannan & Stubbebine, 1969）。

R. H. Coase 以美國中西部在開發時期所發生的農民與牧民的爭議事件為例，說明外部效果的本質解決方法。**圖 7-10** 的橫座標為牧牛頭數（X），縱座標為金額（M）（含效用成本和價格的貨幣化），MC 為牧牛的邊際私人成本（MC_a），OK 為農民的邊際負效用（$-MU_B$）或農產物的邊際外部不經濟成本（MED），MK'為牧牛的邊際社會成本（MSC），EG 為牧牛的市場價格（P）。如果牧民有土地的使用權或牧牛的飼養權，就會依 $P = MC_A$ 的均衡原理決定 OJ 的頭數（均衡點為 F）。此時農民的邊際負效用或邊際外部不經濟成本為 JL。如果農民以其邊際負效用的一部分補償牧民的邊際損失，對農民有利，對牧民也不會有損失（因有農民的補償），於是牧民便會減少牧牛的頭數。假設牧牛頭數由 OJ 減至 OS，則牧民的總損失為 NRF。因 SJLT >

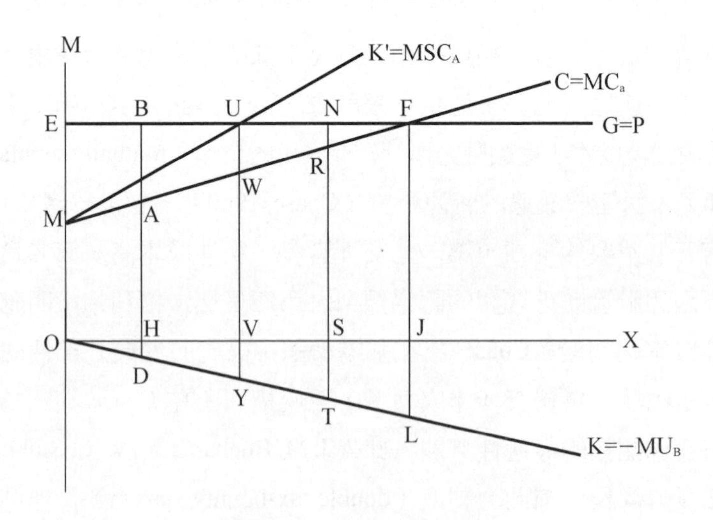

圖 7-10　寇斯理論模型

NRF（$-MU_B > ML_A$ 或 ST > NR），農民在補償牧民的損失之後依然有利，所以會繼續交涉直至農民的邊際負效用等於牧民的邊際損失（$-MU_B > ML_A$）時才會停止牧牛交涉，達成最適水準。易言之，當 VY = UW 時，雙方達成均衡。相反的如果農民有土地的使用權或農作物的耕作權，則牧牛的頭數為 0（牧民沒有飼養權）。若牧民想飼養牧牛就必須補償農民的損失。假設牧民想養 OH 頭的牧牛，他可以獲得MABE的總利益，但是農民則會損失OHD的總利益。由於牧民的邊際利益（$MB_A = P - MC_A$）大於農民的邊際損失（HD），所以 MABE > OHD，牧民補償農民的損失之後仍然有利。兩者會繼續交涉，直至牧民的邊際利益等於農民的邊際損失（$MB_A > -MU_B$）時，才會停止交涉，達成最適水準。易言之，當 UW = VY 時，雙方達成均衡。因此，不管誰擁有土地使用權（飼養權或耕作權），透過雙方的交涉，會逐漸達成均衡狀態。如圖 7-10 所示，當飼養牧牛的邊際社會成本等於牧牛的市場價格時達均衡狀態。這就是一般所謂的寇斯定理（Coase theorem）。

J. H. Doles 則從整合性的觀點（政府課稅的原理應用於市場）提出污染許可權（pollution permits or pollution licens）的理論模型（Doles, 1968）。他認為污染物可以透過市場機制決定其價格，再依價格決定污染量，他進一步解釋，污染產業生產物的邊際社會效用（MSU）若大於污染物的邊際社會成本（MSC），就可以被社會接受（社會效用增加）。政府若採行污染的許可權，可先訂定一個污染量，再透過市場的運作，使其達到均衡狀態的最適污染量。**圖 7-11a** 是個別企業，**圖 7-11b** 是全體產業。兩者的橫座標是污染物的數量（K），縱座標是價格（P），OL 是污染物的邊際外部不經濟成本（MED），DD'是污染物的需求曲線（或全體產業的邊際私人效用＝MPU），dd'則是個別企業的需求曲線。如果政府依 MED = MPU 的均衡原理訂定 OK 的最適污染量（均衡點為E），則價格為OP_1，而個別企業則依此價格決定 O'k 的需求量（全體產業的需求量為 OK）。如果政府不依 MED =

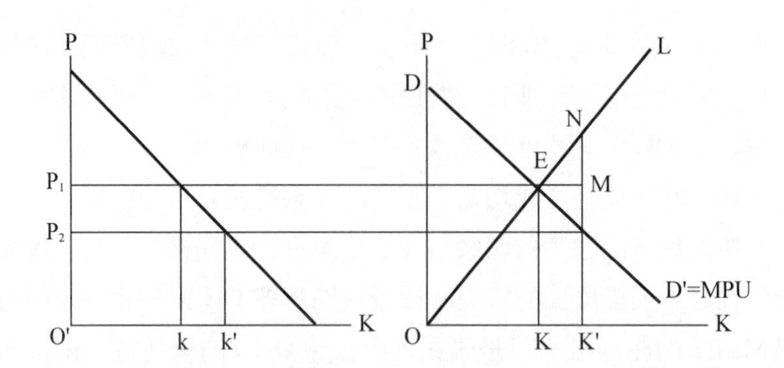

圖 7-11a　污染權理論：個別企業　圖 7-11b　污染權理論：全體產業

MPU 的均衡原理訂定污染量如 OK'，那麼生產者只會購買 OK 的污染量不會購買 OK'的污染量，因為他只願意以 OP_2 的價格購買。但是外部不經濟的受害者則願意購買KK'的污染量，因為他支付了EKK'M的價格，卻可減少EMN的外部不經濟成本（EKK'N－EKK'M）。KK'的污染量被受害者購買了生產者的污染量就會維持在OK的最適水準上。因此污染許可權可透過市場機制達到均衡。

上述各種理論均將外部不經濟的受害者和外部經濟的受益者視為被動對象，只能表達受害或受益的程度，不能主動採取因應措施。事實上在日常生活當中我們往往要採取一些措施使自己的受害減少或受益增加。例如對噪音置隔音設備，對污水裝置淨水設備或是面對公園時將住家裝潢成可以增加景觀的設計。外部效果的承受者採取自我防衛（self-defense）措施，社會利益會增加，這個理論是由 H. Shibata 和 S. Winrich 所提出。（Shibata & Winrich, 1983）。他們以污染的自我防衛為例提出**圖 7-12** 的模型。橫座標為污染量（K），縱座標為金額（M），DB為污染者的邊際利益曲線（MB_A），OL為受害者的邊際負效用曲線（－ MU_B），HB 為受害者的邊際自我防衛成本曲線（MDC_B）。假設一，如果沒有任何因應措施（如課稅或自我防衛），污染是為 OB，此時污染者 A 可獲得 DOBE 的總利益，而受害者 B 則損失 LOB 的總效用，社會利益為 DOE － LBE（DOBE － LOB）。假設二，如果

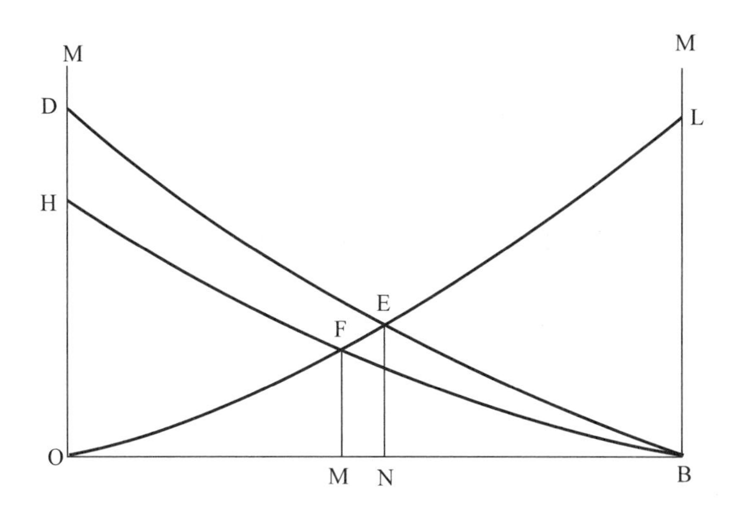

圖 7-12　自我防衛曲線

受害者採取自我防衛措施，則依 MU_B ＝ MCB 的均衡原理決定 BM 的自我防衛量 BM（均衡點為 F），此時 A 依然可以製造 OB 的污染量而獲得 DOBE 的總利益，但是 B 則必須損失 BMF 的自我防衛成本以及 OMF 的總效用（合計為 FOB），社會利益為 DOE ＋ FBE（DOBE － FOB）。假設三，如果課徵污染稅，則政府依 MBA ＝ MUB 的均衡原理將污染量控制在 ON 的最適水準，此時 A 可獲得 DONE 的總利益，B 則損失 EON 的總效用，社會利益為 DOE（DONE － EON）。因（DOE ＋ FEB）＞ DOE ＞（DOE － LBE），所以自我防衛的社會利益大於課徵污染稅，課徵污染稅的社會利益則大於無因應措施。

參考文獻

Buchanan, J. M., & W. C. Stubbebine (1969). Externality in K. J. Arrow, & T. Scitovsky (eds.) *Readings in Welfare Economics*. Irwin, pp. 199-212.

Coase, R. (1960). "The Problem of Social Cost," *Journal of Law and Economics*, Vol. 3, pp. 1-44.

Doles, J. H. (1968). *Pollution, Property and Price*, University of Toronto Press.

Hicks, J. R. (1939). "The Foundation of Welfare Economics," *Economic Journal*, Vol. 49, pp. 696-712.

Kaldor, N. (1939). "Welfare Prosposition of Economics and Interpersonal Comparisons of Utility," *Economic Journal*, Vol. 49, pp. 549-552.

Marshall, A. (1890), *Principle of Economics*, Macmillan.

Pigou, A. C. (1932), *The Economics of Welfare*, Macmillan.

Shibata, H., & S. Winrich (1983), "Control of Pollution When Offended Defend Themselves," *Economics*, Vol 50, no. 199.

Viner, J. (1953), "Cost Curves and Supply Curves, in Readings in Price Theory," *American Economic Association Series*, Allen and Unwin, pp. 198-232.

Chapter 8

第八章

公正性理論

第一節　分配的公正性

自古以來，人們都在爭論分配的公正性，迄今仍無確實的答案。公正（equity）或是正義（justice）其實是一個價值判斷（value judgement）的問題。這個問題如果不能獲得共識（consensus），分配的公正就無法達成。誠如M. Friedman所云，一個社會如果沒有價值判斷的核心，就難以獲得安定（Friedman, 1962）。隨著社會的多元化，價值判斷的核心逐漸弱化，人們漸漸失去了公正性的指針，社會共識日趨困難，利害衝突漸趨激烈。社會價值是社會成員衝突與妥協的產物。社會成員在不知不覺中（unthinkingly）接受某些價值觀，而成為普遍化的社會價值。關於分配的公正性，可以從市場制度（market system）、社會連帶（social solidarity）、效用主義（utilitarianism）以及社會契約（social contract）等四種觀點加以解釋。我們必須認真探討這種觀點的公正性，加以協商整合，以建立一個普遍化的公正原理。

資本主義市場制度下的分配機制（distribution mechanism）是依生產的貢獻加以分配，也就是依功績（merit）加以分配（distribution according to contribution or merit）。公正的分配就是要根據貢獻的基準（contribution standard）加以分配。問題是貢獻的基準要如何訂定呢？如果只有一個人在一個孤島上從事生產活動，所有努力的成果都是他的貢獻。成員的複雜性、勞動的異質性以及社會的分工性高度發達的社會，要測定個人的貢獻絕非易事。在一個均衡的市場制度下，勞動報酬等於該勞動者的邊際產值，而企業則無經濟利潤（只有正常利潤）。生產總值扣除人事費、管理費、原料費、機械設備費、利息、地租等生產成本之後等於零。生產總值如何分配給各種生產因素呢？這就是爭論的問題。從資本主義的觀點，勞動者已分配到勞動報酬（勞動者在生產前接受此種勞動報酬），就沒有資格再分配，而應分配到經營管理、機械設備以及資金成本等由資本家支付的生產因素上。可是從社會主義的觀點，生產物的價值應直接還給直接參與生產的勞動者，否則就是 K. Marx 所謂的剩餘價值的剝削。

日本的森嶋通夫曾以數學原理提出公正合理的分配（a just and rational distribution）。此一分配方法是將各種生產因素訂出一個分配比例，每一個參與生產者都必須同意此一條件，再以線性的數學解析進行分配（Morishima, 1976）。這種分配方法對於物的生產因素是可行的，但是對於人的生產因素，例如勞動者的士氣（morale）、經營者的企業能力（entrepreneurship）等又要如何量化呢？因此，有關人的所得分配（personal distribution of income）的公正性仍是一個難解的問題。

因特殊因素未能直接參與生產活動的人們（如老人、兒童、身心障礙者等），也有權利參與分配，這就是社會連帶的理念。誠如K. E. Boulding 所言，扶養社會非生產人口的理由是因為他們是社會的一部分。就好像一個人的手腳一樣，用手賺取金錢，也要給腳穿鞋（內田忠夫，1970）。社會必須將社會的生產總值分配部分給不直接參與生產的成員，也就是要依據這些成員的需要加以分配（distribution according to needs）。社會需要有一定的基準，不同的社會和不同的時代都有不同的需要基準（needs standard）。如果需要的基準訂得太高，就會影響工作意願。我們可以由**圖 8-1** 來說明貨幣所得的需要基準。圖中的橫座標為休閒時間（L），縱座標為貨幣所得（Y），社會無異曲線為 SIC。當基本（或最低）勞動報酬為 Y 時，在 8 小時工作制下，勞動者有 16 小時的休閒時間。如果個人不勞動就有 24 小時的休閒時間。在 SIC 的 e'所對的 Y'就是最適的貨幣所得需要基準。如果基準為 Y"，就會形成新的社會無異曲線SIC'，而影響工作意願（SIC'在SIC的右上方）。

標榜最大多數人的最大幸福（the greatest happiness of the greatest number）的效用主義（或功利主義）是以效用原理（principle of utility）作為分配公正性的基準。J. Bentham 所謂的效用原理就是肯定使人們

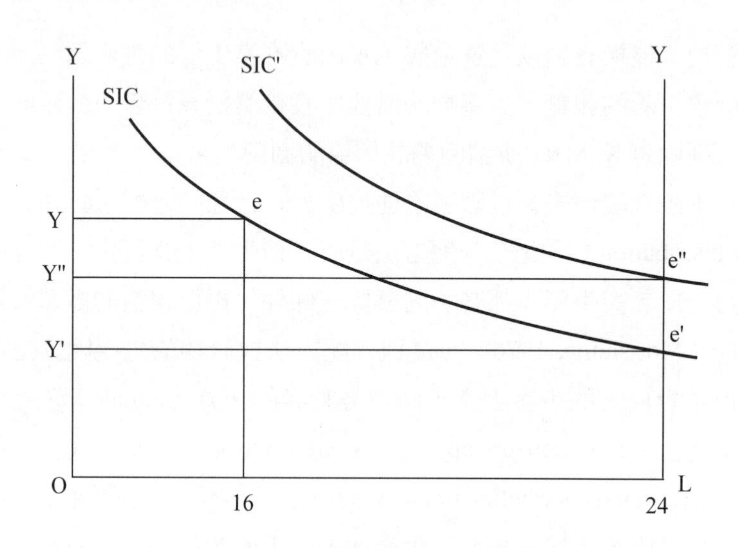

圖 8-1 需要基準與工作意願

幸福增加的行為，否定使人們幸福減少的行為。所謂行為不僅是個人行為，也涵蓋政府的所有政策。所謂幸福則指利益、方便、快樂、良善，而不快樂則指危害、痛苦、邪惡等（山下重一，1977）。依效用主義的觀點，社會利益是社會成員正效用與負效用的總和。政府的政策與制度就是要增加社會利益，凡能增加社會利益的政策與制度就是好的政策與制度。對效用主義者而言，公正或正義只是一種手段，效用或利益才是目的，凡能創造最大幸福的分配手段就是分配的公正。如果社會將總產值的一部分分配給某一個人，而能增加整體幸福（happiness on th whole）就符會分配的公正。效用主義的效用計算法（utilitarion calculus）就是在最低生活水準（that level at which life is just worth living）與最高生活水準之間訂定幾個效用尺度（utility scale）。例如在 u_0 與 u_1 之間訂定 $u_{0.1}$，$u_{0.2}$……$u_{0.9}$ 等效用尺度。再從社會各階層中選出代表性的個人，去測定他們的效用尺度。最後以其平均值作為這個社會效用的水準。如果所得分配之後社會效用增加，這種分配就是公正的分配。

J. J. Rousseau 在 1762 年出版的《社會契約論》一直是學界探討的議題，尤其在分析分配公正性時更廣為學者引用。1972 年 J. Rawls 的《正義論》（*Theory of Justice*）更奠定了公正分配的社會契約理論（Rawls, 1972）。依 J. Rawls 的定義，所謂公正就是保證社會共識的適當分配的原理原則（Rawls, 1969）。J. Rawls 的正義論是從一種由理性的個人（rational individual）、相互不關心（mutually disinterested）以及無知的面紗（veil of ignorance）所構成的原始狀態（original position）出發。在此種原始狀態下，自由的個人相互合作追求私利，並透過一致法則（unanimity rule），分工合作提高生產力，追求個人利益。原始狀態有兩個前提，第一是每一個人都享有基本自由的平等權利，任何人均不得侵犯他人的自由；第二是每一個人都享有追求不平等機會的平等權利，但是不平等機會必須以增進社會利益為原則（不平等機會如權力和地位的不平等）。簡單的說原始狀態有兩個基本原則，就是自由與機會的平等。在這兩個原則下，一個社會若能對最不利的社會成員（the least advantaged member of society）盡最大努力改善其生活，就是公正的社會（Rawls, 1969），這就是 J. Rawls 所謂的差別原則（the difference principle），也就是給予社會不利者較大的利益。對 J. Rawls 而言，差別原則就是極大原則（the maximun principle），也就是要將個人效用極大化。如果社會財富一定，社會成員的平等分配就是公正分配。如果社會財富不一定，為了讓社會不利者獲得更多的平等，即使社會財富減少也是值得。假設社會財富的分配有下列三種選擇（X, Y, Z），

X ＝ 50, 100, 150

Y ＝ 90, 90, 90

Z ＝ 80, 250, 250

依 J. Rawls 的公正分配，Y 優於 X，也優於 Z，完全否定 $\sum_{i-1}^{3} Zi$（580）$> \sum_{i-1}^{3} Xi$（300）$> Y\sum_{i=1}^{3} Yi$（270）的事實，與一般的經濟法則背道而馳

（Feldman, 1980）。雖然J. Rawls的公正仍有許多爭議之處，但是從社會內部相互關聯的角度探討社會共識的可能性，對分配的公正性仍具有相當的價值。

第二節　所得移轉

除了分配的公正性未能獲得社會共識之外，個人在參與經濟活動時的阻礙以及在經濟活動中的不良運作也是造成分配不公正的原因。不參與經濟活動的阻礙因素方面有個人因素與社會因素，前者如年老、身心障礙、傷病、無工作意願、無工作技能、居住偏遠地區等；後者如經濟不景氣、社會歧視（如族群、性別、年齡、學歷等）、市場制度以及社會價值觀等。在經濟的不良運作方面，也有個人因素與社會因素，前者如知識、技能、動機、態度、不當消費、錯誤的投資等；後者如工資水準、物價水準、利率水準、投資水準、科技水準等。不公正的所得分配造成了貧富的差距。測定貧富差距的方法，最常用的就是羅倫斯曲線（Lorenz curve）與吉尼係數（Gini coefficient）。所謂羅倫斯曲線就是家戶累積比率與所得累積比率所形成的對應曲線。如**圖 8-2** 所示，橫座標為家戶累積比率，縱座標為所得累積比率。如果家戶累積比率為 f_1 時，所得累積率為 Y_1；家戶累積比率為 f_2 時，所得累積比率為 Y_2，連結OECD就形成羅倫斯曲線。如果所得分配完全平均，羅倫斯曲線（OECD）與對角線（OC）一致。如果所得完全不平均（只有 1 人獨占所有所得，其他人的所得為 0），羅倫斯曲線為OBC。因此羅倫斯曲線離對角線越遠，所得分配越不平均，離對角線越近，所得分配就越平均。至於吉尼係數就是對角線與羅倫斯曲線所形成的面積（OCDE）占對角線下三角形面積（OCB）的比率。吉尼係數可用下列公式加以計算：

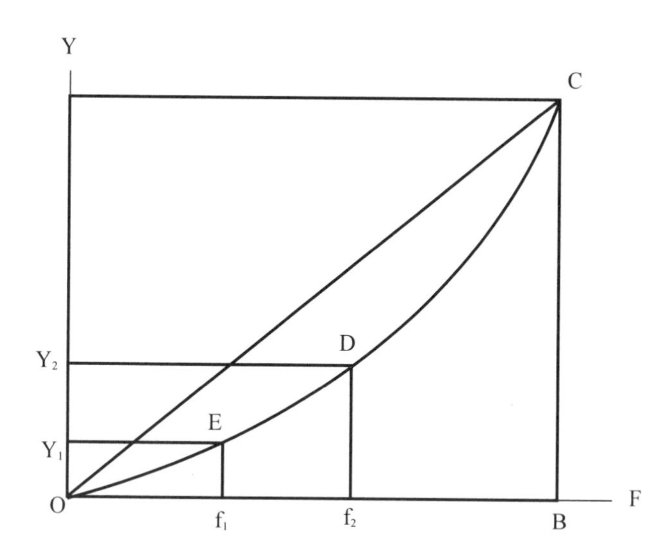

圖 8-2 所得分配的羅倫斯曲線

$$G = 1 - \sum_{i=1}^{n}(F_t - F_{i-1})(\phi_i + \phi_{o-1}) \quad \cdots\cdots(1)$$

F_t 是第 i 所得分位以下家戶累積比率，t 是第 I 所得分位以下所得累積比率，n 為總所得分占。此一公式來自圖 8-1 中，G ＝（OCB － OEDCB）／（OCB）計算出 OEDCB 面積總和的近似值。此外，也可以用下列公式加以計算。

$$G = \frac{1}{2n^2u}\sum_{i=1}^{n}\sum_{j=1}^{n}|Y_i - Y_j| \quad \cdots\cdots(2)$$

Y_i 和 Y_j 分別為 I 和 j 所得分配的平均所得，M 為總平均所得。以總平均所得與總家戶所得的積除以各分位所得差距的總和加以計算。A. K. Sen 則用下列兩種公加以計算。

$$G = 1 + \frac{1}{n} - \left(\frac{2}{n^2u}\right)[ny_1 + (1 - 1)Y_2 \wedge + Y_n] \quad \cdots\cdots(3)$$

或

$$G = \left(\frac{2}{n^2u}\right)[n(\mu - Y_1) + (n - 1)(\mu - Y_2) \wedge + (\mu - Y_n)] \quad \cdots\cdots(4)$$

第 3 公式是以μn除以從高所得分位累積的所得比重總和的線型函

數。最高所得分位的所得為 Y_n，比重為 1，最低所得分位的所得為 Y_1，比重為 n 位。第 4 公式則是以平均值與差距值的比重加以計算。由第 3 公式可知，不同所得分位增加同額所得時，對吉尼係數的影響是不同的。低所得階層所得的變動對吉尼係數的感應度（G 會降低）較大。

市場制度所造成的所得差距是不公正分配的結果，這個結果對社會整體而言是不利的。上節所介紹的社會連帶、社會效用和社會契約等理論就是針對所得分配不均的問題所提出的修正理論。這些理論就是要對低所得者提供個人自發性的移轉（income transfer）或國家強制性的重分配（income redistribution）。根據 L. C. Thurow 的理論，所得移轉或所得重分配的原因有五種，第一是贈與的動機（gifts），第二是效用函數的相互依存（interdependent utility functions），第三是社會的外部性（social externalities），第四是獎品的正當結構（the right structure of prizes），第五是最低所得保險（minimum income insurance）（Thurow, 1975）。人們基於手足之情，在贈與關係中獲得效用的提高。贈與者雖不求回報，卻能獲得心理的滿足。效用的相互依存關係是當他人的效用提高時，自己的效用也會提高，相反地當他人的效用降低時，自己的效用也會降低。贈與的動機是不管他人的效用有無增加，自己的效用提高了而效用的依存關係是他人的效用與變化以及自己效用的變化呈正相關。人們也會基於外部性的考量而從事所得移轉。人們為了避免因不公正的分配所造成的外部不經濟（如貧窮、疾病、懶惰、骯髒、愚笨以及脫序等）影響自己的生活品質，而將自己部分所得移轉給他人。人們也會將國民所得所增加的部分視同獎品，而獎品的結構中就有一部分必須捐給社會，這是正當而且必要的。人們為了防止意外帶來的損失而參加保險。當其他被保險人發生意外時，就必須將自己所繳納的保險費移轉部分給發生意外的被保險人。基於上述各種原理，人們均會從事某種程度的所得移轉。

H. M. Hochman 和 J. D. Rogers 曾以 Pareto optimality 分析最適所得移轉模型（Hochman & Rogers, 1969）。**圖 8-3** 的橫座標為高所得者的

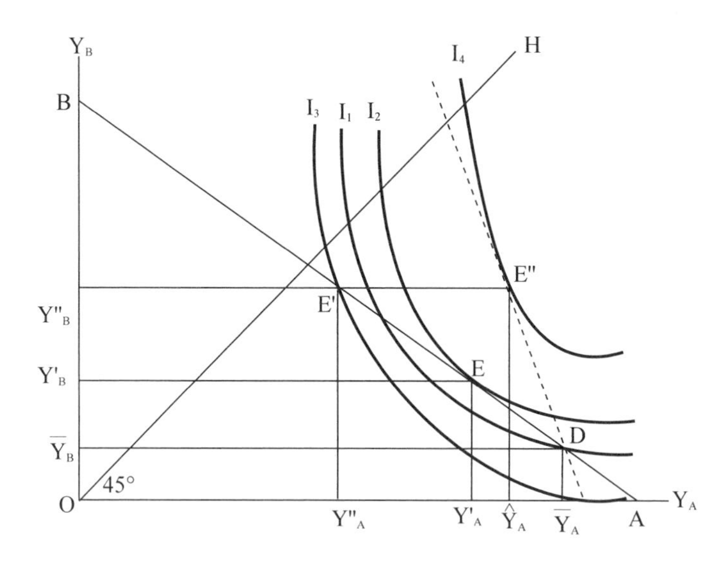

圖 8-3 最適所得移轉模型

所得 Y_A，縱座標為低所得者的所得 Y_B，AB 為所得線，OH 為 45°線，I（I_1～I_3）為高所得者的無異曲線。I 在 OH 線的上方呈垂直狀態，因為 B 的所得水準若超過 OH 線，A 的效用就不會增加。如果 A 的無異曲線均為垂直線，A 就不會從事所得移轉。假設初期的所得分配為 D，則 A 的所得為 $O\overline{Y}_A$，B 為 $O\overline{Y}_B$。基於所得移轉的動機，A 將樂於移轉部分所得給 B 直到所得線與無異曲線相交的 E 點為止。這就是最適所得移轉。此時 A 的所得為 OY'_A（移轉 $\overline{Y}_AY'_A$），B 的所得為 OY'_B 增加了 $Y'_B\overline{Y}_B$，而 $Y'_B\overline{Y}_B = \overline{Y}_AY'_A$）。A 的無異曲線由 I_1 移至 I_2，A 的效用增加了。如果 A 的所得移轉點由 E 移至 E'，A 的所得為 OY''_A，B 的所得為 OY''_B，而無異曲線由 I_2 移至 I_3，A 的效用減少。因此，最適所得移轉，是當無異曲線與所得線相等時所形成的均衡。

如果政府以免稅措施獎勵人們從事所得移轉，最適所得移轉點就會由 D 移至 E"，虛線就是免稅後的所得線，交新的無異曲線於 E"，則 A 不需移轉 $\overline{Y}_AY''_A$ 的所得，只需移轉 $\overline{Y}_A\hat{Y}_A$ 的所得即可，而 B 則仍可增加 $Y''_B\overline{Y}_B$（$Y''_B\overline{Y}_B = Y''_A\overline{Y}_A$）的所得。由於新的無異曲線 I_4 在 I_1 的右上方，A 的效用會增加。我們可用一個例子來說明政府的免稅措施可以增進人們的所得移轉。如果某富人捐出 100 萬元作為慈善基金，而他適用 40%的個人綜合所得稅率。那麼，他就可以節省 40 萬元的所得稅，所以實際上他只移轉 60 萬元，其他的 40 萬元就必須由社會上的其他納稅人負擔。因此捐款的免稅措施可以減少捐款人的所得移轉負擔，卻會增加其他納稅人的負擔。

第三節　所得重分配

國家為了避免因貧富懸殊所產生的社會衝突，或是為了維護手足情深的社會和諧，而必要以強制的手段徵收高所得者的部分所得分配給低所得者，這就是制度的所得重分配（institutional income redistribution）。國家所採用的所得重分配手段一般有三種，第一是租稅，第二是移轉稅支出，第三是社會保險。政府一方面以累進稅率對高所得者課徵高額所得稅，另一方面則以各種現金給付（cash payment）或實物給付（payment in kinds）提供低所得者。此外，政府也以社會保險的方式，由被保險人之間進行所得重分配。所得重分配除了高所得者對低所得者的重分配之外，還有健康者對不健康者、短壽者對長壽者、就業者對失業者、一般人對身心障礙者、雇主對受雇者、年輕的一代對年老的一代等各種所得重分配。

從效用理論的觀點，所得重分配的效果可以增進社會效用。我們可以用**圖 8-4** 來說明。橫座標為所得，縱座標為效用，AA'為個人A的邊際效用曲線，BB'為個人B的邊際效用曲線。假設初期的所得分配A為 OD，B 為 O'D。如果 A 的所得（Y_A）由 OD 增至 OE，B 的所得（Y_B）由 O'D 減至 O'E，那麼 A 可以多獲得 b 的效用，而 B 則喪失 a ＋ b 的效用。社會效用為 b －（a ＋ b）＝－ a (1)。相反地若以 AA'作為 B 的邊際效用曲線，BB'為 A 的邊際效用曲線。假設初期的所得分配 A

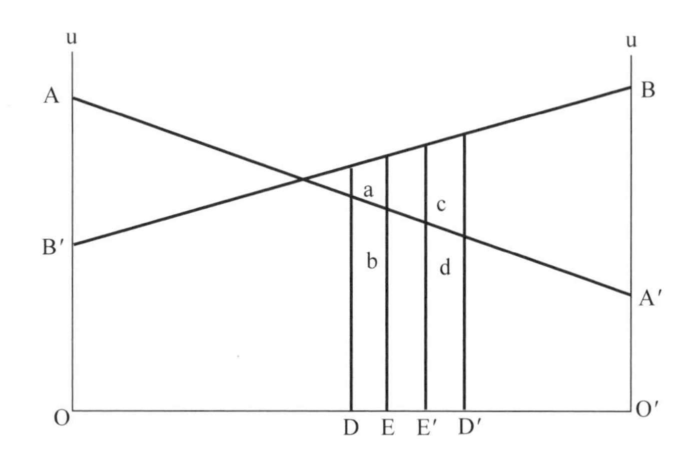

圖 8-4　所得重分配與社會效用

為 O'D'，B 為 OD'。如果 A 的所得由 O'D'增至 O'E'，B 的所得由 OD'減至 OE'，那麼 A 可以多獲得 c ＋ d 的效用，B 則喪失 d 的效用，社會效用為 c ＋ d － d ＝ c ⑵。我們可以將⑴＋⑵／ 2，得到－ a ＋ c ／ 2 的社會效用。由於 c ＞ a，所以－ a ＋ c ／ 2 為正，也就是社會效用會增加。

根據 Pareto optimality 的原理，最適的所得重分配就是當高所得者與低所得者的邊際效用相等時的分配。我們可以用**圖 8-5** 來說明。橫座標為所得，縱座標為效用，AA'為個人 A 的邊際效用曲線，BB'為個人 B 的邊際效用曲線。如果初期的所得分配 A 為 O_AF，B 為 O_BF，A 可以獲得 AO_AFH 的總效用，B 可以獲得 BO_BFJ 的總效用。兩者相加的 Tu 為 AO_AO_BBJH。如果讓 B 減少一些所得，A 增加一些所得，社會效用會增加。當 $Mu_A = Mu_B$ 時，社會效用最大。此時 A 可獲得 AO_AGE 的總效用，B 可獲得 BO_BGE 的總效用。兩者合計的 Tu 為 AO_AO_BBE，比初期的總效用 AO_AO_BBJH 多了 HJE 的效用。相同的道理，如果初期的所得分配，A 為 O_AF'，B 為 O_BF'，增加 B 的所得至 O_BG，減少 A 的所得至 O_AG，那麼社會效用會增加 H'J'E。

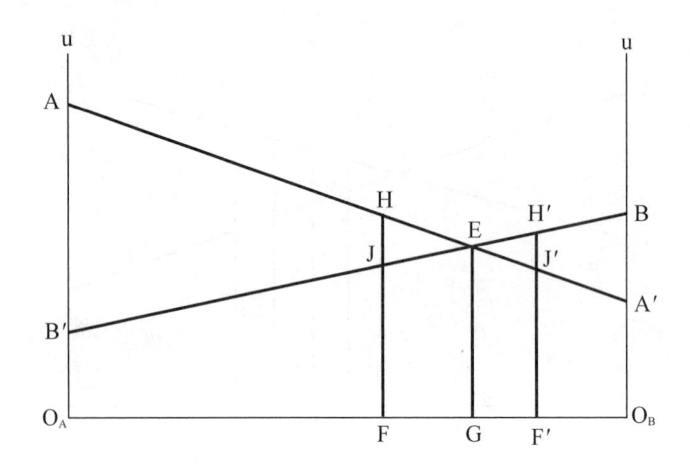

圖 8-5　所得重分配的一般均衡

政府的移轉性支出有現金給付與實物給付兩種。這兩種給付對受益者都能產生效用的增加，但是現金給付所產生的效用要高於實物給付。我們可以用**圖 8-6** 來說明。橫座標為住宅規模（S），縱座標為所得（Y），AB 為預算線，I 為無異曲線。在沒有政府的給付時，個人（受益者）會依其預算線與無異曲線（I_1）的均衡點決定最適的住宅規

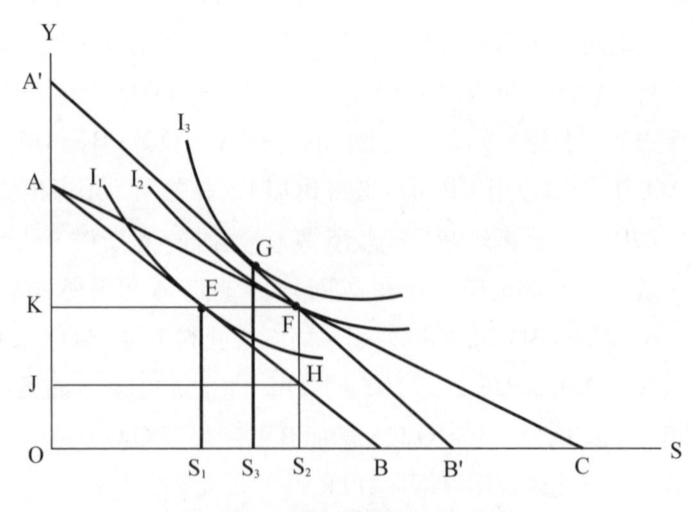

圖 8-6　現金給付與實物給付

縱座標為高所得者的所得（Y_H），ADMRO 為重分配後兩者的所得組合曲線。如果政府對高所得者課徵低的稅率（低度所得重分配），高所得者在課稅後會增加工作賺取更多的所得。課稅後兩者的所得組合點為 D，Y_H 為 DK，Y_L 為 OK，兩者的所得比課稅前增加了 DJ。高所得者移轉 AH 的所得給低所得者（AH ＝ HJ ＝ OK）之後，若所得沒有增加，兩者的所得組合應為 JK ＋ OK，但是高所得者在課稅後增加工作的結果，使所得提高了 DJ。如果政府對高所得者課徵中度稅率（中度所得重分配），就會影響高所得者的工作意願，使所得減少。課稅後兩者的所得組合點為 M，Y_H 為 ML，Y_L 為 OL，比課稅前減少了 NM。高所得者課稅後若不減少所得應為 NL（NL ＝ IO，OL ＝ IN ＝ AI），但是卻減至 ML，可見課徵中度稅率影響高所得者的工作意願與所得。同理，若政府課徵高度稅率（高度所得重分配），課稅後兩者的所得組合點為 R，Y_H 為 RS，Y_L 為 OS，比課稅前減少了 GR。高所得者移轉了 AQ 的所得，但是低所得者卻只獲得了 AP（AP ＝ PG ＝ OS）的所得。

最低（基本）工資的規定也是政府的所得重分配的措施之一。政府為了防止弱勢勞動者受到工資的剝削，而以一定的工資水準保障其生活。此一措施的本意是要進行高所得勞動者對低所得勞動者的所得重分配，但是結果卻使勞動力的交易量減少，使弱勢勞動者減少了就業的機會，而喪失了所得。因此最低工資制也會造成低所得者對高所得者的所得逆分配效果。**圖 8-8** 的橫座標為勞動力（L），縱座標為工資（W），勞動市場的均衡點為 E，均衡交易量為 OL，均衡工資為 OW。如果政府將最低工資訂在OW'，就會使勞動力交易量減至OL'，當勞動力交易量在 OL 時，雇用者的剩餘為 DEW，勞動者的剩餘為 OEW，社會整體的剩餘為DOE。實施最低工資制之後，雇用者的剩餘為DAW'，受雇者的剩餘為OCAW'，社會整體的剩餘為OCAD。因此，導入最低工資制之後，雇用者的剩餘減少W'WEA，其中的W'WBA是對受雇者的所得重分配。另一方面受雇者的剩餘則增加了 W'WBA －

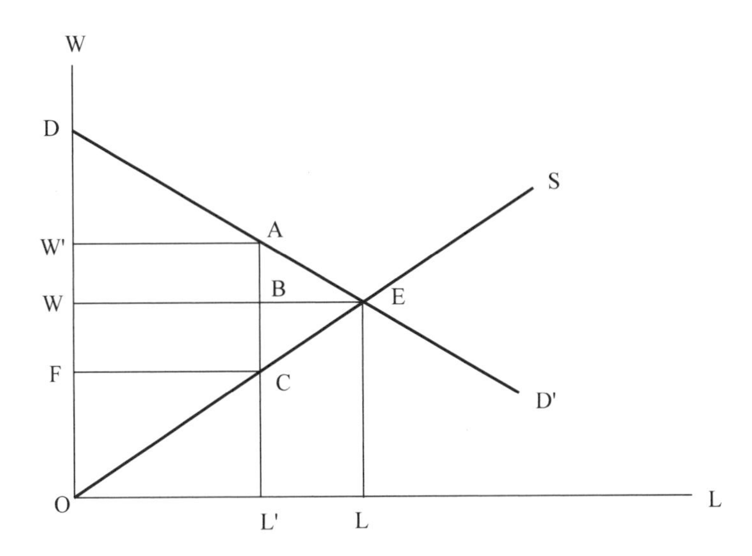

圖 8-8　最低工資與所得逆分配

BCE，其中的 W'WBA 是來自雇用者的所得重分配。乍看之下，受雇者的剩餘是增加了，但是 W'WBA 的所得移轉是雇用者移轉給雇用量減少之後依然受雇用的勞動者，並不移轉給雇用量減少之後失業的勞動者。因此，勞動者剩餘所減少的面積 BCE 完全由低所得勞動者承擔。這就是最低工資制會造成低所得勞動者對高所得勞動者所得逆分配的道理。

從凱恩斯理論的觀點分析，所得重分配會促進社會的有效需求，進而增加雇用量與國民所得。但是從自由主義的觀點分析，所得重分配則會減少雇用量與國民所得。A. M. Okun 所提出的漏洞水桶理論（theory of leaky bucket）就說明所得重分配的結果會降低國民生產，減少國民所得。**圖 8-9** 的橫座標為高所得者的所得（Y_H），縱座標為低所得者的所得（Y_L）。PP 為社會整體的生產可能曲線。如果初期所得的組合點為 e_0，$Y_H = Oa_0$，$Y_L = Ob_0$，政府進行所得重分配的結果，如果新的組合點由 e_0 移至 e_1，則 $Y_H = Oa_1$（減少 a_0a_1），$Y_L = Ob_1$（增加 b_0b_1）。

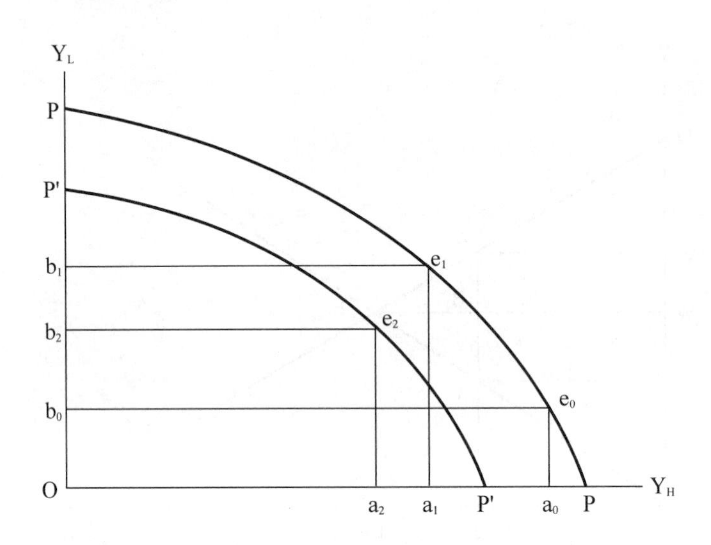

圖 8-9　漏洞水桶理論

高所得者減少所得之後，會使儲蓄水準和投資水準降低。另一方面低所得者增加所得之後，會使商品市場的需求增加，造成物價膨脹。兩者相互作用的結果會形成停滯性膨脹（stagflation），使失業率提高，物價上升，所得減少，經濟衰退。因此，所得重分配的結果會使 Y_H 降至 Oa_2，Y_L 降至 Ob_2，新的所得組合點由 e_1 移至 e_2，生產可能曲線由 PP 移至 P'P'。

參考文獻

Bentham, J.（山下重一譯）(1789/1977). *An Introduction to the Principles of Morals and Legislation*（《道德及立法的諸原理序說》，中央公論社）。

Boulding, K. E.（內田忠夫監譯）(1958/1970). *Principles of Economic Policy*, Prentice-Hall（《經濟政策的原理》，東洋經濟新報社）。

Feldman, A. M. (1980). *Welfare Economics and Social Shoice Theory*. Martinus, NI: Hoff.

Friedman, M. (1962). *Capitalism and Freedom*. University of Chicage Press.

Hochman, H. M., & J. D. Rogers (1969). "Pareto Optimal Redistribution," *American Economic Review*, Vol. 59, September.

Morishima, M. (1976). *The Conomic Theory of Modern Society*. Cambridge University Press.

Rawls, J. (1969). "Distributive Justice in Philosophy," *Politics and Society*. Ed. By Laslott & Runciman, Series III, Brasil Blackwell.

Rawls, J. (1972). *Theory of Justice*. Harvard University Press.

Thurow, L. C. (1975). *Gellerating Inequalities*. Basic Book.

Sen, A. K. (1973). *On Economic Inequality*. Oxford University Press.

Chapter 9

第九章

社會選擇理論

第一節　社會選擇的基本命題

第二節　投票制度與社會選擇

第三節　民主制度與社會選擇

第一節　社會選擇的基本命題

A. Bergson 為分析社會福利而提出社會福利函數（或經濟福利函數）（economic welfare function）（Bergson, 1966）。其後經過 O. Lange P. A. Samuelson等的運用而普及化，似乎成為福利經濟學的基本命題。但是，社會福利函數能夠有意義的運用必須透過政治過程的認定，甚至是專制政治的恣意性認定，因為它必須以社會對生活狀態（或經濟狀態）的評價為前提，而這個前提往往是由獨裁者或菁英團體所設定。1950 年 K. J. Arrow 在其《社會福利概念的困難》（*A Difficulty in the Concept of Social Welfare*）一書中指出建立在個人評價基礎上的社會選擇必須符合一些基本條件，而這些基本條件是否成立頗值懷疑。最後他發現要符合這些基本條件的社會選擇就是獨裁制度。易言之，在民主制度下符合這些基本條件幾乎是不可能的，此謂之一般不可能定理（criterion of general impossibility）（Arrow, 1950）。

第一定理：完整性（completeness）

個人和社會選擇必須在順序組合的特定關係 R（at least as good as）下進行。以個人而言，如果兩種資源（X 和 Y）的關係是 XRiY 成立，YRiX 不成立則 XPiY（X prefer Y）；如果 XRiY 成立，YRiX 也成立，則 XIiY（X indifference to Y）。由於社會選擇反應個人選擇，如果個人的選擇順序（individual ordering）是 XRiY，社會選擇順序（social ordering）為 XRY；如果個人選擇順序是 XPiY，社會選擇順序為 XPY；如果個人選擇順序是 XIiY，社會選擇順序為 XIY。社會成員的選擇順序組合（$R_1, R_2 ... R_n$）的合計就構成了社會選擇順序 R〔$R = f(R_1, R_2 ... R_n)$〕。此一公式就是社會選擇函數。

第二定理：推移性（transitivity）

上式中的XRY, YRI，則XRI為推移性，其他則為準推移性（quasi-transitivity）。社會選擇至少要有三個選擇對象（X,Y,Z），而選擇順序的推理必須符合邏輯性，例如：

XRY, YRZ 則 XRZ

XPY, YPZ 則 XPZ

XPY, YIZ 則 XPZ

XIY, YPZ 則 XPZ

XIY, YIZ 則 XIZ

假設社會成員有 2 人，選擇對象為X, Y, Z, 如果 2 人的選擇順序均為XPiYPiZ，那麼社會選擇為XPY, XPZ, YPZ。如果個人 1 為XP_1YP_1Z，個人 2 為XP_2YP_2Z，那麼社會選擇為XPY, XPZ。如果個人 1 為XP_1YP_1Z，個人 2 為 YP_2ZP_2X，那麼社會選擇為 YPZ。

第三定理：普遍性（universality）

社會選擇必須反應或適用所有個人選擇。易言之，社會成員的任何偏好順序均須適用。假設社會成員有 2 人（個人 1 和個人 2），選擇對象有X, Y, Z，則個人 1 有 6 種選擇，那麼社會就有 36 種選擇組合。**表 9-1** 就是這 36 種選擇組合。

第四定理：巴勒圖基準的一致性（Pareto consistency）

社會選擇的規則不得與巴勒圖基準相矛盾。社會成員一致認為某種社會狀態（X）優於另一種社會狀態（Y）時，社會的集體偏好也會作這種選擇。此一規則不得有外力的支配，要完全反應社會成員的偏好。如果社會成員都認為賭博比工作更好，社會就必須作這種選擇，不能以公正的基準改變社會選擇。如果 99%社會成員的選擇順序為

表 9-1　社會選擇組合

1	2	1	2	1	2	1	2	1	2	1	2
X	X	X	X	X	Y	X	Y	X	Z	X	Z
Y	Y	Y	Z	Y	X	Y	Z	Y	X	Y	Y
Z	Z	Z	Y	Z	Z	Z	X	Z	Y	Z	X
X	X	X	X	X	Y	X	Y	X	Z	X	Z
Z	Y	Z	Z	Z	X	Z	Z	Z	X	Z	Y
Y	Z	Y	Y	Y	Z	Y	X	Y	Y	Y	X
Y	X	Y	X	Y	Y	Y	Y	Y	Z	Y	Z
X	Y	X	Z	X	X	X	Z	X	X	X	Y
Z	Z	Z	Y	Z	Z	Z	X	Z	Y	Z	X
Y	X	Y	X	Y	Y	Y	Y	Y	Z	Y	Z
Z	Y	Z	Z	Z	X	Z	Z	Z	X	Z	Y
X	Z	X	Y	X	Z	X	X	X	Y	X	X
Z	X	Z	X	Z	Y	Z	Y	Z	Z	Z	Z
X	Y	X	Z	X	X	X	Z	X	X	X	Y
Y	Z	Y	Y	Y	Z	Y	X	Y	Y	Y	X
Z	X	Z	X	Z	Y	Z	Y	Z	Z	Z	Z
Y	Y	Y	Z	Y	X	Y	Z	Y	X	Y	Y
X	Z	X	Y	X	Z	X	X	X	Y	X	X

XriY，其餘 1%的選擇順序為 XpjY，則社會選擇順序為 XPY。

第五定理：非獨裁性（non-dictatorship）

社會選擇必須排除獨裁者的存在。所謂獨裁者是指不顧社會其他成員的偏好，只以自己的偏好作為社會選擇的依據。易言之，獨裁者是以自己一個人的選擇順序作為社會的選擇順序（$XP_1Y = XPY$）。如果獨裁者之外的所有社會成員都同意獨裁者的選擇順序，就不是獨裁。因此，非獨裁性是指某一個人的選擇順序未必優於其他個人的選擇順序，而必須透過同意的程序決定社會選擇順序。

第六定理：不相關選擇對象的獨立性（independence of irrelevant alternative）

當不相關的選擇對象出現時，不會影響人們對原有選擇對象的順序關係。例如某人對飲料的選擇順序為咖啡＞紅茶＞果汁。當他得知店方可以免費供應餅乾時，他的選擇順序改變為紅茶＞咖啡＞果汁。這就違反了此一定理。社會選擇的原有對象不可因不相關對象的出現而改變其順序關係。

K. J. Arrow 的一般可能定理（上述定理完全存在）或一般不可能定理（上述定理不完全存在）對主張社會選擇、社會契約或民意者是一大打擊。人們開始質疑這些口號的正當性或合理性。人們最大的質疑是將社會選擇等同於個人選擇的推論是不合理的。個人是在求效用的極大化，對自己有利的不一定對社會有利，個人的選擇順序也不一定符合社會的選擇順序。J. M. Buchanan 和 C. Plott 等均認為真正的社會效用是無解的，社會選擇函數是不可能的（Buchanan, 1954; Plott, 1976）。因此用社會選擇反應個人選擇是一種理論的謬誤。完整性的定理也可能不成立，因為將個人的偏好固定化，不允許偏好的改變影響選擇順序的改變是不切實際的。如果 XRY 成立，YRX 也成立，也有可能作為 XPY 的選擇而不一定是 XIY；如果 XRY 成立，YRX 不成立，也有可能作為XIY的選擇而一定是XPY。推移性的定理也可能不成立，因為任何社會都有社會選擇的團體（菁英團體）存在，由他們決定推移規則，無法按照市民主權（citizens' sovereignty）的條件推移。D. J. Brow 所出的合議政體（collegial polities）就是以菁英團體影響社會選擇的例子。假設由 5 人構成的社會中，個人 1 和個人 2 為菁英，他們的選擇順序為 XPiY，就會聯合其他任何一個人構成 XPY 的社會選擇（Brown, 1975）。普遍性的定理也可能不成立，民主社會即使可以反應個人的選擇順序，但是並非全部的順序組合均可影響社會選擇。A. M. Feldman 就推翻了普遍性的定理，他為排除不重要的順序組合，

Arrow定理依然可以成立。例如在表9-1的36種選擇組合中，只有13個組合是重要的，其他的組合均可排除（Feldman, 1980）。巴勒圖基準一致性也可能不成立，因為巴勒圖基準是指不犧牲他人利益而能增加某些人利益的狀況。易言之，要增加某些人的利益必須以不犧牲其他人的利益為基準。這種狀況真的存在嗎？誠如L. C. Thurow在《零和社會》（*The Zero-Sum Society*）一書中所指出的，社會要增加一些人的利益或滿足必會犧牲其他人的利益或滿足（Thurow, 1980）。任何社會選擇要使所有人都更好（better-off）是不可能的，多少均會使某些人更差（worse-off），因此巴勒圖基準的一致性到底有多少適用性不無問題。非獨裁性定理也可能不成立，因為要將個人選擇集計成社會選擇，除了專制政府的獨裁制或寡頭制是無法達成的。易言之，如果沒有政治組織與權力的運作社會福利函數或社會選擇是不可能達成的。誠如L. C. Thurow所言，社會福利函數或社會選擇是純粹的數理政治學而非經濟學的主題（Thurow, 1980）。至於獨立性定理也可能不成立，因為要維持選擇對象的獨立性，必須擁有其他選擇對象（不相關選擇對象）的資訊和選擇順序，當一個毫無所悉的新選擇對象的順序關係。更具體的說，社會必須將所有選擇對象（如：$a_1,a_2,...a_k$）定出選擇的順序（如：$a_1 > a_2 > ...a_k$），才能相關選擇對象的獨立性。如果獨立性具有可能，它所需要投入的資訊成本將是社會無法負荷的。

第二節　投票制度與社會選擇

由個人選擇導出社會選擇最常用的方法就是投票制度（voting system）。這種制度是投票者在一定的投票規則下，表達其選擇關係的方法。投票規則一般有一致決（unanimity rule）、簡單多數決（simple majority rule）、相對多數決（relative majority rule）、條件多數決（conditional majority rule）、順位決（plurality rule）、點數決（point voting rule）等規則。投票者（voters）有支持者（proponent）、反對者（opponet）和中間選民（median voter）。社會成員並非所有人都會參與投票，仍有一大部分人會採取棄權（abstention）的行為。棄權者除了個人的利害關係之外，投票所需的時間成本、資料蒐集的不充分，對公共政策的不關心以及對政治家的不信任都會阻礙個人的投票行為。投票率的高低會影響得票率，得票率的高低會影響外部成本（得票率越高外部成本越低；得票率越低外部成本越高），而外部成本的高低則會影響社會選擇（外部成本越高社會選擇越難決定，外部成本越低社會選擇越易決定）。因此社會成員的熱心參與投票與投票與對公共政策共識對社會選擇是十分重要的。

在各種投票制度中到底要採用那一種制度是十分困難的選擇，因為每一種制度均有其優缺點，又缺乏決定優先順序的客觀基準。如果採用一致決外部成本為零，但是決策成本（decision cost）卻很高，因為要某種公共政策是獲得100%的支持，必須支付高額的決策成本，但是，決策之後公共政策的執行卻毫無阻力，外部成本為零。如果採用多數決（50%以上），則外部成本較高，決策成本則較低，公共政策的阻力較大，較難發揮預期效果。J. M. Bachanan 和 G. Tullock 就以外部成本和決策成本加總的極小化作為最適投票規則（optimal voting rule）（Buchanan & Tullock, 1962）。**圖 9-1** 的橫座標為必要得票率（M），縱座標為成本（C），AB 為外部成本，OD 為決策成本，一致決所必要的得票率為B。當外部成本等於決策成本時達成均衡，均衡點為e，最適得票率為OM*，最適成本為OC*，這就是最適投票制度。此一模型有兩個條件，第一是外部成本與決策成本可以客觀測定；第二是成本測定與投票者行為有直接關係，但是這兩條件是極難成立的。

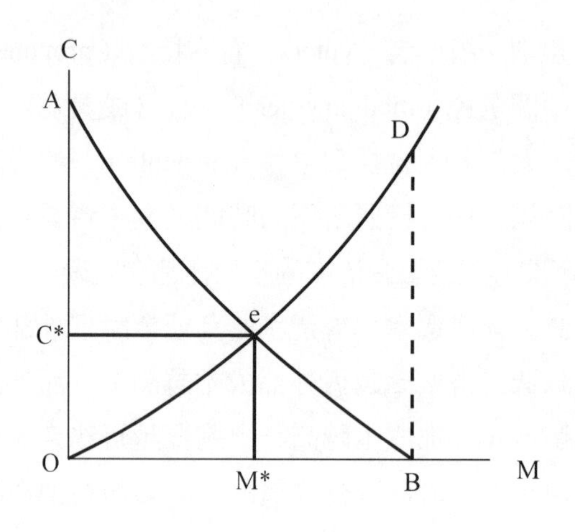

圖 9-1　最適投票規則

如果依巴勒圖基準選擇投票制度，當採一致決。此一規則是成員的每一個人都有否決權（veto），只要有 1 人反對提案就不成立。我們可以用**圖 9-2** 來說明，橫座標為個人 1 的效用（U_1），縱座標為個人 2 的效用（U_2），AB 為效用可能曲線（在一定社會資源下，個人效用水準的最大可能組合），P_0 為出發點的現況（status quo）。當某一提案能增加社會成員的效用，則效用可能曲線會由 AB 移至 A'B'。為使社

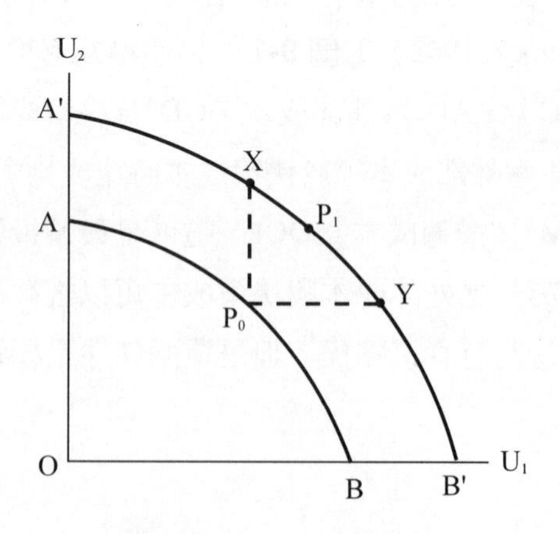

圖 9-2　一致決理論

會成員均有利或無人不利，P_0只能在XY之間移動。如果由P_0移至X，則個人1的效用沒有增加，而個人2的效用增加。如果由P_0移至Y，則個人1的效用增加，個人2的效用不增加。如果由P_0移至P_1，則兩人的效用均增加。

為使投票者一致同意，必須花費鉅大的時間與資訊成本，而且時間與資訊的不足常會破壞一致決的社會均衡，而成為無法決定的提案。此外，一致決的最適狀況（巴勒圖基準）有複數的選擇（XY 之間的複數選擇），要由社會成員自行交涉達成共識十分困難。至於否決權的使用，只要有1人反對新提案就無法成立，而極易維持現狀。

在投票制度中最常使用的就是簡單多數決，也就是提案獲得過半數的票數即可採行。簡單多數決只能對提案表示贊成或不贊成，若有多種選擇對象時，必須先選出第一對組合表決，再選出第二對組合表決，如此循環表決以獲得最後的結果。問題是循環表決的結果往往與推移性相矛盾，而且無法作出決定。法國的哲學家 M. de Condorcet 就將此一現象稱為投票的謬誤（paradox of voting）（Stiglitz, 1986）。假設有3個投票者（個人1, 2, 3）與3個選擇對象（X, Y, Z），個人1的選擇順序為X ＞ Y ＞ Z，個人2為Y ＞ Z ＞ X，個人3為Z ＞ X ＞ Y（**表 9-2**）。在第一次X和Y的表決中，以2:1選出X；在第二次Y和Z的表決中，以2:1選出Y；在第三次X和Z的表決中，以2:1選出Z。這個結果與社會選擇的推移性相矛盾，因為依推移性X ＞ Y，Y ＞ Z，則X ＞ Z，但是循環表決的結果卻是X ＞ Y，Y ＞ Z，而Z ＞ X。循環表決的結果會產生循環多數（cyclical majority），而無法作出決

表 9-2　個人選擇順序

個人＼順序	1	2	3
1	X	Y	Z
2	Y	Z	X
3	Z	X	Y

定。因此，以簡單多數決策提案順序和表決程序所左右。如果以一事不二決（只有一次表決）的原則進行簡單多數決（大部分的表決均採此一形態），結果是恣意性和不合理的。

投票者在一定的選擇基準下所配列成的順位線，如果呈現一個頂點的形狀就是所謂的單峰型偏好（single-peaked preference）；如果呈現 2 個或 2 個以上頂點的形狀就是所謂的雙峰型偏好（double-peaked preference）或多峰型偏好（multi- peaked preference）。從表 9-2 可以作出**圖 9-3** 的選擇模式。個人 1 和個人 2 的選擇模式是單峰型偏好，個人 3 則是雙峰型偏好。投票者中若混合單峰型偏好和雙峰型（或多峰型）偏好的選擇模式，投票的謬誤就會產生。如果社會成員的選擇模式均為單峰型偏好，就不會產生投票的謬誤，社會均衡（或巴勒圖基準）就可以達成。1958 年 D. Black 所提出的中位數投票者理論（thesis of median voter）就是在單峰型偏好的假設中，中位數的投票者所作的選擇對象常會成為社會選擇的對象（Black, 1958）。若以政府的社會福利預算為例，假設投票者有 5 人（個人 1-5），每人均有一個不同的單峰型偏好。如果預算規模超過 X_3，則 2 票贊成 3 票反對而被否決。如果預算規模小於 X_3，則 2 票贊成 3 票反對也被否決。因此，預算規

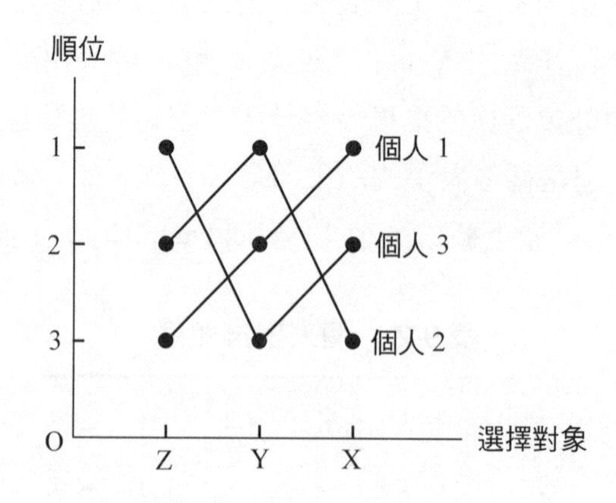

圖 9-3　多峰型偏好模型

模 X_3 就是均衡，易言之中位數投票者所選擇的預算規模就是最適規模，也是最佳的社會選擇。（**圖 9-4**）

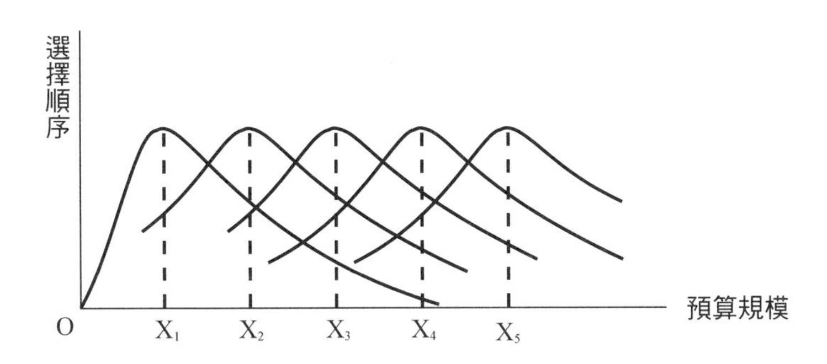

圖 9-4 單峰型偏好模型

造成投票謬誤的原因之一就是無法顯示投票者偏好的強弱，只以序數的偏好（ordinal preference）作為表決的依據。私有財的選擇通常會反應需求者的偏好強弱，偏好越強就願意支付更高的金額，偏好越弱就願意支付較低的金額。在投票制度中有兩種制度可以顯示投票者的偏好強弱，第一是順位制，第二是點數制。所謂順位制是依偏好的順位投票，再依順位和決定選擇順序，順位和越低越優先選擇。所謂點數制是分配每位投票者一定的點數（如 20 點），每位投票者依其偏好的強弱決定一個配點（合計 20 點），將每一個提案所獲得的配點作比較就可以決定選擇順序配點和越多越優先選擇。以**表 9-3** 為例，採順位制時，第 1 案的順位和為 7，第 2 案為 5，第 3 案為 6，選擇順序

表 9-3 投票者的偏好強度

投票＼提案	投票者 A		投票者 B		投票者 C		合計結果	
	順位	配點	順位	配點	順位	配點	順位	配點
第 1 案	1	10	3	1	3	2	7	13
第 2 案	2	6	1	10	2	6	5	22
第 3 案	3	4	2	9	1	12	6	25

就是第2案＞第3案＞第1案。若採點數制，則第1案的配點和為13，第2案為22，第3案為25，選擇順序就是第3案＞第2案＞第1案。

上述各種原理都是基於投票者能夠誠實顯示自己的偏好，沒有扭曲自己的偏好，但是事實上投票者為了自己較有利的考量或不希望自己不喜歡的提案通過而採取戰術性投票（strategic voting）。以**表 9-4**為例，投票者A採戰術性投票，將真正的順位由第1案＞第2案＞第3案＞第4案調整為第2案＞第1案＞第4案＞第3案。投票者B和投票者 C 則維持其真正的順位。結果表決順位由第3案＞第2案＞第3案＞第4案改為第2案＞第3案＞第4案＞第3案。

如果採點數制，投票者A可能將20點全部配給第1案，其他3案為0點，結果表決順序也會改變。

表 9-4　戰術性投票

投票／提案	投票者 A		投票者 B	投票者 C	合計結果	
	真正順位	戰略順位	真正順位	真正順位	真正順位	戰略順位
第1案	1	2	4	3	8	9
第2案	2	1	1	4	7	6
第3案	3	4	2	1	6	7
第4案	4	3	3	2	9	8

第三節　民主制度與社會選擇

自從A. Downs提出以經濟學方法分析政治主體的行動之後，政治市場（political market）一詞即開始被引用和研究（Downs, 1957）。所謂政治市場是由代議員（representatives）、政黨（political party）、科層（bureaucracy）以及利益團體（interest groups）所構成的政治主體與選民之間的交易關係。我們可以從**表 9-5** 看出政治市場與經濟市場（economic market）的一些差異性。經濟市場的提供者為企業，需求

表 9-5 經濟市場與政治市場

經濟市場	政治市場
以貨幣為交易工具	以選票為交易工具
貨幣越多交易力越大	一人一票
生產私有財	生產公共財
由企業負擔生產成本與風險	由選民負擔生產成本與風險
商品行銷	政策行銷
直接交易	間接交易
競爭市場	寡占市場
追求利潤極大化	追求得票率極大化
市場均衡	政治民主

者為消費者；政治市場的提供者則為政治主體，而需求者則為選民或投票者。政治主體透過政策行銷（policy marketing）的手段獲取選民的支持，他們在追求得票率的極大化。經濟市場則透過商品行銷追求利潤的極大化。政治市場是間接交易（由選民選出代議員進行交易）的寡占市場，而經濟市場則是直接交易（雖有間接交易的中介業存在，基本上是直接交易）的競爭市場。政治主體雖然重視選民的偏好，但是不若企業般的重視消費者的偏好。政治市場與經濟市場最大的不同就是政治主體無需負擔生產成本和風險（完全由政府歲入負擔或完全由選民負擔），而經濟主體的企業則必須完全負擔生產成本和風險。因此，政治市場與經濟市場在本質、手段和目的上均有很大的差異，用經濟學的方法分析政治市場時應謹慎運用。

民主政治的政府並非由選民自行組成而是透過仲介者的代議員進行操作，雇用龐大的行政科層，提供公共財，以滿足選民的需求。在政治市場中，政治主體難以充分掌握選民的資訊，而選民也難以充分擁有政治主體的資訊，因而產生了仲介者的代議員制度。代議員扮演兩種主要角色功能，第一是向政治主體傳達選民資訊，第二是在政治主體間圓滑操作，制定滿足選民需求的政策和制度。代議員為充分發揮這兩種角色功能必須參加政黨，一方面可以節省選民資訊的蒐集成本（由政黨蒐集），而另一方面可以加強自己在政治主體間的操作效果。代議員通常會以選票交換（logrolling）的方式犧牲利害關係較小的提案交換利害關係較大的提案。**表 9-6** 假設國會中有發放老年津貼。（提案 1）與補助企業貸款利息（提案 2）兩個提案要表決。代議員A認為提案 1 會產生 7 億元的社會利益而贊成，但是提案 2 則會產生－2 億元的社會損失而反對。代議員 B 認為提案 1 會產生－ 1 億元的社會損失而反對，提案 2 會產生 4 億元的社會利益而贊成。代議員 C 則認為提案 1 會產生－ 4 億元的社會損失而反對，提案 2 會產生－ 3 億元的社會損失而反對。如果採簡單多數決表決，提案 1 為 2 票反對 1 票贊成而遭否決，提案 2 也是 2 票反對 1 票贊成也遭否決。如果代議員 A 和代議員 B 進行選票交換，B 贊成提案 1，使提案 1 獲得 2 張贊成票而通過，另一方面代議員 A 則贊成提案 2，使提案 2 獲得 2 張贊成票而通過。對代議員A而言，通過提案 1 可獲得 7 億元的社會利益，通過提案 2 會產生 2 億元的社會損失，結果可獲得 5 億元的社會利益，對代議員 B 而言，通過提案 1 會產生 1 億元的社會損失，通過提案 2 會獲得 4 億元的社會利益，結果可以獲得 3 億元的社會利益。對代議員 C 而言，如果提案 1 和提案 2 都通過將造成 7 億元的社會損失。於是和代議員B進行選票交換，C 贊成提案 2，B 反對提案 1，結果提案 1 以 2:1 遭受否決，而提案 2 則以 2:1 獲得通過，B 可獲得 3 億元的社會利益，C 則只產生 1 億元的社會損失。

表 9-6　提案表決的社會利益

提票者／提案		A	B	C
提案 1	贊成	7 億元		
	反對		－ 1 億元	－ 4 億元
提案 2	贊成	－ 2 億元	4 億元	
	反對			－ 3 億元

社會選擇理論的創立者 J. M. Buchanan 和 G. Tullock 認為如果個人間都能自由交換選票，結果會增進資源配置的效率與社會福利的理想（Buchanan & Tullock, 1952）。但是，對選票交換的雙方雖然有利，對被排除的第三者而言卻要負擔更多的費用或社會損失，造成外部不經濟的負效果，而且外部不經濟的社會損失往往高於選票交換所產生的社會利益。

此外有一種隱藏性的選票交換就是因提案方式的不同，投票者會選擇偏好較高的選擇對象而犧牲偏好較低的選擇對象。表 9-7 假設以單獨選舉的方式進行總統與副總統的選舉，總統候選人為 A 和 B，副總統候選人為 C 和 D。假設選民有 X, Y, Z 三個群體，每一個選民分別分配 20 點（包括 10 點選總統，另 10 點選副總統）。若依**表 9-7** 的選民偏好 B 將以 2:1 勝選，而 D 也以 2:1 勝選，B 和 B 當選為正副總統。現在改採聯合選舉方式，由 A 和 C 配合成一組以及由 B 和 D 配合成另一組。X 群選民為表達對 A 的強烈偏好，而犧牲對 C 的弱度偏好，結果會選擇 AC 配。Z 群選民為表達對 C 的強烈偏好，而犧牲對 A 的弱度偏好，結果會選擇 AC 配。於是 AC 配將以 2:1 勝選，由 A 和 C 當選為正副總統。這種隱藏性的選票交換經常在法案的單獨提案和聯合提案中出現。提票者在不知不覺中對自己進行選票交換，而其原因是來自提案的方式。因此，社會選擇從表面看來是投票者的自我決定，實質上是受到提案方式所左右。

表 9-7 單獨選舉與聯合選舉

選舉方式＼投票者			X 群選民	Y 群選民	Z 群選民
單獨選舉	總統	A	9	4	4
		B	1	6	6
	副總統	C	4	4	8
		D	6	6	2
聯合選舉	AC		13	8	12
	BD		7	12	8

代議員的選舉有些國家是採小選區制，也就是將一個大選區分成數個小選區，每區選出一個代議員。這種制度常因選區的分割形態而有不同的選舉結果。例如在一個 90 個選民（其中國民黨選民 50 人，民進黨選民 40 人）的大選區中要分割成 3 個小選區，每一小選區各選出一位代議員。依**表 9-8** 的第 1 種選區形態，可選出 3 位國民黨的代議員，第 2 種選區形態可選出 2 位民進黨的代議員和 1 位國民黨的代議員，第 3 種選區形態則可選出 2 位國民黨的代議員和 1 位民進黨的代議員。

表 9-8　選區形態與選民結構

選區＼選民	民進黨選民	國民黨選民
第 1 種選區形態		
第 1 選區	13	17
第 2 選區	13	17
第 3 選區	14	16
第 2 種選區形態		
第 1 選區	20	10
第 2 選區	20	10
第 3 選區	0	30
第 3 種選區形態		
第 1 選區	30	0
第 2 選區	10	20
第 3 選區	0	30

政黨政治是民主制度的另一特色。政黨的最終目的是要掌握政權，而使用的手段就是要擁有多數的代議員。在一個成熟的民主社會裡，選民是依政黨所提出的政綱（platform）作為投票的依據。如果政黨能夠提出滿足選民需求或對選民有利的政綱，就可以獲得多數的代議員。因此，政綱的制定是政黨政治最重要的工作。我們可以用社會選擇的理論制定最小勝選政綱。首先，假設選民有 9 人（選民 1……選民 9），分布在 3 個選區（第 1 選區……第 3 選區）。其次，假設選民 1 的職

業為林業，選民2,3,4,為農業，選民5為漁業，選民6,7,8,9為工業。最後假定依對各種產業補助的不同而有8種政綱（政綱1……政綱8）如果每位選民均需繳納1萬元的稅（總負擔額為9萬元），而總補助額等於總負擔額（總補助額為9萬元）。總補助額－受益者總負擔額＝受益總額。受益總額÷受益人數＝平均受益額。根據上述各種假設我們可整理成**表9-9**和**表9-10**。

如果政黨提出政綱1可以獲3位代議員（每一選區選出1人）但是平均每人受益額為0。如果提出政綱可以獲得3個代議員，平均每人受益額為1/8萬元。如果提出政綱7可以獲得2位代議員，平均每人受益額為4/5萬元。如果提出政綱8可以獲得2位代議員，平均每人受益額為5/4萬元。現在讓我們比較政綱2和政綱8，前者雖可獲得

表9-9 選民的職業結構

	選民（職業）		
第1選區	1（林）	2（農）	3（農）
第2選區	4（農）	5（漁）	6（工）
第3選區	7（工）	8（工）	9（工）

表9-10 政綱的受益結構

政綱	補助產業	受益對象	受益總額	平均每人受益額
1	林，農，漁，工	1,2,3,4,5,6,7,8,9	0萬元	0萬元
2	農，漁，工	2,3,4,5,6,7,8,9	1萬元	1/8萬元
3	林，農，工	1,2,3,4,6,7,8,9	1萬元	1/8萬元
4	林，漁，工	1,5,6,7,8,9	3萬元	3/5萬元
5	林，農，漁	1,2,3,4,5	4萬元	4/5萬元
6	農，工	2,3,4,6,7,8,9	2萬元	2/7萬元
7	漁，工	5,6,7,8,9	4萬元	4/5萬元
8	農，漁	2,3,4,5	5萬元	5/4萬元

3 位代議員，平均每人受益額只有 1/8 萬元，如果農民和漁民選擇政綱 8 則可獲得 5/4 萬元的平均每人受益額，於是會選擇政綱 8，而使政綱 2 只能獲得 1 位代議員（第 3 選區）。如果比較政綱 7 和政綱 8，兩者都可獲得 2 位代議員，但是漁民如果選擇政綱 7 只能獲得 4/5 萬元的平均每人受益額，如果選擇政綱 8 則可獲得 5/4 萬元的平均每人受益額，當然會選擇政綱 8，使政綱 7 只能獲得 1 位代議員（第 3 選區）。因此政綱 8 就是最小勝選政綱。

民主制度另一個重要的主體就是科層（公共政策的規劃者和執行者）。理論上科層是非人格化的，政府職員的官僚（bureaucrats）不可有自己的個人效用，其行動應是動的（即所謂的公僕），為公共福祉而行動。實務上官僚為維持科層的存續，常採取人格化的作為，一方面擴大政府支出規模，一方面追求個人效用。W. A. Niskanen 所提出的官僚效用理論，指官僚為追求權力、威信、影響力、退休後職位等非貨幣性利益，而將政府支出規模擴大（Niskanen, 1974）。對官僚而言，公共財的淨成本（net costs）是粗成本（gross costs）一官僚的非貨幣性利益（但以貨幣表示）。我們可以用**圖 9-5** 來說明。橫座標為政府支出規模（G），縱座標為金額（M），TC 為公共財的平均成本，OB 為官僚的邊際非貨幣性利益，TC'則為官僚認為的公共財平均成本，

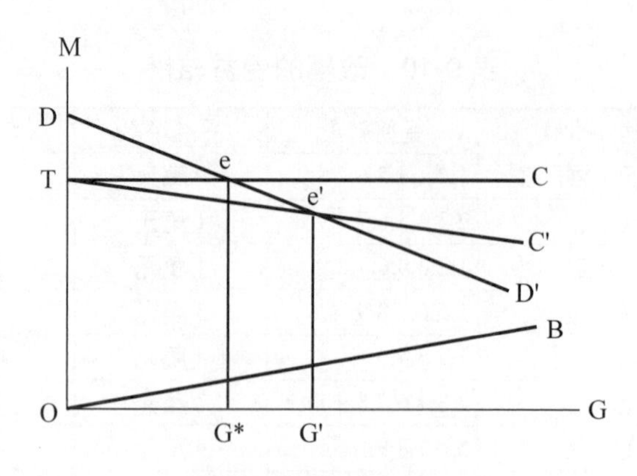

圖 9-5　官僚效用理論

DD'為選民對公共財的邊際效用。依巴勒圖基準，當公共財的平均成本等於選民的邊際效用時達成均衡，最適政府支出規模為 OG*，但是，對官僚而言，均衡點為 e'，政府支出規模為 OG'。因此，官僚設定的政府支出規模會超過最適的政府支出規模，造成浪費和無效率。

科層要擴大政府支出規模必須獲得議會的同意，而議會對於科層所提出的議案只要淨效用（總效用－總成本）等於或高於過去（尤其是前一年度）水準就會接受。**圖 9-6** 的橫座標是政府支出規模（G），縱座標是金額或效用（M），CC'是公共財的總成本，OB 是公共財的總效用。假設前一年度的政府支出規模為OG_0（淨效用為RV），淨效用等於（RV ＝ R'V'）或大於（RSR'上任一點的垂直距離）RV 議會都會接受。理論上RSR'上垂直距離最大的S所形成的政府支出規模為最適規模，因為此時的淨效用（ST）最大。雖然政府支出規模在G_0G_2間的提案議會都會接受，但是在官僚的擴張傾向下，科層會提出接近G_2的議案。

民主制度在代議員與選民之間有小仲介者存在，這種團體就是利益團體。這種團體一方面將選民的資訊提供給代議員，並將代議員的資訊提供給選民，另一方面代表選民與代議員進行交易，也代表代議

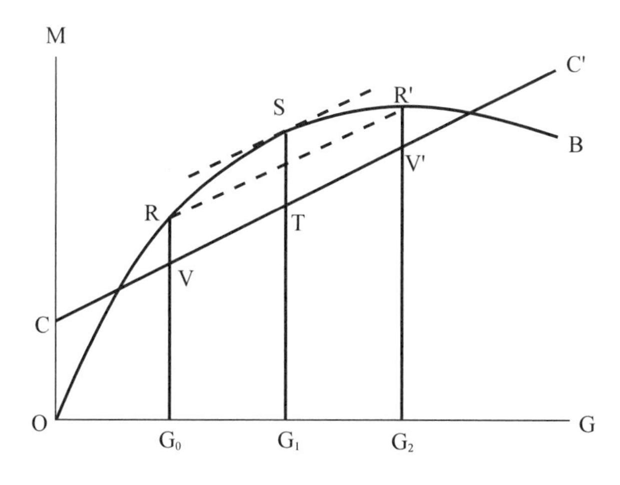

圖 9-6　官僚與政府預算

員與選民進行交易。利益團體可以由利害關係人所組成如工會、商業、宗教團體、職業團體等，也可以由非利害關係人所組成，如代議員的後援會、樁腳等。美國的利益團體除了為選民遊說代議員外，也接受外國的委託進行遊說工作。利益團體必須明確計算活動效益與活動成本，如果淨效益（活動效益－活動成本）等於或小於 0，就不會進行此一活動。如果利害關係不明確，淨效益就無法計算，活動就無法進行。由於政治主體的活動費用很高，往往不是利益團體能夠負擔，所以利益團體有時也會動用選民以遊行示威的方式逼使政治主體接受。利益團體接受代議員委託對選民進行遊說活動時，由於選民眾多，平均每人受益額不高，只要付出小小的代價即可達成目的。

參考文獻

Arrow, K. J. (1950). "A Difficulty in the Concept of Social Welfare," *the Journal of Political Economy*, Vol. 58, pp. 328-346.

Arrow, K. J. (1963). *Social Choice and Individual Value*. John Wiley & Sons, Inc.

Bergson, A. (1966). *Essays in Normative Economics*. Harvard University Press.

Black, D. (1958). *The Theory of Committees and Elections*. Cambridge University Press.

Brown, D. J. (1975). "Aggregation of Pregerences," *Quarterly Journal of Economics*, Vol. 89, pp. 456-469.

Buchanan, J. M. (1954). "Individual Choice in Voting and in The Market," *Journal of Political Economy*, Vol. 62, pp. 334-343.

Buchanan, J. M., & G. Tullock, (1962). *The Calculus of Consent: Logical Formation of Constitutional Democracy*. University of Michigan Press.

Downs, A. (1957). *An Economics Theory of Democracy*. Harper and Row.

Feldman, A. M. (1980). *Welfare Economics and Social Choice Theory*. Martinus Nijhoff.

Niskanen, W. A. (1971). *Bureaucracy and Regressentative Government*. Aldine-Atherton.

Plott, C. (1976). "Axiomatic Social choice Theory: An Overview and Interpretation," *American Journal of Political Science*, Vol. 20, pp. 511-596.

Stiglitz, J. E. (1986). *Economics of the Public Sector*. W. W. Norton & Company.

Thurow, L. C. (1980), *The Zero-Sam Society*. Basic Books.

第二編

社會福利制度的經濟分析

Chapter 10

第十章

健康維護制度的經濟分析

第一節　健康維護制度的基本概念

第二節　健康維護制度的經濟分析

第三節　健康維護制度的改革方向

第一節　健康維護制度的基本概念

一、健康水準的因素

個人的遺傳、個性與生活方式等因素，直接影響每一個人的健康狀況。若從總體的觀念分析，整體國民的健康水準，與該社會的國民性、生活環境、制度運作與工商活動有密切關係。健康水準關係國民的醫療需求與醫療費用至鉅，在探討醫療保障的理念與實踐之前，必須對國民的健康水準及其背後因素有所認識，才能充分掌握醫療的本質與制度的規劃。

1955 年，世界衛生組織（World Health Organization, WHO）曾組成專案小組，研究健康指標（health indicator），並於 1957 年公布研究報告（WHO, 1957）。其要點包括下列三個領域：

第一、健康狀況的人口統計。

第二、生活環境的條件。

第三、保健服務與保健活動。

此一專案小組進一步採用了粗死亡率、平均壽命、五十歲以上人口之死亡比率、嬰兒死亡率、自來水及下水道普及率、人口對醫生比率及人口對醫院和病床比率等，作為評估健康水準的指標。

這些健康指標大都屬於概括性（comprehensive）的統計資料，對於特殊性（specific）的狀況並無進一步說明。例如，平均壽命延長了，國民的生存狀況如何？在生存期間，罹病狀況如何？在生病期間，病情的狀況如何？這些訊息均無法從健康指標中反映出來。另一方面，雖然死亡率降低，平均壽命延長，但這種現象又如何解釋？此外，對於無法量化的病人意識和醫療倫理，研究人員仍無法將其列入健康指標。現代的統計技術似乎無力解決這些矛盾與困難。今後，健康指標的設計，應該針對一些相關的特殊狀況，作進一步的研究、統計與評估，儘量減少衝突現象的產生。此外，也必須重視健康意識的因素分析，以掌握疾病結構與醫療需求。

經濟成長和社會變遷會改變國民的價值觀，而國民的價值觀則會影響國民的健康水準。在低度開發地區，人們比較重「今朝有酒今朝醉」的價值觀，缺乏與他人公平競爭的習慣，少有為將來的理想而強迫自己奮鬥的行為。由於安貧而不重視環境衛生的改善，感染性疾病就容易發生；由於行為訴諸感性，所以殺人和交通事故所造成的死亡率就比較高。相反地，在高度開發地區，人們則比較富有變化、進步、快速、競爭和生產力的觀念，行為特性傾向社會價值的內部化。激烈的工作競爭，破壞了心臟機能，造成了各種心臟的疾病。M. Friedman 等人所做的 A 型行為與心臟（Type A Behavior and Your Heart）的研究（Friedman & Roseman, 1974），指出美國人愛標榜自己、喜歡競爭、富有攻擊性及追求成名的個性，並分析由這種行為所造成的各種疾病。

日本的宗像恆次也對日本人的價值觀和健康狀況進行研究（宗像恆次，1986）。他認為，日本社會的相互依賴關係，使日本人不得不壓抑自己，去認同多數（quest for numbers）。這種心理上的壓抑，易使日本人患上憂鬱症或神經衰弱症。當自己無法獲得多數的認同時，往往會採取抽煙、酗酒或暴食等逃避行為，而產生肝病、酒精中毒、高血壓、肥胖病、癌症及心臟疾病等病症，增加了慢性病，也提高了死亡率。

由此看來，疾病結構與健康水準反映了時代趨勢，例如，文明的進步，造成了運動的不足；飽食時代造成了營養的過剩；資訊時代造成了精神的壓力。這些現象都是先進國家的共同煩惱，尤其是高血壓、腦中風、心臟病、癌症、精神障礙、肝病、糖尿病等慢性病，已成為先進國家國民最大的隱憂。

社會的進步和醫療技術的發達，不一定會提升國民的健康水準，有時，甚至會造成更多不健康的國民。因此，在運用健康指標測定健康水準時，必須十分慎重，以免造成健康的假象，反而阻礙了健康狀況的改善。筆者希望國民都能體認，時代越進步身體越不健康的事實，而努力維護自己的健康，追求快樂的人生。另一方面，政府決策者也應該體認，時代越進步，保健投資越高的必要性，而以更多的經費規劃醫療體系，配置醫療資源，充實醫療設備，提升醫學教育水準。總之，健康水準的提升，有賴國民自己的努力與政府的妥善規劃，儘量不要以財務為由，無視或反對保健投資。

二、健康保障的理念

(一) 概括性健康保障

傳統的健康保障，是建立在生活保障和傷病治療兩個基本理念上，1944 年，國際勞工組織（International Labor Organization, ILO）在一項建議書中，將醫療保障的功能，只限定在以社會救助為基礎的醫療服務上（ILO, 1944）。日本在 1955 年出版的《社會保障辭典》上，亦以「最低限度的醫療」，作為健康保障的定義。過去所流行的「醫療費用理論」，就是基於生活保障的觀點，主張政府只該負擔貧窮者的醫療費用。他們認為，人們常因負擔傷病的醫療費用，而陷入生活上的貧困，更因貧困而易於罹患傷病，於是，更難以負擔醫療費用。政府為了防止這種惡性循環，應該提供貧窮者的醫療費用。至於經濟上能夠自立者的醫療問題，政府就沒有必要加以保障。基於這種理念，健康保障的範圍，當然只限於傷病的檢查與治療，並不涵蓋個人的健康管理和疾病預防。

由於醫療費用的膨脹與權利意識的抬頭，國民在難於負擔醫療費用的壓力下，轉而要求政府的保障。所謂「健康保障理論」，就主張生存權是憲法所保障的基本權利，而健康則是維持生存不可或缺的條件，所以任何人都有要求政府保障健康的權利。基於這種理念，健康保障的對象應及於全體國民；而健康保障的範圍，應包括保健服務、傷病治療、療養復健及社會福利四大措施。這就是所謂的概括性健康服務（comprehensive health service）。

英國早在1948年實施全民健康服務（National Health Service, NHS）時，即以概括性健康服務的理念，推動健康保障的社會化。美國的醫療照顧（medicare），則將給付範圍擴及居家保健與療養復健。日本的健康保障，是將保健服務、醫療保險（包括療養）、復健及福利服務分為不同體系加以保障。

(二) 基層健康照顧

1978年，WHO召開了基層健康照顧（Primary Health Care）的國際會議，並通過了「阿爾瑪阿達宣言」。宣言中強調，健康保障的定義，不應限於疾病或病弱的消除，應該追求身體、精神與社會福利的完整狀態。各國政府應以世界性和社會性的目標，統合衛生保健與社會經濟部門，共同為提升國民的健康水準而努力。宣言進一步肯定，任何個人和團體都有參與保健服務的規劃與實施之權利與義務（大谷藤郎，1980）。

基層健康照顧的成立背景，主要是慢性病的增加及醫療財政的危機。慢性病是一種無法完全治癒的疾病，如果以一般的醫療機構加以照顧，不僅浪費醫療資源，而且也難以容納。最好的方法是病患自己以藥物治療，或由家庭醫生、保健人員、社會工作員（社工員）或志願服務人員加以照顧。因此，基層健康照顧的本質，應該著重在醫療福利的統合及組織與人員的配合。具體言之，就是以基層醫療和居民參與的方式，建立一個醫療－福利的供給體系。

規劃基層醫療體系時，應先劃分不同層次的醫療保健區，然後，再決定應該配置的醫療保健機構、設備與人員，以及應該提供的醫療保健服務。譬如說，在初級地區（社區或鄰里），以家庭醫生和保健所，提供日常生活中一般的保健服務及一般疾病的門診治療；在二級地區（鄉村），以綜合醫院或診所，提供住院醫療及專業性的保健服務；在三級地區（縣市），以擁有高度技術和設備的醫院，提供特殊疾病的檢查、手術或治療；在四級地區（省會或院轄市），以教學醫院或研究中心，提供極端特殊的病例醫療或保健研究。

推動居民參與的醫療體系，必須結合地區的醫療機構、醫師公會、社會福利機構、居民團體等組織以及家庭醫生、保健人員、社工員、志願服務人員等人員，加以充分運用。如果居民參與的醫療保健活動，只是相關組織或人員的熱忱，而缺乏整體規劃與有效訓練，就難以發揮預期的功能。因此，政府應該負起組織與聯繫的責任，並協助相關機構派遣或訓練必要人員。

(三) 醫病的信賴關係

一般社會常以醫療資源的配置狀況與醫療給付的水準，作為評估醫療政策的指標，往往忽略了醫生與病人之間的信賴關係。如果醫生與病人的關係不建立在信賴的基礎上，不僅會妨害醫療品質的提升，也會造成醫療費用的增加。尤其在實施醫療保險的國家，由於醫療報酬制度的限制，使醫生不願善盡醫療的責任，甚至浮報醫療費用；更由於病人缺乏費用觀念，而任意浪費。如果醫生能多為病人設想，如果病人能多關心自己的醫療費用，健康保障的基礎就會更加穩固。

1979 年，美國曾經組成十一人委員會，對醫療倫理的問題進行研究，並提出九項報告。1983 年 5 月，日本的厚生部長也在 WHO 大會上，強調醫療倫理的重要性，並呼籲各國加以重視（厚生省，1983）。

另一方面，世界各國對於病人的權益，也日益重視。1973 年，美國醫院協會（American Hospital Association）率先發表了病人權利法案（The Patient's Bill of Rights）。其後，以色列也在 1977 年發表了「病人權利宣言」；世界醫師總會也在 1981 年發表了「里斯本宣言」；而日本亦於 1984 年發表「病人權利宣言」。

世人對醫療倫理與病人權利的重視，顯示醫生－病人關係已呈現微妙的變化。這種變化的意義，不在加深兩者的不信任與對立，而在推動兩者的互信與互助。政府必須重視這種趨勢的發展，有效建立醫生－病人的信賴關係。越來越多的國家已採取部分負擔的制度，加強病人的費用認識和對醫療行為的關切，進而達成有效控制醫療費用的目的。

三、保健政策

維護健康是個人幸福的基本條件，也是政府健康保障政策的最終目的。在 1985 年的美國經濟白皮書第四章「健康狀況與醫療」中明確揭示，從醫療費用的觀點而言，預防是最有效的政策，我們必須致力於保健照顧，因為保健照顧乃是以最低費用維護健康的最佳途徑。理論上，健康應由個人自己照顧，但是，政府基於提升國民健康水準和控制醫療費用的考量，而以教育及服務等方式，協助國民維護健康。

(一) 個人照顧

一般說來，社會越進步，國民對自己的健康照顧越熱心。就以美國人為例，最常用的保健方法，有飲食的改善、運動、禁煙、心理治療等。有時，甚至對製造慢性病禍源的企業（如香煙、飲料及其他食品），進行消費者運動。最近，國人對個人照顧也逐漸重視，但是，傳統的藥物保健法仍然十分盛行，尤其是中藥，由於副作用較小，普受國人的觀迎。

運動與保健的關係，早在西元前 2600 年，即為國人所發明（如太極拳）。其後，印度人也相繼模仿（如有氧）。十九世紀，歐洲人將其改良為運動醫學（sports medicine），應用於運動外傷的預防與治療以及復健工作。1959 年，美國心臟科教授 P. D. White，在運動醫學會所發表的論文中證實，運動（尤其是腳部運動）對預防心臟病有顯著的效果（兒玉俊夫，1986）。日本體育協會於 1983 年境育了 34 名運動醫生（sports doctor），從事運動醫療的宣導與增進健康的活動。總之，運動醫學對於運動不足、營養過剩及精神壓力所引發的慢性病，具有預防和治療的功能，對個人保健具有十分重要的正面意義。

為了紓解精神壓力，預防憂鬱症或神經衰弱症，歐美人善用心理治療法，由心理醫生幫助病人分析個性或缺點，並提出客觀的解決方法。對於自遣意識較強的東方人來說，暴露自己的缺點，反而會加重自己的精神壓力，造成保健的反效果，所以宗教信仰可能是克服精神壓力的良策。精神保健的方法與社會文化背景有密切關係，心理學家應該進一步研究，以提出有效的保健之道。

個人如果能夠改變不良的生活習慣，維護良好的生活環境，常做運動，定期檢查身體及提早治療，一定可以發揮個人保健的功能。至於服用藥物，一定要遵照醫生的指示，不可擅作主張，以免傷害健康。

(二) 健康教育

1919年，美國聯邦公共衛生局發表一份健康國民（Healthy People）的報告，對健康教育的地點、對象、內容與目的，提出了具體的對策。實施的地點包括學校、工作場所、社區及衛生、醫療和復健機構；教育的對象包括兒童、學生、青少年、成人、老人、女性及殘障者；教育內容則以增進健康活動（health promotion activities）的種種對策，幫助民眾減少抽煙、酗酒、吸毒、暴食，增加規律的運動及提升精神生活的品質等；防範的疾病包括心臟疾病、高血壓、癌症、糖尿病、殘廢等；教育的目的則在達成身體的健康、心理的健康、社會的健康等（國際厚生事業團，1985）。

由於抽煙與肺癌的關係十分密切，禁煙教育似乎成為先進國家健康教育的主題。由於暴飲暴食與營養過剩易於造成高血壓、糖尿病及心臟病，所以飲食生活指導也成為健康教育的重點工作。此外，由於運動對健康的益處已獲肯定，運動醫學也列入了健康教育的範疇。其他諸如醫療問題、牙齒衛生、用藥常識、一般保健及老人問題等，也都是健康教育所重視的課程。

健康教育的推動方式，因地域特性及傳統生活習慣的不同，而呈現多樣性。由地方衛生主管單位或民間社團所舉辦的講演輔導、展示和諮詢等，都是健康教育的方式。此外，盛行於美國的健康展（health fair），所提供的保健資訊與保健服務，也是重要的健康教育活動。這些由政府單位、醫療機構、保健協會、保險公司，甚至教會所提供的健康教育，大都是一般性的保健項目，很難針對個別的狀況和需要提供有效的協助。為了彌補此種缺失，加強家庭醫生的教育功能是必須採行的新趨勢。家庭醫生熟知個人的生活狀況與病歷，也了解個人所需要的保健知識，更能直接提供個人必要的服務，對維護個人健康具有很大的影響力。因此，家庭醫生除了醫療行為之外，還應負起健康教育的社會責任。

WHO 曾對健康教育提出下列幾項原則（前田信雄，1985）：

第一、 要設定健康教育的目標。

第二、 要尊重地方居民的特性與需求。

第三、 要加強人力的培養。

第四、 要重視資訊傳遞。

第五、 要從事調查與研究。

WHO 所標榜的地域健康照顧，就是以初級地區為中心，擴及更高層次的地區；以保健事業為主軸，擴及醫療、復健與福利事業；以健康教育為重點，協助個人照顧自己的健康，提供大眾所需的健康服務。因此，健康教育已成為地域健康照顧最重要的服務項目。

(三) 保健服務

保健服務的範圍涵蓋甚廣，也應該包括保健、醫療、復健及福利的概括性服務。其範圍包括傳染對策、慢性病對策、難病對策、精神保健對策及生活衛生對策等五種保健服務。

目前，一般國民對於傳染病的恐懼已不復存在，但是，並非傳染病已經完全消失。政府應該定期實施健康檢查和預防接種，以早期發現病症，預防傳染病的發生；也應該充實療養機構和設施，收容傳染病患，以減少傳染機會，更應該制定傳染病醫療費用補助的法規，以減輕病患負擔，協助病患完全治癒。

癌症、腦中風、心臟病等慢性病的遽增，已成為國民健康的最大威脅，所以成人病的預防已成為保健服務的重點。先進國家都設有專門機構從事成人病的研究，並透過國際合作的方式，相互交換研究資料與成果。「國際癌症研究機構」（ICRT）就是一個典型的例子。一般的慢性病對策大概可以分為衛生教育、健康檢查、專門機構的充實、專業人員的培養及研究開發等五大項。由於慢性病與飲食生活有密切關係，個人日常生活的健康維護十分重要，所以必須藉由健康教育、健康指導、訪視輔導等管道，協助國民改善飲食生活。

由於環境污染日趨嚴重，許多病因不詳、治療方法不明確的難病正困擾醫學界。例如，巴金森病、潰瘍性大腸炎、紫斑病等。雖然先進國家都投入相當的人力和財力從事難病研究，但是，由於病態的複雜和臨床研究的困難，而難以獲得顯著的成果。難病大都涵蓋數種疾病，必須進行多角度的治療，也需要多種的人力與設施。由於公害與難病的關係十分密切，環境保護亦應列為難病對策的重要項目。

經濟社會與生活環境的複雜化，加重了人們的精神壓力，導致神經衰弱、精神分裂症、憂鬱症、精神病等精神疾病不斷增加。一般的精神保健政策大都建立在預防、治療及重建三個基礎上。先進國家大都在初級地域設有精神衛生中心或由保健站從事精神保健活動，以保障居民的精神健康。對於精神病患，禁止民間非醫療性機構或團體收容；對於康復者，則提供生活指導、就業轉導及社會適應等重建服務。

生活衛生關係國民健康甚鉅，先進國家都十分重視建築物的衛生、環境的衛生、食品的衛生及家庭用品的安全等。對於百貨公司、圖書館、學校、娛樂場所等公共場所及理髮美容、洗衣、餐飲、浴室等環境衛生相關事業，大都訂有專業法規加以規範，多數國家也都制定「食品衛生法」，對一般食品加以檢驗、管理或取締。對於家庭用品的安全使用，除了對業者進行輔導之外，也接受消費者的申訴。此外，許多國家對於寵物的登記、注射及疾病預防，也都採取積極的對策。

第二節 健康維護制度的經濟分析

一、醫療市場的經濟分析

(一) 醫療市場的非市場性

1950 年代，崛起於美國的醫療經濟學（health economics），嘗試以供給和需求的實證分析，去評估醫療制度的效率，以達成醫療資源的最適配置。這種以純粹市場原理去分析醫療行為的方法，不僅沒有獲得預期的目的，反而造成了市場的失敗（market failure）。市場原理的基本假設，是具有理性判斷的獨立性個人，在平等的地位下，自由交換具有排他性所有權的有形財物。市場組織（market mechanism）就是調整相互交換關係的社會制度。由於現實社會往往脫離市場原理的假設和市場組織的模型，所以產生了市場的失敗。

在醫療市場裡，需求者的病患和供給者的醫生並不處於平等的地位，因為需求者對於醫療財的需求無法按照自己的意思自由購買，尤其在重病時，更無自由選擇的餘地。醫療財除了滿足病患的需求之外，對社會亦會產生外部經濟（external economy），所以不只有排他性所有權。此外，醫療財包含許多無法量化的無形服務，無法以有形財物的價值去計算。因此，醫療市場具有非市場性（nonmarketability）的本質。為了彌補醫療市場組織的種種缺失，公權力的介入和慈善的協助等非市場措施是必要的。

在醫療市場裡，到底應該適用何種程度的市場原理，是個頗值得探討的問題。從外國的實例看來，英國的公醫制度和免費醫療是以醫療的社會化（socialization）為原則；美國的自由醫療制度和任意保險制度則重視醫療的市場性（marketability）。英國早在 1948 年就制定了「國民保健服務法」，否定醫療的市場性，一方面將醫生納入公務員的體系，另一方面，對需求者提供免費醫療。美國雖然重視醫療供需的市場性，但是，社會保險（social insurance program）的醫療照顧（medicare），和社會救助（public assistance program）的醫療服務（medicaid）之經費和受益人數卻年年增加。雖然先進國的財政狀況日益惡化，也有縮減社會福利支出的論調，但是，對國民醫療的支出仍然不斷增加。今後，醫療市場的社會性仍將高於市場性，仍需政府以合理的規劃加以配置。

(二) 供給創造需求

在一般商品市場裡，消費者雖然受到生產者行銷策略的影響（例如廣告和售價），但是，消費者的需求狀況主要還是根據自己的所得和偏好加以決定，需求曲線與供給曲線是完全獨立的。可是，在醫療市場裡，醫療需求則受供給者所左右，因為一般病患並非根據醫療費用的多寡，在一定的預算下購買醫療服務。通常，病患大都根據醫生或醫院的知名度以及就醫的方便性選擇醫療機構，至於醫療內容則完全委任醫療供給者。因此，醫療內容並非按照交易契約，而是基於醫生與病患的信賴關係，醫療主導權（the initiative）完全操縱在供給者手上。如果沒有嚴格的醫療行為審查制度，醫療供給者便極易創造需求，造成醫療資源的浪費。

在完全市場化的醫療市場裡，醫療供給者的利潤追求會使醫療費用節節上升，但是，醫療需求並不會相對減少。如果採用社會保險制度，醫療費用維持在最低水準（minimum standard），甚至免費，那麼，需求量就會大幅增加。**圖 10-1** 所示，當醫療費用在高價水準時，需求彈性（elasticity of demand）小，所以價格的增減不會造成需求量的顯著變動；相反地，當醫療費用在最低水準時，需求彈性高，醫療費用的增減會造成需求量的顯著變動。當價格為零時，需求量將增至 OD_1。因此，醫療市場的社會化程度越高，醫療價格越接近完全免費，需求量越大。為了有效控制需求量的遽增，避免醫療供給的不足，由病患負擔部分醫療費用，是應該採行的措施。

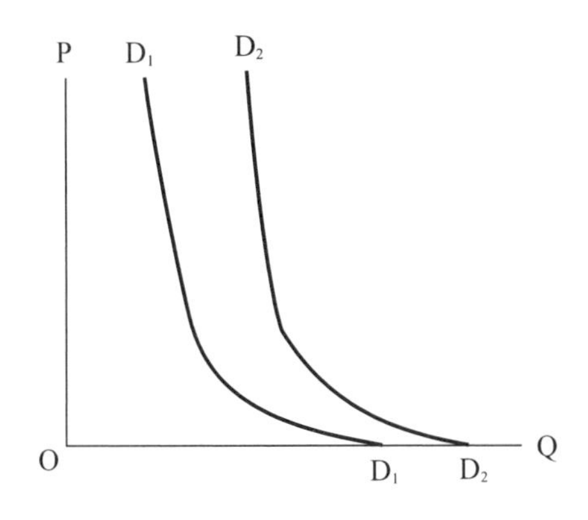

圖 10-1 醫療需求曲線

在醫療需求不斷增加的趨勢下，醫療服務必須由政府提供。如果任由民間以市場原理提供，供給者就會以濫療浮報的方式賺錢，造成醫療資源的浪費。因此，如果只在需求面加速社會化，卻不從醫療制度、供給狀況、配置情形及醫生品質等供給面力求調適，將會造成供需失調、品質下降和資源浪費的惡果。

(三) 社會化與市場化的選擇

公共政策的重點選擇（big trade-off）是個價值判斷的問題。譬如說，在一個治安不良的社會，培訓更多的警察，要比培訓更多的醫護人員更重要。在一個重視法治和人權的社會，律師費用的免除，要比免費醫療更為優先。在一個將國民健康列為優先政策的社會，醫療市場的社會化自然重於市場化。這並不是說，採行醫療社會化的社會就沒有醫療問題的困擾，他們的問題或許更多說不定。但是，只要決策者具有重視醫療的價值觀，必會以不犧牲醫療品質的基本態度，去尋求合理的政策。

事實上，醫療社會化的結果，必將產生政府財政的沈重負擔，也會形成官僚主義的缺失。在實施全民醫療保險的社會裡，保險財政的鉅額赤字常是困擾政府的主題，而醫療供給者對於醫療保險的強制約束和醫療報酬的計算方式，常持反對的態度，甚至造成人才外流的現象。至於一般國民，對於醫療資源的配置和醫療服務的品質，則常表示強烈的不滿和不安。但是，如果政府撒手不管醫療問題，醫療需求者成為醫療供給者的榨取對象，國民的健康將遭受極大的威脅。因此，極端的社會化和市場化都不是理想的醫療制度，而混合型的醫療制度也會產生許多缺失。這種醫療市場的兩難（dilemma），既不能以純科學的邏輯去推理，也不能以純人道主義加以規劃，最後的辦法似乎只有委由全體國民的選擇了。

如果國民選擇社會化醫療，非醫療需求者亦將負擔醫療費用，尤其是高所得者的負擔就要比低所得者重。如果實施完全免費制度，國民的負擔將更為沈重。這是國民必須覺悟的。易言之，國民是以自己的錢去負擔醫療費用，不是用政府的錢去享受醫療服務。政府只是站在中介者的立場，從事醫療資源和個人所得的重分配而已。相反地，如果國民選擇市場化醫療，必將造成醫療價格的高漲。雖然高所得者能夠享有高品質的醫療服務，但是，低所得者可能無法享受任何醫療服務。國民必須以這種認識去面對醫療問題，政府則應該根據國民的意願，調整醫療市場的結構。

二、醫療供給的經濟分析

(一) 醫療資源的配置

資源的無效配置，使巴勒圖最適量（Pareto Optimum）的理想無法達成，因而導致市場的失敗。理論上，醫療資源屬於公共財，每一個國民都有平等的利用機會，可是，在公立醫院不足，必須仰賴私立醫院時，就會產生配置的偏失，造成許多無醫地區，因為私立醫院是以利潤為導向，當然會選擇所得高、就醫率也高的都市開業，而不願設置在偏遠地區。美國和英國是以公共醫院為主，較能顧及醫療資源的有效配置，而我國和日本則以私立醫院為主，所以產生了無醫地區的嚴重問題。除了綜合醫院之外，專業醫院的配置也常有不當的現象。例如，癌症醫院、成人病醫院、兒童醫院、殘障者醫療中心、急診醫療中心等專業醫院大都集中在都市地區，偏遠地區的居民根本無法享受專業和高技術的醫療服務。因此，政府應該在有效的資源配置計畫下，擴充公立醫院，使公立醫院成為醫療服務網的主體。

醫療資源的另一個主力是醫生。由於醫生的培養需要很長的期間，所以短期的供給彈性很小，當需求增加時，醫療價格就會大幅上升。可是，醫師公會為了確保本身的既得利益，往往反對醫學院和公立醫院的設置，使醫生的供給未能合理增加。此外，護理人員亦為十分重要的醫療資源。由於醫療品質的提升，護理人員已非速成方式可以培養，必須以正規教育的方式長期培訓；更由於需求量的不斷增加和離職率的提高，護理人員的人力市場常呈現短缺的現象。因此，為了配合公立醫院的擴充，政府應從質與量兩方面充分培養醫護人員。

至於醫院規模的經濟性，J. R. Lave 曾以計量的方法證明 200 床到 300 床的醫院為最適規模（Lave, 1970）。美國在「區域醫療計畫法」（Regional Medical Planning Law）及「加強保健計畫法」（Comprehensive Health Planning Law）的保障下，醫院規模傾向大型化，所以能夠順利推行醫院開放制度（open system）和集體診療制度（multi-speciality group practice），對於醫療資源的有效運用有極大的作用。所謂醫院開放制度，是開放公立醫院的設備和人員供醫生使用而收取費用，以充分運用醫療資源的制度。集體診療制度是用組織學的方法，從事集體診療，以提高規模經濟的效益。可是，R. M. Bailey 在研究醫生的生產函數後發現，集體診療制度並未能提高醫療行為的經濟性（Bailey, 1970）。這種以一般科醫生為供給者的集體診療制度，即使合乎經營的效率原則，也未必能夠提升醫療品質，尤其在專科醫生漸受重視的時代裡，似乎違背時代潮流。

(二) 醫生的品質

衡量醫生的品質有多種指標，而所得、教育和專科化是三個主要指標。如果醫生的所得水準和社會地位很高，必有許多人會參與醫學院的入學考試，教育品質自會提升。教育品質提升之後，醫療技術的細分化才能達成，而專科化發達的結果，醫生的所得就會提高。所得、教育和專科化都是自變數（independent variable），而醫生品質則是依變數（dependent variable）。如果了解各個自變數與依變數的相關係數，就可以算出醫生的品質。

醫生的所得在任何社會都是高於一般人，這是無可厚非的。問題是，在不合理的醫療制度下，容易產生劣幣驅逐良幣的現象，造成醫生所得的不公平分配。譬如說，醫生的知識、經驗和技術若不被高度評價，只以投藥和注射的情形作為支付醫療費用的依據，那麼，多投藥、多注射的惡德醫生就能賺取較多的利潤，而真正優秀的醫生卻反而得不到合理的報酬。因此，光從醫生的平均所得去分析醫生品質是不夠的，還必須考慮到所得分配與醫療技術的相互關係。

接受醫學教育者幾乎都是一流人才，而且所受的教育也是最昂貴、最嚴格的。可是，私立醫科大學逐漸增加的結果，常會發生以不正當手段入學的情形。因此，公開的考試方式和醫師資格考試是必須採行的制度。為了維持醫學教育機會的公平性，政府應該在公立大學裡廣設醫學院，以統一的考試方式招收學生。為了維持醫學教育品質的一致性，政府應以平等的補助，充實每一個醫院的設備。

就像工業化的結果會產生專業化一樣，醫療品質的提升也會促進專科化。但是，專科化的結果，必會產生醫療過程的困難化、增加醫護人員、提高醫療費用。當病患就醫時，必先經過一般科醫生的診斷，再接受專科醫生的治療，而且必須接受多種專科醫生的治療，所以費事、費時，對病患可能會造成不便。專科化之後，不同的專科醫生需要不同的助理人員，所以醫護人員會大量增加。多重的醫療費用和人事費用便將整體醫療費用大幅提高。因此，政府在推動醫療專科化之際，必須有充分的經費和完整的醫療供給計畫，才能達成預期的效果。

(三) 醫療倫理

根據K. J. Arrow的看法，醫生的醫療倫理應包括下列四項（Arrow, 1973）：

第一、 不得以廣告或其他價格競爭的方式爭取病患。

第二、 不得以私人利益對病患從事醫療勸告。

第三、 不得因經濟上的理由，拒絕或從事不當的治療，應依病症的客觀性加以治療。

第四、 不得依病患的要求開發不實的診斷證明。

雖然大部分的醫生都根據這些醫療倫理從事醫療行為，但是，在社會保險制度下，醫生為獲取更多的報酬，往往做出高橋晃正教授所謂的「無惡意的非倫理」行為（高橋晃正，1973）。社會保險制度對於醫生的醫療行為，是以機械式的規格加以限定，凡是合乎規範者才能支付醫療報酬。因此，醫生的人格、學識、經驗與技術往往未能獲得合理的評價，醫生的醫療倫理也就不被重視。

對於醫生的醫療行為，若無健全的審查制度（medical audit），就難以維持醫療倫理的正常發展。目前，先進國家的醫療審查制度均以高科技的標準加以制定。譬如說，什麼病症得用什麼藥品、作什麼檢查。儘管如此，大部分的醫生還是以多報病名的方式浮報醫療費用。因此，不管科技多發達，制度多健全，要阻止惡德醫生的濫療浮報似乎不太可能。最好的方法還是在於社會倫理與醫療倫理的加強，而醫學院和醫師公會更應負起宣傳醫療倫理的責任。

由於醫療科技的發達，使用具有副作用的藥品和具有破壞人體的醫療機械是醫療行為的必要手段。如果醫生不慎重處置，將危害病患的健康和生命安全。醫生對於科學的極限和負面作用，應有充分的認識，並根據這種認識從事醫療行為。另一方面，病患也應該與醫生合作，提供正確的訊息，迅速將身體反應告知醫生。唯有在醫生與病患的共同努力下，醫療倫理才能建立。

三、醫療需求的經濟分析

(一) 醫療需求的不確定性

每一個人對於自己會在何時遭遇何種疾病或傷害是無從預知的，

對於患病時能夠接受怎樣的醫療服務未能確定，對於自己必須負擔的醫療費用也難以預估，對於自己能否恢復健康或何種程度的康復更無法預期。當然，如果經濟能力許可，這些醫療需求的不確定性自可消除。譬如說，以高額的費用聘請名醫診療，當可保障醫療品質和康復程度。因此，保障醫療需求的主要關鍵，乃在於醫療費用的負擔問題。

個人的罹病率雖然難以預測，但是，社會全體的罹病率是可以掌握的（突發性傳染病除外）。醫療保險就是以集體的危險發生率（risk rate）計算保險費，負擔被保險人的醫療費用。問題是，如果以民間保險公司承保國民的醫療需求，罹病率較高的階層（例如老人）將負擔較高的保險費，而罹病率較高者往往是較為窮困者，所以較難負擔較高的保險費，可能會產生需要醫療服務者無力投保，而投保者無需醫療服務的反常現象。此外，預測社會全體的罹病率，需要充分的社會資訊和高額的資訊費用，恐非一般民間保險公司所能負擔。因此，為了充分保障全體國民醫療需求的確定性，應該由政府以大規模經營的方式，實施全民保險的醫療保障。

如果沒有充分的醫療資源，全民保險的醫療保障也無法發揮預期效果。例如，無醫地區的居民雖有醫療保險，卻無法享受醫療服務；設備簡陋的醫療機構對於被保險人也無法提供必要的醫療服務。因此，並非醫療保險的普及率越高，國民醫療需求的不確定性就越低，若要正確了解醫療品質的內涵，仍需從供給方面的質與量綜合評估。政府應該一方面擴大醫療保險的醫用範圍與給付水準，一方面充實醫療機構、人員與設備。唯有不斷提升供需水準，才能真正保障國民醫療的確定性。

(二) 醫療需求的外部經濟

醫療服務除了對需求者本人產生利益之外，對於社會也會產生間接利益，這就是醫療需求的外部經濟。傳染病的預防就是最典型的例子，如果對傳染病患者不給予迅速、有效的治療，對全體國民的健康將會造成極大的威脅。一般病患者得不到充分的治療，同樣地，也會產生外部不經濟的結果。為了保障國民的健康、提高醫療服務的外部經濟，政府必須以公共財的觀點提供醫療服務。另一方面，國民之間亦應基於自己的間接利益和社會的連帶意識，協助社會弱者獲得醫療保障。

為了證明政府的所得重分配政策和民間的慈善互助對醫療需求外部經濟的正面影響，可以**圖 10-2** 加以說明。首先，假設社會中只有富人 A 和窮人 B 兩人，其效用函數各為：

$U_A = U_A(X_1^A，\cdots\cdots X_n^A，X_1^B)$

$U_B = U_B(X_1^A，\cdots\cdots X_n^B)$

X_1 為醫療服務

$X_2\cdots\cdots$ 為醫療服務以外之其他財物和勞務

X_1^B 為 B 的醫療需求對 A 所產生之外部經濟

其次，再假設

$X_2^A + X_3^A + \cdots\cdots X_n^A = Y^A$

$X_2^B + X_3^B + \cdots\cdots X_n^B = Y^B$

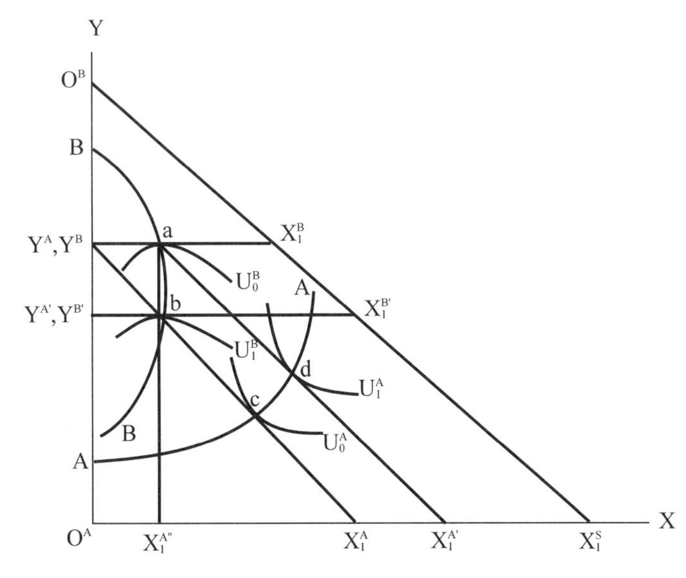

圖 10-2 醫療需求的外部效果

那麼，在 $O^BO^AX_1^S$ 的消費領域，如果所得分配不均（即 A 的所得為 O^AY^A，B 的所得為 O^BY^B），A 的預算線為 $Y^AX_1^A$，無異曲線為 U_0^A，消費者均衡為 C，所得消費曲線為 AA；B 的預算線為 $Y^BX_1^B$，無異曲線為 U_0^B，消費者均衡為 a，所得消費曲線為 BB，當 B 享有 $O^AX_1^{A''}$的醫療服務時，對 A 所產生的外部經濟，會使 A 的預算線右移至 $aX_1^{A'}$，消費者均衡由 c 移至 d，A 的效用就會增加。如果 A 將 $Y^AY^{A'}$的所得移轉給 B，使 B 的所得增加至 $O^BY^{B'}$，A 的所得減至 $O^AY^{A'}$，那麼，B 的預算線將增至 $Y^{B'}X_1^{B'}$，消費者均衡將由 a 移至 b，B 的效用就會增加。因此，在所得分配不均時，醫療實物給付的經濟效益較高；當所得分配較為平均時，則現金的提供較能增進社會的總效用。

以效用理論分析醫療問題會產生一些缺失，因為個人對醫療服務的效用，健康時和患病時有顯著的不同，不像對一般商品的效用可以維持常態。此外，醫療服務的價格彈性很低，與其他財物和勞務的替代性很小，如果以一般商品的替代關係（如圖 10-2 X_1 和 Y 的邊際替換率）去解釋效用函數，可能不符實際。因此，效用理論的運用仍有其限制，必須尋求其他的理論模型，才能更正確地掌握醫療問題。

(三) 醫療需求的道德危險

在社會保險的醫療保障下，病患只要負擔極少費用，甚至免費即可享受醫療服務，所以就病患而言，當然希望享有最高水準的醫療服務；就醫生而言，在利潤動機下，也希望多投藥、多注射。於是，醫療費用便直線上升，這就是所謂的道德危險（moral harzard）。

造成道德危險的主要原因在於醫療費用的支付方法。醫生醫療行為的對象為被保險的病患，而支付醫療費用為保險者的政府。病患根本不了解醫療費用的情形，只要多享受一些醫療服務，不管有無真正的需要或副作用，就會感到滿意，所以會要求醫生多提供醫療服務。另一方面，保險者根本不了解醫生醫療的實際狀況，完全根據醫生單方面的申報，只是紙上的作業（paper work）而已，無從監督醫療行為的適當性和醫療服務的品質。為了有效控制醫療需求的道德危險，由病患負擔定額的掛號費和醫療給付外的費用是必須採行的。當然，掛號費和醫療給付水準，應基於國民所得的水平和道德危險的程度，適當加以制定和調整。

醫療需求的道德危險可能會使國民疏於疾病的預防、治療中的配合及復健的努力，而一味地依賴醫療服務，造成不少不該生的病、不該長期治療的住院及不必要的住院復健。為了避免這些醫療的浪費，政府應從保健、醫療和復健三方面綜合規劃，建立一個完整的國民健康服務體系。如果沒有良好的保健和復健計畫，只在醫療保險的技術和醫療服務的制度下尋求改革，必難阻止道德危險的擴大。

四、最適保險理論

(一) 基本假設

個人為了避免因疾病產生的經濟損失而加入保險；保險人則根據被保險人的罹病機率計算保險費和給付金額。在被保險人和保險人之間，如何決定合理的危險分擔（risk share）就是最適保險的理論。這個理論有幾個基本假設：

第一、對個人而言，疾病是偶發的現象，個人的罹病機率完全獨立。

第二、每個人都有迴避危險和尋求穩定的特性。

第三、個人均以期待效用的極大化為行為的指標。

第四、醫療需求不具外部經濟。

現在，假設個人的資產為W，因疾病而造成的損失為X元，個人不生病的機率為1/2，而要500元醫療費用的輕度疾病發生率為1/4，而要10,000元醫療費用的重度疾病發生率為1/4。那麼，醫療費用的期待值（即醫療費用乘以發生率的總和）為：

$$1/2 \times 0 + 1/4 \times 500 + 1/4 \times 10{,}000 = 2{,}625 \text{（元）}$$

如果保險人毋須管理費用，也不考慮傳染病等偶發事件，醫療費用的期待值將被視同保險費（P），也就是等於保險給付「I(x)」。這就是最適保險費（optimum premium）。保險人以集體保險的方法可以減少集體的危險總量（total risk），降低被保險人的平均危險（average risk），所以如果沒有意外的偶發事性發生，保險人就不會虧損。

就被保險人而言，加入保險後的資產狀況為：

$Y(x') = W - P - X + I(x)$

如果被保險人的醫療費用能夠獲得百分之百的給付，那麼 $X = I(x)$，$Y(x) = W - P$。被保險人只要支付保險費，即可享受免費醫療，不致造成資產的極大變動，所以將樂於加入保險。

(二) 亞勒第一定理

最適保險費是基於保險人毋須負擔管理費用，也以偶發事件的發生為基本假設。可是，這幾乎是不切實際的假設，尤其對於民間保險公司而言，更是不可思議的事。因此，在保險費的數理計算上，保險人均以高出最適保險費的水準加以決定。另一方面，則在給付方式上，採取被保險人部分負擔的措施。根據 K. J. Arrow 的理論，由被保險人負擔定額的醫療費用，而超過的部分由保險者百分之百給付的保險方式，謂之亞勒第一定理。

醫療保險的性質和生命保險或火災保險不同，後者是在意外發生後，能夠取得定額的保險給付為要件；前者是被保險人對於無法預估的醫療費用產生不安，而要求保險者給付超過一定金額之醫療費用。

亞勒第一定理雖然無法使被保險人獲得完全免費的醫療服務，但是，對於解除被保險人的不安仍有極大效果。亞勒第一定理提供了醫療保險部分負擔的理論依據，不僅合乎被保險人期待效用極大化的原則，也可以使保險人有效地操作保險財政，阻止醫療資源的過度浪費。

(三) 亞勒第二定理

亞勒第一定理是以被保險人迴避危險的立場而設計。如果也考慮到保險人的危險迴避，超過定額自行負擔的醫療費用，就不能由保險者百分之百負擔，而是以一定的比率給付。這就是亞勒第二定理。這個定理是由保險人和被保險人共同負擔醫療費用，所以也稱為共同保險（coinsurance）。

在運用亞勒第二定理時，有許多不同的方式，例如，有些國家的醫療給付是由保險者負擔定額的醫療費用，超過定額的醫療費用，則由被保險人自行負擔。有些國家對於特殊疾病的醫療費用，則不給予給付。有些國家對於輔助醫療器材和特別看護也不給予保障。總之，每一個國家所採用的醫療保險理論均有其歷史、社會和經濟的因素，未能同日而語。問題是，決策者必須了解理論的依據，而且應該隨著經濟社會的改變，不斷加以調整和提升。

個人除了醫療費用之外，可能會因而喪失所得。政府基於保障國民生存權的立場，除了醫療保險之外，還應該實施失業保險和殘廢年金保險，才能充分保障國民的健康和生活。

五、健康保險的經濟分析

(一) 健康保險的基礎理論

在保障國民健康權與維護醫療機會均等的基本理念下，各國莫不以全民為對象，實施各種醫療保障制度。從各國的實例看來，全民醫療保障制度可分為保健服務與健康保險兩種制度。實施保健服務，必須由政府負擔大部分費用，而醫療供給大部分也必須社會化。在自由經濟社會裡，除英國等少數國家外，均難符合上述條件，所以難以實施保健服務型全民醫療保障制度。因此，健康保險就成為自由經濟體制下的全民健康保障制度。

健康保險是以分攤危險的方式，達成個人期待效用（expected utility）極大化的制度，而非對他人私有財產的侵犯。即使政府採任意方式，由國民自由投保，個人仍會樂於投保，因為投保的期待效用高於不投保。現在，用**圖 10-3** 來說，所得的效用函數 f(UY)為凹（strictly concave）函數，當所得為 Y_1 時，效用 $U(Y_1)$。如果不投保而傷病時，必須支付 Y_0Y_1 的醫療費用，使所得減至 Y_0。假設傷病發生率為 P，不發生率為 $1-P$，那麼，期待值

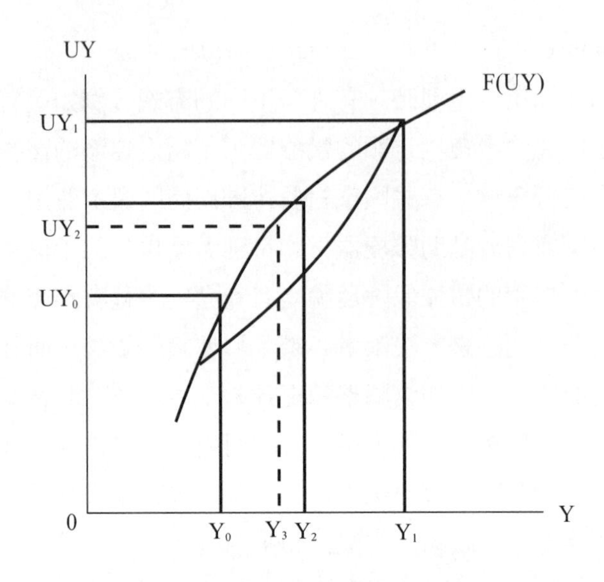

圖 10-3 所得效用

$Y_2 = PY_0 + (1 - P)Y_1$

與其說要獲得不投保的所得Y_1，而必須承擔因支付醫療費用，所造成所得的減少，一般人寧願支付Y_1Y_2的保險費，以獲取Y_2的期待所得。若以公式表示則為：

$Y_2 > PY_2 + (1 - P)UY_1$

即$U[PY_0 + (1 - P)Y_1] > PUY_0 + (1 - P)UY_1$

在保險數理上，事故損失乘以事故發生率所得之金額，稱之為公平保險費（fair premium）。

即$FP = P(Y_1 - Y_0) = Y_1 - Y_2$

保險費若超過公平保險費，就是「超額保險費」（excess premium）。其實，個人即使支付Y_2Y_3的超額保險費也會投保，因為

$UY_3 = PUY_0 + (1-P)UY_1$

保險者若以公平保險費達成收支平衡的目的，收入為$Y_1 - Y_2$，保險給付為$Y_1 - Y_0$，收支期待值為

$$P[(Y_1 - Y_2) - (Y_1 - Y_0)] + (1 - P)(Y_1 - Y_2)$$
$$= Y_1 - Y_2 - P(Y_1 - Y_0)$$
$$= 0$$

如果保險者為民間保險公司，為了取得經營費用和利潤，就必須以超額保險費和保險基金的利息來填補。如果醫療保險是由政府辦理，經營費用通常由政府支付，而政府又不追求利潤，更毋須廣告費用，超額保險費就會減少，甚至低於公平保險費。對被保險人來說，效用當然增加。因此，基於社會福利觀點，全民健康保險應由政府辦理。

健康保險應由政府辦理的另一個理由，是傷病發生率和所得與年齡有密切關係。一般說來，所得越低，年齡越高，傷病發生率就越高。如果根據民間保險公司的保險數理，傷病發生率越高，保險費就越高。那麼，沒有所得的兒童與高齡老人就必須負擔較高的保險費，也就是負擔能力較低者必須負擔較高的保險費。這種保險方式基本上違反了社會福利的精神，所以全民健康保險應由政府規劃辦理。

全民健康保險除了由政府辦理的醫療保險之外，仍應有其他配合措施。譬如說，對於傷病發生率較高的老人，由於所得較不穩定，甚至沒有所得，而且保險費的徵收也不方便，所以不能採用醫療保險方式，應以老人保健服務，提供醫療保障，並配合社區老人醫療福利網的建立，加強老人照顧（而非醫療）功能，避免醫療資源的浪費。此外，對於沒有負擔能力的低收入者，政府應提供醫療補助，保障其健康權。

綜合上述的理論分析，所謂全民健康保險，應以政府辦理的健康保險為主，配合保健服務與醫療補助等措施，將全體國民納入健康保障的整體性制度。

(二) 部分負擔的基礎理論

關於部分負擔比率的算法，日本厚生省所採用的長瀨效果式（Nagase Effect Model）或許可供參考。所謂長瀨效果式的基本模型為：

$$Y = aS2 + bS + C \quad \cdots\cdots (1)$$

$$Y = \frac{\text{有部分負擔的醫療費用}}{\text{沒有部分負擔的費用}} = \text{醫療費用比率}$$

S＝給付率

a，b，c＝定數

因為醫療費用等於供給者價格（Ps）乘以年度受診率，需求者價格（P）等於供給者價格乘以部分負擔比率，而部分負擔比率（r）等於1－S，所以

$$Y = \frac{D(r \cdot Ps)Ps}{D(0) \cdot Ps} = \frac{D(r \cdot Ps)}{D(0)}$$
$$= a(1-r)^2 + b(1-r) + c \quad \cdots\cdots (2)$$

則

$$D(r \cdot Ps) = D(0)[a(1-r)^2 + b(1-r) + c] \cdots\cdots (3)$$

這就是醫療的需求函數。

又因醫療需求的價格彈性為

$$E = \frac{dD/D}{dPd/Pd} = \frac{dD}{dr} \cdot \frac{dr}{dPd} \cdot \frac{Pd}{D}$$

而 $Pd = r \cdot P$

$$\frac{dr}{dPd} = \frac{1}{Ps} = \frac{1}{Pd}$$

$$\frac{dD}{dr} = -D(0)[2a(1-r) + b]$$

所以

$$E = \frac{[2a(1-r)+b]r}{a(1-r)^2 + b(1-r) + c} \quad \cdots\cdots (4)$$

因此，只要 a，b，c 的值一經確定，即可算出不同負擔比率的醫療費用比率（r）和醫療需求價格彈性（E）。現在，假設醫療保險的 a＝0.760，b＝0.678，c＝0.918，老人保健服務的a＝0.783，b＝0.175，c＝0.392，那麼，醫療費用比率和醫療需求的價格彈性如**表 10-1**。

表 10-1　醫療費用比率與醫療需求的價格彈性

	r = 0	r = 0.1	r = 0.3	r = 0.5	r = 0.7	r = 0.9	r = 1.0
醫療保險 YA	1	0.923	0.816	0.783	0.942	0.942	0.918
老人保健 YB	1	0.869	0.653	0.188	0.503	0.503	0.738
醫療保險εA	—	0.075	0.142	0.053	0.188	0.503	0.738
老人保健εB	—	0.142	0.423	0.608	0.500	0.043	0.447

可見，提高老人保健服務的部分負擔比率，對降低醫療費用比率的程度要高於醫療保險。另一方面，雖然老人保健服務的醫療需求彈性高於醫療保險，但是，當r = 0.7，老人保健醫療需求彈性的增加率則低於醫療保險。了解了部分負擔的特性與效果之後，對於制定部分負擔比率的標準，就有比較清楚的概念了。

第三節　健康維護制度的改革方向

一、構思健康維護制度的六個觀點

本研究在構思健康維護制度時，基本上是根據下列六個觀點加以思考：

(一) 國家責任的觀點

基於憲法對於國民生存權的保障，政府有責任保障國民不因無法負擔醫療費用而喪失就醫的權利。政府的公共醫療資源應為國民所共有和共享，不得因為沒有參加社會保險，而被摒棄於服務之外。如果健康維護政策不能保障全體國民均等的就醫機會；如果政府將取之於民的公共醫療資源以市場方式取利於民，那麼，政府不僅未盡保障國民生存的職責，更是對國民健康與權益的傷害。因此，政府實有必要採行國民保健服務制度，將全部公共醫療資源，為全體國民提供均一的概括性健康照護服務。

(二) 組合主義（corporatism）的觀點

組合主義有兩個基本涵義，第一是國民與國家之間的媒介組織；第二是具有合法性支配權的團體。不管是企業、產業、職業或地域的保險組合均有向政府爭取補助、對會員徵收保費、對醫療供給者支付醫療費用和對具有請領資格的會員提供給付的權利。國家必須賦予組合合法的權利，辦理認可範圍內的業務，所以必須以法律加以規範，而成為健康和所得維護法中重要的一環。在政府的保障下，國民可以自由參加保險組合，發揮團體互助功能。

(三) 醫療資源配置的觀點

由於國民的健康照護具有高度的外部性（externality）和非市場性（non-marketability），所以必須由政府提供必要的服務，醫療資源的性質應以公有為主私有為輔，而醫療資源的配制則應重視地域的均衡。如果採行社會保險方式，政府在投入大量經費之餘，勢必難以充實公共醫療資源，而私有醫療資源勢必取而代之，造成私有為主公有為輔的反常現象，進而形成醫療資源配置不均的事實。相反的，如果實施NHS，政府就有能力充實公共醫療資源，提升健康照護水準，促進民間醫療市場的競爭，降低醫療費用，提升服務品質。

(四) 社會化與市場化的觀點

在社會化的保健服務制度中導入市場化或在市場化的健康保險制度中導入社會化，不僅會造成矛盾的現象與無效率的經營，更會加速醫療費用的膨脹，所以社會化（或市場化）制度不宜與市場化（或社會化）制度合併成一種制度，而應該採分立方式，使兩種制度並立而行，相輔相成。如果醫療需求是遞增，兩種制度就是互補關係（supplementary relation），NHS的充實將造成保險市場的擴大；如果醫療需求一定，兩種制度就是替代關係（substitution relation），NHS的擴張將導致保險市場的萎縮。在兩種制度的互動中，最適的醫療需求、醫療供給和醫療費用就可達成。

(五) 自由選擇的觀點

在一個自由的社會裡，國民的選擇自由必須受到保障，任何國民都可依其自己的能力、條件與偏好，選擇自助（個人保險）、互助（組合保險）或國助（NHS）。政府實不宜以強制政策（coercive policy）干預個人的選擇自由，所以強制性的社會保險在本質上是違反了自由法則。基本上，個人應以自助方式追求健康；否則就必須以團體互助的方式分攤醫療費用，而在不得已時才仰賴政府的照護。全民健保政策卻以相反的邏輯策略，要全體國民完全依賴政府的照護，喪失對自助和互助的追求，扭曲了福利政策和實質意義。如果政府能夠提供基礎的健康照護，另一方面補助組合保險，提供附加的健康照護，就可以使國民在自由的選擇中，獲得最佳的健康照護。

(六) 醫療費用控制的觀點

在最低保障（national minimum）的原則下，政府可以一定預算，提供基礎的健康照護，而且由政府直接提供健康照護，所以醫療費用易於控制。至於對組合保險的補助，也可以在一定預算下合理分配。雖然醫療預算的定率制可能引起浪費或不足的疑慮，但是，若採用彈性規定（如每三年或五年調整一次），就可以免除這種疑慮。

基於這些觀點，本研究進一步構想健康維護制度的內涵。首先，是基本架構的設計，也就是由基礎健康維護制度（Basic Health Maintenance System, BHMS）與附加健康維護制度（Additional Health Maintenance System, AHMS）所構成之國民健康維護制度（National Health Maintenance System, NHMS）。在此種雙重保障的健康維護制度下，任何國民都可以享有BHMS所提供的基礎健康照護，但是，若要獲得AHMS的補助，就必須參加團體的組合保險。BHMS至少有下列五個優點：

第一、確定國家對生存權的保障責任。

第二、貫徹公共醫療資源為民所有和為民所享的精神，而且全民都有均等的使用機會。

第三、醫療費用較易掌握，醫療資源較易獲得合理的配合。

第四、受益者均為真正的需求者（高所得者較不會利用此一制度），有助於所得重分配效果。

第五、財源來自政府歲收，較為穩定，而且較為公平。

至於 AHMS 也有下列五個優點：

第一、可以培養國民的互助性與自助性。

第二、可以貫徹保險原理，高給付高負擔，低給付低負擔。

第三、可以促進保險組合間與契約醫療機構間的競爭；提高經營效率，降低保費，提升服務品質或給付水準。

第四、可以避免政府科層體制（bureaucracy）的擴張，免除行政費用的沈重負擔。

第五、可以發揮外部經濟功能，增進社會效用（social utility），提升福利水準。

二、基礎健康維護制度的作法

其次，是 BHMS 的具體作法，至少可從下列七個方面進行：

(一) 基層照護設施的充實

基層照護不僅是衛生保健服務的提供機構，也是門診和轉診的服務機構，是BHMS最重要的醫療資源，必須予以充實，才能順利推動BHMS 制度。目前我國的基層照護設施，在數量、人力、設備和經費上都顯然不足，政府應該制定「基層照護設施十年計畫」，逐步加以充實。

(二) 概括性健康照護的實施

BHMS 必須涵蓋衛生保健、疾病治療、復健重建與療養介護四種服務。政府必須依據人口比例和需求狀況均衡配置各種照護設施，並要有效的調整這些設施，使其高度利用。

(三) 轉診轉介的執行

除了急診病患外，一般門診病患必須經過基層照護設施的轉診，才能接受醫院的診療、手術或住院等服務。基層照護設施也必須與社會福利設施連線，在必要時從事轉介工作。

(四) 私有醫院的配合

公有醫院若有不足，主管機關可以直接與私有醫院簽訂契約，由後者提供必要的服務。本提案不贊成英國NHS的醫院信託基金和美國HSP的HMO、PPO等中間機構，因為那只是多了一層浪費。

(五) 部分負擔的採行

BHMS 的資本財（capital goods）和人事費用應由政府負擔，但是，藥劑、材料、膳食等消費財（consumption goods）則應由病患部分負擔。為了考量不同所得家庭的負擔能力，部分負擔的上限應依據家庭所得水準的一定比率加以訂定。

(六) 病患權利的保障

英國病患憲章所規範的各種病患權利應予保障，才能充分發揮BHMS的功能。

(七) 醫事人力的培養

BHMS的實施需要大量的醫事人力，政府必須有計畫的加以培養。由於護理人員的流動性頗高，政府必須制定「護理人力促進法」，從訓練和就業等方面，確保必要的人力，提升護理服務品質。此外，為了因應高齡化社會的來臨與老人介護需求的遽增，政府必須制定「介護人力促進法」，配合BHMS，提供機構介護和居家介護服務。

三、附加健康維護制度的作法

最後，是AHMS的具體作法，至少可以從下列七個方面進行：

(一) 推行社會保險制度的改革

在實施BHMS之後，現行社會保險制度勢必全面改革，也就是要由現行的政府經營方式改採組合經營方式。現行的公務人員保險必須改為公務人員保險組合；勞工保險必須改為勞工保險組合；農民健康保險必須改為農民保險組合；私立學校教職員保險必須改為私立學校教職員保險組合。然後，各種保險組合必須再依其實際需要分別設置健康保險組合、年金保險組合、職業災害保險組合或失業保險組合。最後，勞工健康保險組合宜再分為企業勞工健康保險組合、產業勞工健康保險組合、職業勞工健康保險組合、雇主及自營作業者健康保險組合。此外，亦需鼓勵設置地域性健康保險組合，辦理其他國民的健康保險。

(二) 現行社會保險行政體系的改革

健康保險組合制度的實施必須配合現行社會保險行政體系的改革。首先，是中央主管機關的統一，也就是由銓敘部、勞委會、內政部、教育部、國防部等主管機關統由衛生部掌管。其次，是承保機關廢除，目前的中央信託局、台閩地區勞工保險局等承保機關必須廢除，而由各健康保險組合承保。如果有必要由政府辦理失業保險和職業災害保險，則勞工保險局可縮小規模，籌辦這兩項保險。最後，是衛生部「國民健康維護審議委員會」的設置，健康保險組合必須經該委員會審議通過，並由當地衛生主管機關認可後，始能設立。

(三) 社會連帶的回歸

社會連帶（social solidarity）是人類社會傳統的美德，但是，社會競爭（social competition）的提高，使人類逐漸喪失這種美德，代之而起的就是弱肉強食的市場化組織，所以才有由國家直接干預的社會保險制度出現。然而，國家干預的強制性與全民性卻造成道德危險與無效率的經營。因此，最適的健康維護政策應回歸自願主義（voluntaryism）與組合主義的社會連帶。同一企業的員工、同一產業的勞工、同一職業的國民或同一地域的居民都可成立互助性的健康保險組合，以自主經營的方式，共同分攤醫療費用。在自願參加的原則下，會員較能充分配合組合的決策；在同質性的原則下，會員的利害關係較為一致，較能發揮互助的功能；在自主經營的原則下，醫療費用支付制度與基金運作的管理效率較易提升；在市場化的原則下，可以貫徹高負擔高給付的保險原理，較能滿足會員的需求，提高社會效用。

(四) 地方分權主義的重視

健康保險組合原則上採地方分權制，也就是以縣市的組織作基本單位，而在有必要時再成立區域性或全國性的健康保險組合聯合會。健康保險組合受地方衛生主管機關監督；聯合會則受中央衛生主管機關監督。由於BHMS的經費大部分由中央政府負責，所以對健康保險組合的補助，應由地方政府承擔主要責任，以貫徹地方分權主義的精神。

(五) 政府補助辦法的制定

政府補助一般有開辦費的補助、事務費的補助、保險費的補助及給付費的補助等方式。為了鼓勵民間設置健康保險組合，政府應補助開辦費；為了協助健康保險組合辦理健康保險業務，本文建議採取總括補助（block grant），由各健康保險組合自行運用；為了協助弱勢健康保險組合（如會員所得水準較低、年齡結構較高、健康狀況較差或職業性危險度較高的健保組合）的營運，應提供較高的補助，相反的，對於強勢健保組合，則提供較低的補助或不予補助。由於健保組合是具有外部經濟的團體，政府補助可以發揮降低保費和提高給付的效果。

(六) 自主經營的尊重

健康保險組合雖受政府的認可、補助與監督，但是，基本上仍由會員自行運作，而且採用純商業性的經營。凡保費的繳納、契約醫療機構的指定、醫療費用支付方法、給付項目與水準以及基金的運用等均由組合自主運作。健保組合可以提供多樣化的健保商品，供其會員選擇，會員依其投保的類型，繳納不同的保費，接受不同的給付。健保組合有指定和撤換契約醫療機構之權，所以可以促進醫療機構間的競爭，降低醫療費用，提升服務品質。當健保組合依法解散時，會員必須投保其他健保組合或另外成立新的健保組合。

(七) BHMS 與 AHMS 的配合

本提案的BHMS是以社會化的觀點加以設計，由政府充實相關設施，為全民提供基礎性的健康維護服務；AHMS是以市場化的觀點加以規劃，由民間健保組合與民間醫療機構配合，共同為其會員提供附加性的健康維護服務。兩種制度間必須相互配合，才能提升健康維護水準。在政府的健康維護預算中，必須有一定比率的經費用於補助AHMS，使兩種制度產生良性互動。

參考文獻

Arrow, K. J. (1973). "Uncertainty and the Welfare Economics of Medical Care," *American Economic Review*, December.

Bailey, R. M. (1970). "Economics of Scale in Medical Practice," in H. E. Klarman (ed.), *Empirical Studies in Health Economics*, The Johns Hopkins Press.

Friedman, M. & R. H. Roseman (1974). *Type A Behavior and Your Heart*, Fawcett Crest.

ILO (1944). Recommendation Concering Medical Care.

Lave, J. R. (1970). "Hospital Cost Functions," *American Economic Review*, June, pp.379-395.

WHO (1957). Measurement of Levels of Healthy-Report of A Study Group, WHO Tech. Rep. Ser. 137.

宗像恆次（1986），《文化とストレス對處行動》，廣英社。

大谷藤郎（1980），《二十一世紀健康への展望》，メデカルフレド社。

兒玉俊夫（1986），《スポーツ医学入門》，南山堂。

前田信雄譯（1985），《プテイスリヘスケアにおける健康教育：その新しいアプローチ》，日本公眾衛生協會。

高橋晃正（1973），《医者にかるまえに：医療矛盾と考える》，亞紀書房。

日本厚生省編（1983），《厚生白書》，厚生問題研究會。

國際厚生事業團編（1985），《諸外國における健康づくりに関する調查》。

Chapter 11

第十一章

年金保險制度的經濟分析

第一節　年金保險制度的基本概念

第二節　年金保險制度的經濟分析

第三節　年金保險制度的改革方向

第一節　年金保險制度的基本概念

國家干預家庭經濟的方式很多，一般有社會保險、社會扶助與間接利益（indirect benefits）三種方式。社會保險一般有醫療保險、年金保險、失業保險與職業災害保險；社會扶助一般有資力調查方式、所得調查（income-test）方式與普及性（universalism）方式等三種；間接利益則有租稅優惠（vendor arrangement of tax）、利息優惠（vendor arrangement of interest）及其他各種優惠制度。所謂國民年金保險制度，就是國家以強制方式，將國民納入被保險人，在勞動期間繳納保險費，而在因年老或殘廢而失去勞動能力以及因死亡而致其遺屬喪失生活能力時，按期（週、月或季）提供給付，以保障被保險生計的所得維護制度。雖然每一個國家的國民年金保險制度的政策目標都在保障家庭經濟的安全性，但是，所採取的制度模式（system pattern）卻有很大的差異性（difference）。根據 *The American Heritage Dictionary of the English Language* 的解釋，所謂 pattern 就是做事的準則（a model to be followed in making thing）。依此解釋，所謂制度模式就是制定制度的準則。每一個國家在制定國民年金保險制度時，都有不同的準則，因而產生了不同的國民年金保險制度。

國家在規劃國民年金保險制度時，至少必須考量下列十二個模式，也就是有什麼準則可供選擇（what 的問題）：

第一、強制儲蓄的模式：宜採社會儲蓄、團體儲蓄或個人儲蓄？

第二、制度架構的模式：宜採單一制、分立制或雙重制？

第三、經營主體的模式：宜採國家主義、組合主義或混合主義？

第四、適用對象的模式：宜採普遍主義或選舉主義，以及個人主義或家庭主義？

第五、財務方式的模式：宜採常態累積基金制（或儲備制）、修正累積基金制或隨收隨付制（或賦課制）？

第六、給付項目的模式：宜採綜合制或分項制？

第七、給付條件的模式：宜採寬鬆原則或嚴格原則？

第八、給付水準的模式：宜採最低保障、相對保障或最適保障？

第九、保費制度的模式：採定額制、定率所得比例制或累進所得比例制？

第十、財源分擔的模式：宜採雇主負擔、勞雇分擔或勞雇政共同負擔？

第十一、基金運用的模式：宜偏重安全性、流動性、收益性或福利性？

第十二、配合措施的模式：宜與福利年金、企業年金與個人年金如何配合？

在強制儲蓄的模式方面，有些國家（如英國）是採取社會儲蓄的模式：有些國家（如德國）是採取團體儲蓄的模式；有些國家（如新加坡）則採取個人儲蓄的模式。採取社會儲蓄模式的國家，是由國民將保費繳納給國家，並由國家統籌給付，所得重分配的功能較強。採取團體儲蓄模式的國家，是由被保險人和雇主將保費繳納給所加入的年金保險組合，並由該組合決定制度的運作方式，只具有組合成員間的所得重分配效果。採取個人儲蓄模式的國家，則由被保險人及其雇主將保費存入被保險人的特別帳戶，並由國家決定給付方式。

在制度架構的模式方面，有些國家（如英國）是採單一制，也就是由國民保險制度提供均一給付的基礎年金（basic pension）與所得比例給付的附加年金（extra pension）。有些國家（如德國）是採分立制，也就是分屬勞工年金保險、職員年金保險、礦工年金保險、手工業者年金保險、公務人員年金保險、農民老年扶助等制度，由各種不同的年金保險制度提供所得比例的年金給付。有些國家（如日本）則採取雙重制，也就是由普遍採用的國民年金保險與職業團體的組合年金保險兩種制度所構成，而由前者提供基礎年金，後者提供附加年金。

在經營主體的模式方面，有些國家（如英國）是採國家主義，由國家（中央政府）經營國民年金保險制度。有些國家（如德國）是採組合主義，由職業團體經營組合年金保險制度。有些國家（如日本）是採混合主義，由國家經營國民年金保險制度，而由職業團體經營組合年金保險制度。

在適用對象的模式方面，有些國家（如英國）是採普遍主義，凡完成義務教育者均得加入。有些國家（如美國）是採選擇主義，將年所得在 400 美元以下之自營作業者、外國機構的受雇者等排除於強制適用對象之外。關於被扶養的配偶是否享有年金權，成為國民年金保險制度的被保險人，一般國家都採用家庭主義，也就是以被保險人配偶的方式處理，並以夫妻為單位，領取老年年金給付。但是，也有一些國家（如日本）則賦予被扶養的配偶年金權，允許他們加入國民年金保險制度，領取年金給付。

在財務方式的模式方面，一般有常態（或平準）累積基金制、修正累積基金制與隨收隨付制三種。所謂常態累積基金制，是將每人平均給付總額以常態方式課徵保費；所謂修正累積基金制，是以階梯調高保費的方式累積給付所需的基金；所謂隨收隨付制，是以每一年度的保費收入支付該年度的年金給付。國內鄭文輝教授則以個人儲蓄的觀點，提出「個人式階梯費率」，隨著個人勞動所得的增加，以階梯式調高保險費率（鄭文輝，1997）。此種財務方式是以個人儲蓄的模式為前提，若採社會儲蓄或團體儲蓄模式，就難以實施。一般國家在開辦年金保險制度時，大都採取修正累積基金制，等制度成熟（人口結構穩定）後，再逐漸改採隨收隨付制。

在給付項目的模式方面，一般國家都採綜合給付制，也就是除了老年年金之外，還有遺屬年金、殘障年金以及各種特殊給付屬年金保險（OASI）與殘障年金保險（DI）分開，以獨立的財務制度運作。由於殘障保險為意外事故的保險，與老年遺屬保險的必然事故，在本質上顯然不同，所以理論上年金保險宜採分項前，也就是以不同的財務制度，給付老年遺屬年金與殘障年金。至於一次給付制度，則以普通事故保險因應。

在給付條件的模式方面，一般是以繳納保費期間與年齡，作為給付要件。關於繳納保費的最低期限，從瑞典的無期限（EP）、法國的3個月、英國的50週、德國的5年、美國的10年，至日本的25年（國民年金），差異性很大。至於給付年齡，大多數國家（如美國、德國、英國、日本、瑞典等）均為65歲，但是，一般都規定，在60至64歲者得領取減額年金（瑞士為60-64歲；美國為62-64歲；德國為62-64歲）。至於英國的給付年齡，則採男女差別制（男性65歲；女性60歲）。一般國家在開辦年金保險制度之初，大都採取嚴格的原則，然後隨著制度的成熟，再逐漸採取寬鬆的原則。

在給付水準的模式方面，大多數國家都採取所得的相對保障。根據國際勞工組（ILO）第一三一號公約，工作30年者的老年年金宜為退休前工資的55%。目前，大多數國家的年金給付水準大都在60%至80%之間（吳凱勳，1994）。英國國民保險基礎老年年金則以均一給付的方式，提供最低的生活保障。至於附加老年年金，則約為被保險人過去所得的25%左右，因此，英國國民保險的年金給付是以最低保障的基礎年金與低度相對保障的附加年金，構成最適保障的給付水準。

在保費制度的模式方面，德國在1889年制定、1891年實施的「老年殘障保險制度」，是以累進費率的方式，將保費分為四級，而奠定了累進所得比例費率制度的基礎（Dawson, 1973）。英國的W. Bevereidge在1942年提出的報告，則揭櫫定額保費制度的精神。目前，英國國民保險自營作業者的定額部分與任意加入者的保費以及日本國民年金保險第一類被保險人的保費均採定額制。目前大多數國家的年金保險保費制度大都採定率所得比例制度，也就是以所得的一定比率，作為課徵保費的依據。英國的國民年金保險則採累進所得比例制度，依1993年4月的標準，受雇者週薪在56英鎊以下部分，費率為2%，56-420英鎊的部分，則為9%（通用附加年金者），至於雇主為受雇者負擔的累進費率，則分為 4.6%、6.6%、8.6%與 10.4%。

在財源分擔的模式方面，除少數國家（4 國）由雇主單獨負擔之外，大多數國家都由勞雇分擔保險，而由政府負擔部分給付費用與行政費用。至於勞雇分擔的比率，根據吳凱勳教授的統計，採折半負擔的有 25 國；採 1：1.5 者有 29 國；採 1：3 者有 12 國，而匈牙利則採 1：4.3；前蘇聯採 1：26；西班牙採 1：4.8（吳凱勳，1994）。如果年金保險政策採社會儲蓄模式，雇主的分擔比率較高；若偏向個人儲蓄模式，雇主的分擔比率較低。至於政府負擔的問題，一般說來，年金保險政策的社會化越高，負擔就越重；市場化程度越高，則負擔就越輕。

在基金運用的模式方面，一般決策者所考慮的要素不外安全性（security）、流動性（liquidity）、收益性（yield）與福利性（welfare）。如果決策者將年金保險基金視為國家資本，就會採取安全性與福利性的模式；若將其視為民間資本，就會採取收益性與流動性的模式。若要兼顧安全性與收益性，最好的辦法是政府在評估金融市場（含貨幣市場與資本市場）的利率水準（含短期利率與長期利率）之後，以稍高的利率向基金要求融資，但是，必須有一定比率用於社會福利事業。目前，大多數國家社會保險基金的運用方式，不外購買有價證券、政府公債、存入銀行及投資不動產等，但是，基金運用的不當卻屢有所聞。這可能也是先進福利國家將年金保險財務方式由累積基金制改為隨收隨付制的原因之一，也就是縮小基金規模，以減少基金的不當運用。

在配合措施的模式方面，福利先進國家除了國民年金保險制度之外，一般都有社會扶助的福利年金制度（老年福利年金、遺屬福利年金、殘障福利年金等）、市場福利的企業年金保險以及家庭福利的個人年金保險等。國民年金保險如何與福利年金、企業年金保險與個人年金保險配合，是年金保險政策的一大課題。對於依法不能投保國民年金或無法領取國民年金給付的國民提供福利年金，其必要性的爭論較少，問題是要採普遍主義或選擇主義以及給付水準該如何訂定，就會引發不同的見解。如果國民年金保險制度只提供基礎年金，就可以將企業年金作為附加年金；如果國民年金保險制度也提供附加年金（如英國），那麼，該如何與企業年金配合？要採替代方式或互補方式？企業年金的不穩定性要如何克服？這些困難都必須考量。至於個人年金，政府該不該對個人的保費負擔與年金所得採取租稅的優惠措施？優惠的上限該如何訂定才是合理？總之，國民年金保險制度的規劃，除了制度本身的問題之外，配合措施也必須有周延的考量。

任何社會制度（social system）絕非無中生有，而是有脈絡可循的。根據 M. J. Dubnick 的看法，社會上是先有公共問題（public problems），才有公共政策（public policy），然後才有公共制度（public system），而所謂的公共問題，就是要求使用政府資源的問題（It calls for the use of government resources）（Dubnick & Bardes, 1983）。易言之，必須先有一些公共政策的影響要素存在，才會引發決策者去思考政策和規劃制度。任何公共政策絕非受到單一要素所影響，例如，由家庭經濟的不安全，引發了所得維護政策的關心，而產生了年金保險制度。此一簡單的思考模型（model）似乎將經濟不安全、所得維護政策與年金保險制度劃上等號。其實，在投入要素（input）方面，並非由單一要素所構成；而在產出要素（output）方面，年金保險制度也非唯一的選擇。在探討年金保險政策的影響要素時，除了要考量經濟層面的要素之外，也必須關心社會政策思想、政治層面的要素以及社會層面的要素。如果我們能夠從各國年金保險制度的發展歷史中，去發掘一些因果關係，並歸納出一些發展法則，將有助於了解我國國民年金保險制度的可能模式。由於篇幅的限制，無法針對主要國家年金保險政策的影響要素，進行歷史檢證，只能提供幾個可能的影響要素，供讀者參考和指正。

首先，在社會政策思想方面，有兩個思想主流是各國在制定社會政策時，必須面對的選擇。英國劍橋學派（Cambridge School）的社會政策思想和德國社會政策學會（Association of Social Policy）的社會政策思想，在本質上和策略上有明顯的差異。劍橋學派秉承古典經濟學的自由經濟思想，由 A. Marshall、A. C. Pigou、J. M. Keynes 到 W. Bevreidge都是主張自由經濟制度下的社會改革，而改革的策略就是透過所得重分配的手段，提高社會效用（social utility）。

第二節　年金保險制度的經濟分析

一、年金保險財務的經濟分析

(一) 年金保險的財務方式

年金保險的財務方式頗為複雜，基本上可以保費的性質分為基本費用財務方式與附加費用財務方式兩種。基本費用就是年金給付的資金，其財務方式基本上有隨收隨付方式（pay-as-you-go system）和累積基金方式（reserved funding system）兩種。所謂隨收隨付方式是以每一年度的預算支付每一年度的給付，除了必要的危險準備之外，無須累積任何基金。問題是，實務上必須先徵收保險費之後才能支付給付，所以財務收支無法在同年度獲得平衡，通常都採用 5 年內或 10 年內平衡的方式，同時，為了因應意外性給付，通常都備有危險準備金。這種財務方式至少有三個優點，第一是財務單純，無須複雜的精算與基金的管理；第二是制度開始實施即可給付，無須長期的累積期間；第三是可以避免鉅額基金的不當運用與物價膨脹的侵蝕，所以自 1925 年以後，歐美先進國家均逐漸改採隨收隨付方式，只保留固定的累積基金，而以稅收支應。

所謂累積基金方式是以累積基金的方式作為年金給付的費用，一般有一次累積方式、常態保費累積方式與階梯保費累積方式三種。一次累積方式有退出時年金現值累積方式（terminal funding method）、加入時年金現值累積方式（initial funding method）和完全累積方式（complete funding method）三種；常態保費累積方式則有加入年齡方式（entry age normal method）、到達年齡方式（attained age normal method）、個別常態保費方式（individual level premium funding method）與綜合保費方式（aggregate cost method）四種。退出時年金現值累積方式是被保險人在退出保險時，將未來年金給付現值之總金額一次累積。加入時年金現值累積方式是被保險人在加入保險時，將未來年金給付現值之總金額一次累積。完全累積方式是以基金利息支應年金給付加以計算之一次累積方式。加入年齡方式是以制度成立時新加入者的最低年齡或平均年齡作為基礎，將年金給付所需費用除以加入期間，以計算保費的方式，而年齡較高者就必須另繳特別保費。到達年齡方式是按被保險人的年齡計算年金給付比，再按其金額計算保費。個別常態保費方式是按被保險人的年齡計算加入期間，再以標準年金給付計算保費。綜合保費方式是以全體被保險人全部退出領取年金給付的期間為基準，將未來年金給付費用計算常態保費。階梯保費累積方式又稱修正累積基金方式，是以階梯式調整保費的方式累積年金給付費用的財務方式。

至於附加費用的財務方式，亦有隨收隨付方式和累積基金方式兩種，後者則分為有限償還方式和永久償還方式；永久償還方式又分為凍結償還方式和修正式隨收隨付方式。所謂有限償還方式是在確定期間內有計畫的償還過去債務；所謂永久償還方式是無限期償還過去債務的方式；所謂凍結償還方式是只付利息不還本金的償還方式；所謂修正式隨收隨付方式是考慮利息與加入人員增加率（即預定利率減人員增加率），再乘以債務額，作為償還的額度。

(二) 年金保險的給付水準

年金保險的給付水準一般是根據幾個主要指標加以訂定。第一是扶養意識，由於家庭、社會、就業等結構的變化，家庭對於無法自立生活成員（如老人、殘障者或遺屬）的扶養意識與能力日漸降低，年金保險應在無家庭扶養的假定下，訂定適當的給付水準。第二是儲蓄率，由於高度的經濟成長造成了高度的物價膨脹，個人在勞動期間的儲蓄常受侵蝕，而難以維持老後的生活需要，所以年金保險不宜以高儲蓄率為由降低給付水準。第三是醫療保健，由於醫療費用是老人、殘障者等的最大負擔，如果沒有健全的保健服務制度或健康保險制度，年金給付就必須酌予提高。第四是生活水準（或消費支出），由於老人、殘障者等的消費支出高於一般人的平均消費支出，所以年金給付應高於平均消費支出水準。第五是工資水準，如果年金給付水準與退休前工資水準的比率偏高，就可能增進人類的惰性；如果比率偏低，就難以保障被保險人的生活，所以國際勞工組織（ILO）第一三一號公約規定，工作 30 年者的老年年金為退休前工資的 55%。

年金保險宜採定額制（fixed system）還是所得比例制（income proportion system）也是頗值探討的問題。根據貝佛里其的報告（Social Insurance and Allied Services, 1942），社會保險的年金給付宜採定額制，因為社會政策只在保障平均而且必要的最低生活，平均以上的消費支出應屬個人責任，由個人以儲蓄或民間保險方式加以保障。問題是定額制的最低給付完全忽視了個人的生活原則（subsistence principle），無差別的把被保險人推入貧窮的陷阱，幾乎喪失了保險的意義，而淪為社會救助的對象。另一方面，如果採取所得比例制，則所得越高給付就越多，也會喪失所得重分配的意義，而趨向民間保險的性質。因此，最適當的方法應是採取混合制，也就是在年金給付中採取部分均一給付和部分所得比例給付，這樣就可以兼顧社會的公平性與保險的效率性。混合制的定額給付制採最適保障原則（optimum security principle），也就是以生活水準的最適量加以訂定，而所得比例給付的調整率宜視定額給付的高低而定，如果定額給付偏高，調整率就必須調低；否則就必須調高。

年金給付的最大敵人就是物價膨脹，所以給付水準必須隨物價波動加以調整，這就是所謂的自動調整制（slide system），自動調整制的基本指標（basic indicators）有三，第一是物價指數（price index），一般都採用都市消費者指數，而且通常都在3%左右調整一次。第二是工資指數（wage index），一般是採用製造業的工資指數，而且年金指數（annuity index）通常都高於工資指數。第三是生活費指數（living cost index），一般是採用平均家庭消費支出的增加率作為調整年金給付的依據。至於自動調整制的實施方式，則有政策性調整方式、半自動調整方式及自動調整方式三種。所謂政策性調整方式是在有必要時才以立法方式調整；所謂半自動調整是符合法律上所規定之條件時以行政手續加以調整；所謂自動調整方式是符合法律上所規定之條件時，無須立法措施或行政手續即自動調整。

(三) 保費計算的基本概念

年金保險保費的徵收基準除特別的約定方式外，有定額制、所得比例制與累進制（progressive premium system）。所謂定額制是相同保險費的制度，與個人所得的高低無關，就社會政策的觀點而言，這種保費制度根本沒有所得重分配的功能，所以一般國家年金保險均未採用。所謂所得比例制是先決定一定的保險費率，再乘以被保險人的薪資所得，以計算該被保險人的保費。這種制度一般又分為無上限方式與有上限方式，前者是所得越高保費越高，而且沒有上限；後者是所得超過某一限度後，保費就不再提高。所謂累進制是所得越高保險費越高的制度，一般又分為保險費率無限方式與保險費率有限方式，前者是隨所得的增加以累進方式課徵保費，而且沒有累進率的上限；後者是有累進率的上限，所得超過某一水準後，保險費率即不再增加。

在計算保費之前，必須慎選財務方式。財務方式的不同無關年金保險的總費用，只是在時間上分配負擔的方法有所不同而已。其次，必須掌握有關的統計資料，例如退出率、死亡率、預定利率及薪資增加率等。這些統計資料常有變動的情況，一般都有安全的加成或減成，尤其是民間的年金保險。

為了掌握投保人數與給付人數，各年齡層的殘存人數就必須正確估算，所以生命表的資料極為重要；否則也可由各年齡層的平均餘命加以推估。

設

ℓ_x ＝ X 歲的生存人數

e_x^0 ＝ X 歲的平均餘命

e_x^1 ＝ X 歲的年初平均餘命

ℓ_{x+1}＝ 各年齡層殘存人數

$$e_x^0 = \frac{\sum_x^w \ell_x}{\ell} - \frac{1}{2}$$

$$= e_x^{"} - 0.5$$

$$e_x^{"} = e_x^0 + 0.5 = \frac{\sum_x^w \ell_x}{\ell_x}$$

$$= \frac{\ell_x + \ell_{x+1} + \sum_{x+2}^w \ell_x}{\ell_x}$$

$$= 1 + \frac{\ell_{x+1}}{\ell_x} + \frac{\sum_{x+2}^w \ell_x}{\ell_x} \cdots\cdots (1)$$

$$\because \frac{\sum_{x+2}^w \ell_x}{\ell_x} = e_x - 1 - \frac{\ell_{x+1}}{\ell_x}$$

$$\sum_{x+1}^w = e"_x \ell_x - \ell_x - \ell_{x-1}$$

$$= \ell(e_x^{"} - 1) - \ell_{x+1_x} \cdots\cdots (2)$$

依此方法

$$e_{x+1}^{"} = \frac{\sum_{x+1}^w \ell_x}{\ell_{x+1}}$$

$$= \frac{\ell_{x+1} + \sum_{x+2}^w \ell_x}{\ell_{x+1}}$$

$$\ell_{x+1} = \frac{\ell_{x+1} + \sum_{x+2}^w \ell_x}{e_{x+1}^{"}}$$

$$\ell_{x+1}(1-\frac{1}{\ell^{"}_{x=1}})=\frac{\sum_{x+2}^{w}\ell_x}{e^{"}_x+1}$$

$$\frac{\ell_{x+1}}{e^{"}_{x+1}}(e^{"}_{x+1}-1)=\frac{\sum_{x+1}^{w}\ell}{e^{"}_x+1}$$

$$\ell_{x+1}=\frac{\sum_{x+2}^{w}\ell_x}{e^{"}_{x+1}} \cdots\cdots(3)$$

(2)代入(3)

$$\ell_{x+1}=\frac{\ell_x(e^{"}_x-1)-\ell_{x+1}}{e^{"}_{x+1}-1}$$

$$=\frac{\ell_x(e^{"}_x-1)}{e^{"}_{x+1}-1}-\frac{\ell_{x+1}}{e^{"}_{x+1}-1}$$

$$\ell_{x+1}+\frac{\ell_{x+1}}{e^{"}_{x+1}-1}=\ell_{x+1}\left(1+\frac{1}{e^{"}_{x+1}-1}\right)$$

$$=\frac{\ell_x}{e^{"}_{x+1}-1}[(e^{"}_{x+1}-1)+1]$$

$$=\frac{\ell_x-(e^{"}_x-1)}{e^{"}_{x+1}-1}$$

$$\ell_{x+1}\cdot e^{"}_{x+1}=\ell_x(e^{"}_x-1)$$

$$\ell_{x+1}=\frac{\ell_x(e^{"}_x-1)}{e^{"}_{x+1}} \cdots\cdots(4)$$

其次，預定利率也十分重要，因為那是計算現值的重要依據。所謂現值是某一金額經過一段時間並扣除利息之後的金額，一般是用下列公式計算：

設 V＝現值

U ＝某一金額

a_{ni}＝現值率

i ＝預定利率

t ＝年數

$$a_{ni}=\frac{1}{(1+1)^t}$$

$$V=U\times a_{ni}$$

假如預定利率為 6%，二十五年的現值率為：

$$a_{ni} = \frac{1}{(1+1)^t} \quad \cdots\cdots (5)$$

$$V = U \times a_{ni} \quad \cdots\cdots (6)$$

假如預定利率為 6%，二十五年的現值率為：

$$a_{ni} = \frac{1}{(1+0.06)^{25}} = 0.223$$

那麼，十萬元二十五年的現值為：

$$V = 100{,}000 \text{ 元} \times 0.233 = 23{,}300 \text{ 元}$$

(四) 隨收隨付方式的保費計算模型

在說明隨收隨付財務方式的保費計算模型之前，我們必須先設定下列基本因素：

m =年金領取時間

ℓ =個人工作期間之年度

t =年金給付前一年勞動年齡階層的年金稅率

y =平均工作期間年所得（$Y_{1\sim\ell}$ 為第一年至第 ℓ 年工作期間之年所得）

n =人口增加率

$N = \ell + m$（年金領取人最高年齡者之人數）

a =年金給付率（領取前年所得的一定比率）

E =年金給付總額

T =年金稅總額

則 $\ell + 1$ 年度年金總額為：

$$E = ay_\ell N[1 + (1+n) + (1+n)^2 + \cdots + (1+n)^{m+1}]$$
$$= an_\ell Nn^{-1}[(1+n)^m - 1] \quad \cdots\cdots (7)$$

而當年的年金稅總額為：

$$T = ty_\ell N[(1+n)^m + (1+n)^{M+1} + \cdots (1+n)^{m+\ell-1}]$$
$$= ty_\ell Nn^{-1}(1+n)^m[(1+n)^{\ell-1}] \quad \cdots\cdots (8)$$

基於收支平衡的原則，則 E = T，即

$$a[(1+n)^m - 1] = t(1+n)^m[(1+n)^\ell - 1]$$

若$n \neq 0$

$$t = \frac{a\left[1 - \frac{1}{(1+n)^m}\right]}{(1+n)^{\ell} - 1} \cdots\cdots (9)$$

若$n = 0$

$$t = am/\ell$$

當$\begin{bmatrix} m = 30 \\ \ell = 20 \\ n = 0.01 \end{bmatrix}$時

如果 $a = 0.5$

則 $t = 0.2595$

如果 $a = 0.4$

則 $t = 0.2076$

(五) 累積基金財務方式的保費計算模型

累積基金財務方式的保費計算模型，除了應用上述的基本因素之外，還需要下列幾項指標：

i ＝實質年利率

c ＝保費費率

g ＝年所得增加率

A ＝累積保費額及其利息

則

$$A = cy_1[(1+i)^{\ell-1} + (1+g)(1+i)^{\ell-1} + (1+g)^2(1+i)^{\ell-3} \cdots + (1+g)^{\ell-1}] \cdots\cdots (10)$$

若 $i \neq g$

$$A = cy_1\left[\frac{(1+g)^{\ell} - (1+i)^{\ell}}{g - i}\right] \cdots\cdots (11)$$

若 $i = g$

$$A = cy_1 \ell (1+i)^{\ell}$$

因為第一年度（$\ell + 1$）年金給付額為退休年度（ℓ）年所得（y_ℓ）的 a%，而y_ℓ的現值為$y_\ell(1+g)^{\ell-1}$，所以年金給付總額的現值（v）為

$$V = a(1+g)^{\ell-1}y_1[(1+i)^{-1}(1+g)+(1+i)^{-2}(1+g)^2+\cdots+(1+i)^{-m}(1+g)^m] \quad \cdots\cdots (12)$$

$$V = \frac{ay_1(1+g)^{\ell}[(1+g)^m-(1+i)^m]}{(g-i)(1+i)^m} \quad \cdots\cdots (13)$$

若 i = g

$$V = am(1+g)^{\ell}y_1$$

基於收支平衡的原則，A = V，即

$$C\left[\frac{(1+g)^{\ell}-(1+i)^{\ell}}{g-i}\right]=\frac{a(1+g)^{\ell}[(1+g)^m-(1+i)]}{(g-i)(1+i)^m}$$

設$p\equiv(1+g)(1+i)^{-1}$，$p>0$

若$p\neq1$

$$c=\frac{a(p^m-1)}{1-(1/p)^{\ell}} \quad \cdots\cdots (14)$$

若$p=1$

$$c=\frac{am}{\ell}$$

當$\begin{bmatrix} m=20 \\ \ell=30 \\ i=0.065 \\ g=0.06 \end{bmatrix}$時

如果 a = 0.4

則 c = 0.2384

如果 a = 0.5

則 c = 0.2980

二、年金保險效果的經濟分析

(一) 隨收隨付方式與累積基金方式保費負擔的比較

設$q\equiv\frac{1}{(1+m)}$

代入(7)

若$q\neq1$

則$t = \dfrac{a(q^m - 1)}{1 - (1 - q)^\ell}$ ……(15)

若$q = 1$

則$t = \dfrac{am}{\ell}$

由(14)與(15)的關係可以導出

$t \gtreqless c \Leftrightarrow q \gtreqless p$

若以 i 與 (n + g) 的關係替代 q 與 p 的關係，則

$t \gtreqless c \Leftrightarrow i \gtreqless N + g$ ……(16)

上述命題旨在證明，在年金額相同的條件下，如果利率高於（小於或等於）人口成長率與年所得增加率的合計時，累積基金財務方式的保險費率要低於（大於或等於）隨收隨付財務方式的年金稅率。由此一命題可以推論，在一個低利水準和高所得增加率的國家，公共年金保險宜採隨收隨付的財務方式；相反的，在一個高利率水準和低所得增加率的國家，則宜採累積基金方式。如果一個國家的經濟狀況邁入低度成長期，則 P = 1，i = g，那麼，

$< t \gtreqless c \Leftrightarrow 0 \gtreqless n$

只要人口增加率為正，採用隨收隨付方式較為有利。

上述隨收隨付方式的推論，是以ℓ年度時所有勞動年齡階層均有相同的年所得為前提，所以導出(8)的結果，但是，這種假設與實際狀況有很大出入，這是必須了解的。至於累積基金方式，則是以最年輕的勞動年齡階層（即 $N(1 + n)^{m+1-1}$）每增加一年，年所得（y_1）就必須乘以（1 + g）為前提，忽略了其他勞動年齡階層的所得，與實際狀況也有不符之處。如果將隨收隨付方式改換累積基金方式的前提，那麼，

$$T = ty_1N[(1 + n)^m(1 + g)^{\ell-1} + (1 + n)^{m+1}(1 + g)^{\ell-2} + \cdots + (1 + n)^{m+\ell-1}]$$

$$= ty_1(1 + n)^m N\left[\frac{(1 + g)^\ell - (1 + n)^\ell}{g - n}\right] \quad \cdots\cdots(17)$$

依收支平衡原則，E = T

則(17) = (7)

即$a\frac{[(1+n)^m-1](1+g)^\ell}{n}=t\frac{[(1+g)^\ell-(1+n)^\ell](1+n)^m}{g-n}$

若$n\neq 0$

$$t=\frac{a[(1+n)^m-1](1+g)^\ell}{[(1+g)^\ell-(1+n)^\ell](1+n)^m}\left(\frac{g-n}{n}\right)$$

若$q\neq 1$

$$t=\frac{a\left[1-\frac{1}{(1+n)^m}\right]}{\left(\frac{1+n}{1+g}\right)^\ell-1}\left(\frac{g-n}{n}\right)$$

$$=\frac{a(q^m-1)}{1-\left(\frac{1}{q}\right)^\ell\frac{1}{(1+g)^\ell}}\left(\frac{g}{n}-1\right) \cdots\cdots (18)$$

但$q\equiv\frac{1}{1}+n$

將(18)與(14)比較

則$t\gtreqless c\Leftrightarrow\frac{(q^m-1)}{1-\left(\frac{1}{q}\right)^\ell\frac{1}{(1+g)^\ell}}\left(\frac{g}{n}-1\right)\gtreqless\frac{p^m-1}{1-\left(\frac{1}{p}\right)^\ell}$

當 $i=n+g$ 時，由(16)可導出

$$\frac{(q^m-1)}{1-\left(\frac{1}{q}\right)^\ell}=\frac{(p^m-1)}{1-\left(\frac{1}{p}\right)^\ell} \cdots\cdots (19)$$

但$\frac{(q^m-1)}{1-\left(\frac{1}{q}\right)^\ell\frac{1}{(1+g)^\ell}}\left(\frac{g}{n}-1\right)>\frac{(p^m-1)}{1-\left(\frac{1}{p}\right)^\ell}$

即隨收隨付方式的負擔率要高於累積基金方式。如果要使兩者的負擔率相同，就必須使 $i<n+g$。雖然要達到相同負擔率的條件有所不同。但是，利率若低於人口成長率與年所得增加率之和時，採隨收隨付方式較為有利；相反時，採累積基金方式較為有利，此一結論是不變的。

(二) 隨收隨付方式與累積基金方式社會效用的比較

我們可以借用 B. Hansen、J. R. Hicks 與 J. Mosak 等人所提出的靜態消費者理論（Hansen, 1985），來比較隨收隨付與累積基金兩種財務方式的社會效用（social utility）。**圖 11-1** 的橫座標 Q_1 為被保險人的所

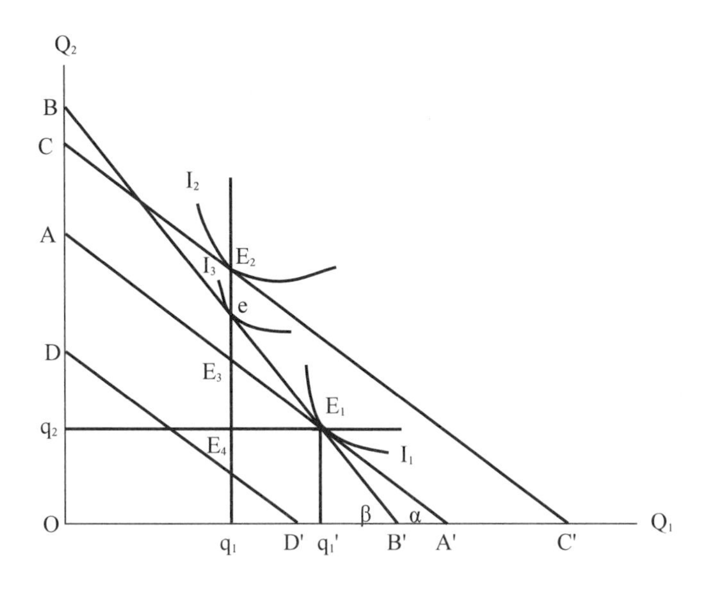

圖 11-1　隨收隨付制與累積基金制的社會效用

得（包括消費、儲蓄與保費），縱座標Q_2為年金受益人的所得（包括儲蓄與年金給付）。如果年金保險採用隨收隨付方式，利率或收益率為 0，被保險人的預算線（budget line）為 AA'（$\alpha = 45°$）。如果採累積基金方式，則利率或收益率大於 0，被保險人的預算線為 BB'（$\beta > 45°$）。假設被保險人的均衡所得分配點為E_1（預算線與無異曲線I_1的交點），所負擔的保費總額為$T = q_1q_1'$，消費為Oq_1。在隨收隨付的財務方式下，如果年金的給付總額（S_1）大於保費負擔總額（雇主分攤或政府補助），預算線會由AA'移至CC"（AA'//CC'），均衡所得分配點由 E_1 移至 E_2。如果 $S = T$（沒有雇主分攤或政府負擔），預算線會維持不變，均衡所得分配點由E_1移至E_3。如果$S < T$，則預算線由AA'移至 DD'（AA'//DD'），均衡所得分配點由 E_1 移至 E_4。因此，若 $S > T$，效用水準提高；$S = T$，效用水準不變；$S < T$，則效用水準下降。基於社會保險的福利意涵，實施隨收隨付年金保險制度的國家一般都採用 $S > T$ 的方式，以提升社會效用。另一方面，在累積基金的財務方式下，均衡所得分配點 e 可高於、等於或低於 E_2。但是，由於隨收隨付方式的保費增加率十分快速，而累積基金方式的利率大都低於市場利率，所以 $e > E_2$ 的可能性不大，一般都在 E_2 的下方。就此一模型看來，隨收隨付方式的效用效果（utility effect）要高於累積基金方式。這個結果也印證了「在一個低利率水準與高所得增加率的國家，年金保險宜採隨收隨付財務方式」的推論，因為低利率水準會使累積基金方式的收益率降低，而高所得水準則使隨收隨付方式的保費增加率提高，如果採隨收隨付的財務方式，社會效用就可以提高。

雖然如此，反對者對隨收隨付的財務方式仍有下列三個指標：

第一、保費年年遞升，可能產生負擔過重的現象。為了避免此一現象的產生，可能抑制給付水準，而減弱了生活保障的功能。

第二、在人口結構急速老化之時，隨收隨付方式具有強烈的世代間所得重分配效果，後代的保費負擔將日趨沈重，因而造成世代間保費負擔的不公平。

第三、隨收隨付的年金保險雖具有促進有效需求的作用，但是，由於過重的保費負擔會加重企業的勞動成本（labor cost），也會減少儲蓄，提高利率，增加企業的資金成本（capital cost），因而降低生產，加速物價膨脹，阻礙經濟成長。

至於累積基金的財務方式，雖然社會效用較低，贊成者仍認為其具有下列四個優點：

第一、從年金費用的時間性均等分配而言，累積基金方式較隨收隨付方式更有可能。

第二、由於基金的孳息，累積基金方式的保費總額要低於隨收隨付方式。

第三、累積基金方式是由各個世代的被保險人自籌年金費用，所以不會產生世代間所得重分配的不公平現象。

第四、累積基金方式的保險費率較隨收隨付方式為低，尤其是完全累積基金方式的保費原則上不會提高，所以就長期而言，不會增加資金負擔，也不會阻礙經濟成長。

但是，累積基金的財務方式亦有下列二個缺點：

第一、長期累積的結果，容易產生通貨價值的低落，要維持年金基金的實質價值十分困難。

第二、在年金制度成熟前，勢必產生鉅額的年金基金，如何有效管理與運用是最大的難題。

(三) 年金保險對國民儲蓄的影響

年金保險是否會造成儲蓄意願的低落，在理論上和實證上都沒有定論，有些學者認為，年金保險對儲蓄會有負面影響（Feldstein, 1974）；有些學者則持相反的主張（黑川和美，1986）。在理論上，老年年金保險會降低儲蓄率的理由至少有下列兩點：

第一、由於高所得者的邊際儲蓄傾向（marginal propensity to saving, MPS）高於低所得者，而老年年金保險具有垂直所得重分配的效果（即高所得者對低所得者的所得重分配），所以會使高所得者的邊際儲蓄傾向降低，進而使整體社會的儲蓄率降低。

第二、由於年金保險是在保障老後生活的風險，所以會降低儲蓄的預防性動機（precautionary motive），進而影響勞動年齡階層的儲蓄率。

關於第一個理由，是以垂直所得重分配為前提加以推論，但是，年金保險具有多大的垂直所得重分配效果頗值商榷，尤其是採行上限保費方式的年金保險，只具有水平所得重分配效果，而不至於影響到高所得者的儲蓄意願和儲蓄率。

關於第二個理由，只有高水準的年金給付條件下，才能發揮風險迴避的效果，而一般的老年年金給付大都維持在最低保障水準（national minimum），超出的部分仍由個人承擔風險，所以個人仍會有預防性動機從事儲蓄。

因此，老年年金保險是否會對國民儲蓄產生負面影響，就視其是否具有明顯的所得重分配效果與高水準的給付金額而定。如果採用定額的保費與給付制度或所得比例的保費與給付制度，就不具所得重分配效果，就不會影響國民儲蓄。如果採用最低所得保障的給付水準，對儲蓄意願的影響力就不會很大。

在深入了解老年年金保險與國民儲蓄的關係之前，我們必須先了解個人家計的時間性消費－儲蓄選擇行為，也就是個人的時間性所得重分配行為。這種行為模式對年金保險與國民儲蓄的關係有決定性的影響。我們可以借用上述Hansen的模型來說明。為了將此一模型單純化，我們可以預設下列三個假設（hypothesis）：

第一、 沒有價格的變動。

第二、 沒有劣等期間（inferior period）。

第三、 個人的偏好沒有改變。

圖 11-2 的橫座標為工作期間的消費與儲蓄（Q_1），縱座標為退休後的消費（Q_2）。在沒有實施老年年金保險制度，且不考慮利率因素

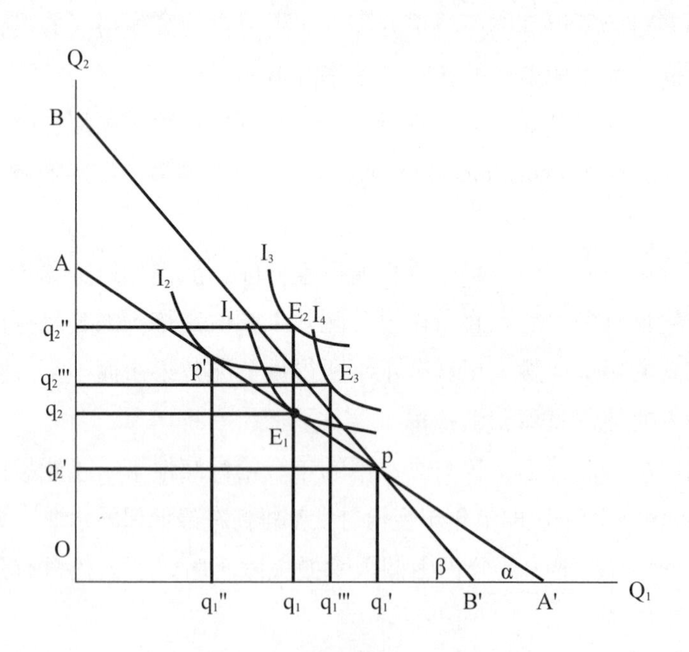

圖 11-2　年金保險與儲蓄

（i ＝ 0）的條件下，個人會依其預算線（AA'，α＝ 45°）與無異曲線（I_1）的均衡原理（E_1），在工作期間選擇 Oq_1 的消費與 q_1A' 的儲蓄，以取得 Oq_2 的退休後消費（$q_1'A'＝Oq_2$）。如果政府實施老年年金保險制度，而個人負擔 q_1A' 的較低保費（$q_1'A'$：pq_1'），取得 Oq_2 的給付（含 Oq_2' 的年金給付和 q_2q_2'' 的個人儲蓄），個人儲蓄會由 q_1A' 減至 q_1q_1'，而消費則不受影響。如果保費負擔很高，超過最適儲蓄（q_1A'），假設為 $q_1''A'$，個人不但沒有儲蓄，消費也會由 Oq_1 減至 Oq_1''，而無異曲線則由 I_1 移至 I_2，個人效用因而降低。為了避免此一缺失，對於儲蓄率較低的中低所得階層，應適用較低的保險費率；對於儲蓄率較高的高所得階層，則課以較高的保險費率。我們可以進一步考慮利率因素（i＞0），預算線將由 AA'移至 BB'（β＞ 45°），個人將會在 p 左上方的預算線（Bp）尋求與最高次無異曲線的切點，以決定其消費與儲蓄（因為 p 右下方的任何切點都將造成負儲蓄）。如果是商業保險年金，個人將維持 Oq_1 的消費與 q_1q_1' 的儲蓄，以取得 Oq_2'' 的退休後消費。如果是社會保險年金，在所得重分配與最低生活保障的政策目標下，年金給付水準絕難反映個人的最適效用。假設某個人的退休後消費（含工作期間的儲蓄與年金給付）為 Oq_2'''，該個人的最適消費為 Oq_1'''（較原消費 Oq_1 增加了 q_1q_1'''），最適儲蓄為 $q_1'''q_1'$（較原儲蓄 q_1q_1' 減少了 q_1q_1'''）。由於均衡點 E_2 和 E_3 的無異曲線均較原無異曲線 I_1 為高（右上方），所以在有利率的條件下，老年年金保險能提高個人效用，而個人儲蓄則有可能減少或維持不變。在社會保險所得重分配政策下，高所得階層的收益率（利率）要低於中低所得階層，所以會偏向自發性儲蓄或投保商業保險，而中低所得階層則冀期強制儲蓄或參加社會保險。

根據圖 11-2 的理念，我們可以進一步以實證的方法來說明年金保險與國民儲蓄的關係。首先，我們有下列幾個命題假設：

ℓ_1 ＝工作期間

ℓ_2 ＝退休期間

$a = \ell_2/\ell_1$

N ＝總人口

N_1 ＝勞動年齡階層人口

N_2 ＝退休年齡階層人口

$n_1 = N_1/N$

S ＝社會總儲蓄

S_1 ＝勞動年齡階層正儲蓄

S_2 ＝退休年齡階層負儲蓄

Y ＝勞動年齡階層總所得

P ＝保費

那麼

$$\frac{s}{y}（儲蓄部）=\frac{n_1NS_1-(1-n_1)NS_2}{n_1NY} \quad \cdots\cdots (20)$$

在未實施年金保險制度時，$S_1 = S_2$

$S_1\ell_1 = S_2\ell_2$，$S_1(1/a)$

代入(7)

$$\frac{S}{Y}=S_1\left[1-\frac{1}{n_1a}(1-n_1)\right] \quad 但S_1=\frac{S_1}{Y} \quad \cdots\cdots (21)$$

在實施年金保險制度後，社會總儲蓄率為

$$\left(\frac{S}{Y}\right)'=\frac{n_1N(s_1-p)-(1-n_1)(NS_1-p)\frac{1}{a}}{n_1NY}$$

$$=S'_1\left[1-\frac{1}{n_1a}(1-n_1)\right] \quad 但S_1'=\frac{(S_1-p)}{Y} \quad \cdots\cdots (22)$$

實施年金保險制度後，社會總儲蓄率會上升或降低，視(21)－(22)的差而定。

$$即\frac{S}{Y}-\left(\frac{S}{Y}\right)'=(S_1-S_1')\left[1-\frac{1}{n_1a}(1-n)\right]$$

$$因(S_1-S_1')=\frac{P}{Y}>0$$

$$而\left[1-\frac{1}{n_1a}(1-n_1)\right]=\left[1-\frac{1}{a}\left(\frac{1-n_1}{n_1}\right)\right]\gtreqless 0$$

$$所以\frac{S}{Y}-\left(\frac{S}{Y}\right)'\gtreqless 0 \Leftrightarrow a\gtreqless\frac{1-n_1}{n}$$

但$a=\dfrac{\ell_2}{\ell_1}$，$\dfrac{(1-n_1)}{n_1}=\dfrac{N_2}{N_1}$ ……………………………… (23)

因此，年金保險制度對總儲蓄的影響，端賴退休期間年數與工作期間年數的比率（ℓ_1/ℓ_2）是否大於、等於或小於退休人口與勞動年齡階層人口的比率（N_2/N_1）而定。由於$\left[1-\dfrac{1}{n_1 a}+\dfrac{1}{a}\right]$值並不很大，所以年金保險對總儲蓄率的影響（正面或負面）不會很明顯。一般來說，若將保費視為個人儲蓄，在一定的所得與消費條件下，儲蓄率當會降低；若將保費視為租稅負擔，儲蓄率就不會改變；若給付只維持在最低的生活保障水準，個人為了追求較高水準的老後生活，仍會增加儲蓄。我國正在規劃的國民年金保險制度，保費負擔可能具租稅性質，而非個人儲蓄；給付水準可能維持最低生活保障的程度，若此，對國民儲蓄將產生正面的影響。

(四) 年金保險對經濟成長的影響

年金保險是否會阻礙經濟成長是另一個爭論的論題。本研究將從國民所得、投資行為與勞力供給三方面加以分析。在年金保險與國民所得的關係上，首先，我們必須了解，年金費用是一種移轉支出（transfer payment）。政府從家計和企業徵收的保費，會以給付的方式回歸家計，成為家計的所得，再成為國民所得的最終消費支出。因此，年金費用的規模並不會直接影響國民所得的計算。其次，社會保險年金制度是一種將私人負擔轉換成社會負擔的制度。在一定的生活水準下，老後生活的保障是由私人負擔或是由社會負擔，國民經濟的負擔並沒有不同。因此，若說老年年金會拖垮國民經濟，那麼，沒有老年年金也照樣會拖垮國民經濟。易言之，老年年金制度的有無並不影響國民經濟的負擔。最後，在私人負擔等於社會負擔的前提下，到底是由私人負擔的個人年金保險制度還是由社會負擔的國家年金保險制度較能提升國民的生活品質呢？若由私人負擔，那麼，負擔能力較弱的中低所得者就難以獲得充分保障，而高所得者則享有過度的保障，因而產生生活品質的差距與社會的不安。因此，藉由國家年金保險制度的所得重分配效果，老後生活較能獲得保障，生活水準較能獲得提升。

在年金保險與投資行為的關係上，首先，我們必須考慮，企業的保費負擔會不會影響到投資行為。一般認為，保費負擔屬於勞務成本，保費負擔的增加勢必提高生產成本，降低市場競爭能力，因而影響投資行為。其實，保費負擔宜從企業內的保留利潤中扣除。那麼，保留利潤的減少是否會影響投資行為呢？答案是否定的，因為一般企業的內部資金比重不會太高，尤其在經濟景氣時，大都仰賴外部資金（如股票、公司債或金融機構融資），所以內部資本的減少對投資行為的影響並不大。其次，企業的保費負擔會不會轉嫁給消費者，在理論上和實證上尚無定論。一般說來，主張保費負擔會影響投資行為者較會支持轉嫁論，因為他們是以勞務成本為基本考量，保費負擔的增加就是勞務成本的增加，就會削弱競爭能力和投資行為，就必須提高產品價格。其實這種推論是有矛盾的，因為既然能夠轉嫁到產品價格，對投資行為就不會有負面影響。企業的轉嫁能力與市場結構有密切關係，越接近獨占或寡占市場，轉嫁能力就越強；越接近完全競爭市場，轉嫁能力就越弱。我國的「公平交易法」就是要防止獨占或寡占市場的產生，隨著公平交易法的貫徹，我國企業的轉嫁能力將越趨薄弱。如果企業能將保費負擔從企業內的保留利潤中支付，保費負擔就是利潤的減少，而非成本的增加，那麼，對投資行為與轉嫁行為的影響就微乎其微了。

在年金保險與勞力供給的關係上，首先，我們可以從量（quantity）的方面來探討。悲觀論者認為，年金保險易使年輕人延遲進入勞動市場（一般均有投保年資的規定，超過者反而不利）；使中高齡勞動者提早退出勞動市場（一般均有提早退休者的減額年金制度）；使年金受領者不再從事勞動（年金給付一般均有工作所得的限制），所以在勞動市場中，勞力供給將會減少。其實這種論調並不客觀，因為年輕人延遲進入勞動市場是由教育年數的延長所致；中高齡勞動者提早退休是由勞動市場的激烈競爭中所產生的挫折感所致，而非年金保險所使然。至於老年人的就業意願，雖然經濟誘因降低了，社會參與誘因卻增強了，所以不會因為年金給付而退出勞動市場。此外，由於婦女勞動參與率的提高，勞動市場的勞力供給不會因為年金保險制度的實施而減少。其次，從質（quality）的方面來探討。悲觀論者認為，由於所得越高保費負擔越重，所以會影響較高所得者的工作、冒險和創新的意願，降低其勞動生產力；另一方面，由於給付水準接近非保險的社會救助標準，所以也會影響較低所得者的工作意願，減弱其競爭活力。其實人類從事勞動的目的，除了經濟誘因之外，仍有精神層面的誘因，尤其是較高所得者，精神誘因的傾向更為明顯，不至於因保費負擔的輕重和給付水準的高低而影響其工作的意願與態度。因此，從量與質兩方面分析，年金保險與勞力供給並沒有絕對的負相關，如果有影響，也只是個別的事例而已。最後，如果年金保險果真會減少勞力供給和降低工作意願，那麼，對國民經濟是否會產生負面的影響呢？答案是否定的，因為勞力供給的減少會阻礙經濟成長的推論，必須建立在下列三個前提上：

第一、勞動市場已達充分就業。

第二、勞動生產力一定。

第三、沒有技術革新的因素。

這三個前提事實上並不存在，因為一般的勞動市場都有勞力供給過剩的現象，而勞動生產力和技術革新都是不斷在提升和改進的。至於工作意願的降低，對國民經濟的影響也不大，因為在一個勞力供給過剩的常態勞動市場中，工作意願的降低可以由失業者、非勞動（尤其是婦女勞力和老人勞力）或外藉勞力所補充。因此，年金保險制度是否會影響經濟成長尚無定論，仍需研究工作者作進一步的分析。

第三節　年金保險制度的改革方向

一、我國國民年金保險制度的可能模式

我國的社會政策思想源生於國父的民生主義思想，而落實於 1964 年 11 月 28 日中國國民黨第九屆二中全會所通過的「民生主義現階段社會政策」。我國的社會政策思想大致有三個特色：

第一、重視國家角色（大有為政府）。

第二、以經濟發展為考量，決定對勞動市場的干預。

第三、以選擇性（以軍公教、公營事業勞工、百人以上民營事業勞工以及低收入戶）方式，提供家庭經濟保障。

因此，我國的社會政策思想既不是以保障家庭經濟、達成充分就業的目標（英國型），也不是以保障勞動市場，達成家計安全的目標（德國型）。我國的社會政策是基於經濟與政治的考量，為了經濟發展，可以犧牲勞工權益；為了政府利益，可以犧牲多數國民的福利。這就是我國遲遲未能建立全民性社會福利制度的原因之一。

我國的政治要素，除了未成熟的民主政治、中央集權的科層制度，以及執政黨菁英的決策模式之外，代議制度、利益團體和民意對福利政策的影響並不很大，因為執政黨直接控制科層制度與代議制度，間接控制利益團體與民意，重要福利政策都需經過執政黨中央常務委員的討論和決定。因此，執政黨菁英份子的政策與理念與利害關係往往是決定福利政策的主要因素。目前，我國的政治要素正處於轉型期，較成熟的民主政治、分權的科層制度、健全的代議制度、民意力量的增進等都逐漸在形成。這些轉變將使我國未來的福利政策由執政黨與在野黨、科層制度與代議制度、社會菁英與民意共同決定。屆時，政府所規劃的福利方案，在經過三 C 過程（communication, compromise and consensus）之後，或許會改變得面目全非。政治要素的改善將對我國國民年金保險制度的模式有決定性的影響，由科層所研擬完成的規劃構想，可能還要面對嚴厲的挑戰。

我國的經濟要素，在高度經濟成長期時，由於政府財政的充裕、工會勢力的壓制及企業阻力的微弱，按理應可大力推展社會福利事業，但是，決策者一向以發展經濟，作為保障家庭經濟安全、維護勞動市場穩定的策略，所以錯失發展社會福利的良機。目前，我國經濟已邁入穩定成長期，政府財政開始惡化，工會勢力日漸增強，企業阻力也漸趨高漲。這些要素對社會福利發展將構成不利的影響。另一方面，失業率的提高、物價膨脹、勞雇關係的惡化等經濟不穩定的要素，卻增加了國民對社會福利的需求。國家的福利供給意願降低了，而國民的福利需求意願卻提高了，供需之間自然造成失衡的現象，而福利政策的社會成本（social cost）將會不斷膨脹。就以年金保險政策為例，政府似乎處於被動狀態，只要國會不再炒作，民意就不會重視，政府就可以暫時擱置。

我國的社會要素，與其他福利先進國家相較，除了因民間福利組織（如慈善組織、互助組織等）較少，而有利於國家推動社會福利制度之外，其他社會要素對社會福利制度的發展，並無很大影響。例如，傳統家庭制度、人口結構的不成熟、中產階級（舊中產階級與新中產階級）比率的偏高、福利權利意識的尚未普及、社會問題（貧、病、懶、髒、愚等）的不嚴重以及社會運動的不活絡等。因此，從社會要素的觀點而言，我國社會福利制度的發展與社會需求並無絕對的相關性。

基於上述的原則性分析，我國國民年金保險制度的可能模式，在強制儲蓄的模式方面，可能會採取社會儲蓄模式，因為我國不像英、德、日等國有健全的互助組合制度，而一般國民對信用合作事業亦不具信心，所以團體儲蓄模式的可能性不高。至於個人儲蓄模式，由於政府對非受雇者的補助可能造成財政困難，而且容易造成所得逆分配，所以可能性也不高。但是，隨著個人主義的抬頭，個人儲蓄的呼聲將不容忽視，是否可以制定出一個折衷的辦法，是規劃者可以思考的方向。

在制度架構的模式方面，內政部曾提出單一制甲案（或單一制）、單一制乙案（或雙重制）與分立制三種方案，而行政院經建會則建議單一制乙案，也就是維持現行公、勞、農保制度，另外建立全民適用的國民年金保險制度。由於既得利益的關係，要廢除公、勞、農保制度恐非易事，若將公、勞、農保改採年金保險，而將其他國民納入國民年金保險，勢將引發公平性與社會性的爭論，所以可能會採行雙重制的模式。

在經營主體的模式方面，由於我國缺乏社會組合主義的運作經驗，所以採行組合主義的可能性不高，因而也不可能採行混合主義模式。根據柯三吉教授的研究，我國的國民年金保險制度仍宜採公辦公營的模式，只要將部分業務委託民營即可（柯三吉＆孫健忠，1995）。我國的福利科層仍存有強烈的國家主義意識形態，對社會福利私有化常存排拒心態，尤其是攸關全民性、長久性、巨額性的國民年金保險制度，更不可能委由民間辦理。

在適用對象的模式方面，內政部主張將軍保者及低收入戶排除，而行政院經建會則建議將低收入戶納入（免納保費），但將短期居留之外籍勞工排除。由於我國的低收入戶不多，由政府負擔保費，並不構成財政上的壓力，所以我國國民年金保險制度的適用對象可能會採取普遍主義模式。由於現行的社會保險均採家庭主義模式（被扶養的配偶是以眷屬身分加入全民健保或享受公、勞、農保的現金給付），在短期內改採個人主義模式的可能性不會很高。

在財務方式的模式方面，由於我國的人口結構尚未成熟，為了避免對後代造成沈重負擔，採行的可能性也不高。內政部和經建會都建議採行修正準備提存制（即本文的修正累積基金制），將來極可能採行此一模式。

在給付項目的模式方面，目前，內政部和經建會都主張綜合制（老年基礎年金、殘障基礎年金和遺屬基礎年金三種給付），而殘障福利團體則在爭取社會扶助的殘障福利金，此外，職業災害保險亦有改採年金給付之議。如果這三種制度一併實施，實施後因職災而殘障者，就適用職災保險的殘障年金；實施後因普通事故而殘障者，則適用國民年金保險的殘障年金。我國似乎不太可能以單獨的財務制度，課徵殘障年金保險費，給付殘障年金，因為雇主和政府都會反對保費的負擔，而行使效率問題也會引發各界的指責。

在給付條件的模式方面，以 65 歲為給付資格年齡，似乎沒有異議。問題是領取年金給付所需的最低年資（含繳費與免納期間）會採取內政部所建議的 5 年，或經建會所主張的 10 年，或其他可能的規定？若以年金保險財務的穩定性為考量重點，最低年資應該延長；若從老年經濟保障的觀點考量，最低年資應可縮短。目前，政府因有老年福利年金的政治壓力與中低收入老年生活津貼的財務負擔，基於政府本身的立場，應會縮短年資的規定。至於領取完全年金所需的年資，內政部建議 25 年，經建會則主張 40 年，兩者差異甚大，將來宜如何調整，是個頗值觀察的問題。基本上，內政部較重視福利因素，而經建會則較重視經濟因素，但是，以 40 年為領取完全年金的年資規定，似乎過於嚴苛，勢必引起爭論。

在給付水準的模式方面，內政部建議以前一年平均每人每月經常性支出的 60%至 80%作為完全年金的給付標準，而經建會則主張以前二年平均每人每月消費支出的 50%至 70%作為完全年金的給付標準。兩者皆採用最低保障的原則。如果我國的年金保險制度採雙重制，國民年金保險的給付水準勢必採最低保障原則，因為公、勞、農保的年金給付將會依循現行制度採所得比例給付，而以最低保障的國民年金與相對保障的附加年金構成最適保障的年金給付。

在保費制度的模式方面，內政部建議採定率所得比例制，也就是採現行社會保險的保費制度，而經建會則主張定額制，且隨給付狀況同步調整。由於定額保費與定額給付（定額完全年金）的制度不具所得重分配的效果，可能引發主張社會保險社會化者的反對，而且對低所得者而言，定額保費可能造成其沈重負擔，勢必有所反彈。因此，定額保費制度的可能性似乎有待觀察。至於累進所得比例制，在目前盛行自由化、私有化和個人化的聲浪中，似無採行的可能。將來，定率所得比率制應是最可能採行的模式。

在財源分擔的模式方面，內政部和經建會都建議採行勞雇政三者分擔的模式，但是前者建議採行現行社會保險方式，由勞雇分擔不同比例之保費，而由政府負擔行政費用以及法定負擔的部分保險費；而後者則主張勞雇折半負擔，政府只負擔部分行政費用，若有必要時，才在給付費用的五分之一範圍內，提供補助。基於傳統社會福利觀念，由勞雇政分擔財源的模式似乎無庸置疑，問題是勞雇的分擔比率以及政府該補助保費或給付，將是未定之數。由於雇主對社會保險財源分擔的反彈態度日趨激烈，而且若按經建會建議，雇主也要負擔勞工附加年金（退休金）和勞工保險的財源，勢必引發雇主的強烈反對，另一方面，勞工團體的堅持態度也不容忽視，三者妥協的結果，可能會採取30：50：20的比率（假設），由勞雇政三者分擔保費，政府不再補助給付費用。

在基金運用的模式方面，目前，政府對國民年金保險制度的基金運用方式尚無具體規劃，但是，安全性的考量可能會高於收益性，也就是秉承現行社會保險基金的運用原則，用於購買債券或存於金融機構。國民年金保險基金若能用於購買政府債券，對所得分配政策將有正面功能。決策者若基於政府財政的考量，可能會採取購買政府債券（公庫、國庫卷）的基金運用模式。

在配合措施的模式方面，由於我國的企業年金保險制度尚未建立，個人年金保險尚未普及，所以政府在規劃國民年金保險制度時，可能不會思考與企業年金和個人年金的配合問題。規劃者考量的重點可能會集中在社會扶助的福利年金、公務人員與勞工的退休金制度（或農民的離農年金制度）以及公、勞、農保的老年給付（或老年年金制度）等三種制度的配合。由於福利年金已成為熱門的政治議題，對於無法適用國民年金的國民，可能會提供普遍性的老年福利年金、殘障福利年金與遺屬福利年金（無須means-test或income-test），而給付水準可能會與國民年金保險最低給付水準相同。至於附加性的社會保險制度，則由銓敘部負責規劃公務人員的退撫制度；勞動部（或勞委會）規劃勞動者的養老制度；農業部（或農委會）規劃農民的養老制度，並以各自獨立的行政體系營運。由於這些年金保險制度均屬公共年金保險體系，將來，可能由各種附加年金保險制度支援國民年金保險制度的財務（如日本模式）。至於年金的保費給付能否享有租稅優惠？由於現行制度已有每年24,000元以下的保費扣除額，理論上給付就不該再享有租稅優惠，但是，基於政治利益的考量，也有可能採取部分的租稅優惠措施。

基於上述分析，我國國民年金保險制度的可能模式可歸納如下：

第一、以社會儲蓄模式強制國民儲蓄。

第二、以雙重制的模式規劃國民年金保險制度。

第三、由中央政府經營國民年金保險制度。

第四、採普遍適用模式。

第五、採修正累積基金制的財務模式。

第六、採綜合制的給付項目模式。

第七、給付條件將採嚴格原則。

第八、給付水準將採最低保障原則。

第九、保費制度將採定率所得比例制。

第十、財源分擔方式將採勞雇政三者共同負擔模式。

第十一、基金運用將偏重安全性的考量。

第十二、國民年金保險制度將與社會扶助的福利年金制度以及各種附加年金保險制度密切配合。

二、我國國民年金保險制度的改革方向

(一) 國民年金保險制度的定位

一般說來，國家年金保險制度可以分為兩種基本型態，第一是職業別的單層制（或獨立型），如德國、法國、美國等國的制度；第二是全民性的雙層制（或半獨立型），如瑞典、英國、加拿大、日本等國的制度。採用單層制的國家就沒有全體國民適用的國民年金保險制度，只有採用雙層制的國家才有國民年金保險制度的設計。日本的國家年金保險制度在1986年以前係採單層制，所以國民年金保險是被定位在非受雇者的年金制度，而1986年的改革則以雙層制的方式將國民年金保險定位在全體國民適用的年金制度。由於日本的社會保險制度一開始即採分項保險，所以並無由一次給付改採年金給付的困擾，但是，自研擬基礎年金到修改國民年金法，也費時12年之久。其實，德國、法國、美國等實施單層制的國家也有基礎年金之議，但是，由於舊制的既得利益權與新制的期待權之爭論，而遲遲未能實現。基礎年金原本是針對單層制年金保險制度的諸種缺失而設計的，當有其優點，但是，如何發揮政治技巧，解決不利者的反彈並非易事。

目前，我國在規劃國民年金保險制度時所遭遇的第一個難題，就是國民年金保險的定位問題。如果採用單層制，國民年金保險就是非受雇者的獨立年金；如果採用雙層制，國民年金保險就是適用全民的基礎年金。若從理論分析與世界潮流來看，我國宜採基礎年金制，但是，就制度現況與技術層面而言，我國似乎宜採獨立型的國民年金制。由於我國社會保險仍採綜合保險方式，將來健康保險成立之後，最需解決的問題就是如何將老年一次給付、殘障一次給付與死亡一次給付改採老年年金給付、殘障年金給付與遺屬年金給付。易言之，就是要等現行社會保險制度中的年金保險制度完全獨立之後，才有規劃基礎年金的條件。此外，年金保險資訊系統的建立也需耗時甚久（日本的國民年金與厚生年金的資訊系統耗時10年才完成），必須由受雇者的

年金保險制度逐步建立。基於這兩個考量，當前我國的國民年金保險宜定位在非受雇者的社會保險制度。因此，我國國家年金保險制度的規劃宜分兩方面進行。第一是國民年金保險制度的規劃；第二是受雇者年金保險制度的規劃。為了防止由制度間差距所造成的不公平，一定要秉持「保費負擔與給付水準合理化」的原則加以規劃。

(二) 國民年金保險制度的規劃原則

第一是適用對象問題，宜將20歲以上60歲以下之非受雇者全部納入，尤其是農民、家庭主婦和學生也都強制加入。我國若採單層制，農民就應該只投保一個獨立的年金保險制度，也就是必須在國民年金與農民年金之中選擇一種制度讓其投保。由於農民保費負擔能力較弱，給付水準必難與受雇者相同，除非有政府的大力補助，否則獨立的農民年金保險制度勢難充分保障農民的老後生活。將來我國的國民年金亦宜將農民納入適用對象，而農政單位宜以農業政策的立場（非社會福利的立場）規劃農民年金保險制度。

第二是保險費的問題，我們一定要堅持兩個原則：第一是社會保險必須具有所得重分配功能；第二是被保險人必須負擔保險費才能享有給付。因此，我國國民年金保險制度的保險費應採所得比例方式徵收，但需有上下限之規定，使與受雇者的保費徵收標準相同。至於無能力繳納保險費之低所得者及制度實施時已逾投保年齡者，宜以社會救助的方式提供老年福利年金。

第三是給付條件的問題，完全年金的給付條件為投保期間25年，年滿65歲，男女平等，但是，制度開始實施時已逾規定年齡時，得依其出生年月日的期間縮短必要之投保期間。

第四是給付水準的問題，我國若採單層制，就宜採定額加所得比例的方式計算年金給付，定額部分是基本生活的保障，具基礎年金的功能；所得比例部分是相對所得的保障，具附加年金的功能。定額部分的計算可以下列公式計算：

全體被保險人平均投保所得×置換率×投保期間月數÷完全年金投保期間月數×調整率

至於所得比率部分則可依下列公式計算：

個人平均投保所得×置換率×投保期間月數÷完全年金投保期間月數×調整率

關於置換率的規劃，有兩個問題必須考量，第一是要以投保所得平均工資或是可支配所得作為基礎？第二是置換率宜如何訂定。第一個問題必須配合受雇者年金保險制度的設計，採取相同的基準；第二個問題宜以國際勞工組織（ILO）的規定訂定。在考量我國社會保險給付制度的現況與未來保險財務的負擔，本文建議採投保所得計算置換率，並以 30%訂定置換率（只考慮個人生活保障）。

第五是給付項目的問題，由於我國現行的受雇者社會保險制度中均有老年、殘障和死亡等給付，將來若將老年一次給付改為年金給付，那麼，殘障年金和遺屬年金亦應一併規劃，才符合保障弱勢者的社會政策精神。因此，我國國民年金的給付項目應涵蓋老年、殘障與遺屬三種年金給付。

第六是政府補助的問題。為了縮小國民年金與受雇者年金被保險人的保費負擔差距，政府除了要補助國民年金的保險費之外，亦應補助部分給付費用，因為國民年金保險制度的成熟度較高，給付負擔也較重，若無政府的大力補助，就難以健全國民年金保險的財務。

(三) 受雇者年金保險制度的一元化

我國政府公務員的社會保險制度則有軍人和一般公務員兩種制度，民間受雇者社會保險則有勞工保險與私立學校教職員保險兩種制度。在規劃國家年金保險制度時，宜將軍公教人員納入同一體系的公務員年金保險制度；且將所有民間受雇者全部納入勞動者年金保險制度。將來若有需要再將公務員年金保險與勞動者年金保險統合成受雇者年金保險制度。

我國勞動者年金保險的規劃方向，是將由企業經營管理的退休金納入勞動保險體系，並採基礎年金（原年金保險老年給付的年金化部分）與附加年金（企業退休金的年金化部分）的雙層制，以不同的保費負擔、給付條件與給付水準，由國家經營管理。企業退休金的社會化對保障中小企業勞動者的退休給付有其正面意義，但是，政府必須承擔事務費用與部分給付費用。至於雙層制的採用，不僅使新舊制給付的利害關係更為複雜化，也不容易控制給付水準，而難達所得重分配的社會政策目標。同時，勞資雙方均要負擔雙重的保險費，而使保險費的調整更為困難，不利保險財務的健全化。此外，雙層制不僅會增加事務費用，也不利通算制度的採行，有違行政管理的效率化。因此，我國的勞動者年金保險制度宜以退休年金與老年年金一元化的原則加以規劃。

如果上述建議可被接受，現行勞工保險制度就必須全面改革，並以勞動保險的新理念重新出發。如果一直受囿於現制的規範，健全的勞動保險制度就難以建立，全體國民所要承擔的社會成本將永無休止。理論上，勞動保險有下列四個特色：

第一、保險背景是勞資雙方的權利義務關係。

第二、保險事故是由雇主行使管理權（指揮、支配與經營權）所產生之風險。

第三、保費負擔是雇主的損害賠償責任。

第四、給付性質是雇主的社會責任之履行。

我國的勞工保險一向屬於勞動者的機會保險制度，而且在退休金社會化和年金化之後，勞動者年金保險更具勞動保險的特色。基於此一觀點，我國的勞動保險制度宜涵蓋年金保險、失業保險與職業災害保險；而勞動者年金保險制度則宜將勞工保險老年給付和企業退休金合併成單一的年金保險制度。為了貫徹保費負擔給付水準合理化的原則，勞動者年金保險制度的給付標準亦應採定額（老年年金）加所得比例（退休年金）的方式。

(四) 年金權的保障與限制

我國的社會福利政策一向採取家庭導向的原則，所以在社會保險制度上就有所謂一人投保數人（眷屬）受惠的不合理現象，不僅違反公平負擔的原則，也會增加保險財務的困難。年金保險基本上是以個人為單位，而全民年金保險的意義就是要讓全體國民都有機會投保，有機會接受給付，這就是國民年金權的保障。關於遺屬是否有年金請求權，答案是肯定的，因為老年年金給付是被保險人的預期資產（尤其是退休年金部分），當其在未達給付年齡死亡時，其年金請求權應可移轉給其配偶。雖然配偶亦有年金權的保障，可是因未達給付年齡（尤其是女性配偶的年齡一般均低於其丈夫的年齡）而無任何給付，如果沒有遺屬年金，依賴死亡者扶養的遺屬將會陷入生活的絕境。因此，我國也應該保障遺屬的年金給付權。至於專業家庭主婦年金權的重要性已在「兩性平等年金權的樹立」中論及；在此不再贅述，只是在保障婦女年金權時，亦應賦予保費負擔的責任，完全以一個獨立的被保險人投保國民年金保險。

國家年金保險制度是社會政策的一環，當需具有所得重分配的功能。如果老年年金受領者從事有酬性的工作、事業經營或各種投資，而有高收入的所得，是否應該繼續受領老年年金給付呢？美國的老年年金保險制度（OAI）對工作所得超過一定金額時，每增加 2 美元的工作所得，就減少 1 美元的老年年金給付，但是，70 歲以上者則不適用此一規定。日本的在職老年厚生年金特別給付則在月所得 24 萬圓以下者分七個等級，支給減成老年年金給付；所得超過 24 萬圓者則不予給付，但只適用 65 歲以下的勞動者。為什麼日本對於 65 歲以上已受領老年年金者未採年金給付權的限制，而美國則可適用 70 歲以下者呢？因為美國是採用租稅方式（即社會安全稅）給付老年年金，當可對年金給付權加以限制；而日本係以保險方式（保險費）給付老年年金，被保險人（不論所得多高）當有不受所得限制的年金給付權。我國既然採取社會保險方式，就難以限制年金給付權，只能調整給付的計算標準，進行有限的所得重分配。

(五) 經營管理制度的效率化

國家年金保險制度的經營管理基本上可從兩方面來探討，第一是財務管理；第二是行政管理。在財務管理方面，最重要的就是財務方式的選擇。社會保險的財務方式主要有累積基金制（reserved funding system），就是以年金給付的現值計算保險費，經過長期累積之後，作為年金給付費用；另一種就是隨收隨付制（pay-as-you-po system），就是以每一年度的收入（含保險費、準備金收益及政府補助）支付該年度的年金給付，除了必要的危險準備金之外，無須累積基金。累積基金制至少有下列三個優點：

第一、世代間的保費負擔較為公平。

第二、給付水準較易調整（尤其是修正累積基金制）。

第三、基金可作為財政投融資、社會福利融資及民間投資，有利國家資本的累積與經濟的發展。

另一方面，隨收隨付制亦至少有下列三個優點：

第一、財務單純，無須複雜的精算與基金的管理。

第二、一旦開始實施即可給付，無須長期的累積期間。

第三、可以避免鉅額基金的不當運用與物價膨脹的侵蝕。

從先進國家年金保險財務制度的發展趨勢看來，累積基金制已漸為隨收隨付制所取代，甚至保險方式已漸為租稅方式所取代。究其原因，不外是年金保險財務的惡化，而不得不仰賴租稅式的隨收隨付制，甚至是純租稅方式。在改革條件上，由於先進國家的年金保險制度已達成熟階段，隨收隨付制或租稅方式比較不會造成世代間的不公平，所以阻力較小，改革政策也較易推動。日本的年金保險財務制度雖有改革之議，但是，由於制度的紛歧、成熟度仍低、國家對基金的依賴度仍高以及世代間利害關係的衝突等因素，短期內修正累積基金制的財務方式仍難被取代。我國的情況與日本極為類似，所以我國的國家年金保險的財務制度仍以修正累積基金制為宜。

在修正累積基金制的年金保險制度下，基金的有效運用就成為年金保險財務管理的重要課題。我國國家年金保險制度的基金運用方式，最好由財政部成立一個年金基金局統籌運用，但是，運用方式必須採取彈性、多樣性和收益性的作法，並提供民間投資之用，以提高基金運用的收益率。

此外，在行政管理效率方面，首先，是保險機關的一元化，最好在行政院下設置國家保險局，統籌辦理全民健康保險、國民年金保險、勞動保險（含年金保險、失業保險及職災保險）、公務員保險（含年金保險及職災保險）及農民保險（離農年金等保險）等國家社會保險業務。如此一來，政府資源就可以避免重複與浪費。其次，是資訊系統的建立，並配合國民年金號碼（或國民身分證號碼），將國民的變動記錄列入電腦資料中。最後，是保費繳納方式、申報手續、年金給付的裁定以及年金給付方式等行政措施的改革。關於國民年金保險費的繳納和年金給付的支給，可以透過金融機構（含郵局）代收和代支，而不必在各地設置類似日本的社會保險事務所，以節省政府資源。至於申報手續應儘量簡化，年金給付的裁定時間應儘量縮短。

(六) 年金稅制的合理化

國家年金制度的實施勢必增加政府的財政負擔，尤其是國民年金保險制度由於被保險人的保費負擔能力弱，而制度的成熟度高，更需政府的大力補助，所以政府若不增加財源，就難以因應。政府財源主要來自租稅，而租稅的主要類型有所得稅、消費稅和資產稅。政府的年金財源宜採何種類型的租稅較合理呢？並非簡單可以決定的。一般說來，所得稅的課徵會加重勞動世代的負擔，而影響工作意願，而且隨著人口結構的老化與扶養率的降低，勞動世代的租稅負擔將會界臨極限，若稅率再度提高，將產生稅收的減少（Laffer Curve 的理論），所以所得稅的徵收有一定的極限。關於資產稅，由於土地和股票等資產稅仍有諸多不健全之處，若加強課徵將會導致逃漏稅和不公平的負擔，所以並非良好的年金稅制。因此，消費稅就成為較可行的年金稅制，因為任何一個國民都必須負擔，任何一個世代也都必須負擔，即使是年金受領者也不例外。由於負擔者眾多，而且連綿不斷，況且是消費能力強者多負擔，所以一般國民的負擔較所得稅為輕，而稅收會比所得稅多。但是，以消費稅作為年金稅制的作法仍有下列二個主要缺失：

第一、消費稅的累退效果可能引發所得逆分配。

第二、消費稅容易造成物價膨脹，有礙年金受領者的生活保障。關於第一個缺失，可以對民生必需品不課徵消費稅的方法加以因應。至於第二個缺失，則可以完全物價調整制調高年金給付。因此，以消費稅作為年金稅制應為最合理的措施。

此外，與稅制有關的課題就是年金保險費的所得稅扣除與年金給付的課稅。按我國現行所得稅法第十七條規定，每人每年社會保險費在 24,000 元以內者可以扣除。將來分項保險實施後（尤其是年金保險），此一標準應再予提高。此外，為了鼓勵國人投保個人年金保險，對商業保險（尤其是老年年金保險）的保險費亦應有所得稅扣除的規定。至於年金給付應否免稅，是個頗值爭論的問題，若基於租稅的公平原則，就必須課稅；若基於福利的保障原則，就無須課稅。如果年金保險的給付結構是由定額部分和所得比例部分所構成，那麼，前者是屬於最低生活的保障，理應免稅；而後者是屬於相對所得的保障，所以必須課稅。

參考文獻

Dawson, W. H. (1973). *Bismark and State Socialism*, Howard Ferfig.

Dubnick, M. J. & B. A. Bardes (1983). *Thinking About Pablic Policy*, John Willey & Sons.

Feldstein, M. S. (1974). *Social Security: Reduced Retirement and Aggregate Capital Accumulation,* Ballinger Publishing Co.

Hansen, B. (1985). *The Economic Theory of Fiscal Policy*, SAGE Publication.

黑川和美（1986），《年金は減っている》，《週刊社會保障》，第186期，社會保險法規研究會。

吳凱勳（1994），《年金保險制度的國際比較》，內政部。

鄭文輝（1997），〈老年基礎年金財務處理方式個人階梯費率之探討〉，人口老化與老年照護學術研討會論文。

柯三吉＆孫健忠（1995），《國民年金公辦民營可行性之研究》，內政部社會司。

Chapter 12

第十二章

失業保險制度的經濟分析

第一節　失業保險制度的基本概念

第二節　失業保險制度的經濟分析

第三節　失業保險制度的改革方向

第一節　失業保險制度的基本概念

一、失業保險制度的本質

公共失業保險制度（public unemployment insurance system）係政府為了維護勞動市場的穩定與保障失業者的經濟生活所辦理的社會保險制度。基於此一定義，失業保險制度應涵蓋三個本質性的議題：第一是政策目標的設定；第二是失業保險制度與配合措施的設計；第三是失業者的存在。

失業保險的政策目標有二：第一是要達成充分就業（full employment）；第二是達成經濟保障（economic security），前者是基於工作權所設定的目標；後者是為生活保障，必須提供充分就業，這兩個政策目標息息相關，互為表裡。為了達成失業保險的政策目標，失業保險必須包括就業促進與失業給付兩個基本制度，然後根據這兩個基本制度去設計配合的措施。政府除了應提供基本給付之外，也應提供各種延長給付，以充分保障因受訓或求職等因素，未能在規定期間內再就業的生活。此外，也應配合非保險的失業津貼與社會扶助措施，構成一個完整的失業者生活保障系統。所謂失業是指有工作能力和工作意願卻無法從事專職工作（full time job）的非自願性失業，如果是自願離職、喪失工作能力或無求職意願的自願性失業，就不是真正的失業，也不是失業保險的保障對象。非自願性失業通常是由社會因素（如景氣循環的結果或產業結構的改變）和雇主因素（如企業經營的不善或工作環境的不良）所造成，所以理論上應由社會和雇主承擔補償責任。

強制性的失業保險制度始於英國在 1911 年制定的「National Insurance Part II Act」，將 16 歲以上從事建築業、工木業、造船業、機械業、鋼鐵業、汽車製造業以及製材業等七種產業的勞動者納入適用對象。保險費由資方負擔 2 1/2pence，勞方也負擔 2 1/2pence，而政府則負擔 1 2/3pence；給付條件為須有 6 個月的納保；給付金額為每週 7pence；給付期間為 15 週（標準給付），等待期間為 6 天。1920 年，英國制定「Unemployment Insurance Act」，而與建康保險（Part I Act）分開，單獨立法。將 16-65 歲年收入在 250 英磅以下之勞動者納入適用對象。1922 年由於長期失業者增加，而採行非契約給付（uncovenanted benefit），保險財務開始惡化。1924 年非契約給付改為擴張給付（extended benefit）；1927 年再改為過渡給付（transitional benefit），保險財務赤字累累，終於有 1934 年「Unemployment Act」的制定。該法將短期失業（失業間在 26 週以下者）納入失業保險制度（Part I），而將長期失業（失業期間在 26 週以上者）納入失業扶助制度（Part II），建立失業保險失業扶助的混合型制度。1935 年再度制定「Unemployment Insurance Act」，1939 年制定「Unemployment Assistance Act」，兩種制度正式分開。直到 1946 年制定「National Insurance Act」時，將失業保險納入國民保險，成立綜合給付中的失業給付，而 1948 年的「National Assistance Act」則將失業扶助擴大為國民扶助。由此看來，英國的失業保險制度歷經了五個階段的變革，第一階段是與健康保險並存；第二階段是單獨運作；第三階段是與失業扶助合併；第四階段是與失業扶助分立；第五階段是被納入國民保險。這段歷史給我們一個省思：為什麼一個率先建立強制性失業保險制度的國家，最後會將失業保險制度改變得面目全非？

另一個值得省思問題是：為什麼一個率先實施社會保險制度的國家對失業保險會如此的不熱衷？德國遲至 1927 年才制定「職業介紹與失業保險法」，而由勞資政三者構成的管理機構（聯邦勞動局及其分支機構）經營；費率為勞動者工資的 3%，由勞資雙方折半負擔，政府只在財務惡化時才予補助；給付期間為 26 週；給付方式則採所得比例制。德國人一開始就將失業保險與職業介紹合併考量，也就是將就業問題列入政策的積極目標，而將失業給付視為消極目標。1969 年德國制定「勞動促進法」，將失業保險與職能訓練、就業輔導及就業促進等措施結合，成為勞動促進體系中的一環。德國社會政策的思想一直堅持勞動政策的傳統，也就是由國家直接干預勞動市場，社會保險也是為了促進勞資和諧、提升勞動生產力而存在。因此，德國對於英國式所得保障政策的失業保險制度並無興趣，最後還是以勞動政策的觀點加以規劃。

英國和德國樹立了失業保險制度的不同典範。美國 1935 年制定的「Social Security Act」與日本在 1947 年制定的「失業保險法」基本上都是根據英國模式和德國模式加以修正的。本來美國也希望採用英國模式由聯邦政府辦理失業保險，但是，由於國會及勞資雙方的反對，而改由各州辦理。由各州課徵的失業保險稅用於支付失業給付，而由聯邦課徵的薪資稅則支付就業服務及長期失業的延長給付。因此，事實上美國的失業保險制度已融合了失業保險、失業扶助與就業促進的功能。至於日本的失業保險制度因係在美軍占領期間內制定，當然無法擺脫美國失業保險制度的影響。但是，1974 年制定的「雇用保險法」則採納了德國 1969 年「勞動促進法」的精神，將失業保險的政策目標由所得保障轉向就業促進，並實施「雇用安定等四種事業」的制度。

英國模式的特色是均一給付制度以及由社會安全部掌管；德國模式的特色是政府負擔的偏高比率以及由勞資政三者共組的自治管理機構；美國模式的特色是保費的雇主全額負擔、經驗費率制以及偏低的給付水準；日本模式的特色則在依年齡和就業的難易度分別訂定給付期間以及雇用事業促進團的運作。每一個國家依其經社背景而有不同的失業保險政策與制度。由於社會政策的影響效果難以評估，理想的失業保險制度是不存在的。例如，較重視就業促進、而失業給付水準也較高的德國和日本失業率卻比實施失業保險制度時更加惡化（德國由 1927 年的 8.8%增加到 1996 年的 10.8%；日本則由 1947 年的 1.5%增加到 1996 年的 3.4%）。因此，在規劃失業保險制度時，必須充分掌握經社背景，再從外國的既有制度中去選擇適合國情的模式。

二、失業保險制度的基本作法

(一) 採行雇用保險制度

失業保險的積極意義，是在穩定勞力市場的供需均衡，也就是在防止失業的產生。穩定雇用的因素，有企業的外部因素與企業的內部因素兩種。企業通常是根據外部的投資環境與市場狀況以及內部的生產能力與勞動條件，決定勞力雇用量。失業保險制度若能包括職業訓練、失業給付及雇用補助之部分，必能提升勞力品質、改善投資環境、增進雇用的穩定。因此，失業保險宜改為雇用保險，統合職業訓練、失業給付及雇用補助，構成一個完整的勞工保險制度。

(二) 正確掌握失業狀況

危險發生率是保險處理最重要的依據。失業率的預測，是失業保險不可或缺的條件。在尚未實施失業保險前，政府對於失業狀況的統計，往往不十分注意，但是，一旦實施失業保險，失業率的計算與預測，將成為十分重要的課題。如果不能掌握正確的失業狀況，不僅保險費率和給付水準會產生不合理的現象，還會導致保險財政的危機。因此，政府統計單位應特別重視失業率的計算，提供正確的失業統計資料。另一方面，失業保險單位應根據正確的失業統計資料，預估失業人數，決定保險費率和給付水準。

(三) 制定失業認定標準

一般對於失業的認定，往往偏重在事後的行政手續上。例如，必須向指定機關提出申請，在指定期間內報到，接受職業訓練與就業輔導等。對於失業的原因，往往疏於調查，甚至只以離職證明，作為認定失業的依據。如果失業認定不能做到客觀、公平的地步，就會產生假失業的現象，使自願性失業者冒領失業給付。因此，必須制定失業認定量表，配合實地調查，再加綜合評估之後，始予認定。失業者經認定之後，除了依規定報到、接受職業訓練與就業輔導之外，應該提出尋找工作的證明，並由指定單位求證。在政府的協助與個人的努力下，無法順利就業者應該不會很多，失業給付應該不會造成保險財政的沈重負擔。

(四) 充實公立職業訓練機構

公立職業訓練機構是失業保險制度最重要的單位。它可以接受失業者的申請、認定失業資格、舉辦職業訓練、提供就業訊息、輔導失業者就業，甚至發放失業給付。如果公立職業訓練機構不普及，人員、經費、設施和訓練計畫不充實，失業保險就難以發揮充分的功能。因此，必須在各地區普設公立職業訓練機構，擴大職業訓練項目，加強培養高級人力，建立就業資訊電腦化。除了失業者之外，公立職業訓練機構亦應提供老人、殘障及家庭主婦等非勞動力人口的職業訓練與就業輔導，協助他們進入勞力市場，加強勞力市場的競爭，提升勞動生產力，促進經濟成長。

(五) 建立對等負擔原則

失業給付費用若全由雇主負擔，將會加重企業的失業成本和消費者的社會成本。在國民經濟能力未達高度水準之前，失業給付費用宜由勞雇雙方折半負擔。至於雇用補助的費用，應由企業單獨負擔。因此，失業保險的保險費宜分為失業給付保險費與雇用補助保險費兩種。前者由勞資雙方折半負擔；後者由企業單獨負擔。失業給付保險費應以投保薪資乘以費率；而投保薪資雖有上、下限的規定，但應提高上限金額，以免對薪資者造成不公。雇用補助保險費，應以員工薪資總額乘以費率計算，避免均一保險費對小企業造成之不利影響。

(六) 逐步擴充給付內容

在實施失業保險制度的初期，由於保險基金尚未充裕，失業人數未能確實控制，給付內容與給付水準可能較受限制。但是，隨著制度的成熟，給付內容應予擴充，給付水準應予提高。理想的失業給付內容，應包括基本失業給付、技術訓練津貼、住宿津貼及傷病津貼等。

初期，宜以基本失業給付為主，然後，再逐漸擴及其他津貼。至於雇用補助的對象，應該包括在不景氣時不解雇勞工的企業、在平時能夠增加雇用高齡者、殘障者、其他就業困難者及一般勞工之企業、實施職業訓練、技能講習、技能檢定，提供訓練設施與經費之企業以及辦理諮詢輔導、文化休閒活動、金融貸款、研究調查等企業福利之企業。初期，宜以增加雇用的企業為主要對象，提供雇用補助，然後，再逐漸擴及其他企業。雇用補助與失業給付間，具有密切的關係。提高雇用補助意味雇用量的增加，也就是失業量的減少，因而可以降低失業給付的支出。因此，可以說雇用補助與失業給付是反函數關係。妥善規劃雇用補助，將是減少失業給付、提升雇用水準的最佳方式。

(七) 有效運用失業保險基金

失業保險基金的有效運用，對穩定失業保險財政具有很大作用。失業保險基金除了可以購買公債國庫券及公司債之外，亦得存於指定之公營銀行或提供企業貸款。尤其是企業貸款，不僅有助於基金的收入，亦能協助企業增加雇用、減少給付支出。政府對於失業保險基金的運用，應予彈性規定，無須限制太嚴，使基金運作更為有利。萬一經濟衰退，基金發生短缺時，應由政府暫借，俟景氣復甦，再予償還。總之，失業保險基金應予有效運用，方能充分發揮調節景氣的功能。

第二節　失業保險制度的經濟分析

一、失業保險制度的必要性

(一) 勞動市場的不穩定性

自由經濟學者認為，除了摩擦性失業（frictional unemployment）之外，非自願性失業（unvoluntary unemployment）是不存在的，而解決摩擦性失業的方法就是要調整市場結構和改善企業組織及國家的干預。另一方面，凱恩斯學派則承認非自願性失業的存在，肯定國家干預的正當性與必要性。第二次世界大戰以後，凱恩斯理論獲得普遍支持，勞動市場的不穩定也深受重視。然而，1970 年代的停滯性膨脹（stagflation）卻使凱恩斯理論備受質疑。國家干預勞動市場的結果似乎沒有解決失業問題，反而使失業問題更加惡化。1980 年代英美相繼採行自由經濟理論，從供給面去尋求解決失業之道。可是，直到現在失業問題依然困擾各國，自工業革命以來，勞動市場的不穩定性似乎是一個永遠解不開的枷鎖。

(二) 國家干預的正當性

每一個國家對國家干預勞動市場的正當性都有不同的見解，例如德國、瑞典等國家是持肯定的態度，所以採取了積極的勞動政策（positive labor policy）；而英國、美國等國家則持保留的態度，所以採取了消極的勞動政策（negative labor policy）。

(三) 強制保險的必要性

如果國家干預的正當性獲得支持，那麼國家為了維護勞動市場的充分就業（full employment）保障失業者的經濟生活，以強制方式辦理失業保險就能獲得肯定。不管失業保險是否由國家辦理或由民間辦理，強制原則是絕對不可或缺的要素。

(四) 就業促進的效率化

失業保險的兩個政策目標就是勞動者的就業促進與失業者的所得保障。就業促進（失業預防）一方面要促進雇主的雇用意願；另一方面要促進受雇者的工作意願。為了提高就業促進的效率性，失業保險制度的設計，必須讓解雇員工較多的雇主繳納較多的保費，也要使失業者不能輕易的接受失業給付。問題是社會政策的決定往往排拒市場化的原則，而降低了政策的效率性。

(五) 所得風險的保障性

失業者的所得風險除了絕對貧窮的風險之外，還應涵蓋相對貧窮的風險。失業保險的給付水準必須充分保障失業者的所得風險，否則就失去了所得保障的政策意涵。如果給付方式能採均一制與所得比例制的混合制度，或許較能兼顧所得保障性與社會性。

(六) 景氣循環的安定性

理論上失業保險具有調節景氣的安定作用（stablizer），當景氣時，失業保險基金可以吸收過剩的資金，有助於控制物價膨脹；而在不景氣時，失業給付則可維持有效需求（effective demand）的水準，有助於景氣復甦。因此，就純理論而言，景氣時應該提高保險費率，而在不景氣時，則必須提高給付水準。但是，從實務面說，這種作法在景氣時就容易造成基金的濫用；在不景氣時則造成財務的危機。相反的，若在景氣時降低保險費率（因失業率減少），而在不景氣時降低給付水準（因財務惡化），那麼就無法達成安定景氣的政策目標，這個兩難論將永遠有爭論。

(七) 政策效果的極限性

失業保險政策至少具有就業促進所得保障與景氣安定之大效果，但是，大多數國家的經驗卻告訴我們，這些效果並不彰顯。對於嚴重性的失業（如經濟恐慌）、長期性的失業（如職業能力的低落）和惡性的物價膨脹仍難有效因應。因此，失業保險制度除了應與社會扶助制度密切配合之外，亦應與經濟政策相呼應，才能維護總體經濟的正常運作，才能保障個人生活的所得風險。

二、失業保險制度的理論分析

(一) 道德危險的爭論

失業保障制度最受詬病的問題，就是影響工作意願的道德危險。英國的經濟學家E. Cannan認為，保險公司對於保險的商品，必須施以有效的檢查，才能減少發生率。可是人心是無法檢查的，失業的真正原因是無法掌握的。因此，失業保險不僅難以阻止失業的產生，反會助長失業（Cannan, 1980）。支持失業保險的人認為，人類唯有從生產活動中，才能產生最大的滿足。失業不僅使人挫折，也使人痛苦。從人性的觀點來說，自願失業是不可能的，對於非志願性的失業，當然應給予失業救濟，以確保失業者的生活，協助失業者儘速就業。對於這個爭論，筆者認為，絕不可否定人類具有好逸惡勞的本性，就像森林中的野獸一樣，飽餐之後，就不會再去覓食。因此，必須對人類施以壓力或誘因，才能誘導人類努力工作。如果對於失業者的認定，有科學性的標準量表和完整的職業介紹網；對於給付期間能有適當的約束，當不至於助長失業。因此，失業保險仍有必要性，只是必須以非自願性及無可預期的失業者為給付對象，而職業訓練機構的充實與積極的就業輔導，更是失業保險不可或缺的條件。

(二) 勞工供需的爭論

十九世紀初期，法國經濟學家 J. B. Say 在其生產與交換過程的模型中提示，貨幣與雇用水準並無關係。在交換制度中，任何財物的供給都會創造人們對此財物的需求，過度生產是不可能發生的，所以失業救濟應該是強制失業者生產其所需財物的措施（Carlson, 1962），根據 J. B. Say 的市場理論，全面性的失業是不存在的，失業救濟也是不必要的。這就是美國 1935 年以前未能實施失業保險的重要原因。事實上，勞工常因經濟循環的結果、季節性的因素、技術的革新及產業結構的改變而告失業，勞工市場上，供過於求的現象是永遠存在的。尤其在景氣蕭條時，大量失業更是無可避免。根據美國的標準，失業率在 4%左右，即可稱為充分就業（full employment）。可見，百分之百的就業是絕無可能的。為了穩定勞力市場的不平衡，政府應該採取事前的預防與事後的救濟，一方面開拓就業機會，減少失業人口；另一方面，則給予失業者各種補助與輔導。雖然在資本主義社會裡，無法強制失業者就業，但是，對於不願就業者，應給予合理的懲罰，那就是停發失業補助。

(三) 勞力流動的爭論

古典學派的經濟學家們大致認為，在自由經濟體系下，勞工有選擇職業的自由，也有決定勞力流動的權力。失業保險對勞力流動的影響力，會造成部分流動、不合理流動及遭受惡用。所謂部分流動，就是在限定的地區和行業內進行流動。所謂不合理流動，就是再就業的工作往往無法使勞工充分發揮其工作能力，而再就業的工資往往比以前的工資為低。至於年少的年業者，則往往利用失業給付，作為休閒的費用。因此，失業保險造成的勞工流動，要比固定勞力更不合經濟效益。相反的，贊成失業保險者認為，失業保險所造成的勞力流動，會使勞資雙方處於對等的立場進行協商，可以改善勞動條件，促進勞動生產力；另一方面，則可在總體人力運用計畫下，有效配置人力資源，達成充分就業的理想。我們不可否認，有一個疆域遼闊的國家，要以失業保險的方式，達成人力的有效配置，是頗為不易的。但是，如果沒有失業保險及其相關措施，則不僅難以促進勞力的流動（疆域狹小的國家除外），也難以維持固定的勞力。因此，失業保險對促進勞力流動是絕對肯定的，至於是否能夠達成高度的經濟效益，則視制度規劃是否周延了。

(四) 調節景氣的爭論

在經濟繁榮期，勞工的工資提高，失業人口減少，失業保險財政在收入增加給付減少的條件下，可以累積鉅額基金，作為充實國內的社會資本或從事國外投資之用，避免過剩資金用於國內投資，具有穩定景氣的效果。在經濟蕭條期，勞工的工資減少，失業人口增加，失業保險財政將轉為赤字，必須政府發行公債加以補足（不可削減政府支出或以增稅方法因應；否則，會加速蕭條），對刺激景氣具有很大的作用。因此，失業保險具有調節景氣的效果，這就稱之為景氣的安定裝置（built-in-stabilizer）。問題是，失業保險基金若不妥善運用，就會產生資源的浪費，引發社會儲蓄的負效果；而大量失業發生時，公債的發行將阻礙有效的投資和經濟的復甦。因此，失業保險只能在少量和短期的失業狀況下，才能發揮調整景氣的功能。如果不能有效控制勞力市場的穩定，失業保險將無法克服大量失業的危機。筆者認為，失業保險的目的，不應該是消極的失業救濟，而應該是積極的就業維護。減少失業才是失業保險的真正目的；失業給付只是不得已的因應措施。

(五) 生產成本的爭論

失業保險費是否屬於由雇主負擔的生產成本，是個備受爭論的問題。反對者認為，失業是個人的責任，雇主沒有負擔失業保險的義務。如果強制雇主負擔，雇主必將生產成本轉嫁消費者，造成物價膨脹。代表美國商會（United States Chamber of Commerce）的經濟學家 E. Schmidt 曾在 1945 年的論文中寫道：「任何形式的工資稅（wage tax）都會阻礙發展，減少雇用，是最壞的稅源。」（Schmidt, 1945）贊成失業保險費為生產成本者認為，失業並非個人責任，而是企業與社會責任。企業應該負擔失業保險費，並透過市場的競爭機制，將部分生產成本轉嫁給消費者，由消費者負擔社會成本，R. Lester 更以實證方法，證明企業能夠轉嫁的部分應在稅額的三分之一以下，對物價膨脹的影響不大（Lester, 1965）。如果失業保險費的負擔適用於全部企業，對企業間的競爭和雇用水準，並沒有直接影響。但是，如果企業的成本負擔過重，必將影響利潤和投資意願，對經濟發展會產生負面作用。因此，由雇主和勞工共同分攤失業保險費，不僅可以減輕雇主負擔，也可以增進勞工間的重分配效果。

(六) 地位主義的爭論

1953 年，J. Becker 對於失業補償水準問題，比較了地位學派和最低生活費學派的見解。地位學派認為，為了維持失業者的地位，使其以相同的條件尋求就業；也為了維護失業者家庭的正常生活水準，使其家庭生活不因失業遭致變化，失業補償應與失業前工資相同。最低生活費學派則認為，為了防止自願性失業，促使失業者儘速就業，失業補償應以維持失業者的最低生活為原則。其實，兩者的見解都有偏頗，因為百分之百的失業補償，不僅會增加失業，也會造成保險財政的惡化；但是，最低生活費不僅會破壞失業者及其家庭的正常生活，也違反了公平分配的原則。目前，英國是採取均一給付的方式，而美、日則以一定比率，乘以失業前的工資計算。不管採取什麼給付方式，百分之百的給付與最低生活給付，已不為先進國家所採行。

三、失業保險給付制度的經濟分析

(一) 失業保險的給付條件

失業保險的給付資格一般有四個條件：第一要有足夠的投保及繳納保險費的期間；第二要有非自願性失業的事實；第三要有工作能力的存在；第四要有工作意願的存在。關於投保期間的規範主要有兩個目的：第一是要求失業者具有勞動貢獻的實績；第二是為了預防失業者的道德危害（moral hazard）。就保障失業者的觀點而論，投保期間的規定應予放寬。目前，我國為 2 年，德國為 1 年，日本為半年，美國則只有 3-5 個月（各州不同），所以我國失業保險制度投保期間的規定仍有縮短的餘地。關於非自願性失業的事實，由於意外保險均以非自願性的事故為給付條件，也就是勞工在不得已的情況下離職，才具有領取失業給付的條件。所謂非自願性失業除了雇主關廠、遷廠、歇業、轉讓、解散、破產、虧損、業務緊縮等因素而資遣勞工之外，勞工因雇主的欺騙、暴力、侮辱、違反勞工法規、不支付工作報酬或工作環境有健康危害之虞等因素而離職者亦屬之。因此，非自願性失業並不以雇主解雇勞工為唯一條件，勞工依法定原因離職者亦得申請失業給付。所謂工作能力係指從事勞動獲得報酬所需要的生理性、才能性和環境性能力。老喪、傷病、分娩等生理性因素一般都認定不具工作能力。知識（knowledge）、技術（skill）、經驗（experience）與悟性（aptitude）就是一般所謂的才能（competence）。才能越高，就業機會就越多，失業機率就越低。勞工也常因住所、家務、學業或家人介護等因素而喪失工作機會，這就是環境性能力。政府在認定勞工的工作能力時，應從生理性能力、才能性能力和環境性能力的綜合指標加以評量。至於工作意願的認定，一般有兩個指標：第一是要向職訓機關提出求職申請；第二是要有積極的求職活動。求職申請是失業者表達工作意願的具體證明，而失業者能夠積極參與職訓機關所提供的職業介紹、就業輔導與職業訓練，就證明了積極求職活動的事實。職訓機關在介紹職業時，有三種不同立場：第一是強制主義（compulsivism）；第二是選擇主義（selectivism）；第三是最適主義（optimalism）。失業者對職訓機關所介紹的工作必須無條件接受就是強制主義；失業者有自由選擇或拒絕的權利就是選擇主義；而職訓機關先依失業者的工作能力挑出數種適當的職業，再由失業者選擇最適合自己的職業，就是最適主義。目前，一般先進國家都採用最適主義原則。

(二) 失業保險的給付標準

關於失業保險的給付標準，至少有三個議題必須探討：第一是給付水準的設定；第二是所得重分配的考量；第三是減額給付的問題。給付水準的設定一般有均一制（flat amount system）、所得比例制（income proportion system）和混合制（mixed system）三種方式，目前，德國、美國、日本、我國等國家均採所得比例制，而所得替代率（income substitution rate）則分別為 60-67%、60%、60-80%、60%。在設定給付水準時，必須考量生活保障與工作意願兩個因素，也就是失業給付必須能夠保障失業勞工的生活，但是，儘量不要影響勞工的工作意願。基於生活保障的原則，失業保險給付水準應高於國家最低保障的貧窮線（poverty line）水準，因為它具有勞動貢獻與保費負擔的雙重意涵。基於工作意願的原則，失業保險給付水準的無異曲線（indifference curve）應接近失業前勞動報酬的無異曲線。若以領取最低工資的失業者為例，可以下列公式計算失業給付的所得替代率：

失業給付所得替代率：貧窮線＋α／最低工資

上式中的 α 就是高於貧窮線的合理金額。假設貧窮線為 10,000 元，α 為 2,000 元，最低工資為 15,000 元，那麼，失業給付的所得替代率就是 80%。我們可用此一標準作為失業給付所得替代率的上限。如果政策目標有考慮所得重分配功能，失業給付就應該採用累退方式設定所得替代率，也就是所得越高，所得替代率越低，直至某一下限比率。目前，日本的雇用保險基本津貼就是採取此一模式。至於減額給付的問題，領取失業給付者在失業期間有部分工時工作（part time job）者，應依其收入狀況予以減額（本人的資產增益所得與家屬的工作所得不列入計算範圍）。我國失業保險的減額給付採日本模式，失業給付加工作收入超過投保薪資80%的金額才需減額。此一制度可能會造成兩項缺失：第一是有利於高薪失業者，不利低薪失業者；第二容易影響高薪失業者的工作意願。基於社會公平原則與工作意願的考量，我國似可改採英國模式，以失業給付作為基準，凡工作所得超過失業給付一定比率（如20%）時，超過部分就必須從給付中扣除。

(三) 失業保險的給付期間

關於失業保險的給付期間，至少有三個議題值得探討：第一是給付期間的設定；第二是延長給付的條件；第三是配合措施的問題。在規劃失業保險給付期間時，有兩個因素必須考量：第一，是否依被保險人的不同條件而有不同給付期間；第二是給付期間宜如何設定。目前，我國的失業給付係依被保險人的投保期間而有不同的規定（5 年以下為 6 個月；5-10 年為 12 個月；10 年以上為 16 個月）。將來，是否要納入年齡和就業難度（日本模式）的條件，則有待決策單位的進一步研商。理論上，年齡越高，就業越困難；身心障礙者就業也比一般人不易，理應有不同的給付期間。至於給付期間的設定，先進國家大都在半年至一年左右（英國為 6 個月，美國為 26 週，德國為 52 週，日本為 300 天），而我國的失業給付期間則高達 16 個月，超出先進國家水準甚多。在低度經濟成長與高失業率的時代裡，如此高水準給付期間是否適當，頗值決策者再度深思。由於失業者本身的特殊狀況或勞動市場的不景氣，導致失業者無法在失業給付期間再度就業，必須延長求職期間和失業給付期間時，政府應在法定條件下，允許領取失業給付者延長給付期間。這些條件包括高度就業困難者（如身心障礙者）、參與職業訓練者、接受就業斡旋者、特定不景氣產業的失業者以及全國性經濟蕭條時等。至於延長期間，則依條件的不同而有差別的規定。由於失業保險對於長期性的失業（如工作能力的低落）、嚴重性的失業（如經濟恐慌）以及惡性的物價膨脹仍難有效因應，所以必須和經濟政策（如刺激景氣方案）與福利政策（如社會扶助制度）密切配合才能有效運作。對於不具失業保險給付資格的失業者或已屆滿失業給付期間的失業者，政府應提供非保險的失業津貼或低收入戶的生活扶助。由勞工行政所提供的非保險性失業津貼，係以失業者個人的再度就業就生活保障為目的，無須資力調查（means-test），而領取者必須接受職訓機關的職業介紹、就業輔導與職業訓練，以早日返回勞動市場。至於低收入戶的生活扶助，是以保障低收入戶（家庭所得低於貧窮線標準之規定者）的生活為目的，必須經過資力調查後始得認定，而該家庭的所得或資產有增益時，則調整扶助等級或停止扶助。我國現行的社會救助法中，對於有工作能力的低收入戶亦施以職業訓練與就業輔導等措施，這些措施如何與職訓機關的相關業務整合，是勞政與社政主管機關必須協調的課題。

第三節　失業保險制度的改革方向

一、改革的基本議題

在從事失業保險制度的任何改革之前，下列15個基本議題宜事先思考並透過充分溝通以達成社會共識。

第一、國家干預勞動市場的角色宜採積極角色或消極角色？

第二、政策目標要偏重所得保障或就業促進？

第三、經營主體宜採國家主義、聯邦主義或組合主義？

第四、適用對象宜採普遍主義或選擇主義？

第五、財務制度宜採累積基金制、隨收隨付制（賦課制）或修正制？

第六、給付項目宜採單項給付或多項給付？

第七、給付條件宜採嚴格主義或寬鬆主義？

第八、給付方式宜採定額給付、所得比例給付或混合給付？

第九、給付水準宜採最低保障、相對保障或最適保障？

第十、給付期間宜採均一原則或差別原則？

第十一、費率制度宜採單一制、經驗制或實績制？

第十二、保費負擔宜如何界定被保險人、雇主和政府的責任與分擔比率？

第十三、基金運用宜採社會化或市場化？

第十四、失業保險、就業促進與失業扶助的三角關係宜如何定位？

第十五、主管機關為勞動部（行政院勞委會）或厚生部（內政部社會司）？

上述這些政策議題的解釋之法，除了可從學術理論、外國經驗與本國實情中去探索之外，最重要的可能是堅守均衡之理（equilibrium criterion）。凡國家與國民之間的權利義務關係、雇主與受雇者之間的關係、利得者與損失者之間的關係、富人與窮人之間的關係、就業者與失業者之間的關係等等都必須維持一個均衡的關係，這些關係一旦失衡，社會秩序就會失控，惡性競爭和弱肉強食的社會現象就會產生。就以國家在勞動市場所扮演的角色而言，我們可以將國家和勞動市場視為一個均衡的關係。市場有權利要求國家維護其穩定與成長；國家也有權利要求市場提供必要的財源，作為維護經費，如此良性互動的結果，市場也穩定成長，而國家財源也充裕，這就是雙贏的策略（win-win strategy）。又如政策目標宜偏重所得保障還是就業促進這個議題，其實也是一個均衡的關係，因為就業促進的結果，所得保障的必要性就會降低；所得保障水準越高，就業促進的效果就越弱。當兩者的反函數關係相等時，就是均衡。關於社會化與市場化這個議題，也可以用均衡原理加以解答。基本上，社會化的邊際效用（marginal utility）是遞減的，而市場化的邊際成本（marginal cost）是遞增的，當兩者相等時就是均衡。運用均衡原理的方法就是要掌握社會資源（social resources）與社會效用（social utility），公共政策的社會資源與社會效用相等時，就是最適的選擇，也就是所謂的 Pareto Optimum。在一個民主政治的社會裡，在任何公共政策都已經無法憑著科層菁英（bureaucratic elite）的絕對價值觀加以規劃，一定要了解和掌握社會的多元價值和社會效用的程度，再以社會整合（social integration）和系統整合（system integration）的技術規劃出一個最適當的公共效果。

二、改革的基本原則

(一) 充分溝通的原則

任何公共政策，尤其是政策效果較難評估的社會政策都需要與國民充分溝通，獲取共識和支持。規劃者必須將失業保險政策的原則、制度內涵與影響效果毫無保留的公諸於世，並詳加說明，使國民都充分了解，並作判斷。然後必須進行意見訪察，看看雇主中有多少比率贊成或反對？受雇者中贊成和反對的比率又如何？最後規劃者再以均衡原理作出決定，並修改原本的制度內涵。

(二) 正確估算的原則

除了官方失業率（失業人口占勞動力的比率）之外，長期失業率、成年失業率、婦女失業率、部分工時者的失業率、長期失業率、短期失業率、各產業的失業率等的失業率都必須正確估算，充分掌握失業的實況。正確估算失業率不僅對健全失業保險財務極為重要，對失業保險的政策效果也有絕對的影響。例如長期失業率若很高，保費負擔就要調高；否則，保險財務就會產生困難，而失業保險的實施，則易使長期失業率和官方失業率都相對提高。

(三) 失業認定的原則

失業認定的原則有三，第一是有非自願性失業的事實；第二是有工作的能力與意願；第三是有尋找工作的努力。關於第一個原則，不能只憑雇主發給的離職證明加以認定，必須進行實地調查，在確實後始予認定。關於第二個原則，可以要求申請者提出健康檢查報告，對於拒絕職業訓練與就業輔導者則不予給付。關於第三個原則，申請者必須提出尋找工作的報告，並經查證屬實後方予給付。

(四) 最適保障的原則

英國模式的均一給付制與其他國家模式的所得比例制各有其優缺點，但是，都不符合最適保障（optimum security）的原則。所謂最適保障原則，簡單的說就是負擔者與受益者之間的均衡關係。更具體的說就是當負擔者負的邊際效用與受益者正的邊際效用相等時的狀態。最適保障原則必須考慮最低保障與相對保障的要素，然後調整其與最適保障間的差距，儘可能將給付水準調整到最適保障的水準。

(五) 合理負擔的原則

政府、雇主和受雇者對於失業保險費用如何分擔，是個十分重要的問題。原則上，對雇主提供就業促進，費用應由政府或雇主負擔，而對失業者提供的給付費用，若採雇主責任主義應由雇主全額負擔，若採社會責任主義則應由雇主、受雇者及政府共同負擔（各負擔1/3）。德國模式比較接近此一原則，由雇主和受雇者各負擔37%，政府負擔26%。分擔比率如何訂定，宜徵詢國民的意見，在大家都能接受的範圍內決定。

(六) 就業促進的原則

若欲由失業保險達成就業促進的目標似乎不太可能。就業促進宜有一套就業促進的制度，這個制度可由市場和企業的個體面去思考，也可由勞動政策的總體面去規劃，兩者之間不是替代關係，而是互補關係；不是上對下的從屬關係，而是平行的均衡關係。如果勞動市場活絡的時候，政府就必須減少干預；在勞動市場失衡時，政府就必須增加干預。這就是在經濟大恐慌時，凱恩斯理論得以有效發揮功能，而在戰後經濟繁榮時，政府的過度干預就造成了停滯性膨脹的道理。

因此，就業促進的原則是在景氣時少干預；在不景氣時多干預。時下所流行的去規制化（deregulation）其實只能應用在景氣之時，若經濟不景氣仍須政府的規劃。

(七) 基金運用的原則

就如絕對的權力會造成絕對的腐化一樣，過剩的資金也會造成過度的濫用。失業保險基金若過於龐大，就容易造成基金運用的不當。因此，如何維持一個最適的規模，是規劃者必須思考的問題。至於基金的運用原則有三，安全性、流動性與收益性。為了貫徹安定性，提供給政府作為財政投融資最為安全；為了貫徹流動性，只能提供短期融資；為了貫徹收益性，政府宜給予較高的保證利率。若由基金本身直接投入民間資本市場，就違反了社會資本的運用原則，不能只考慮收益性而忽略了安全性與流動性。

三、我國失業保險制度的改革方向

(一) 適用對象宜採普遍主義

各主要國家在實施失業保險制度時，均需選擇主義，也就是對適用對象加以限制。此一作法就實施效率而言，是可以接受的，但是就社會政策的目標而言，許多無法適用的對象才是社會政策最需照顧的對象，例如，雇用員工 5 人以下的事業單位，其失業問題可能較之其他事業單位嚴重，如果摒棄不管或任由其自由加入，對他們是不公平的，對社會問題的解決是無助的，再說目前各主要國家失業保險的適用對象已逐漸採用普遍主義。因此我國的規劃方向亦宜以普遍主義為目標。

(二) 採用隨收隨付的財務制度

失業保險財務制度一般均採隨收隨付制，而且要提前基金的累積。在基金超過一定水準（如 3 個月的給付金額）時，就必須調降保費；在基金不是一定水準（如 1 個月的給付金額）時，則調高保費。失業保險財務必須維持長期的均衡，不宜有財務赤字出現，所以保費的調整要十分有彈性，不可以政治理由加以約束。立法機關對於不當的財務運作可以糾正，但不宜限制保費之調整。

(三) 採用混合模式的給付制度

以年均投保薪資作為給付標準的作法不僅無法保障高薪者的相對貧窮，也難以保障低薪者的絕對貧窮，所以宜採最低保障（均一給付）與相對保障（所得比例給付）的混合模式。假設最低保障為 6,000 元，相對保障為 10,000 元（給付率為 50%），那麼，均一給付為 6,000 元，所得比例給付為 5,000 元（10,000×0.5），合計為 11,000 元，在所得比例給付方面，必須按投保年數乘以調整率，例如，投保年數為 15 年者，調整率為 1，每減少 1 年，調整率減少 0.1，每增加 1 年，調整率增加 0.1。這種給付制度似可供規劃者參考。

(四) 採行單一彈性費率制度

如果保費無法由雇主全額負擔，就喪失經驗費率的意義，而且保費課徵的技術也有困難。由於我國的社會保險政策一貫採取社會責任主義，所以失業保險的費率制度宜採單一彈性制。

(五) 加強配合措施

失業保險制度如何與就業促進制度和失業扶助制度配合是一個很重要的課題。在就業促進方面，有就業安定措施、職能開發措施、弱勢國民（如老人、身心障礙者、婦女等）的就業促進措施等都需要有妥善的規劃；否則，失業保險一旦開辦，申請失業給付者勢必遽增，道德危害（moral hazard）就難以避免。至於失業扶助是要納入勞動促進體系，還是國民扶助體系，也是必須思量的問題。本文偏向將失業扶助納入國民扶助體系，因為在普遍主義的原則下，全部受雇者均可獲得失業保險的保障，對於少數無法領取失業給付，而陷入貧窮的失業者，則可透過國民扶助的手段提供必要的保障。失業保險制度如何在就業促進制度與失業扶助制度之間發揮功能，也是規劃者必須重視的課題。

參考文獻

Becker, J. (1953). *The Problem of Abuse in Unemployment Compensation*, Columbia University Press.

Cannan, E. (1980). "The Problom of Unemploymeat," *Economic Journal*, Vol. 40, March.

Carlson, V. (1962). *Economic Security in the United States*, the McGraw-Hill Book Co. Inc.

Lester, R. (1965). "Financing of Unemployment Compensation," *Industrial and Labor Relations Review*, October, pp.52-67.

Schmidt, E. (1945). "Experience Rating and Unemployment Compensation," *Yale Law Journal*, Vol. 55, December, pp.242-252.

Chapter 13

第十三章

職業災害保險制度的經濟分析

第一節　職業災害保險制度的基本概念

第二節　職業災害保險制度的經濟分析

第三節　職業災害保險制度的改革方向

第一節 職業災害保險制度的基本概念

一、職災保險的定位

以勞動者為適用對象的勞動保險（workingmen's insurance）與以國民為適用對象的國民保險（national insurance）一直是一個混淆不清的問題。有些國家是以勞動保險架構社會保險體系（如德國）；有些國家是以國民保險架構社會保險體系（如英國）；有些國家則以勞動保險與國民保險架構兩種不同的社會保險體系（如日本）。如果要將勞動保險與國民保險個別加以定位，我們可以從適用對象、主管機關、保險目的、風險因素、給付性質及保費負擔等方面加以界定：

第一、適用對象。勞保是以勞動者（含受雇和自雇勞動者）為對象；國民是以全體國民（如健康保險）或某一年齡以上之國民（如年金保險）為對象。

第二、主管機關。勞保是由勞動行政單位主管；國保是由衛生和社福單位主管。

第三、保險目的。勞保提供附加性（additional）或薪資比例（wage proportional）的給付，以保障勞動者的相對貧窮（relative poverty）；國保提供基礎性（basic）定額（fixed）的給付，以保障國民的絕對貧窮（absolute poverty）。

第四、風險因素。勞保是因雇主行使經營權或勞動者從事業務時所產生的風險；國保是由國民在業務外所產生的風險，與雇主毫無關聯。

第五、給付性質。勞保是雇主社會責任的履行；國保是政府和國民權利義務關係的履行。

第六、保費負擔。勞保是由雇主負擔或由勞雇雙方共同負擔；國保是由政府和被保險人負擔或由政府、被保險人和雇主共同負擔。

狹義的勞動保險僅只涵蓋職業災害保險（occupational or industrial injury insurance）與失業保險或雇用保險（unemployment insurance）兩種。職業災害保險基本上有下列四個原理：

第一、業務災害主義。職災保險是以雇主在行使經營權下，勞動者從事相關業務時所發生的事故為給付條件。

第二、雇主無過失主義。職業災害的發生原因不管是否基於雇主的故意或過失，均由雇主負補償責任。

第三、定率補償主義。職業保險給付是以一定的薪資比率計算，而非以實際損害程度（如民事賠償）計算。

第四、社會政策主義。為了確保雇主的補償責任，一般是以強制方式或部分強制方式規定雇主投保，並由政府或政府認定的組合（corporation）經營。

職災保險的政策效果（policy effects）主要有二，第一是受害勞動者的生活保障；第二是職業災害的預防。由於職業災害的認定範圍逐漸擴大，制度運作的方式日趨複雜，政策效果的評估將益形重要。

二、職災保險的政策議題

職業災害保險（occupational injury insurance）是為了保障國民在從事職業性相關業務時所發生的事故，而設置的保險制度。此種保險制度是由產業的災害補償制度（industrial injury compensation system）而來。最早是由雇主在災害發生後，對受害的員工提供補償金；後來是由雇主投保商業保險，由保險公司負責賠償；然後由雇主組成工商組合，以互助方式支付職業災害補償金；最後是由國家以強制性的社會保險制度，提供職業災害給付。目前，福利國家的職業災害保險可以分為國助型政府保險（如英國國民保險的職業災害相關給付）、互助型組合保險（如德國工商組合、農業組合、地域組合等的職業災害保險）和自助型商業保險（如美國保險公司和雇主保險的職業災害保險）

等三種重要類型。由於福利權的擴張，職業災害保險的適用對象已由受雇者擴大到非受雇者；給付條件則由業務上的災害擴大到業務外的災害；給付方式則由一次給付擴大到年金給付。因此，職業災害保險與其他社會保險制度的關係越趨密切和複雜化，如何在政策上加以定位和如何在制度上加以調整，將是未來福利國家社會保險制度必須面對的課題。

強制性職業災害保險的政策意涵主要有三，第一是災害的補償；第二是生活的保障；第三是災害的預防。強制性職業災害保險不僅可以貫徹雇主無過失主義的精神，也可使受害者獲得確實的補償。補償水準不僅基於損害程度的考量，也顧及相對工資的生活保障。實績費率制度（merits rate system）可以刺激雇主重視災害預防，而基金的有效運用更可協助雇主從事災害預防。如果職業災害保險的政策目標偏重在於社會的整體連帶和受害者的生活保障，就較宜採自助型的商業保險方式；如果採取整合型的政策目標，那麼，互助型組合保險就是最適當的選擇。

職業災害保險的適用範圍要以選擇的受雇者為對象，是以職業性和地域性的國民為對象，還是以普遍性的一般國民為對象，是決策者必須思考的問題。國家主義模式的英國是將一般國民納入提供生育、傷病、殘障、老年及遺屬等給付；對於受雇者的被保險人則提供失業給付與職業受害殘障給付，而後者的經費是由國庫全額補助。組合主義模式的德國只將部分職業（如開業的醫生和藥劑師及公務員等）的國民排除，而由各種組合辦理職業災害保險。多元主義模式的美國原則上是以受雇者為適用對象，卻將農業受雇者、部分工時者、家庭幫傭及小型企業（雇用員工在 5 人以下者）的受雇者排除，而允許雇主自辦職災保險、投保商業保險或參加州政府的職災保險。由於職業災害保險的適用範圍有逐漸擴大的趨勢，如何將非受雇者（尤其是農民）逐步納入，是十分重要的課題。

職業災害的經營主體有中央政府、地方政府、職業組合、產業組合、地域組合、民間保險公司及企業等不同類型。國家主義模式的職業災害保險是由政府（一般是中央政府）經營；組合主義模式是由各種組合（一般是職業組合與地域組合）經營；多元主義模式是由地方政府、民間保險公司與企業分別經營，並由法律作強制性的選擇規定。

職業災害保險的責任歸屬問題，國家主義模式是採社會責任原理，也就是由社會整體負擔職災給付費用；組合主義模式是採共同責任原理，也就是由雇主與政府（對農民、學生等弱勢國民提供補助）共同承擔職災給付費用；多元主義模式是採雇主責任原理，也就是由雇主單獨承擔職災給付費用。由此看來，職業災害責任已由單純的雇主責任擴大到社會的共同責任，而由受雇者承擔部分責任可能是未來必須面臨的趨勢。

職業災害保險的認定問題（如業務上和業務外的區別及職業病的認定等），不管保險法規多嚴密，醫學檢驗多進步，總會產生一些缺失。如果職業災害保險採社會責任原理，給付的認定就容易產生道德危害；如果採雇主責任原理，就容易產生爭議，使受雇者的權益受害；若由產業或職業的組合認定，可能是較為中庸的作法。

職業災害保險的給付原理，應是受害者損害程度的補償，也就是因受害無法工作而蒙受的貨幣性損失與精神性損失。但是，社會保險制度將這種原理破壞了，而代之以社會性的所得性的給付型態。無論是定額制（fixed system）、所得比例制（income proportional system）或混合型（mixed system）都與職業災害的補償原理背道而馳，而逐漸與生活保障的社會保險制度（如失業保險和年金保險）異曲同工。如果這個論法能被接受，就不得不讓我們懷疑職業災害保險的必要性了。此外，職業災害補償制度是否宜改為職業災害賠償制度，依各人的損害程度給予賠償，或許是一個新的思考方向。其實，預防職業災害最有效的策略，不在保費的負擔和基金的補助或貸款，而在賠償的責任。對企業而言，保費負擔可轉嫁；基金補助形同浪費，唯有強制性的賠償責任才能刺激雇主作好災害預防。

職業災害保險的給付項目一般有傷病給付、休業給付、殘障給付、喪葬給付與遺屬給付五種。這些給付與其他社會保險給付是並存的，例如：休業給付與失業保險給付；殘障、喪葬和遺屬給付與年金保險的相關給付。易言之，業務上的災害適用給付水準較高的職災給付；而業務外的災害則適用給付水準較低的相關保險給付。問題是，不同保險制度的相同給付項目的水準差距宜如何訂定，才不致違反社會正義（social justice）的原理，是頗費思量的。如果能夠貫徹損害賠償原理，或許是解決此一難題的好對策。

第二節　職業災害保險制度的經濟分析

一、職災保險的認定方式

職業災害的認定基本上有兩個較為困難的層面，第一是業務上與業務外的災害認定問題；第二是職業病（occupational disease）的認定問題。在業務上災害的認定方面，首先，我們必須對業務的意涵（definition）加以界定。所謂業務應該是勞動者基於勞動契約的規定，在經營者的指揮、命令或支配下，所從事的勞動行為。由此定義可以引申兩個議題（issues），第一是在經營者的指揮、命令或支配之外的時間（如上班、下班和午休）是否屬於業務範圍；第二從上下班途中脫離或中斷所發生的災害是否屬於補償範圍。關於第一個議題，所謂業務時間一般是指往返雇用場所（out and in the course of employment）的時間，所以上班、下班和午休都屬業務時間。關於第二個議題，如果勞動者在上下班途中，脫離或中斷，而從事日常生活中必要且合理的行為（如購置日用品、參加職業訓練、上夜校或補習班或赴醫院接受治療等），其災害應屬補償範圍。問題是必要而且合理的行為應如何界定，仍有待立法者詳加範圍，否則，就容易引起糾紛。我國勞動基準法第七章職業災害補償與勞工保險條例第四章保險給付中，對上下班所發生的災害均無規定，致使勞動者無所適從甚至侵害了勞動者的權益。將來，職災保險自成體系時，應以明文規定。

職業病的認定並非易事，因為那是在勞動生活中慢慢孕育而成，而不是突發的事故，所以職業病與業務的相關性就難以判定。此外，職業病與勞動者本身既有的疾病有密切關係，所以職業病與職業災害的因果關係也難以斷定。如果將職業病定義為：以業務上的壓力為基礎病因，加上勞動者本身的健康狀況與生活環境等附加因素而形成的疾病，那麼，勞動者的疾病就全部屬於職業病了。因此，一般均以肉體上過度負荷所引起的腦血管疾病或虛血性心臟疾病為職業病的界定原則（如日本勞基法施行細則第三十五條一之二）。至於過度負荷的認定標準，一般以業務的數量與內容以及工作的環境與時間等指標加以綜合判斷。此外，也必須參考健康檢查的記錄、專業醫師的鑑定、同事們的意見等。由於產業科技日趨複雜、人際關係日趨緊張、勞動市場的競爭日趨激烈，勞動者的精神疲勞益形嚴重，而由精神疲勞引發的疾病也益形普及，如何界定精神性的職業病及如何提供補償，將是今後職災保險的重要課題。

職業災害的認定程序與所需的時間與費用攸關勞動者的權益甚大。如果職業災害的認定必須經過複雜的程序、漫長的時間或昂貴的訴訟費用，就喪失了職業補償制度的意義，但是，如果草率認定，則對雇主造成不公平，而且會加重企業的生產生本，更會增加職業災害的發生率。因此，如何設計有效率的認定制度，是職災補償制度的重要課題。一般說來，以勞基法規範職災補償，常需以法律程序才能獲得補償，所以較為費時和費錢，對勞動者較無保障。若以社會保險方式辦理職災保險，就必須以行政程序要求補償，受災者若不服保險機關的裁定，可透過行政管道申訴，所以有時也會產生緩不濟急的現象。如果完全委由商業保險（commercial insurance），職業災害的認定將更為嚴苛，勞動者的權益將更易受損。因此，採用組合保險（corporative insurance）制度，由勞雇共同經營和共攤保費，並由政府補助和監督，可能是最佳的方式，不僅符合公平原則（由勞雇共同認定），也符合確實原則（組合成員最清楚事實真相）和效率原則（能快速加以認定），更能促進勞雇關係的和諧，提升勞動生產力。

二、職災保險的責任歸屬

根據古典經濟學的理論，勞者對於自己所從事的工作，都能預想其危險性，這就是所謂的危險預測原理（assumption-of-risk doctrine）。從事危險工作的勞動者應該要求較高的工資，並應透過商業保險保障災害發生後經濟生活。就如 Henry R. Seager 所說，勞動者知道，如何以最佳的方式尋求保障，即使沒有政府的強制性制度，他們也會採取自我防衛（self-defense）的措施（Carlson, 1962）。依此觀點，雇主只要依勞動契約支付工資，即已履行了雇用的責任，而勞動者有義務採取對策，保障自身的經濟生活。十九世紀初期以後，由於不安全的機械生產、不衛生的工作環境、過長的工作時間等因素，使產業災害頻生，而勞動者在無補償和無保險的條件下，常因災害而陷入生活絕境。於是，主張雇主過失責任的論調逐漸抬頭，英國法院終於在 1837 年的 Priestley 與 Fowler 的訴訟中，以雇主過失主義，對 Priestley（肉店受雇者）作出不予補償的判決。美國在 1842 年火車司機訴訟及 1924 年麵包店女工訴訟中，均有同樣的判決（Gordon, 1962）。在雇主過失主義下，受災勞動者往往無法獲得補償，因為法院常以共同勞動原理（fellow-servant doctrine）與意外疏忽（contributory negligence），作出對受災者不利的判決。雖然勞動者不斷要求擴大雇主責任的範圍，而且英國也於 1897 年制定「勞動者補償法」（Workmen's Compensation Act），但是，在危險預測、共同勞動與意外疏忽等社會思潮下，雇主責任頗難認定，勞動者的權益也難以獲得充分保障（Berkowitz, 1958）。

1906 年，英國以雇主無過失主義的精神修改勞動者補償法，但是，只以法律規範雇主對於職業災害（不管雇主有無過失），需負補償之責，而沒有採取強制性的社會保險制度。因此，雇主通常以投保商業保險的方式，在災害發生後，由保險公司補償。但是，保險公司為了追求經營利潤，常以嚴苛的標準認定職業災害，受災者往往要透過法律程序才能獲得補償。另一方面，德國卻早在1884年制定勞動者災害保險法，以組合保險方式強制雇主加入，共同負擔保費（全額），並由保險組合提供職業災害給付。雖然英國和德國均採雇主無過失主義，但是，前者職災補償制度是建立在雇主的單獨責任與損害賠償的理論基礎上；後者則建立在雇主的共同責任與生活保障的理論基礎上。

1946年，英國修正「國民保險法」（National Insurance Act），正式將職業災害納入給付範圍（1948年實施），樹立了職災補償的社會責任典範。雖然國民保險的職災給付只有殘障年金，但是，雇主必須支付傷殘津貼，而受災者不能工作時（休業），則可領取國民保險的失業給付。因此，英國現行的職災補償制度是建立在社會責任的基礎上。另一方面，德國的組合保險基本上是以雇主責任（employer's liability）原則，但是，政府仍有若干補助（1992年政府補助占職災保險財產的10%），所以有部分社會責任的意涵。

職業災害的責任歸屬由勞動者個人責任、雇主過失責任、雇主無過失責任，發展至現在的社會責任，都有其時代背景，都可視為社會進步的產物。但是，現代福利國家所背負的社會責任是否適合未來的社會變遷，實在值得商榷。其實就職災責任的本質而言，勞雇雙方均不可辭其咎，而高災害率企業的勞雇雙方均應承擔更大的責任，其他企業或產業的雇主與勞動者，甚至是其他國民實無必要為他們分擔責任。因此，建立職業災害的勞雇共同責任原理以及規劃由勞雇共同經營的職災保險組合，可能是新的思考方向。

三、職災保險的費率制度

職災保險保費的費率方式一般有均一費率制（flat rate system）、經驗費率制（experience rate system）、實績費率制（merits rate system）

及混合費率制（mixed rate system）四種。所謂均一費率制是所有投保人均負擔相同的費率；所謂經驗費率制是根據投保人過去（一般為 2 年）的職業災害發生率、投保規定的等級（例如，日本的勞動者災害補償為 36 級；我國的勞工的職業災害保險為 47 級），負擔該等級所訂的費率；所謂實績費率是以企業職災給付總額占該企業累積保費總額的實績比率，作為調整費率的依據，如果實績比率超過安全比率（如 70-80%），就調高費率；相反的，就調降費率；所謂混合費率則有均一費率與經驗費率的混合制、均一費率與實績費率的混合制及經驗費率與實績費率的混合制三種。實績費率制若無上限和下限規定者，稱為完全實績費率制（perfect merits rate system）；若有上限和下限規定者，則稱為不完全實績費率制（imperfect merits rate system）。

均一費率制是基於社會連帶的考量而設計的，具有投保人之間的互助與所得重分配性質（職災發生率較低投保人對職災發生率較高投保人的所得重分配），但是，對職業災害的預防效果較弱，甚至容易產生道德危害的現象。如果是同質性很高的產業組合或職業組合，以這種制度辦理職業災害保險，是可以促進同舟共濟的效果，減少道德危害的現象，但是，如果是國家統一辦理的職業災害保險採用此種，則負面效果將十分嚴重。我國的全民健康保險就是採用此種費率制度，而構成爭議之因。英國的國民保險職災給付（殘障年金）是由政府全額補助，已經喪失保費功能，而由一般國民共同負擔職災給付費用（但是，雇主仍須負擔 15 週的法定傷病津貼），若無強烈的社會連帶意識，英國國民是很難支持此種制度的。因此，唯有在國家主義社會保險制度下，職業災害保險才有可能實施均一費率制。此外，由於強調社會連帶功能，均一費率制將逼使政府分擔職災給付費用，增加政府的財政負擔。

理論上，經驗費率制應依個別企業的過去經驗，適用不同的費率，也就是不該以產業或行業的經驗作依據。此種制度不僅符合保險原理（高風險高費率；低風險低費率），也有較高的保險職災預防效果（雇主為了負擔較低費率，而會致力於職災預防）；但是，從社會連帶的觀點，此種制度卻缺少同舟共濟的所得重分配功能，而喪失福利國家集體主義的精神。為了避免此一缺失，許多國家（如我國和日本）依據相同產業或行業過去的職災發生率，訂定不同等級的費率，使相同產業或行業的投保人間發揮同舟共濟的所得重分配功能。因此，以企業的經驗為依據的經驗費率別可以稱為完全經驗費率制，而以產業或行業的經驗為依據的經驗費率則可謂之不完全經驗費率制。採取組合主義社會保險制度的國家，其職災保險的費率制度一般都採用不完全經驗費率制，以避免保險原理與社會連帶的兩極化。

最能反映職災發生率與保險費相關性的就是實績費率制（職災給付越多，實績比率就越高，費率就必須調升；相反的，實績比率就越低，費率就必須調降）。由於此種制度能夠維持最適的安全準備，就資金的運用而言，是最有效率的方式。不過，若有巨大災變發生，保費不足支應，而企業又無力負擔時，就必須由政府承擔責任。此外，完全實績費率制對高危險性的企業將產生沈重的成本負擔，而易於影響投資意願。因此大部分採行此種制度的國家都實施不完全實績費率制。實績費率制安全比率的高低與災害預防的精度和保險財務的調整度有密切關係，預估越精確，財務調整越有彈性，則安全比率就可以調高，實績費率制的功能就越能發揮。實績費率制必須以投保人的個別帳為基礎，才能真正反映實績比率。如果建立在保險人的團體帳上，那麼，在隨收隨付（pay-as-you-go）的財務方式下，投保人的保費是納入職災保險的共同基金內，並無個別存款，而且在年度收支平衡的原則下，個別投保人並無實質的保費累積，而難以反映真正的實績比率。因此，實績費率制必須建立在個別帳的基礎上。

混合費率制的均一費率與實績費率混合制以及經驗費率與實績費率混合制是較被採用的兩種類型。均一費率與實績費率混合制是先依職災保險基金的多寡，訂定均一的費率，然後，再按投保人的實績比率調整費率。經驗費率與實績費率混合制是先以職災經驗訂定不同等級的費率，然後，再依投保人的實績比率調整費率。前者是基於立足點的平等（不考量投保前的職災記錄，每個投保人都是平等的）所設計的制度；後者是基於不平等的立足點所規劃的制度（投保人只能在不平等的等級內調整費率）。

四、職災保險與生活保障

職業災害補償制度的基本精神是法律性的損害賠償；職業災害保險制度則是經濟性的生活保障。易言之，職災補償是依受災者的損害程度給予合理的補償，而職災保險則是視受害者的生活所需給予定率的給付。職災保險給付與受災者的損害程度並不相符（一般前者都低於後者），甚至有相反關係的現象，例如，年輕的受災者殘廢時，其損害程度當比年長的受災者為大，但是，由於平均薪資較低，殘障給付反較後者為少。因此，職災保險已喪失損害賠償的本質，同時因與國民保險的關係日趨密切（如殘障年金和遺屬年金均需與國民年金相互調整），而逐漸喪失勞動保險的特質。

根據國際勞工組織（International Labor Organization, ILO）第一二一號條約的規定，因職業災害導致完全無法勞動時，殘障年金給付應為其受災前薪資的60%以上；因死亡而給付的遺屬年金（配偶及扶養子女2人）應為其災前薪資的50%以上。一般先進國家的職災給付大都超過此一標準，而我國的勞工保險職業災害給付一方面是以平均投保薪資（受災前6個月的平均薪資）計算；另一方面則採一次金的給付方式（最高30個月）。由於投保薪資常有以多報少的現象，且有上限規定，所以給付的計算基準偏低；由於未採用年金給付，而一次給付又有上限的規定，所以常在物價膨脹的侵蝕與理財風險的威脅下，喪失了生活保障的作用。

職業災害保險的給付項目一般有傷病、休業、殘廢與死亡四種類型（健康保險另成體系），對於因災害而傷病者支給傷病給付；對於因災害而在短期內無法痊癒和工作者交給休業給付；對於因災害而成殘廢者，則按殘廢等級支給殘廢給付；對於因災害而死亡者則支給遺屬給付。這些給付項目有些是以年金方式支給；有些則以一次金方式支給。若以民事的損害賠償理論而言，職災補償宜以一次給付為原則，若以政府的生活保障政策來說，職災補償應年金給付，才能充分保障受災者或其遺屬的生活。

在規劃職業災害保險的給付水準時，必須考量國家的所得維護制度（income maintenance system）、職災保險給付如何與社會保險給付和社會救助相互調整，是個十分重要的課題。例如，職災保險的年金給付如何與基礎性的國民年金保險給付和附加性的勞動者年金保險給付以及社會救助的福利年金相配合，就必須慎重規劃。如果將職災保險給付界定為業務上災害的給付，其他所得維護制度為業務外事故的給付，而只提供單一的給付，那麼，職災保險給付就必須達到充分保障的水準。問題是這種單給制由於保險財務的限制，往往難以提高給付水準，尤其是年金給付水準。如果將職災保險給付視為社會保險的附加性給付，受災者可以併領其他社會保險的基礎性給付，那麼，職災保險給付就可以控制在較低的水準。問題是這種併給制的效率性與公平性就會引發爭論，而行政成本的增加則是不可避免。

五、職災保險與災害預防

職業災害保險是職業災害的事後救濟制度，而勞動安全衛生則是職業災害的事前防範制度，兩者關係十分密切。如果安全衛生做得好，職業災害的發生率就會降低，職業災害的補償就會減少，企業的生產成本就會減輕，而競爭能力就會增強。勞動安全衛生法一般是從設施（如危險性機械與設備的預防）和管理（如管理人員、檢查制度、教育訓練等）兩方面，規範企業切實做好預防工作。此外，由於產業型態（如 OA 化、FA 化等）、就業型態（如 part-time、派遣勞動等）及作業型態（如 PR 等）的改變，企業也必須重視員工的工作配置、人際關係與衛生保健，以預防職業病的發生。未來的勞動安全制度應該重視「四 E」的概念，從工程（engineering）、教育（education）、執行（enforcement）與熱忱（enthusiasm）四方面預防職業災害。至於如何運用職災保險制度預防職業災害呢？至少可從費率方式、給付水準與基金運用三方面加以分析。

職業災害保險的費率方式一般有均一費率制與經驗費率制兩種。均一費率制是投保的雇主均負擔相同的保險費率，具有雇主間所得重分配的性質（即職災發生率較低的雇主業職災發生率較高的雇主之所得重分配），對職災預防的效果較弱，甚至容易引起道德危險，增加職災發生率。經驗費率是每一個雇主均設置一個提存帳戶（individual employer reserve account），由該帳戶支給該企業所發生的職災給付，帳戶的結存比率（收支比率）越高，保費越低，所以完全不具所得重分配的效果，卻具有災害預防的作用（雇主為了減少保費負擔，就較能重視勞動安全衛生）。結存比率有多種計算公式，下式就是最常使用的公式之一：

$$\beta = \frac{Xi - Pi}{1/n\sum_{t=1}^{n} Wt}$$

β ＝結存比率

Xi ＝ i 年度的職災保費總額

Pi ＝ i 年度的職災保費總額

Wt ＝勞動者薪資總額

n ＝基礎提存年數

如果保費完全依據結存比率的高低而調整，就是完全經驗費率制；如果費率有上下限的規定（結存比率低於下限時，須繳納固定的最低費率；結存比率高於上限時，也只須繳納固定的最高費率），就是不完全經驗費率制。我們可以用**圖 13-1** 來說明均一費率制、完全經驗費率制與不完全經驗費率制的關係。

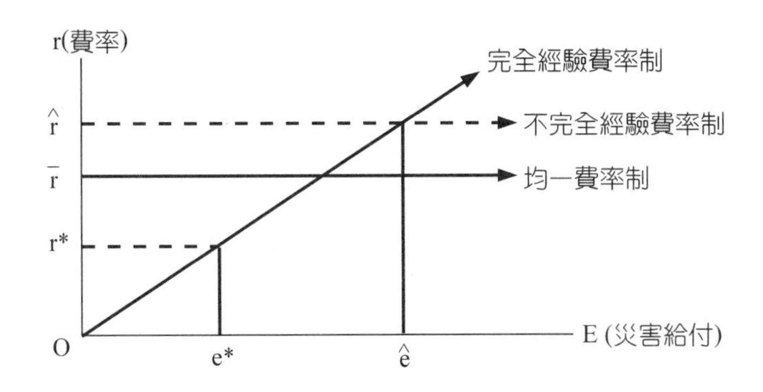

圖 13-1 均一費率，不完全經驗費率與完全經驗費率

圖 13-1 的 e*為災害經驗（injury experience）的下限；ê為災害經驗的上限；r*為不完全經驗費率的下限，r̂為不完全經驗費率的上限；r̄為均一費率。一般說來，商業保險是係完全經驗費率制，市場化取向的社會保險是採不完全經驗費率制，而社會化取向的社會保險則採均一費率制。純就災害預防的觀點而言，完全經驗費率制要比不完全經驗費率制更為有效，而不完全經驗費率則比均一費率更為有效。

職災保險的給付水準越高，保險費率就越高，企業就越能重視勞動安全衛生，預防職業災害的發生，所以提高職災給付水準，對災害預防也具有正面的作用。問題是如果採取社會保險戶式辦理，給付水準就難以提高，因為各種產業、個別企業和不同的勞動者均有不同的保費負擔能力與意願，增加保費負擔勢必引發反彈，而不易實現。如果由個別的企業、產業或職業分別組織保險組合，就可依其勞動生產力和災害發生率訂定給付水準。勞動生產力或災害發生率較高的企業員工或產業勞動者自會要求較高的職災給付，而雇主也較願意配合。如果保費由勞雇雙方共同負擔，而保費也採經驗費率制，那麼，給付水準的提高將使勞雇雙方均更加重視勞動安全衛生，有效預防災害的發生。

最後，職災保險基金也具有災害預防的機制（mechanism），也就是運用該基金的資金補助企業或產業，充實勞動安全衛生的設施與管理，以減少職災的發生，這是社會化取向職災保險的特色之一。若將職災保險基金視為社會資產，並由政府統籌運用，本質上已喪失了職業災害的雇主責任，而由政府承擔補償責任，因為雇主只要繳納保費，在災害發生後，受災者是向政府要求給付，與雇主似乎沒有相干。由政府統籌運用職災保險金，極易造成行政的科層化（bureaucracy）和運用的無效率（inefficiency）。若以職災保險基金補助或貸款企業充實勞動安全衛生的設施與管理，則不僅違反了勞動安全衛生的雇主責任原則（應處罰不守法者，而不是補助守法者），也會產生社會資源的浪費（如官商間的利益輸送）。因此，傳統上以職災保險基金補助勞動安全衛生的觀念和作法，似乎有重新評估的必要。如果採取組合主義，設置職災保險組合，而使準備金成為組合資產，並由組合自主運用，不僅可以避免上述諸種弊端，反可發揮災害預防的功能。

第三節　職業災害保險制度的改革方向

基於上述分析，我們可以從下列五個議題去探討我國職業災害保險費率制度的改革方向：

第一、我國宜採何種福利國家模式。

第二、我國宜以何種政策原則規劃職業災害保險制度。

第三、我國職業災害保險費率制度宜採何種方式。

第四、我國職業災害保險費率制度有何缺失。

第五、我國未來職業災害保險費率制度宜如何改變。

關於第一個議題，我們可以從社會結構、意識形態與生活需求三個層面去尋求答案。在解嚴之前，我國的政治結構是由父權主義、保守主義和科層主義所構成；經濟結構是由國家主義、第二級產業和國家干預所構成；社會結構是由集體主義、階級主義和家庭主義所構成；在國民的意識形態上，權利意識仍未普及；在生活需求上，則有絕對貧窮問題。因此，採取國家主義模式是必然的選擇。但是，解嚴之後，我國的政治結構開始邁入大眾民主，革新政黨逐一出現，民間菁英的影響力日趨重要；在經濟結構上，產業資本主義逐漸取代國家資本主義，第三級產業逐漸取代第二級產業，國家對市場的干預逐漸式微；在社會結構上，社群逐漸取代階級，個人主義逐漸取代集體主義，家庭規模與功能日趨萎縮；在意識形態上，社會權利和福利意識高漲；在生活需求上，則逐漸出現相對貧窮問題。目前，我們正處於社會轉型的過程中，既沒有美國的健全民主政治，也沒有英國的君主政體與工黨執政；既沒有美國的自由市場經濟，也沒有英國獨占資本主義與國家資本主義的雙重結構；既沒有美國的理性個人主義，也沒有英國的整體社會連帶。從政治的父權主義、市場的政府干預以及社會的地域主義等傳統意識形態看來，我們目前的社會形態是與德國較為接近，但是，從政府致力於政治民主化、經濟自由化和社會平等化的趨勢看來，我國未來的社會可能會逐漸傾向美國的形態。如果這個推論正確，我國未來的福利國家模式宜採多元化組合主義（pluralized corporatism），也就是以組合主義為主軸的多元社會福利制度。

關於第二個議題，在多元化組合主義福利國家模式下，社會保險制度宜以組合主義社會保險制度為中心，同時允許商業保險參與競爭。組合主義職災保險制度有職業組合、產業組合、企業組合（可由單一或數個企業組成）以及地域組合（由地方政府辦理）等多種類型，雇主可參加產業組合式企業組合；非雇主則可參加職業組合或地域組合。如果不願參加組合保險，也可以投保商業保險。因此，多元化組合主義職災保險政策的第一個原則就是自由選擇保險人的原則。其次，政府對於職災保險組合的運作（費率的訂定、保費的徵收、給付條件、給付項目、給付水準、給付方式及其他權利義務關係等）不予干預，完全由組合會員或投保人自行決定。因此，多元化組合主義職災保險政策的第二個原則就是不干預運作的原則。最後，政府對於低所得者應提供保費補助，誘發其投保意願，這就是選擇性補助原則。由於我國現行職災保險制度係採國家主義模式，上述這些原則當然不能適用，而應該採用貝佛里其模式，以貫徹集體主義所得重分配的精神。如果一方面採用國家主義，另一方面卻導入市場機能，將難以避免險道德危害與財務危機的雙重威脅。

關於第三個議題，如果採用多元化組合主義職災保險制度，各保險組合一定會制定出一個最適當的費率制度，根本不需要政府操心。如果要採用國家主義模式，基於社會連帶的理念，必須採用均一費率制或是差距不大的經驗費率制，而不宜採用實績費率制或混合制。如果採用實績費率制，那麼，與商業保險的性質又何異？集體主義社會連帶的意義又何在？因此，在制定職災保險費率制度之前，宜對我國福利國家模式與社會保險政策明確定位，然後，再依據其精神與原則加以規劃；否則，必將付出更多的社會成本。

關於第四個議題，根據84年2月28日修正公布的勞工保險條例，職業職災保險的費率制度是採經驗費率與不完全實績費率的混合制。投保單位先依職業職災適用行業別及費率表之規定繳納職災保費，加保3年後，雇用員工達一定人數以上之投保單位，依其前3年職災保險給付總額占應繳納職災保費總額比例超過80%者，每增加10%，加收其適用行業之職災費率5%，並加收至40%為限；比例低於70%者，每減少10%，減收其適用行業之職災費率5%。費率的調整，在經驗費率部分，至少每3年調整1次，實績費率部分則每年調整1次。由此觀之，我國職災保險費率制度至少有下列五個問題值得探討：

第一、經驗費率的上下限問題。

第二、實績費率的適用對象問題。

第三、實績費率的適用比率問題。

第四、實績費率的安全比率問題。

第五、實績費率的調整率問題。

我國現行勞工職災保險經驗費率部分的上限為3%，下限為0.27%，差距為 2.73%。日本的勞動者災害補償保險經驗費率部分的上限為

14.9%，下限為 0.6%，差距為 14.3%。差距越大，越具有實績費率的性質。如果大多數企業只適用經驗費率，而費率政策又偏向實績制，就應該擴大上下限的差距。由於我國勞工職災保險的實績費率部分只適用雇用員工在一定人數以上之企業，如果人數定得太多，只有少數企業能適用，不僅違反社會政策的公平原則，也會對高危險的大企業造成傷害；如果人數定得太少，那麼，何不乾脆一體適用。總之，如果要以雇用人數作為適用依據，政府就必須具有充分理由始能服人。我國勞工職災保險的實績比率是以 3 年的給付總額除以應繳保費總額比例計算，可是，卻每年調整費率，理論上是否有矛盾之處，頗值探討。此外，以應繳保費總額作分母是否妥當，也需進一步商榷。若能以累積實繳保費總額作分母，或許是較為合理的計算標準。我國勞工職災保險實績費率的安全比率為實績比率的 70%至 80%，超過 80%，就調升費率，低於 70%就調降費率，為貫徹隨收隨付的原則，安全比率上限宜調高，使其接近 100%。我國勞工職災保險實績比率每增減 1%，調整率增減 5%，而累積上限為 40%，下限則無規定。如此一來，同一等級的實績比率超過 160%時，調整率為正的 40%，實績費率就不再變動；當實績比率等於 0 時，調整率為-35%，投保人仍需繳納該等級費率 65%的保費（如等級經驗費率為 2%時，則需繳納 1.3%的保費）。此使設計扭曲了實績費率制的精神，也減弱了災害預防的功能。如果要避免此一缺失，則調整率宜採遞減方式（可分為 5%、4%、3%、2%、1%等 5 個次等級），越接近安全比率者，調整率越高（如實績比率為 90%-100% 者，適用 5%的調整率；實績比率在 120%-140%者，適用 4%的調整率）。至於調整率的累積上下限，宜提高至正負 100%，使實績費率的上限提高至經驗費率的 2 倍，使上下限為 0，以達成零災害保費的政策目標。

關於第五個議題，決策者必須作一個關鍵性的決定，要進行制度面的大改革，或是費率制度的小改革。如果政府有決心進行制度的大改革，就可將現行勞工保險職業災害保險制度改由職業組合、產業組合、企業組合以及地域組合辦理，並允許投保人投保商業保險。其次，職災保險的費率制度則由各組合自行議訂。最後，政府必須制定「職業災害保險補助辦法」，對弱勢國民提供保費補助。如果政府只欲從事費率制度的小改革，那麼，下列五個改革方向應可採行：

第一、經驗費率部分改採均一費率制。

第二、實績費率的適用對象改採一體適用。

第三、實績費率的實績比率改採前一年度給付總額除以累積實繳保費總額計算。

第四、實績費率的安全比率的上限由 80%提高至 100%或 90%。

第五、實績費率的調整率改採遞減方式；調整率的累積上下限調高至 100%。

總之，世界上絕無最好的制度，只有最適當的制度，而最適制度必須建立在適合的政治－經濟－社會的結構以及國民的生活需求上，經過自由市場的長期性調整才能形成。

參考文獻

Berkowitz, M. (1958). "Trends and Problems in Workman's Compensation," *The Social Service Review*, June, pp.167-180.

Carlson, V. (1962). *Economic Security in the United States*, the McGraw-Hill Book Co. Inc.

Gordon, M. S. (1962). *The Economics of Welfare Policies*, Columbia University Press.

Chapter 14

第十四章

社會救助制度的經濟分析

第一節　社會救助制度的基本概念

第二節　社會救助制度的經濟分析

第三節　社會救助制度的改革方向

第一節　社會救助制度的基本概念

一、社會救助的基本理念

(一) 貧窮的定義與因素

貧窮（poverty）是任何一個時代的任何一個社會都存在的現象，即使在一個富裕的福利國家（welfare state），貧窮仍是政府無法克服的難題。所謂貧窮，是指個人或家庭的可支配所得低於該社會所訂定之最低生活費標準者；個人或家庭的可支配所得占最低生活費標準的比率，就是所謂的貧窮比率（poverty ratio）；根據貧窮比率，可以將社會的貧窮狀況分為各種等級，例如，一級貧窮、二級貧窮、三級貧窮等。由此看來，最低生活費標準或貧窮線不僅是測定貧窮程度的指標，也是提供社會救助的依據。

造成貧窮的原因，根據 J. K. Galbraith 在其《富裕社會》（*The Affluent Society*, 1958）一書所述，有個人貧窮（case poverty）和鄉土貧窮（insular poverty）兩種，前者如傷病、殘障、失業、年老或教育的不足；後者如人種、家庭、地區或就業環境等（Galbraith, 1958）。一般說來，老人和身心障礙者陷入貧窮現象也十分普遍。個人或家庭一旦陷入貧窮，就難以脫離，因為貧窮有惡性循環的特質。貧窮者大都無法接受良好的教育，難有一技之長，而缺乏充分的就業機會，尤其是高所得的就業機會；另一方面，因生活環境惡劣，健康狀況較差，而極易陷入貧窮。此外，貧窮也有繁殖作用，一個貧窮家庭往往會繁衍成眾多的貧窮家庭。加上人口的老化和破碎家庭的增加，如果沒有社會福利的社會救助，貧窮人口當會增加。

(二) 社會救助的內涵

貧窮不僅會影響一個社會的生活水準，也會製造許多社會問題，尤其是文化貧窮（cultural poverty），更具有降低文化水準的作用，而貧窮者的犯罪，更是不可忽視的社會問題。因此，自古以來就有各種救貧措施，英國早在 1388 年，就有救貧法（Poor Law）的制定，但是，在貧窮就是罪惡的觀念下，當時的救貧法大都採取懲罰主義，即使是 1834 年的新救貧法，也規定接受救濟者必須公布姓名，而且不能享有選舉權。目前，各國所實施的社會救助（social assistance）也大都規定有資力調查（means test）的程序，而且或多或少都有屈辱感（stigma）的精神。1966 年，英國將國民救助（national assistance）制度改為補充給付（supplementary benefits）制度；1988 年，將補充給付制度改為所得補助（income supplementary）制度，其用意均在減少資力調查的複雜性和接受補助者的屈辱感。

社會救助是政府對貧窮家庭所實施的生活救濟措施，與國民互助的社會保險（social insurance）完全不同，前者的經費來自租稅（tax），是事後的救貧措施；後者的經費來自保險費（premium），是事前的防貧措施。社會救助一般分為基本扶助（或生活扶助）和特別扶助兩種，前者是根據最低生活費標準所制定的扶助；後者是依家庭結構的特性或家計支出的特別需要而提供的扶助。特別扶助有對單親家庭、年金家庭、身心障礙者家庭的特別扶助以及住宅、教育、醫療、就業或創業、喪葬等特別需要所提供的扶助。

(三) 社會救助的原則

1.政府責任原則

任何國家的憲法對其國民的生存權都有明確的規定（我國憲法第十五條）。生存權是國民的權利，也是政府的責任。當國民因貧窮而遭受生存的威脅時，政府有責任保護其生活，扶助其自立。因此，對所有國民提供社會救助措施，是政府必須承擔的責任。

2.平等原則

國民無分男女、宗教、種族、階級、黨派在法律上一律平等（我國憲法第七條）。凡合乎政府所規定之社會救助要件者，應平等接受保護。若只對某種特殊團體（如軍人、公務人員或難胞）採取優惠的社會救助措施，理論上，是違反憲法的平等原則。

3.最低生活保障原則

社會救助的基本精神在於最低生活的保障，而最低生活並非只是維持生命所必要的基本生活，還必須涵蓋衛生保健、教育文化等廣義的生活水準。因此，社會救助的標準應以生活水準的觀念加以訂定，並對特殊的需要提供特別扶助。

4.補充原則

可支配所得低於最低生活費標準，而充分運用其資產（含金融性資產和實物性資產）、工作能力和扶養義務等資力後，仍然無法維持最低生活者，始得成為社會救助的對象，這就是社會救助的補充原則。但是，資產的認定十分複雜，扶養行為的強制執行極為困難，若無嚴格、合理的資力調查，可能會發生有資產者接受社會救助，而沒有扶養行為的低收入者卻無法接受社會救助的現象。

5.公私分離原則

社會救助是政府的責任，不可因為民間慈善機構的分擔，而完全推卸政府的責任，因為政府的社會救助是國民的權利，民間的慈善活動是慈善家的恩惠，兩者的本質是完全不同的。但是，接受慈善機構收容或救助者，可視為扶養行為，其所接受的生活費用須從生活扶助中扣除，以避免雙重保護的缺失。

6.家庭單位原則

社會救助的對象應以家庭為扶助單位，並依家庭結構的不同（家庭成員的人數、性別、年齡等），提供不同的扶助金額。若以個人為扶助單位，則家庭成員越多、年齡越低的家庭越有利，單身或夫妻兩人的家庭最為不利。

7.行政統一原則

對於領域較小、生活水準差距不大的社會而言，社會救助的行政體系有統一的必要，若由各地方政府個別制定實施，就容易產生不公平的現象。最好的方法是由中央政府制定社會救助法，統一行政組織、區分地區等級和扶助標準、提供必要經費；另一方面，則由地方政府負責執行業務。

8.預算無限原則

社會救助是政府最重要的責任，不得因預算的限制，而不善盡責任。若當年度的預算不足以支應社會救助費用，應以借支方式，由國庫補足，再列入下年度預算。

二、我國的社會救助措施

(一) 制度概要

我國的社會救助制度包括生活扶助、醫療補助、急難救助、災害救助及救助機構等五項措施，其中，急難救助和災害救助係以一般人在遭逢急難或災害事件時，所施與的救助措施，而救助機構係依照兒童福利法、身心障礙者保護法、老人福利法及其他社會福利法規，所設置之救助措施。這三種社會救助措施均非以貧民（低收入者）為主要對象，就本研究對社會救助所下的定義而言，並不屬於社會救助的範疇。此外，社會救助法對於有工作能力的貧民，規定施與技能訓練、就業輔導、創業輔導或以工代賑方式輔助其自立。因此，我國的社會救助措施包括生活扶助、醫療輔助及就業輔導三種措施。

我國社會救助措施的主管單位，中央為內政部，直轄市為直轄市政府，縣市為縣市政府，其中，內政部負責制定和修訂法規，提供經費補助；市政府負責制定最低生活費和生活扶助標準的等級，並提供經費補助；縣市政府負責審查和扶助業務，編列預算支應，並得定期舉行勸募社會救助金。就地方的行政體系而言，可以分為台灣省政府、台北市政府及高雄市政府三個系統，各個系統的最低生活費標準、生活扶助標準、各種扶助措施及實施狀況不盡相同，因而極易產生不公平的現象。

台灣省的生活扶助經費，是由內政部負擔 40%，省政府和縣市政府共同負擔 60%；台北市和高雄市的經費，則由內政部負擔 30%，院轄市負擔 70%。至於醫療補助和就業輔導措施的經費，則由各地方政府自行負擔。

(二) 最低生活費標準

我國最低生活費標準有兩種方式，第一是根據上一年度政府公布之家庭每人平均所得的 2/3 範圍內訂定（台灣省與高雄市），第二是根據上一年度家庭平均每人消費支出的 60%範圍內訂定（台北市）。

第一個問題是，以平均所得和平均經常性支出為測定基準的缺失。生活水準與所得水準雖有密切關係，但是，兩者在本質上是不同的，理由是所得涵蓋租稅和儲蓄，如果租稅比率和平均消費傾向都很高，消費性支出比率和生活水準就會降低。因此，以平均所得計算最低生活費的方式實有改進的必要。至於用經常性支出作基準也有其缺失，因為經常性支出包括消費性支出和非消費性支出，如果非消費性支出比率很高，消費性支出比率和生活水準就會降低。因此，以經常性支出作基準也非適當。

第二個問題是，以 2/3 和 60%作為測定比率的缺失。事實上，這個數據並無充分的理論基礎，如果所得水準和支出水準都很高，最低生活費或許在這個比率以下即可；如果所得水準和支出水準都很低，以這個比率計算貧窮線或許不能維生；如果這個比率不是固定的，可以隨情況調整，那麼，這個比率就失去了意義。此外，以這個比率計算最低生活費，完全忽略了物價波動的因素，如果某一年度的物價上漲了 5%，而所得水準和支出水準都維持不變，甚至降低（所得可能因不景氣而無法提高，支出可能因勵行節約而不增加），理論上，最低生活費就不會改變，甚至要減少，就違反了最低生活費的原則。因此，以固定比率計算最低生活費，不僅沒有科學性的意義，也會造成實務上的困難。

(三) 生活扶助標準

台灣省和高雄市的低收入戶分為三類，第一款（或第一類）為全戶人口均無工作能力、無恆產、無收益，非靠救助無法生活者；第二款（或第二類）為全戶人口中有工作能力者未超過1/3，而全戶總收入未超過全戶最低生活費 2/3 者；第三款（或第三類）為全戶人口中有工作能力者未超過1/3，而全戶總收入未超過全戶最低生活費者。台北市的低收入戶則分為五類，第○類是全戶均無收入者；第一類是全戶平均每人每月總收入大於 0 元，小於 1,938 元者；第二類是全戶平均每人每月總收入大於1,938元，小於或等於7,750元者；第三類是全戶平均每人每月總收入大於 7,750 元，小於或等於 10,656 元者；第四類是全戶平均每人每月總收入大於 10,656 元，小於或等於 12,977 元者（2001 年度）。

2001 年的最低生活費用台灣省為 8,276 元（每人每月），台北市為12,977元，高雄市為9,814元，福建省為5,900元。同年度第一款或第○類的生活扶助金額台灣省為7,100元（占最低生活費的85.8%），台北市為 11,625 元（占 89.6%），高雄市為 8,828 元（占 90%），福建省為 5,900 元（占 100%）（蕭玉煌，2001）。

理論上，家庭所得若低於全戶最低生活費者，政府應補足其差額，以維護該家庭的最低生活水準。但是，我國的生活扶助卻只以全無收益者為扶助對象，對有收益者之家庭，並不補足其收益與最低生活費之差額，所以未能充分保障低收益家庭的最低生活。至於無收益家庭之生活扶助金額也都未達最低生活費用標準，根本無法充分保障無收益家庭的最低生活。此外，我國的生活扶助金額是以戶長和被扶養者人數的總和計算，完全不考慮規模經濟的問題。一般說來，家庭人數越多，越有規模經濟，每人平均生活費用越少，所以生活扶助金額應隨家庭人數的遞增適當給予減額才是合理。我國的生活扶助也不考慮家庭成員的年齡問題，甚至性別問題，雖然公平，卻不合理，也是值得檢討的問題。

(四) 特別扶助措施

我國社會救助措施的特別扶助有醫療補助、住宅補助（包括住宅興建和住宅整修等）、家庭補助（包括兒童補助和家庭補助）、子女教育補助、三節慰問及喪葬處理等。目前，醫療補助已納入低收入戶健康保險制度，由政府負擔全額保險費和部分負擔費用，由醫療機構負擔掛號費。地方政府均興建平價住宅，供低收入戶居住，對於未能進住平價住宅者，則提供住宅補助。凡死亡而無遺屬與遺產者，應由當地鄉鎮或市區公所代為埋葬。

最值得檢討的問題是，低收入戶的健康保障措施應以社會保險或以社會救助的方式來處理？本研究基於下列三個理由，認為以社會救助方式處理為宜。

第一、健康保障應該涵蓋保健、醫療、復健、重建的概括性措施，而健康保險一般只提供醫療給付，而其他保健和復健經費大都自行負擔或投保民間保險。低收入者根本無力負擔這些費用，所以應由政府提供免費的保健服務。

第二、社會保險的三個基本原則是：繳納保費享受給付、危險分攤和大數法則。低收入者不繳納保費，也不能分攤危險，更違反大數法則，所以不宜以社會保險方式實施。

第三、社會保險所提供的服務是必要最適量（necessary optimum）；社會救助所提供的服務是必要最低量（necessary minimum），前者是由保險醫生決定，後者是由公務醫生（公務人員）決定。若採社會保險方式，在論量計酬的診療報酬制度下，必然造成醫療費用的浪費與高漲；在論件計酬的診療報酬制度下，則將造成醫療品質的低落。因此，低收入戶的健康保障制度宜採社會救助方式。

第二個問題是子女的教育補助。為了防止貧窮的惡性循環，對貧民子女的教育應特別重視，扶助其子女脫離貧窮的深淵。我國的現行制度只對接受義務教育的子女提供少額的補助，對接受自費教育的子女，則提供獎助學金。為了扶助貧民子女接受教育，政府對於接受教育的貧民子女，應一律提供教育補助，直到大學畢業，而補助內涵應包括學雜費、文具費、交通費、畢業旅行費用等。協助貧民子女自立，不僅可以防止貧窮的繁殖，更可培植更多的健全家庭。

(五) 行政程序

申請貧民資格的行政手續，是由申請人（本人、法定代理人或里幹事）在政府規定之期間內，向里辦公室提出申請，經里幹事實地調查後 1 週內，送區公所審核，區公所於審核後 10 日內，送社會局複查，複查結果由區公所通知申請人，自申請之日起生效。

生活扶助的申請原則有二，第一是公正原則，第二是效率原則。由里幹事負責實地調查，是否符合公正原則？在規定期間內申請，是否符合效率原則？這是頗值得探討的問題。如果里幹事的專業知識不夠，甚至意氣用事，調查結果的公正性就難維護；如果在規定期間外，因突發事故陷於貧窮，就難以迅速獲得扶助。此外，向里辦公室申請也是一種缺失，因為可能會傷害個人的尊嚴。因此，方便申請和嚴格審查將是改革申請制度的方向。

資力調查是決定貧窮資格與扶助標準的重要依據，所謂資力，一般涵蓋所得、資產、工作能力和扶養能力。所得和工作能力的測定比較容易，但是，資產和扶養能力的調查就比較複雜，例如，金融性資產就頗難掌握，扶養能力的認定也頗為困難。有些人只有少許的資產，而且無法在短期內變現，即使變現亦難以維生，這種狀況是否不應該接受社會救助？有些人雖有扶養義務人，而且有扶養能力，卻不願扶養，在法律判決前，是否不應該接受社會救助？因此，資力調查應具有客觀性和彈性，最好是由公正的第三者（如由地區組成的資力調查委員會）負責調查，並提報政府單位審核。

當接受社會救助者拒絕政府的調查、收容、輔導或其他法定規則時，政府當可施以行政處分，停止部分或全部扶助項目。對於拒絕社會救助之貧民，政府是否需要強制收容？是個頗值商榷的問題。基於人權的考量，政府不應該強制，但是，基於社會立場，政府應採強制收容。對於以虛偽不實申請而接受社會救助者，政府即予停止保護，並追回已領之費用，若涉及刑責者，需移送法辦。問題是，移送法辦的標準何在？理論上，虛偽不實的申請已構成刑法上的偽造文書罪或詐欺罪，均合乎移送法辦的條件，若無明確規定，可能會造成執行上的困擾。

第二節　社會救助制度的經濟分析

一、生活水準的經濟分析

生活水準（level of living）是一個社會或家計的生活狀況，一般有狹義和廣義兩種定義，前者指所得、消費和儲蓄等貨幣性指標（monetary indicators）的水準；後者除貨幣性指標之外，還包括自然環境、社會環境和文化環境等非貨幣性指標（non-monetary indicators）的水準。根據聯合國（United Nations）在1954年發表的「生活水準之國際定義與測定方法報告」（Report on International definition and Measurement Standard and Levels of Living），有下列幾項說明（降矢憲一，1977）：

第一、國際適用的生活水準並無單一的指數存在。

第二、生活水準的概念，除物質因素之外，亦應涵蓋非物質因素，而在不同的文化價值觀下，生活水準的測定並無意義。

第三、由於國際通貨換算的困難，無法採用貨幣指數（monetary index）進行國際比較。

第四、基於上述理由，生活水準的研究應以國際上承認的構成因素或與構成因素相關的統計性指標（statistical indicators），從事多元性的分析。

第五、國際上承認的構成因素，包括健康（health, including demographic conditions）、食品與營養（food and nutrition）、教育（education, including literacy and skills）、勞動條件（conditions of work）、就業狀況（employment situation）、總消費與總儲蓄（aggregated consumption and saving）、交通（transportation）、住宅（housing, including household facilities）、服飾（clothing）、休閒娛樂（recreation and entertainment）、社會安全（social security）及人權自由（human freedoms）等十二大項。

第六、構成因素是由許多項指標構成，但是，住宅、服飾、休閒娛樂、社會安全與人權自由等因素的不同，難以制定國際定義，而沒有指標的提示。

1969年，美國衛生、教育與福利部發表「邁向社會報告」（Toward Social Report），以社會指標（social indicators）測定生活水準（DHEW, 1969）。其後，各國相繼效尤，我國行政院經濟建設委員會也於民國64年6月起，編製「社會福利指標」；行政院主計處亦於民國67年起，編製「中華民國台灣地區重要社會指標月報」，並於翌年起，編製「社會指標統計年報」；生活素質研究中心則於民國74年出版《中華民國第一次社會報告》，分人口與家庭、醫療保健、教育、工作與就業、經濟、住宅與環境、社會福利、公共安全、交通運輸、社會參與和文化休閒等十一項指標（生活素質研究中心，1985）。

綜合上述各種社會指標，家庭生活水準至少可以涵蓋下列幾個指標：

第一、從家庭收入指標，包括收入的高低（如可支配所得的多寡）和收入的型態（如收入的安定性）。

第二、家計支出的指標，包括消費的量（如消費支出金額）和消費的質（如消費結構）。

第三、家計資產指標，包括金融性資產的多寡（如存款、有價證券等）和實物性資產的擁有情形（如不動產、貴重金屬、收藏品等）。

第四、勞動指標，包括就業狀況（如就業的安定性）和勞動條件（如工作時間、工作福利等）。

第五、生活意識指標，包括文化意識、生活習慣、生活樣式、生活滿意度等。

社會生活指標或家庭生活指標都有正的因素和負的因素，例如，所得金額、住宅面積、平均壽命等等都是正的因素，而物價膨脹率、火災發生率、罹病率等等都是負的因素，將這些正、負因素綜合分析的結果，就可以測定生活水準。在同一個社會中，每一個家庭的生活水準各有不同，但是，可以歸類成不同的生活標準（standard of living）。例如，N. N. Combish 就將生活標準分類為貧窮生活標準（poverty standard of life）、最低生存標準（minimum subsistence standard）、健康舒適標準（health and comfort standard）及奢侈生活標準（standard of luxury life）等四種等級。如果中等（the moderate）標準以上的家庭越多，該社會的生活水準就越高；如果家庭的生活水準越高，該社會的生活水準就越高。總之，生活水準和生活標準的問題仍未獲得普遍的共識，仍有待進一步的研究（多田吉三，1989）。

(一) 生活水準的指標

生活水準的內涵包括貨幣性指標與非貨幣性指標，而貨幣性指標中最重要的因素就是國民生產毛額（GNP），因為GNP是國民所得水準最重要的指標。所謂 GNP，是一個社會在一定期間內（通常為一年）所生產的財物和勞務的總和，而以市場價格計算之總金額。GNP涵蓋了個人消費、企業投資、政府支出（移轉性支出除外）和國際貿易的總體狀況，但是，並不顯示個別的具體內容。譬如說，政府支出增加了，到底是教育經費增加了呢，還是國防費用提高了呢，並沒有明示出來。因此，單從國民所得的規模，並無法真正顯示該社會的生活水準，而其具體理由至少有下列幾項：

第一、沒有涵蓋環境破壞與物價膨脹等負面因素。

第二、無法反映人們欲望的變化、生活安全的保障和休閒時間的增加等非經濟因素。

第三、沒有涵蓋政府的社會福利支出、企業的慈善事業和個人的贈與等福利因素。

第四、沒有涵蓋地下經濟的非法因素。

於是，學者紛紛提出對GNP的修正方法，其中較為有名的有下列幾種：

第一、社會目的GNP。包括基本生活、醫療保健、教育文化、休閒活動、農工商生產、土地開發、運輸通訊、社會福利、研究開發、政府行政、國防、經濟合作及淨出口等項目的總金額。

第二、福利GNP。將現行GNP的內容加上產品品質的改良、休閒價值（以休閒的機會成本計算）和家事勞動價值，扣除上下班的交通費用、產品的流通費用及政府的不必要開銷。

第三、國民福利淨值（net national welfare, NNW）。包括個人消費支出、政府資本財和勞務的經常支出、社會資本的方便值、休閒時間、市場外活動，然後，減去生活環境的維護經費、交通事故及上下班時間等都市化的損失。

GNP的新觀念雖然有助於凸顯生活水準的內涵，但是，如何測定基本生活、產品品質、休閒價值、政府的不必要支出等抽象概念，學者並無提出具體的方法。因此，在 GNP 的爭論未獲定論之前，現行GNP 仍是測定生活水準最重要的指標。

除了 GNP 的規模、平均每人國民所得（per capita income）、可支配所得等所得水準之外，下列幾種與國民所得有關的指標，亦可反映生活水準的內涵：

第一、家計食品支出占國民所得的比率。

第二、社會資本與社會福利費用占國民所得的比率。

第三、個人消費占國民所得的比率及其指數的收動。

第四、投資總額與儲蓄總額占國民所得的比率及其指數的變動。

其次，消費水準也是測定生活水準的重要貨幣性指標。所得消費水準，並非單純的消費支出金額，而是考慮消費者物價指數（consumer price index）的因素之後，所呈現的消費狀況。例如，現在每個月 2 萬元的消費支出與十年前 2 萬元的消費支出當然不同，所以不可以單純消費支出金額，從事生活水準的比較。目前，一般均以消費水準指數，解釋消費水準的變動狀況。我們可以設定某一基準期（如民國 80 年）的消費支出金額為 E_0，消費者物價指數為 P_0；而某一比較期（如民國 90 年）的消費支出金額為 E_1，消費者物價指數為 P_1，那麼，消費水準指數為：

$$(E_1 / P_1 \div E_0 / P_0) \times 100$$

例如，民國 80 年的消費支出金額為 2 萬元，消費者物價指數為 100；民國 90 年的消費支出金額為 3 萬元，消費者物價指數為 150，那麼，消費水準指數為 100，即消費水準並沒有提高。

在測定消費水準時，除了要考慮物價指數之外，還要考慮家庭人數的變化，如果消費水準指數不變，而家庭人數減少了，那麼生活水準就應該提高了。此外，日數的計算也很重要，例如，1 月份和 2 月份的消費支出金額如果相等，2 月份的消費水準就高於 1 月份。最後，都市和農村的消費型態不同，單從消費支出金額作比較並無多大意義，所以在選擇調查地區時，必須有周延的檢證分析，才不致產生錯誤的結論。

生活水準的非貨幣性指標，基本上可以分為物質指標和文化指標，前者包括營養攝取量、身高體重、居住狀況、水電燃料使用量等；後者包括保健衛生、教育文化、休閒娛樂、生活環境、平均壽命等。在測定各種非貨幣性指標時，首先，必須將不同單位的指標指數化，才能進一步比較。目前，被廣泛採用的是 J. Drewnewski 所開發的基準點公式（參考本書第三章第二節），也就是用 OMF 方式測定指數值。如果某一社會的生活水準很高，就可以採用 OMF 方式去測定指數值。

(二) 生活水準的差異

每個地區都有特殊的自然環境、經濟環境與社會環境，家庭生活的習慣、樣式和滿足度因而不同，生活水準也因而產生差異。因此，生活水準與地區發展有密切關係，下列就是幾個重要的相關因素。

1.人口密度

人口密度越高的地區，在資訊的傳達、保健醫療、交通、購物、娛樂各方面都有其方便性，但是，交通事故、空氣污染、噪音、火災等方面卻有其負面影響，所以人口密度較高的都市地區雖可享受方便的日常生活，卻要忍受惡劣的自然環境，對健康和人性的維護反而有害。在工業化和都市化的發展過程中，人們為了追求生活的方便，往往向都市移動，因而造成了都市人口過度密集，而鄉村人口過度稀疏的現象，可是，在產業高度發展之後，都市問題益趨嚴重，就會產生都市人口回流鄉村的現象。總之，當人口密度超過某一界限時，生活水準就會降低，人口回流現象就會產生。

2.環境破壞

環境破壞越嚴重的地區，生活水準就越低。環境破壞除了由工廠排放出大量廢棄物所產生的環境污染之外，農家所使用的農藥和化學肥料、家庭所使用的清潔劑和所丟棄的垃圾、汽機車所排放的油煙和所製造的噪音等都會破壞生活環境。環境破壞除了有害人體、產生各種公害病之外，也會破壞自然環境，削弱自然的淨化作用，產生各種災害。環境破壞的程度，一般說來，都市比鄉村嚴重、沿海地區比山區嚴重，尤其是臨海大都市，環境破壞的程度最為嚴重。在測定各地區的環境破壞程度時，可以用空氣污染、水污染、噪音、交通事故、公害病患人數與罹病率等指標從事比較，環境破壞程度越嚴重，就越不適合人類居住。

3.所得與物價

向高所得地區移動是人類的通性，因為所得較高的地區，也就是生活水準較高的地區。影響地區所得水準的因素，主要是產業結構，一般說來，第三次產業（服務業和高科技產業）較多的地區，所得水準最高，其次是第二次產業（一般工礦業）較多的地區，最低是第一次產業（農林漁牧業）較多的地區。在物價方面，第一次產業產品是以鄉村地區較為便宜，因為較接近產地，無須複雜的行銷過程，但是，第二次和第三次產業的產品則以都市地區較為便宜，因為工業產品都在都市周邊地區生產，運輸費用較低。如果物價膨脹率超過所得增加率，生活水準就會降低；如果所得增加率大於物價膨脹率，生活水準就會提高。

4.居住水準

居住水準是生活水準的重要指標，也是家庭機能的重要因素。某一地區的居住水準可以用每戶平均面積、每戶平均房間數、每一寢室平均人數、自用住宅持有率、平均住宅價格對年所得的倍數等加以測定。從個別家庭的觀點來說，除了客廳、餐廳和浴室之外，父母、夫婦和子女應有個別的寢室，這是最基本的居住水準。住宅價格與住宅持有率並無絕對的負相關，例如，歐美住宅價格對年所得倍數遠低於我國和日本，但是，住宅持有率也遠低於我國及日本。一般說來，都市的居住水準低於鄉村，但是，家庭設備水準卻高於鄉村。在家庭設備普及化之後，鄉村的居住水準就會超越都市。

5.社會資本

社會資本包括公園、綠地、廣場、遊樂場、運動場、體育館等育樂設施；圖書館、美術館、動物園、科學館等文化設施；兒童、老人、殘障、婦女及青少年等的社會福利設施；醫院、衛生所、保健所等醫療保健設施等。社會資本越多，生活水準就越高，而通常是以設施的種類與數量及每一設施的人口數，作為測定社會資本水準的依據。一般說來，都市地區的社會資本，除公園綠地外，均以鄉村地區為多，這也是人口集中於都市的重要因素。當政府致力於地區平衡發展時，除應重視產業、所得、消費等因素之外，充實社會資本亦為不可忽略的措施。

6.傳統觀念

傳統觀念不僅左右家庭生活，也影響地區的生活水準，假設兩個地區的所得水準相同，在傳統觀念上，比較重視生活享受的地區，生活水準就比較高，比較重視勤儉刻苦的地區，生活水準就比較低。一般說來，都市地區比鄉村地區重視生活享受，沿海地區比山區重視生活享受，所以都市和沿海地區的生活水準就高於鄉村和山區。有些地區的傳統觀念比較重視食品，所以恩格爾係數（Engel coefficient）就比較高；有些地區則比較重視文教休閒，其所得彈性（income elasticity）就比較高。有時候生活水準很高的地區，居民對生活的滿足度卻很低，這是受到傳統的生活觀所影響，所以在作地區比較時，應特別注意傳統觀念的問題。

二、生活費用的經濟分析

早在十七世紀，經濟學創始人之一的 W. Petty 為了測定愛爾蘭和英格蘭的通商能力和負稅能力，而以中等階級的消費金額乘以人口的方式，推估全國的消費水準和國富。其後，D. Defore、J. Massie、A. Young 等人均以政治算術（political arithmetic）的方法，估算生活標準，以測定英國的國富。1797 年，F. M. Eden 以問卷調查的方法，調查農業勞動者的家計，而出版三巨冊的《貧民狀況》（*The State of the Poor*）。調查結果發現，貧窮的原因並非所得不足，而是不當的消費，因而建議英國政府重新檢討當時的救貧政策，改採互助方式。1855 年，F. L. Play 則以歐洲各國典型勞動者為對象，調查其家庭生活，而出版《歐洲勞工》一書。1857 年，E. Engel 在《薩克森王國的生產與消費》一書中，以平均消費額測定國民福祉；1895 年，E. Engel 則在《比利時勞工家庭之生活費》一書中，提出著名的恩格爾法則。二十世紀以後，家計調查普受重視與採用，不僅用於生活經濟面，也用於公共政策面，對問題的解釋與政策的掌握，都具有重要的功能（多田吉三，1989）。

(一) 恩格爾法則一般化

1935 年，R. G. D. Allen 和 A. L. Bowley 在其合著的〈家計支出〉（"Family Expenditure, A Study of Its Variation"）論文中，提出恩格爾法則一般化（generalization of Engel's Law）的理論，以線型迴歸處理各種

消費支出，以測定各種消費支出的恩格爾係數。其迴歸方程式為：

$y = ke + c$

y ＝某種消費支出金額

k ＝邊際消費支出傾向（即收入或支出的變動／消費支出的變動）

e ＝收入或消費支出總額

c ＝當收入為 0 時所必需的消費支出金額

每一種消費支出的 k 和 c 的值均不相同，假設服飾的 k 值為 0.18，c 值為 1000 元，那麼，當收入為 2 萬元時，服飾費用為 4600 元。當然，如果考慮到偏差，就可以下列公式計算：

$y = ke + c + v$

y ＝觀測值

v ＝偏差值

恩格爾法則一般化的結果，恩格爾係數將不限定於食品支出，各種消費支出均有恩格爾係數，而且變動狀況也各不相同。恩格爾法則的擴大應用，為生活費的測定方法提供了更廣泛的研究空間，對家計問題的掌握提供了更確實的研究方法。

(二) 緊急尺度

在上述消費支出的迴歸方程式中，若 $\overline{y}$ 代表某一家計消費支出金額，$\overline{e}$ 代表所有家計平均消費支出金額，那麼：

$\overline{y} = k\overline{e} + c$

$c = \overline{y} - k\overline{e}$

代入 $y = ke + c$

則 $y = ke + (\overline{y} - k\overline{e})$

設 $\overline{w} = \overline{y}/\overline{e}$

即 $\overline{y} = \overline{w} \cdot \overline{e}$

則 $y = ke + (\overline{w} \cdot \overline{e} - k\overline{e})$

$y = ke + (\overline{w} - k)\overline{e}$

$c = (\overline{w} - k)\overline{e}$

$\overline{w}-k$的值就是所謂的緊急尺度（scale of urgency），正數值越大，表示緊急度越高；負數值越大，表示緊急度越低。由於$\overline{w}-k=c/\overline{e}$，收入額$\overline{e}$越高，$\overline{w}-k$的值越小，也就是緊急度越小，所以所得越高時，必需性消費支出的緊急度會降低，相反地，奢侈性消費支出的緊急度則會提高。根據這個方式計算各種消費支出的緊急度，就可以測出家計消費支出的優先順序。

(三) 生活費指數

以某年為基期，在各種消費物價不同漲幅下，另一年度的生活費指數（index of living costs）可依下列公式計算：

$\mathrm{I}=100\Sigma(w_i \cdot r_i)$

I＝生活費指數

w_i＝ i 項消費支出比率（$\overline{w_i}$＝平均消費支出比率）

r_i＝ i 項消費價格上漲率

依**表 14-1** 所設定的資料計算，則

$$\mathrm{I}=100\,(0.6\times1.25+0.16\times1.56+0.12\times1.875+0.08\times1.725+0.04\times1.725)=143.16$$

表 14-1　家計特性值實例

消費支出	$\overline{w}$ (A)	k (B)	$\overline{w}-k$ (C)	r (D)	p (E)	$p\cdot k$ (F)
食品	0.60	0.36	0.24	1.25	-0.18	-0.0648
居住	0.16	0.06	0.06	1.56	0.13	0.0078
服飾	0.12	0.18	-0.06	1.875	0.445	0.0801
水電燃料	0.08	0.016	0.064	1.725	0.295	0.0047
雜費	0.04	0.384	-0.344	1.725	0.295	0.1133
合計	1.00	1.00				0.1411

若進一步考慮到收入或支出金額的變動因素，那麼，生活費指數的計算公式可依下列方式導出：

設$p_i = r_i - I/100$（i項消費價格上漲率與生活費指數的1/100之差）

$r_i = I/100 + p_i$

則$I = 100\Sigma[\overline{w}_i \cdot (I/100 + P_i)]$

$= I\Sigma\overline{w}_i + 100\Sigma\overline{w}_i \cdot p_i$

$\because e_i = k_i e + C_i$（$e_i = i$ 項消費支出金額）

$C_i = (\overline{w}_i - k_i)e$

$\therefore e_i = k_i e + (\overline{w}_i - k_i)e$

則$Ie = 100\Sigma(e_i/e \cdot r_i)$（$Ie$ =消費支出金額之生活費指數）

$= 100\Sigma[e_i/e(I/100 + p_i)]$

$= 100\Sigma[e_i/e \cdot I/100 + e_i/e \cdot p_i]$

$= I\Sigma e_i/e + 100\Sigma(e_i/e \cdot p_i)$

$\because \Sigma e_i = e$，即$\Sigma e/e = 1$

$\therefore Ie = I + 100\Sigma\{p_i[k_e e + (\overline{w}_i - k_i)\overline{e}]/e\}$

$= I + 100\Sigma\{p_i[k_i + (\overline{w}_i - k_i\overline{e}/e)]\}$

$= I + 100\Sigma(p_i \cdot k_i + w_i \cdot p_i - p_i \cdot k_i\overline{e}/e)$

$\because \Sigma w_i \cdot p_i = 0$

$\therefore Ie = I + 100\Sigma p_i \cdot k_i - 100\Sigma p_i \cdot k_i\overline{e}/e$

$= I + 100(1 - e/e)\Sigma p_i \cdot p_i$

根據表 14-1 的實例，如果收入或支出增加一倍，那麼，$\Sigma p_i \cdot k_i = 0.1411$，若以支出總額的二倍計算，即e = 2，代入上式後，即可算出生活費指數為150；相反地，如果以支出總額的一半計算，即e = 1/2，生活費指數為129.05。

即$I_2 = 143.16 + (1 - 1/2) \times 0.1411$

$= 150.215$

$I_{1/2} = 143.16 + (1 - 1/0.5) \times 0.1411$

$= 129.05$

三、社會指標測定法

(一) 一籃市價方式

關於最低生活費或貧窮線（poverty line）的測定方法，最早是由 B. S. Rowntree 所開發的一籃市價方式（market basket method）。這種方式是根據營養或生活科學的判斷，將維持生命所需之營養和獲得這些營養所必要之食品種類和數量分門別類，然後，以市場價格換算這些食品所需之金額，這就是最低的食品費用。以同樣方法，將居住、服飾、保健和雜費等必要最低量的消費數量，乘以市場價格後，就可算出最低的居住費用、服飾費用、保健費用和雜費。最後，將所有費用合計，就是最低生活費用。

關於最低食品費用的測定，可以先設定標準家庭的條件，如成員人數和家庭結構，計算其個別所需之營養量，如熱量（calorie），再計算每人平均所需之營養量，然後，將食品類型分為主食、副食、調味品及嗜好品等項目，而將主食分為米、麵等，將副食分為魚類、肉類、蔬菜等，將調味品分為醬油、味素、食鹽、糖等，將嗜好品分為飲料、菸酒等，並將平均營養量分配至各食品項目中，最後，將該營養量之食品換算成市場價格，並將其金額合計，即可算出該家庭平均每人之最低食品費，若乘以該家庭人數，即為該家庭之最低生活費。（**表 14-2**）

營養攝取量雖有科學的客觀標準，但是，在相關食品的選擇上，卻有不同的看法，例如，蛋白質要從肉類中取得，還是從其他食品取得，可能會因人而異，如果食品的選擇不同，食品費用當有差異。此外，食品的購買方式、料理方式和食用方式也十分紛歧，如果這些方式不決定，食品費用就難以決定。至於食品以外的消費數量，常涉及主觀判斷，例如，最低量的居住、服飾或雜費，實難以科學方法加以判定。B. S. Rowntree 在其《貧窮——都市生活的研究》（*Poverty: A Study of Town Life*, 1901）中，以「從任何角度觀察，都應判定為最低

表 14-2 最低食品費之計算實例

（單位：卡，元）

成員結構	所需熱量	
35 歲家長	2,190	
30 歲妻子	1,850	
9 歲長男	2,100	
4 歲長女	1,400	
平均	1,885	
食品項目	熱量	金額
1. 主食	1,367	780
米	699	500
麵	668	280
2. 副食	397	1,210
魚類	137	360
肉類	150	530
蔬菜	110	320
3. 調味品	121	140
醬油	－	60
食鹽	－	30
糖	－	50
4. 嗜好品	－	120
1.2.3.4.合計	1,885	2,250

的程度」，作為最低（minimum）的標準，這種說法無啻承認判定者的主觀認定，缺乏科學的依據。

用一籃市價方式測定家庭的最低生活費時，爭議更多，技術更難突破，因為要涉及家庭成員的人數和年齡結構。一般說來，成員人數越多，越有規模經濟的效益，平均每個人的最低生活費會越少，但是，費用減少比率應為多少呢？這是十分難解的問題。此外，年齡的不同，最低生活費亦應有異。例如，嬰孩、兒童及青少年等未成年家庭成員的最低生活費，理論上，應隨年齡的提高而增加，但是，增加率應如何判定才是合理，卻難以獲得共識。因此，在測定家庭的最低生活費時，標準家庭的設定（例如，家長年齡及未成年子女的年齡與人數）是最需克服的難題，尤其在三代同堂尚十分普及的我國家庭制度下，標準家庭的設定更為困難。

隨著經濟的成長和所得的增加，家庭的生活內涵日趨多樣化，生活水準也不斷提高，以一籃市價方式設定的最低生活費，與實際的生活內涵和生活水準比較，差距將會逐漸擴大，而形成不切實際的最低生活費。因此，對現代社會而言，一籃市價方式已喪失了時代的意義。

(二) 恩格爾方式

恩格爾方式（Engel method）是以一籃市價方式測出最低的食品費用，然後，除以恩格爾係數，以算出最低所得或消費（所得等於消費）的方法。其計算方法如下：

第一、設定標準家庭模型，例如，家長 35 歲，妻子 30 歲，長男 9 歲，長女 4 歲之四人家庭。

第二、以該標準家庭的消費支出和食品費用，計算該家庭的恩格爾係數。

第三、以一籃市價方式測定標準家庭的最低食品費用。

第四、以最低食品費用除以該家庭的恩格爾係數，算出該家庭的消費支出總額，即最低生活費用。

以上述方法算出的最低生活費，是沒有病人、老人、產婦、身心殘障者或接受自費教育之子女等特殊條件的標準家庭。

另一種方法是將某一地區的家計調查資料中，取出數種所得階層的恩格爾係數，再推估最低生活費的恩格爾係數（二次迴歸線上之延長線），最後，再以最低食品費用除以最低生活費的恩格爾係數，就可得出最低生活費用，即

最低生活費＝最低食品費用／最低恩格爾係數

恩格爾方式僅以食品費用為計算依據，可以避免食品費以外生活費用最低量的理論性爭論，該部分是隱藏在實際的生活費中，所以有些學者認為，恩格爾方式應屬於生活費指標測定法。但是，恩格爾方式的最低食品費用，是以一籃市價方式一同視為社會指標測定法。就理論上說，恩格爾方式具有一籃市價方式的缺點；就實務上說，恩格爾方式的最低生活費與平均生活水準的差距也會逐年擴大，必須採取縮小措施。

在貧窮地區，最低所得階層的恩格爾係數往往會產生低於較高所得階層的現象，這是因為極度貧窮的結果，使最低所得階層不得不削減必要的食品費用，而隨著所得的提高，就漸有能力增加食品費用，而使恩格爾係數提高，這就是所謂的「恩格爾法則停止現象」。若在這種地區採用恩格爾方式計算最低生活費，結果將會偏高，因為最低恩格爾係數偏低；若以此一結果作為生活扶助的標準，將使生活扶助對象大幅增加，加重政府的財政負擔。因此，在有恩格爾法則停止現象的地區，不宜採用恩格爾方式制定最低生活費。

四、生活費指標測定法

(一) 家計支出始發點方式

家計支出始發點方式是日本學者森田優三採用 R. G. D. Allen 和 A. L. Bowley 的家計支出理論，所開發出來的最低生活費理論（森內優三，1948）。這種方式是將所得階層的消費支出分為食品、居住、服飾、水電及雜費五種，以線形迴歸的方式，測定生活緊急度的順位，當緊急度最低的雜費和服飾費為零時，亦即雜費的迴歸線始發點，就是最低生活費。由**圖 14-1** 各種消費支出的線形迴歸可知，雜費和服飾費的斜率最高，即生活緊急度最低，兩者始發點幾乎一致，亦即在貧

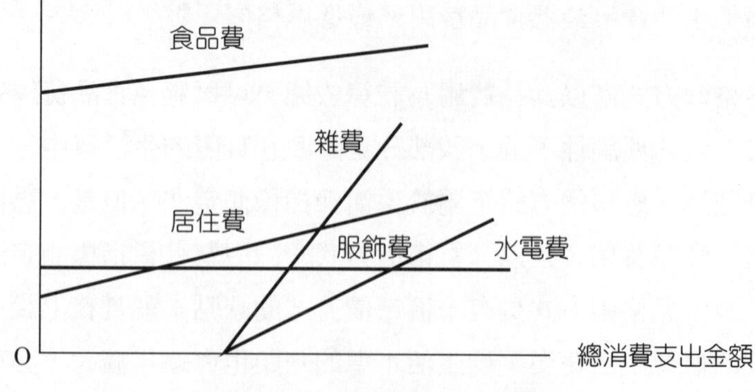

圖 14-1　線形消費支出結構

窮線上的人們均無雜費和服飾費的支出，這時的所得就是最低生活費，因為低收入者支出的所得彈性為 1，即支出的增加比率等於所得的增加比率。

這種方式，理論上可以用下列公式導出：

$e = a + b \log i$

e ＝各種消費支出金額

i ＝所得金額

a，b ＝迴歸係數

當 e 為數字 0 時

$\log i = -a / b$

這種方式有兩個缺點，第一是雜費和服飾費的始發點是否十分接近或一致？實有疑問。第二是在沒有統計資料的迴歸線下方，是否呈直線式延長？如果非直線式延長，最低生活費的位置就會呈現不定的狀況。因此，家計支出的始發點方式的始發點應如何決定，在理論分析上，仍有進一步研究的必要。

(二) 家計支出轉曲點方式

日本學者家本秀太郎和籠山京等人，曾以恩格爾係數為最高點時的消費支出，作為最低生活費的標準，這是在戰後貧窮時期有明顯恩格爾法則停止現象時，所採行的測定方式（森耕二郎，1953）。其後，另一學者奧村忠雄加以修正，以恩格爾係數的轉曲點，作為判定貧窮線的依據（奧村忠雄 & 多田吉三，1981）。現在，用**圖 14-2** 加以說明。如果所得低於 B，家計便會控制消費支出，尤其會節省不必要的食品費用，恩格爾係數便會急速降低，這個轉曲點 f 所對的家計所得（含家計支出和稅金），就是第二貧窮線，或第二生存線。如果所得低於 D，家計便會縮減食品以外之消費支出，而使恩格爾係數急速提高，這個轉曲點 g 所對的家計支出（含家計所得和負儲蓄），就是第一貧窮線或第一生存線。最低生活費要採用第一貧窮線方式，還是第二貧窮線方式，則依其經濟社會的發展程度而定，在經濟高度發展的

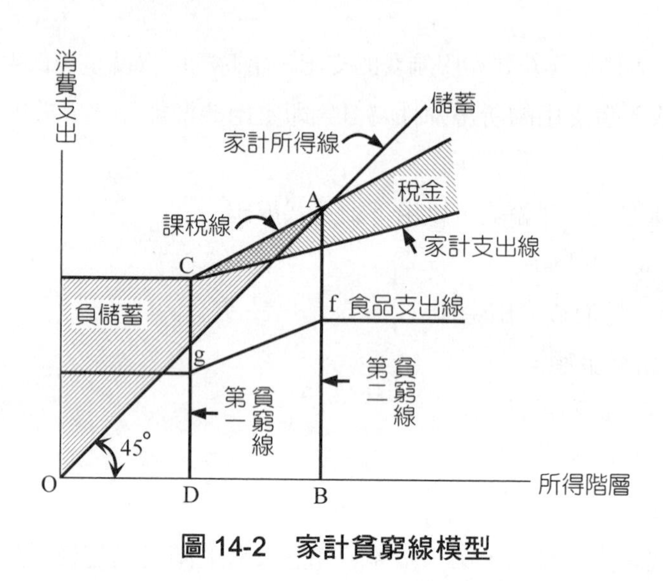

圖 14-2　家計貧窮線模型

社會裡，宜採用第二貧窮線作為最低生活費的標準。這種方式必須仰賴正確的家計調查資料，如果資料有誤，就會產生偏差。問題是，生活狀況並非容易掌握，尤其是低所得階層的生活狀況更難把握。因此，在應用此一方式時，對家計資料檢證必須十分慎重。

(三) 消費單位方式

日本勞動科學研究所曾於 1954 年，動員營養、生理、病理、心理及社會科學家從事大規模的生活費用與身心狀況（如營養狀況、體力、體格、知能等）和生活狀況（如居住、服飾、文化生活等狀況）關係的研究（勞動科學研究所，1970）。結果發現，生活費用達某一水準時，兩者的關係會趨於淡薄，同時發現，有兩次轉換點，於是，將第一次轉換點的生活費用，判定為最低生活費用，並稱之為維持個人生活所必需之基本消費單位。研究人員進一步將不同的年齡、性別和工作性質的個人所需之消費單位比較研究，而訂出**表 14-3** 的消費單位標準表。根據這個標準表的消費單位數和基本消費單位的金額，即可測出家庭的最低生活費用。例如，一個包括從事輕度作業勞工、妻子及 3 歲男孩的家庭，其食品消費單位應為 2.3，非食品消費單位應為 2.1，如果每一單位的食品費用為 3000 元，非食品為 2000 元，那麼，該家庭的最低生活費為 11,100 元。消費單位方式雖然極具科學性，但是，由於必須採用的指標太多，指標選擇的適當性和指標解釋的統一性，仍有待更精細的研究。

表 14-3　勞動科學研究所之消費單位標準表

食品消費			非食品消費	
	男	女		
嬰兒	0.25	0.25	嬰兒	0.30
1-3 歲	0.50	0.40	1-3 歲	0.40
4-6 歲	0.60	0.55	4-6 歲	0.40
小學 1-3 年級	0.65	0.60	小學 1-3 年級	0.45
小學 4-6 年級	0.70	0.65	小學 4-6 年級	0.50
中學	0.90	0.80	國中	0.80
輕度作業	1.00	0.80	高中	0.90
中度作業	1.15	0.95	大學	1.00
重度作業	1.35		夫	1.00
激烈作業	1.50		妻（無業）	0.70
			妻（有業）	0.90
			未婚勞動者（有業）	1.00
			未婚勞動者（無業）	0.90
			已婚勞動者（有業）	1.10
			60 歲以上男性就業者	1.00
			60 歲以下女性就業者	0.80
			60 歲以上女性不就業者	0.60

資料來源：多田吉三，《生活經濟學》，晃洋書房，307 頁。

第三節 社會救助制度的改革方向

一、社會救助法的制定

社會救助係以貧民為對象的扶助措施，與急難救助和災害救助在本質上是不同的，因而有單獨立法的必要。現行社會救助法只有二十七條，規定也不甚周詳，社會救助法至少應該涵蓋下列規章：

第一、總則：包括目的、最低生活的定義及法律的解釋與應用等。

第二、社會救助的原則：如政府責任、平等待遇、最低生活保障、補充性、公私分離、家庭單位、行政統一、預算等原則。

第三、社會救助的行政體系：主管單位、執行單位及配合單位等。

第四、社會救助措施的內涵：生活扶助、特別扶助、補充措施及保護設施等。

第五、社會救助的實施方法：申請、調查、審核及其他實施方法。

第六、被保護者的權利義務關係：誠實申請、服從輔導及禁止轉讓等義務。

第七、不服申訴手續。

第八、費用負擔與補助。

二、行政體系與制度的統一

基於現實環境的考量，社會救助措施的行政體系和制度應有統一的必要。在行政體系方面，宜由中央主管單位（目前的內政部社會司或未來社會福利暨衛生部社會救助處）負責訂法、修法和規劃事宜，並負擔所有經費，而地方政府的社政單位則負責執行業務。唯有如此，制度才能統一，經費才能獲得保障。

在制度方面，首先必須統一的就是地區的等級分類。本研究建議，將生活水準分為都市地區、鄉村地區和落後地區（或未充分開發地區）三種類型，在都市地區和鄉村地區個別進行家計調查後，測出生活水準的平均值，若某一都市地區的生活水準高於都市地區的平均值，就判定為第一級地區；若低於該平均值，就判定為第二級地區。同樣的，某一鄉村地區的生活水準若高於鄉村地區的平均值，就判定為第三級地區；若低於該平均值，就判定為第四級地區。落後地區則稱為第五級地區。

其次是行政手續的統一，為了提高申請手續的公平性和效率性，宜在各鄉鎮市區成立「資力調查委員會」，由該地區公正人士組成，負責資力調查事宜。申請人可隨時向鄉鎮市區公所業務主管單位申請，並立即轉送資力調查委員會調查，在一週內提報縣市政府審核。而縣市政府須在十日內將審核結果通知申請人。本建議的目的，是試圖將現行政府內三級審查制，改為政府與民間共同審查制，以增進公平性和效率性。資力調查的標準和方式也必須統一，尤其是資產的程度和扶養事實的認定，應有全國統一的標準，其具體辦法宜由內政部或社福暨衛生部制定「資力調查施行辦法」予以規範。

三、最低生活費標準

目前，以家庭所得和家庭支出作為計算基準的方式必須徹底改革。本研究建議，由內政部或社福暨衛生部成立「最低生活費制定委員會」，以一籃市價方式測定標準個人（如未婚有業之 60 歲以下男性）所需之最低食品費用，再以恩格爾方式推估最低生活費的恩格爾係數（取樣時，可以單身家庭的所得階層加以分析），最後，就可以算出個人的最低生活費用。

關於家庭的最低生活費，本研究建議，將消費單位方式稍加改良，測出「生活費用調整率」，再依家庭成員的結構計算綜合調整率，最後，再以個人最低生活費乘以綜合調整率，即可算出該家庭的最低生活費。根據日本勞動研究所設計的消費單位標準表，可以算出**表 14-4**

之生活費用調整率，依個別家庭的成員結構，就可以算出該家庭的綜合調整率。例如，某一家庭包括有業的家長、無業的妻小、小學六年級的女兒和小學二年級的兒子共四口，該家庭的綜合生活費用調整率為 3.025（即 1.1 ＋ 0.8 ＋ 0.55 ＋ 0.575 ＝ 3.025）。假設個人的最低生活費為 10,000 元，那麼，該家庭的最低生活費為 30,250 元（即 10,000 × 3.025 ＝ 30,250）。

以某一年度的物價指數為基準所計算的個人最低生活費，必須隨物價的變動自動調整，以確保最低生活費的實質性。若從生活水準的觀點去分析，最低生活費標準應隨社會整體生活水準的提升而提高，那麼，就應該以平均家庭消費支出（不含非消費性支出）的增加率和物價上漲率，作為提高最低生活費標準的依據。總之，最低生活費不是固定不變的，必須是隨物價水準和生活水準的變動速度加以調整。

表 14-4　標準消費單位與生活費用調整率之模型

家庭成員結構	食品消費		非食品消費	生活費用調整率	
	男	女	男女	男	女
嬰兒	0.25	0.25	0.30	0.275	0.275
1-3 歲	0.50	0.40	0.40	0.450	0.400
4-6 歲	0.60	0.55	0.40	0.500	0.475
小學 1-3 年級	0.65	0.60	0.45	0.550	0.525
小學 4-6 年級	0.70	0.65	0.50	0.600	0.575
國中	0.80	0.70	0.80	0.800	0.750
高中	0.90	0.80	0.90	0.900	0.850
大學	1.00	0.90	1.00	1.000	0.950
未婚有業者	1.00	0.80	1.00	1.000	0.900
未婚無業者	0.90	0.80	0.90	0.900	0.850
已婚有業者	1.10	1.00	1.10	1.100	1.050
已婚無業者	0.90	0.80	0.80	0.850	0.800
60 歲以上有業者	1.00	0.90	1.00	1.000	1.000
60 歲以上無業者	0.80	0.70	0.60	0.700	0.650

四、生活扶助標準

凡家庭所得未達最低生活費標準者，理論上，均應屬於低收入戶，就應該接受生活扶助。然而，我國的生活扶助措施卻將低收入戶分類，支給不同的扶助金額，而台北市對符合低收入戶標準之生活輔導戶仍未提供生活扶助。目前，我國的生活扶助水準仍未根據實際所得與最低生活費的差額支付（台北市對戶長的扶助水準僅及最低生活費的四分之三），根本無法保障低收入戶的最低生活。因此，本研究建議，對合於低收入戶標準者，不分類別一律發給「貧民證」，按月記載家庭所得的變動情形（資力調查委員會可隨時調查，若有虛報情事，立即停止扶助），其家庭所得未達該家庭最低生活費標準者，政府必須全額補助其差額。

至於家庭所得超過該家庭最低生活費標準之清寒戶，理論上已不屬於低收入戶，不需納入社會救助的對象，更無須提供生活扶助。政府對清寒戶所提供的福利措施，可以在其他相關法律中（如所得稅法、清寒戶健康保險補助辦法等）加以規定。因此，建議將清寒戶排除於社會救助法外。

五、特別扶助措施

特別扶助是根據低收入戶的實際需要所提供的扶助措施。由於現代生活型態的多樣化，特別扶助的種類也應多樣化。由於生活水準的提升，每一個家庭大都擁有基本的家庭器具，所以特別扶助的方式應以現金補助為宜。

在實施低收入戶健康保險制度之後，低收入者的健康保障措施就應屬於全民健康保險體系，而不必再納入社會救助措施中。現行社會救助法施行細則第六條第二款的創業貸款規定，宜納入特別扶助措施中，並詳加規定。子女教育補助的內容，不宜限定在十八歲以下在學學生，應提高至大學畢業，而扶助的範圍應予擴大，並依實際需要給予適當的扶助。至於喪葬處理，宜改為喪葬補助，不管有無遺屬或有無機構扶養，應一律補助其遺屬或機構喪葬所需之費用。此外，對參與職業訓練之低收入者，應支給訓練補助，以鼓勵其參與職業訓練，接受就業輔導，以早日脫離貧窮。至於住宅扶助，如果承認低收入戶能持有自用住宅，就應該給予扶助，如果不承認低收入戶能持有自用住宅，就不必提供自用住宅。

六、配合措施與設施

輔導低收入者就業，是社會救助的重要措施，也是解決貧窮問題的主要手段。低收入者的就業輔導，可以分為政府部門的就業和民間部門的就業兩種，前者是由主管單位介紹給民間機構雇用。主管單位也可以透過就業輔導機構進行轉介。雇用單位應按雇用契約或勞動基準法雇用低收入者，主管單位可以不必負責。低收入者就業後，若其所得超過該家庭最低生活費標準，就喪失貧民資格；如果其所得未超過該家庭最低生活費標準，政府仍應補足其差額。至於職業訓練，主管單位可以推介給公民營職業訓練機構，由其代訓和輔導就業，主管單位只要支付訓練補助即可。

理論上，社會救助措施是經濟保障體系（economic security system）的一環，應以現金扶助為主要手段，但是，對於沒有居所的貧民，則應提供居住設施。居住設施可以分為長期設施和短期設施兩種，前者即所謂的平價（貧民）住宅；後者是指遊民中心。其實，生活扶助中已涵蓋了居住費用，政府應可不必再為其興建平價住宅，不必再為住宅的管理問題費心。如果政府有能力而且願意供應平價住宅，則進住者的生活扶助應扣除居住費用才是合理。至於遊民中心，是收容流浪貧民的臨時性設施，政府應以強制手段收容，並儘快安排至平價住宅或其他福利機構，這樣才能解決都市遊民的問題。

至於其他保護設施，大都屬於健康保障體系（health security system）和福利服務體系（welfare service system），前者如療養、養護、復健、保健等機構，後者如孤兒院、老人安養、身心障礙福利等機構。因此，在社會救助措施中，應儘量節制保護設施的擴張，以避免重複與浪費。

保障國民的生存權和提升國民的生活水準乃是政府的主要任務，為了達成此一目的，政府必須依據生活水準的程度制定最低生活費標準，並根據最低生活費標準規劃社會救助措施。因此，生活水準、最低生活費標準與社會救助措施是一體三面，彼此關聯且相互影響的。我們必須先了解生活水準的內涵和測定生活費用的方法，才能落實到社會救助措施的規劃。

政府在測定國人的生活水準時，務必考慮非貨幣性指標的因素，在制定最低生活費標準時，必須重視非食品消費的支出，尤其是教育文化的支出。最低生活費用標準必須隨著物價的上漲和生活水準的提升機動調整，唯有如此，最低生活費的制定才有實質的意義。

傳統的社會救助往往將一般國民、貧民和其他社會弱者全部列為救助對象，而且將健康保障、經濟保障和福利服務混為一談，沒有單獨成立一個以貧民為對象的經濟保障體系。我國的社會救助體系能夠分為社會救助和公共救助兩種制度，並以不同的法規加以規範。社會救助法是以貧民為對象的經濟保障措施；公共救助法是以非貧民為對象的經濟保障措施，例如，急難救助、災害救助、難胞（大陸同胞）救助、難民（外國人）救助等措施。

總之，政府必須正視貧窮問題的重要性與嚴重性，並以更合理、更公平、更有效的方式研擬貧窮對策。若能如此，我國的貧窮問題才能獲得解決，國人的生活水準才能獲得提升。

參考文獻

Department of Health, Education and Welfare (USA) (1969). Toward a Social Report, Office of Management and Budget.

Gilbraith, J. K. (1958). *The Affluent Society*, Houghton Mifflin.

三重野卓（1987），《福祉と社会計画の理論》，白桃書房。

多田吉三（1989），《生活經濟學》，晃洋書房。

森田優三（1948），《生活費と最低賃銀》，東洋經濟新報社。

森耕二郎編（1953），《生活水準》，河出書房。

降矢憲一（1977），《社會指標の話》，日本經濟新聞社。

奧村忠雄&多田吉三（1981），《家計調查の方法》，光生館。

勞動科學研究所（1970），《日本の生活水準》，勞動科學集成第 3 卷。

生活素質研究中心（1985），《中華民國第一次社會報告》，明德基金會生活素質研究中心出版部。

蕭玉煌（2001），〈我國社會救助政策回顧與展望〉，《社區發展季刊》，第 95 期。

Chapter 15

第十五章

社會津貼制度的經濟分析

第一節　社會津貼制度的基本概念

一、社會津貼的定義與特性

社會津貼（social allowance）的定義迄今仍未獲得普遍的共識。因為如此，學界對社會津貼的詮釋和評價有很大出入。孫健忠引用美國社會安全署的定義，將社會津貼定義為普及性及全民性的補助方案（universal or demogrants programs），進而界定社會津貼的特性為針對特定國民所實施的普及式給付。這種給付無須資產調查，而由政府負擔費用（孫健忠，1997；2000）。但是根據 *The American Heritage Dictionary* 的文義性定義，社會津貼是指對依賴者所提供之定期性金錢、食物或類似給與（a regular provision of money, food, or the like, as to a dependent）。依此定義，社會津貼應具有依賴性、現金與實物性以及定期性三個特性。所謂依賴性是指兒童、老人、身心障礙者、失業者、傷病者等需依賴他人、家庭或社會的弱勢國民。所謂現金和實物性是指除現金給付（cash payment）外，還涵蓋實物給付（payment in kinds）。如果實物給付水準很高，現金給付水準就可酌予降低。社會津貼水準是包括現金與實物的總給付（total payment）。所謂定期性是指按週、按月或按季等各種支給方式。社會津貼是否應採普遍主義（universalism）、是否無須資產調查（means-test）、是否應由政府負擔費用，則依決策者所採取的理論基礎而有所不同。

陳琇惠將社會津貼的特性歸納成下列十二項：（陳琇惠，1997）

第一、制度性質是扶助。

第二、制度功能是防貧。

第三、制度特色是普遍照顧。

第四、制度意涵是社會權。

第五、制度目的是所得維持。

第六、保障範圍是普遍性。

第七、資格取得是不需資力調查的一般民眾。

第八、經費來源是政府稅收。

第九、給付原則是假定需求原則。

第十、給付水準是基本生活保障。

第十一、給付型態是現金按月給付。

第十二、行政層次是中央統籌。

社會津貼是社會扶助（social assistance）系統下的一環，但是與社會救助（social relief）、急難救助（urgent need payment）以及間接給付（indirect payment）在本質上和實務上是不同的。社會津貼的功能是否在防貧似有商榷的餘地。其實社會津貼是因為所得的不足或消費支出的增加而提供的，應無防貧的功能。社會津貼是否是採普遍主義從事普遍照顧也值得討論。若從所得保障理論探討，社會津貼只對因所得喪失或所得不足的國民提供，當有家庭所得的限制，而非毫無限制。社會津貼的給付權利是否基於社會權的原理也有待釐清。社會津貼的給付權利是國民基於社會意識與社會狀態而單方面提供，國民並無一定的給付請求權。社會救助是國家對生存權的保障，但是，社會津貼則是對經濟生活的補充，不宜解釋為社會權的保障。社會津貼是否無須資產調查是頗值爭論的事。若基於所得保障理論，社會津貼當然需要資產調查。我們不宜認定需要資產調查的社會給付均非社會津貼。若將社會津貼解釋成基本生活的保障，可能就與社會救助混淆了。社會津貼只是經濟生活的補充，即使國民都已獲得基本生活的保障，仍可以支給社會津貼。因此，社會津貼與基本生活無關。社會津貼的給付原則可能不是基於假定需求原則，而是確定需求原則。在確定的消費支出與確定的所得不足的需要下，政府才支給社會津貼。社會津貼的財源是否來自政府稅收，可從各國社會津貼的財源結構中加以否定。如果社會津貼要按月給付，那麼，英國按週給付的津貼就不是社會津貼了嗎？至於社會津貼須由中央統籌，那麼，美國由各州所提供的社會津貼又如何解釋？因此，上述各項社會津貼的特性均有進一步探究的必要。

二、社會津貼的基礎理論

在社會津貼的基礎理論尚未奠定之前，要界定社會津貼的特性是不太可能的。社會津貼所以會發展成為社會救助與社會保險之外的第三條道路是有其歷史背景的。由於社會救助制度的局限性（資產調查、烙印化、貧窮化）以及社會保險制度的弊端（保費負擔的不公平、給付的逆分配、保險財政的危機）使人們對這兩種傳統制度產生質疑和失望。另一方面由於經濟需要（economic needs）的擴大與給付條件的緩和與給付水準的提升，而逐漸發展成社會津貼制度。

根據清正寬與良永彌太郎的見解，社會津貼的理論有所得保障理論與生活保障理論兩種。（清正寬&良永彌太郎，1996）主張所得保障理論者認為，社會津貼是針對某一特定人口，因所得喪失或所得不足而提供的社會扶助制度。兒童、老人、身心障礙者、失業者或傷病者因所得喪失或所得不足時，才需要政府提供社會津貼。如果沒有所得喪失或所得不足的事實，就不得領取社會津貼。若依此理論設計社會津貼，就宜採必要原理、應能原理、所得調查（income-test）、最低保障（national minimum），以及政府負擔等政策原則。易言之，以所得保障理論作基礎的社會津貼制度就會主張選擇主義（selectivism）。

所謂生活保障理論是指社會津貼應因經濟生活的障礙或消費支出的增加而提供。所謂經濟生活的障礙是指依賴人口（兒童、老人、身心障礙者等）造成家計負擔的增加，而產生了經濟生活的困難或風險。所謂消費支出的增加是指依賴人口所造成的家庭消費支出的提高。由於依賴人口勢必造成消費支出的增加，也會造成經濟生活不同程度的障礙，國家基於生活權的尊重（非生存權的保障）應提供普遍主義的社會津貼。若依此理論規劃社會津貼制度，政府就宜採公平原理（普遍支給）、適足原理（消費支出的一定比率）、無須所得調查以及社會共同負擔等政策原則。由於社會津貼的保障對象是依賴人口，而非家計主，所以用家計主的所得作為支給條件是不合理的。

三、社會津貼的制度內涵

世界最早的社會津貼制度是1926年紐西蘭首創的國家家庭津貼制度，其後其他國家相繼採用。但是，直到 1942 年，國際勞工組織（ILO）才在「邁向社會安全」（Approach to Social Security）的文告中正式使用社會津貼的用語。1944年，ILO在第六十七號所得保障建議書中，建議各國對不適用社會保險、有兒童家庭的貧窮家庭提供補充性給付（supplementary payment）或家庭津貼（family allowance）。1954年ILO在第一〇二號公約（社會安全最低基準公約）第七部以家庭給付規範社會津貼。在該部第四十二條的規定中，除了按期支付現金給付之外，還納入食物、衣服、住宅、假期或家務協助等實物給付（內政部，1987）。

目前，每個國家大都有各種不同的社會津貼制度。以英國為例，社會津貼有家庭津貼（family allowance）、身心障礙者津貼（disability allowance）、老年津貼（elder allowance）以及戰爭津貼（war allowance）等四種基本制度。在家庭津貼制度方面有兒童津貼、單親家庭津貼、生育津貼等。在身心障礙者津貼制度方面有陪伴津貼、移動津貼、介護津貼、重殘介護津貼等。在老年津貼制度方面有老年津貼、歲末津貼等。在戰爭津貼制度方面則有殘廢津貼、寡婦津貼等（社會保障研究所，1994）。目前，我國的社會津貼制度則有中低收入老人生活津貼、敬老福利生活津貼、老年農民津貼、榮民就養津貼、身心障礙者生活津貼以及原住民敬老津貼等。至於幼兒教育券則屬實物給付，若依ILO的定義也應屬於社會津貼。

第二節　兒童津貼制度的經濟分析

一、兒童的經濟風險

兒童不僅是民族生命的延續，也是國家發展的基礎。由於兒童在身心上不夠健全、在經濟上無法自立、在法律上不具行為能力，如果不善加保護，身心發展就容易被侵犯，社會權益就容易被剝奪。早在1923年，世界兒童福利聯盟就提出了兒童權利宣言，而聯合國卻遲至1959年才正式通過兒童權利宣言，並遲至1981年才制定兒童權利條約，兒童權利才獲得具體的保障。兒童權利條約對兒童的尊嚴權、生存權、保護權和發展權都應有具體的保障措施。基於此一條約的精神，兒童已非國家主義者所主張的公共財，也不是自由主義者所堅持的私有財，而是介於兩者之間的準公共財（quasi-public goods）。易言之，父母雖有扶養權、教育權和懲戒權，但是，因貧窮而無力扶養時，或兒童達到義務教育年齡時，或兒童權益遭受到侵犯時，國家就有權進行干預，提供必要的援助。因此，對兒童的扶助與保護不僅是兒童的權利，也是國家的責任。

人生而不平等，有些人一出生即能享受榮華富貴；有些人則會遭逢飢寒交迫。為了縮小這種自然的不平等，必須以人為的方法加以調整，也就是應以所得重分配（income redistribution）的手段，對弱勢兒童提供必要的援助。這不僅是國家的責任，也是社會的正義。至於一般家庭的兒童，雖然可以溫飽卻不能享有良好的生長環境，國家在財政能力許可下，亦應對其提供必要的援助。對現代家庭而言，養育兒童日趨困難，兒童家庭（family with dependent children）的經濟風險（economic risks）日益升高，這就是少子化現象的主要原因。造成兒童家庭經濟風險的因素，至少可從下列六個方面加以探討：

(一) 市場化的普及

現代家庭的消費功能（consumption function）已完全取代生產功能（production function）。家庭生活幾乎全部仰賴市場，連最基本的家事勞動亦逐漸由市場提供，而養育兒童的工作也逐漸由市場所取代。仰賴市場的結果，必會造成家庭經濟的負擔，構成家庭的經濟風險。

(二) 工作母親的增加

男主外女主內的傳統家庭已日趨沒落，有工作的母親日漸增加，大多數的母親（working mothers）已經無法在家照顧自己的子女，甚至已經喪失了照顧兒童的能力，不得不仰賴專業人員加以照顧。由於專業人員報酬的遞增，兒童的照顧費用也是遞增的，所以兒童家庭的經濟負擔也是遞增的，經濟風險也隨之提高。

(三) 兒童教育投資的增加

在科技主義和能力主義掛帥的現代社會裡，兒童的教育投資已成為兒童家庭的最主要支出。父母均不希望自己的子女輸在起跑點上，人人都想讓自己的子女接受最好的教育，以便將來高人一等。兒童教育投資增加的結果，促進了教育市場的價格水準，而兒童教育費用的增加則加重了兒童家庭的經濟負擔，提高了兒童家庭的經濟風險。

(四) 兒童教育期間（年數）的延長

國家的義務教育由小學延長到國中，再由國中延長到高中；大學的錄取率也由20-30%遽升至60-70%；研究所的招收名額也大幅增加，而出國留學的人數也直線上升。因此，子女的教育期間已由初等教育延長至中等教育，再延長至高等教育。兒童教育期間的延長不僅減少了家庭的所得，更增加了家庭的支出，提高了家庭經濟的風險。

(五) 物價膨脹

現代經濟正由高成長高物價的成長型經濟進入低成長高物價的不穩定型經濟。物價膨脹仍是現代經濟難以克服的問題，也是威脅家庭經濟的主要因素，在家庭的養育工作市場化之後，家庭經濟受物價膨脹的影響更為顯著。如果政府沒有有效的物價政策，兒童家庭的經濟風險就會不穩定。

(六) 相對貧窮意識形態的高漲

由於所得水準、消費水準和儲蓄水準（三者合稱為家庭生活水準）的提高，凸顯了相對貧窮（relative poverty）的意識形態。如果別人的年所得是100萬元，自己卻只有80萬元，自己就會覺得比別人貧窮；如果別人開賓士車，自己卻開福特車，自己就覺得不如人；如果別人的孩子學才藝，自己的孩子卻不學才藝，自己就臉上無光。這種相對貧窮的意識形態，造成了經濟的不安全感（feeling of economic insecurity），而要求國家給予協助改善。

二、兒童的經濟安全制度

針對兒童的經濟風險，工業先進國家大都有兒童的兒童經濟安全制度（economic security system for children）。目前，兒童經濟安全制度有兩個基本體系：社會保險（social insurance）與社會扶助（social assistance），前者有兒童健康保險、國民年金保險中的遺囑年金、孤兒年金和兒童加給等給付、育兒休業給付制度等；後者則有各種兒童津貼（children's allowance）、優惠稅制、教育補助、營養補助等。在社會保險方面，一般均以成人為對象加以設計，而將依其生活的兒童納入保障對象，因為只有行為能力和經濟能力者始有繳納保險費的義務，兒童當然不成為社會保險的適用對象，但是，可以成為社會保險的給付對象。在社會扶助方面，大都針對兒童加以設計，也就是以兒童為適用對象，但是，兒童不具行為能力，也不具支配經濟的能力，所以一般均以保護者的家長作為支給對家。兒童經濟安全制度逐漸由社會保險轉向社會扶助（尤其是兒童津貼）的背景至少有七個因素：一、經濟安全逐漸由勞動關係的重視（社會保險）轉向家庭關係的重視（社會津貼）；二、經濟安全的保障範圍逐漸擴大，除了納費式（contribution）的社會保險之外，仍需非納費式（non-contribution）的社會扶助；三、社會保險的公平性漸受質疑，國民逐漸重視社會價值的適當性；四、社會保險給付受限於收支平衡原理，難以因應實際需求作大幅改善，而有賴於社會扶助加以補充；五、低所得階層難以在社會保險中獲得充分的保障（低保費低給付）；六、社會保險的保費與給付間的累退性減弱了一般國民的信心（繳得越多不一定領得越多）；七、資方的保費負擔如同雇用稅（雇用員工就必須負擔保費），阻礙了雇用的誘因。

一般說來，社會扶助體系有社會救助（social relief）、社會津貼（social allowance）、間接給付（indirect benefit）以及社會基金（social fund）等基本制度。社會救助是針對貧民（paupers）所提供的經濟安全措施；社會津貼是針對特定人口群（target population）所提供的經濟安全措施；間接給付是針對具備某種資格條件（eligibility）者所提供的經濟安全措施；社會基金則是針對特別的或緊急的目的而提供的安全措施。貧民兒童的社會救助，除了生活扶助之外，教育補助、醫療補助、生育補助、營養補助等均屬之；兒童的社會津貼有生育津貼、托育津貼、教育津貼、兒童贍養代墊津貼等；兒童的間接給付有所得的扣除、養育費的扣除、所得稅的扣除等；兒童的社會基金則有兒童特殊照護、災民兒童扶助、難民兒童扶助、流浪兒童扶助等。當貧民兒童的社會救助受到充分保障之後，兒童的社會扶助體系就會轉向兒童津貼制度。這種無須納費、無須資力調查（means-test）、沒有烙印（stigma）的兒童津貼制度已逐漸成為工業先進國家最重要的兒童經濟安全措施。

兒童津貼制度起源於由企業提供的家庭津貼制度（family allowance）。在 1920 年代以前，基於雇主與受雇者間的權利義務關係，雇主在受雇者的工資中列入了扶養家庭成員的家庭津貼。直到 1926 年，紐西蘭首創國家家庭津貼制度，也就是由政府對貧窮家庭的兒童所提供的經濟扶助制度。當時的家庭津貼必須經過嚴格的資力調查之後始得領取。紐西蘭的家庭津貼法實施之後，不久就引起了其他國家的效法。比利時於 1930 年制定了家庭津貼法；而法國、義大利、奧地利、荷蘭、加拿大、英國也分別於 1932 年、1934 年、1941 年、1944 年、1945 年和 1975 年制定了家庭津貼法。紐西蘭曾於 1938 年制定的社會安全法中，放寬資力調查的條件，擴大適用對象，並於 1946 年採用無須資力調查的家庭津貼制度。其後，工業先進國家也逐漸採用無須資力調查的家庭津貼制度。鄰近的日本則遲至 1961 年才制定針對特殊家庭（單親家庭、危機家庭等）所支給的兒童扶養津貼法，並於 1971 年制定針對一般家庭的兒童及身心障礙者兒童所支給的兒童津貼法。直到 1990 年，全世界約有 80 個國家有家庭津貼或兒童津貼制度。

目前，法國的兒童津貼制度堪稱全世界最完善的制度。第一類的保育津貼有幼兒津貼（APJE）、父母教育津貼（APE）、家庭保育津貼（AGED）以及家庭外保育津貼（AFEMA）；第二類的養育津貼有家庭津貼（AF）、家庭補充津貼（CF）以及新學期津貼（APS）；第三類的身心障礙兒童津貼有身心障礙兒童津貼（AHH）與特殊教育津貼（AES）；第四類的單親家庭津貼則有單親家庭津貼（API）與單親家庭支援津貼（ASE）（社會保障研究所，1995）。瑞典的兒童津貼則有兒童津貼（16 歲以下兒童）、延長津貼（16 歲以上兒童）、兒童贍養代墊津貼（對於未獲贍養費的單親家庭由政府代墊兒童養育費用，再向應支付贍養費的一方索取）。英國在 1975 年改採兒童津貼法之後，實施了兒童養育費補助、兒童津貼、單親津貼及補充津貼等制度。（社會保障研究所，1995）。日本的兒童津貼制度則有一般兒童津貼、特殊兒童津貼（身心障礙兒童）、療育津貼（需長期療育的兒童）、兒童扶養津貼（單親家庭）、寄養津貼（寄養家庭）以及教育津貼等 16 種制度。至於美國的兒童津貼制度是以兒童家庭扶助（AFDC）最具代表性（社會保障研究所，1996）。此外，德國、荷蘭、加拿大等國家也都有兒童津貼制度。

以一般兒童的生活津貼為例，法國對於育有 16 歲以下兒童 2 人以上的家庭提供家庭津貼；對於育有 3 歲以上 16 歲以下兒童 3 人以上的家庭提供家庭補充津貼。1997 年家庭津貼的支給金額，第一子為每月

3,130 元，每增加一人增加 4,017 元，而家庭補充津貼則每人每月 4,080 元。瑞典的兒童津貼是對 16 歲以下兒童普及性提供，若因求學關係則可領取延長津貼，而第三子以上的家庭則有兒童加給津貼。1991 年兒童津貼的支給金額，第一子和第二子為每人每月 2,445 元；第三子加給 50%；第四子加給 100%；第五子以上加給 150%。英國的兒童津貼是對 16 歲以下普及性提供，若因求學關係可延至 19 歲。1997 年兒童津貼的支給金額，第一子為每週 543 英鎊；第二子以上每人每週 443 英鎊（社會保障研究所，1994）。日本的兒童津貼是對未滿 16 歲兒童，且家庭所得在規定水準以下的兒童家庭提供。2001 年兒童津貼的支給金額，第一子和第二子為每人每月 5000 元；第三子以上為每人每月 10,000 元。至於家庭所得的限制，扶養一子家庭的年所得在 449,000 元以下；扶養二子家庭為 524,000 元以下；扶養三子家庭為 599,000 元以下；扶養四子家庭為 674,000 元以下；扶養五子家庭為 749,000 元以下（健康保險組合連合會，1999）。美國的 AFDC 是對因家計負擔者、離異或喪失工作能力而陷入貧窮的 16 歲以下兒童家庭所提供的兒童扶助制度。各州的支給水準不同，1993 年的全國平均水準為每個家庭每年 12,852 元（最少為 3,332 元，最高為 24,446 元）（社會保障研究所，1996）。至於德國的兒童津貼是對 16 歲以下兒童普及性提供，但是，領有年金保險兒童給付或兒童加給者則不能領取，而未能適用所得稅法中兒童養育費扣除的低所得家庭則可領取兒童加給津貼。1977 年兒童津貼的支給金額，第一子和第二子為每人每月 3,427 元；第三子為 4,674 元；第四子為 5,453 元（社會保障研究所，1996）。

間接給付中的優惠稅制是兒童經濟安全十分重要且頗值爭議的制度。瑞典曾於 1920 年創設兒童扶養扣除制度，但是，因公平性的問題引發了爭議，而於 1948 年開始實施兒童津貼制度的同時遭受廢除。英國在 1977 年以前也有兒童扶養扣除制度，但是，現在也已廢除。目前，除了美國和德國等少數國家仍有兒童扶養扣除制度之外，大多數的工業先進國家都以兒童津貼取代兒童扶養扣除制度。問題是在兒童津貼制度未能普及化之前，中高所得者的兒童扶養費用是否可從所得中扣除仍是值得探討的問題。其次，兒童津貼的所得是否可以免稅也是值得研議的問題。在兒童津貼未普及化之前（只限中低所得者），津貼所得免稅應是可以接受的，但是，如果兒童津貼普及化之後，津貼所得免稅的措施就有待商榷了。最後，對於多子家庭的所得稅是否可以減少亦是值得規劃的問題。理論上，為了保障多子家庭的經濟安全，其應納的所得稅似可酌予減少，但是，是否會造成稅制的不公平是值得考量的。總之，兒童經濟安全的優惠稅制可從所得的扣除（income deduction）、費用的扣除（cost deduction）與稅的扣除（tax deduction）三方面加以思考。對目前的我國而言，托育費用的補助宜採現金給付方式或是優惠稅制方式是決策者必須慎思的議題。

目前，我國的兒童經濟安全制度是以社會扶助體系為主，且為地方政府的職責。由於地方政府的財政狀況與主政者的福利觀念差異性很大，所以實施的措施就十分紛歧，給付內容也參差不齊。台北市的兒童經濟安全制度，在措施類型和給付水準上，均可作為各縣市的表率。目前，台北市的兒童經濟安全制度可以分為五個類型：一、低收入戶兒童的經濟扶助；二、一般兒童的經濟扶助；三、身心障礙兒童的經濟扶助；四、安置兒童的經濟扶助；五、保護兒童的經濟扶助。

在低收入戶兒童的經濟扶助方面，有生活扶助、育兒補助、托育補助、子女就學交通費補助、營養品代金、健保費及部分負擔補助等；在一般兒童的經濟扶助方面，有中低收入戶育兒補助、危機家庭兒童生活補助、危機家庭及原住民兒童托育補助等；在身心障礙兒童的經濟扶助方面，有身心障礙者津貼、身心障礙者短期照顧補助、身心障礙者托育養護費用補助、發展遲緩兒童療育補助等；在安置兒童的經濟扶助方面，有寄養補助、收養補助、機構照顧費用補助等；在保護兒童的經濟扶助方面，則有兒童保護個案法律訴訟費用負擔、兒童保護個案醫療費用負擔、兒童保護個案緊急安置者的餐點、日用品、衣物、上學用品等的負擔。茲將台北市政府社會局實施的兒童經濟扶助之主要措施項目、申請資格、補助金額以及承辦科室列表（**表 15-1**）。

表 15-1 台北市政府社會局實施兒童經濟扶助制度

措施項目	申請資格	補助金額	承辦科室
1. 低收入戶生活補助	第 0 類：全戶無收入也無工作能力 第 1 類：全戶每人每月所得占全市平均消費支出 0-10% 第 2 類：全戶每人每月所得占全市平均消費支出 10-40% 第 3 類：全戶每人每月所得占全市平均消費支出 40-55% 第 4 類：全戶每人每月所得占全市平均消費支出 55-60%	每人每月 11,625 元 每人每月 8,950 元 每人每月 5,813 元 每人每月 5,258 元 每人每月 1,000 元	第 2 科
2. 低收入戶托育費	第 0 類-第 4 類之兒童	每人每月 7,000 元	第 2 科
3. 低收入戶營養品代金	出生體重低於 2,500 公克幼兒或 5 歲以下營養不良兒童	每人每次 1,000 元	第 2 科
4. 中低收入戶育兒補助	1. 設籍本市滿 1 年以上者 2. 全戶每人每月所得占平均消費支出 60-80% 3. 12 歲以下之兒童	每人每月 2,500 元	第 5 科
5. 危機家庭或特殊境遇婦女緊急兒童生活補助	1. 經本局評估為危機家庭或經濟困難之婦女 2. 12 歲以下之兒童	每人每月 5,813 元	第 5 科
6. 身心障礙者津貼	1. 設籍滿 1 年 2. 領有身心障礙者手冊 3. 未經政府安置或未領有政府發給之其他生活補助或津貼者	依等級補助 1,000 至 7,000 元	第 3 科
7. 身心障礙者生活津貼	1. 設籍本市 2. 領有身心障礙者手冊 3. 全戶每人每月所得占全市平均消費支出 1.5 倍 4. 有存款及不動產上限規定	依等級補助 3,000 至 6,000 元	第 2 科
8. 有身心障礙者臨時及短期照顧補助	1. 設籍本市 2. 領有身心障礙者手冊 3. 12 歲以下 4. 發展遲緩兒童	1. 全額補助 2. 70%補助 3. 部分補助	第 3 科

（續）表 15-1　台北市政府社會局實施兒童經濟扶助制度

措施項目	申請資格	補助金額	承辦科
9. 發展遲緩兒童療育補助	1. 設籍 6 個月以上 2. 未滿 7 歲在小學就讀之發展遲緩兒童 3. 未領有身心障礙者津貼托育養護補助等相關補助	1. 低收入戶、原住民及保護個案全額補助 2. 一般補助 3,000 至 6,000 元	第 3 科
10. 身心障礙者托育養護費用補助	1. 設籍本市 2. 領有身心障礙者手冊 3. 安置於身心障礙福利機構者	依等級補助 8,719 至 23,250 元	第 3 科
11. 寄養補助	依兒童福利法第 17 條、第 38 條規定，因家庭發生重大變故或經評估有安置照顧必要者	每月 16,275 元	第 6 科
12. 收養補助	委託民間機構辦理收養訪視調查及相關媒介、輔導、宣傳等服務	每案 3,000 元	第 6 科
13. 機構式照顧補助	依兒童福利法第 15 條規定，對於兒童提供緊急保護、安置及其他必要之處分	1. 一般委託，12,206 元 2. 緊急安置費，20,344 元	第 5 科
14. 緊急安置兒童保護個案餐點費、日用品、衣物、上學用品等之提供	經本局社工員評估有需求者	視個案補助	社工室
15. 兒童保護個案法律訴訟費用	經本局社工員評估有需求者	5 萬元	社工室
16. 棄嬰、留養個案及不幸兒童法律訴訟費用	經本局社工員評估有需求者	5 萬元	第 5 科
17. 不幸兒童醫療費補助	棄嬰	視個案補助	第 5 科
18. 兒童保護個案醫療費補助	經本局社工員評估有需求者	視個案補助	社工室

三、兒童津貼制度的經濟分析

(一) 理論問題的分析

兒童津貼制度的理論可從個人觀點、勞動觀點、國家觀點等多方面探討。以個人觀點分析兒童津貼時，將養育兒童視為個人責任，國家基於生活保障的原理分擔個人責任或基於所得保障的原理對無法養育兒童的家庭提供協助。若採此一觀點，政府可以開辦兒童保險支給兒童津貼，並由個人和政府負擔保險費。政府若不開辦兒童保險，也可以採免稅措施，對投保兒童保險（個人保險）的納稅人提供保費扣除的優惠措施。採用此一觀點作政策規劃時，有兩個基本考量，第一是政府只負擔部分的個人責任；第二是無兒童的家庭要對有兒童的家庭進行所得重分配。其次，若以勞動觀點分析兒童津貼時，則視養育兒童為企業責任，也就是勞動生產力的提升不單是勞動者個人的問題，而應涵蓋其家庭，尤其是未成年的兒童。易言之，若兒童能夠健全培育，對勞動者的生產力具有正面的功能。若採此一觀點，則應由雇主和勞動者共同養育兒童，由雇主提供兒童津貼，而由勞動者負責養育兒童。至於沒有雇主的國民，政府基於勞力品質的維護與勞動生產力的提升而提供兒童津貼。政府也可以辦理全民性的兒童保險，由政府、雇主、受雇者和其他國民共同負擔保險費，支給兒童津貼。最後，若以國家觀點分析兒童津貼，則政府有責任養育兒童，也就是政府有責任分擔養育兒童的經濟責任。若採此一觀點，政府就必須以政府財源支給兒童津貼。

(二) 支給對象的分析

兒童津貼的給付對象為兒童，不管是婚生、非婚生或離婚所生之兒童均應平等對待。問題是支給對象是否需要年齡、教育和身心障礙等的限制和特殊考量就必須考慮。首先是年齡限制的問題。如果將兒童年齡規定在 18 歲以下或 12 歲以下，是否將兒童津貼的支給對象設定在 18 歲以下或 12 歲以下的兒童。如果政府的兒童福利財源充裕，當可如此規劃；否則也可依財源狀況調降支給年齡（如日本為 3 歲以下兒童）。其次兒童津貼是否可因受教育的關係延長支給期間？大多數歐美先進國家均有此一制度。有些國家是以義務教育為限（如日本、英國）；有些國家則在正規學校受教育均可領取（如瑞典、德國）。最後，身心障礙者的兒童津貼是否可以延長支給期間，有些國家可以延長（如日本可延至 20 歲）；有些國家則在兒童津貼終止支給時改為身心障礙者津貼（如英國）。此外，兒童津貼支給對象是否需要家庭兒童人數的限制也是必須思考的。理論上不宜限制，但是若因財源的限制或人口政策（限制人口成長）的考量，也可以限制人數。如果政府要採獎勵生育的人口政策，則不宜限制兒童人數，甚至可採第幾子以上才支給的措施。

(三) 家庭所得限制的分析

兒童津貼的支給需有家庭所得限制的理由，基本上是基於有限財源與資源有效配置的考量。一般國家在實施兒童津貼制度時，大都有家庭所得的限制，等制度成熟（領取人口穩定）後才逐漸放寬或廢除。主張家庭所得限制論者認為高所得家庭並不需要兒童津貼，沒有家庭所得限制的兒童津貼制度，不僅違反資源有效配置的原理（對低所得家庭支給社會效用較大，資源配置較為有效），也喪失社會正義原理（造成所得逆分配）。至於反對家庭所得限制論者則認為兒童養育是社會責任，應採普遍主義的支給方式，不可用家庭所得限制將國民區分為兩個階級。他們認為家庭所得限制的兒童津貼制度是兒童養育費補充功能的否定，將兒童津貼納入社會救助領域。反對論者進一步主張，政府可採課稅方式，對兒童津貼課繳所得稅。如此一來高所得家庭在領取兒童津貼之後必須繳較多的所得稅，而低所得家庭則只需繳納較少的所得稅或無須繳稅。例如高所得家庭在領取 5,000 元的兒童津貼後，若其所得稅率為 40%，就必須繳納 2,000 元的所得稅，最後只獲得 3,000 元。低所得家庭若免納所得稅，就可以獲得 5,000 元的實質所得。

(四) 津貼額的分析

兒童津貼的支給水準一般有均一制（flat system）與差別制（differential system）兩種。所謂均一制是指每一個兒童的津貼額相同（如瑞典）；所謂差別制是指不同條件的兒童可領取不同金額的津貼。差別制則可分為兒童人數越多津貼額越高與兒童人數越多津貼額越少兩種制度。德國和日本是採用前者，而英國則採用後者。此外，單親家庭的兒童津貼也比一般家庭的兒童津貼為高，而身心障礙兒童的津貼也比一般家庭和單親家庭的兒童津貼為高。為了保障兒童的經濟生活，有些國家採取自動調整制（slide system），依消費者物價指數、生活費用指數或所得水準等的變動調整兒童津貼額。兒童津貼的支給水準除了兒童的養育費用之外，兒童福利的實物給付（payment in kinds）水準也是考量的因素。假如政府提供免費的托育服務，對於該年齡層的兒童就不必支給兒童津貼或只支給低水準的兒童津貼。因此，實物給付水準也會影響現金給付（cash payment）水準。

(五) 財源結構的分析

兒童津貼的財源結構一般有政府負擔、雇主負擔、雇主與政府共同負擔、勞雇政三者分擔以及雇主與自雇者（自行作業者）共同負擔等 5 種模式。根據小沼正等人的統計資料，兒童津貼的財源由政府稅收支付的國家有 15 國；由雇主負擔的有 25 個；由雇主和政府共同負擔的有 11 國；由雇主、政府和受雇者共同負擔的有 4 國；由雇主和自雇者負擔的有 1 國（小沼正等，1994）。日本在 1971 年制定兒童津貼法之前曾引發了財源的爭論，最後終以勞動理論的觀點，由雇主和政府共同負擔兒童津貼的財源（雇主負擔 70%；政府負擔 30%）（高橋三男，1998）。因此，兒童津貼制度的財源結構是依理論基礎的不同而有不同的設計。

第三節　兒童津貼制度的改革方向

兒童經濟安全制度是基於兒童的生存權而設計的保障措施，其基本內涵有二：一、兒童生活風險的預防（prevention of living risks）；二、兒童生活風險的克服（elimination of living risks），前者一般是以社會保險的方式因應，而後者則以社會扶助的方式解決。目前，我國已有健康保險制度，而國民年金保險也即將實施，所以兒童的社會保險制度已趨健全。在兒童的社會扶助體系方面，則不僅制度零亂、名稱不一、標準不同，而且有諸多重複浪費的現象。作為掌管兒童福利的最高行政單位，兒童局有責任整合亂象，規劃新制。基於此一動機，本節將分立即辦理的整合階段、研議辦理的建制階段和長程規劃的改革階段三個層次，對我國的兒童經濟安全制度提出具體的提案。

一、在立即辦理的整合階段

本節將現行制度整合成五種制度：一、兒童津貼制度；二、身心障礙兒童津貼制度；三、托育津貼制度；四、兒童安置補助制度；五、兒童保護補助制度。

(一) 在兒童津貼制度方面

本研究建議將現行中低收入戶育兒補助改制為兒童津貼，一體適用於家庭所得低於全國平均消費支出80%以下的兒童家庭。現行低收入戶的生活補助是針對家庭成員的生活費用所提供的扶助，而不是針對兒童的消費支出而設計的措施，所以家庭生活補助與兒童津貼應予區分。台北市中低收入戶育兒補助應是規劃我國兒童津貼制度的起點，但是，津貼金額則必須重新規劃。兒童局必須掌握我國養育第一個兒童所必須增加的消費支出資料，再乘以一定比率（如瑞典的25%或日本的24%）加以設定。假設我國養育第一個兒童每月必須增加5,000元的消費支出（不含托育費用），而兒童津貼比率為 25%，那麼，兒童津貼可設定為 1,250 元。將來，兒童津貼的金額宜隨兒童消費支出的增加而提高。至於所得限制是否放寬，則隨政府財政狀況而調整。

(二) 在身心障礙兒童津貼制度方面

目前，台北市有身心障礙者津貼、低收入戶身心障礙者生活補助以及發展遲緩兒童療育補助 3 種基本措施。筆者建議將這些制度整合成身心障礙兒童津貼制度，針對中度、重度和極重度的身心障礙兒童以及發展遲緩兒童提供普及性的補助。易言之，身心障礙兒童津貼無須所得限制，但是，身心障礙兒童者領取一般兒童津貼，就不能再領取特殊兒童津貼。至於津貼金額是否採用現行身心障礙者生活津貼每月 2,000 至 7,000 元或低收入戶身心障礙者生活補助和發展遲緩兒童療育補助的 3,000 至 6,000 元，則可再行研議。

(三) 在托育津貼制度方面

台北市目前是針對低收入戶兒童、收容安置兒童、危機家庭兒童及原住民兒童接受托育服務時發給托育補助。筆者建議將收容安置兒童和危機家庭兒童的托育補助納入兒童安置補助制度，而將原住民兒童托育補助廢除，以符合社會公平原則。由於托育費用已形成一般家庭的沈重負擔，建議將適用家庭的所得限制提高為全國平均消費支出的 1.5 至 2.5 倍左右（可再研議）。

(四) 在兒童安置補助制度方面

台北市目前有兒童寄養補助、兒童收養補助、機構安置補助、緊急安置補助等。建議保留兒童寄養補助和兒童收養補助，而將危機家庭兒童托育補助、緊急安置補助及其他機構安置補助合併為機構安置補助。至於補助水準可適用目前水準，或考慮為地方政府的實況加以調整。

(五) 在兒童保護補助制度方面

筆者建議保留現行的保護個案法律訴訟費用負擔與保護個案醫療費用負擔兩項措施。

二、在研議辦理的建制階段

本研究建議針對托育費扣除制度、單親家庭津貼制度以及育兒休業制度進行研議。托育費扣除制度是針對中高所得家庭的租稅優惠制度。既然中低所得家庭（平均每人每月所得占全國平均消費支出 1.5 至 2.5 倍之家庭）領有托育津貼，中高所得家庭似可以優惠稅制的方式，將部分托育費用從所得中扣除。依現行我國的所得稅法規定，子女就讀大專以上院校，其教育學費每一申報戶可扣除 25,000 元。未來的托育費扣除制度似可比照此一標準，甚至可按兒童人數調高扣除金額。托育費扣除制度是以未領有托育津貼的兒童家庭為適用對象，若領有托育津貼就不能適用，但是，若自願放棄托育津貼而申請托育費扣除也可以，易言之就是二者擇一的方式。單親家庭津貼制度是否採行必會出現正反相對意見，贊成理由為單親家庭的經濟有其脆弱性，應予特別保障；反對理由為基於社會公平原則，不應特別保障。這是一個價值判斷的問題，政府應徵詢各方意見之後再行規劃。如果要實施單親家庭津貼，宜以家庭生活補助的觀點，而非兒童經濟安全的觀點加以規劃，也就是以單親家庭的經濟風險和不安感為政策考量和制度設計的依據。至於育兒休業制度，行政院勞工委員會曾於 1991 年作過研究與規劃，卻未能付諸實現。育兒休業制度的方式很多，有些國家（如瑞典）除了給予休業期間之外，還支給工資一定比率的育兒津貼；有些國家（如德國）是由政府立法（育兒休業法），而由企業支給育兒津貼；有些國家（如日本）則由政府支給企業育兒休業獎勵金，鼓勵企業實施育兒休業制度。由於我國的企業尚無育兒津貼的制度，政府只要立法（名稱可暫訂為育兒休業法），給予 1 歲或 3 歲以下兒童的父母育兒休業期間（6 個月或 1 年），然後在政府財力許可下，支給基本工資一定比率（如 30%）的育兒津貼。本研究建議行政院勞工委員會能再度研議規劃育兒休業制度，並在兒童局的協助下，共同催生此一制度。

三、長程規劃的改革階段

在整合階段和建制階段逐一實施之後，經過嚴謹的績效評估，廢除或改革績效較差的方案，重新建構新方案，以建立一個健全的兒童經濟安全體系。因此，一個健全的兒童經濟安全體系必須經過長期的規劃、改革和整合才能達成。在當前的社會環境與制度體系下，本研究提出了八個方案（**表 15-2**），作為建構我國兒童經濟安全體制的第一步。每一方案都必須再經過細心的研究規劃，才能逐一實施。本節將進一步提出十七個規劃的議題和原則，作為政府規劃的參考（**表 15-3**）。

(一) 兒童經濟安全政策的必要性與方案目標

任何一個方案都必須考慮到政策的必要性與方案目標。政策的必要性雖有一些量化的指標作依據，但是，基本上仍是價值判斷的問題，需要社會共識（social consensus）才能獲得具體的結論。主事者必須以耐心獲得社會共識，以減少執行的阻力。此外，方案目標必須精心設計，不僅要明確化，也要具有可行性。如兒童津貼方案的目標是為了人口政策的目的，或是兒童權利的保障，還是兒童家庭經濟風險的去除必須明確。目標明確、可行而且獲得共識之後，方案內容的設計就比較沒有爭論。

(二) 兒童經濟安全制度的優先順序

社會保險與社會扶助是兒童經濟安全制度的兩個主要體系。如果國民年金保險制度優先於兒童津貼制度，那麼，兒童津貼的規劃內容就必須受制於國民年金保險的遺囑年金、兒童加給與孤兒年金的給付條件與給付水準。在社會扶助體系內，本章所提出的五個立即辦理方案是否同時規劃，或是依優先順序實施也必須考量。至於本章提出的三個研議辦理方案，由於涉及其他部會，兒童局能否發揮影響力也必須斟酌。如果托育費扣除制度與育兒休業制度有實施的可能，其他方案就必須配合調整。

表 15-2 兒童經濟安全制度的提案

採行措施	主辦機關	協辦機關	時程
1. 兒童津貼制度 對平均每人每月所得占全國平均消費支出80%以下之兒童家庭發給兒童津貼	內政部兒童局	直轄市及各縣市政府	立即辦理
2. 身心障礙兒童津貼制度 (1)對中度、重度和極重度之身心障礙兒童發給特殊兒童津貼 (2)對發展遲緩兒童發給特殊兒童津貼	內政部兒童局	直轄市及各縣市政府	立即辦理
3. 托育津貼制度 對平均每人每月所得占全國平均消費支出1.5-2.5 倍之兒童家庭發給托育津貼	內政部兒童局	直轄市及各縣市政府	立即辦理
4. 兒童安置補助制度 (1)對接受社會局或社會科委託，寄養兒童之家庭發給兒童寄養補助 (2)對接受社會局或社會科委託，收養兒童之家庭發給兒童收養補助 (3)對接受社會局或社會科委託，收容安置兒童之機構發給機構安置補助	內政部兒童局	直轄市及各縣市政府	立即辦理
5. 兒童保護補助制度 (1)對保護個案兒童之法律訴訟費用全額負擔 (2)對保護個案兒童之醫療費用全額負擔	內政部兒童局	直轄市及各縣市政府	立即辦理
6. 托育費扣除制度 對有托育費用支出的申報戶可享托育費的扣除	財政部	內政部兒童局	研議辦理
7. 單親家庭津貼制度 對平均每人每月所得占全國平均消費支出1.5-2.5 倍之單親家庭發給單親家庭津貼	內政部兒童局	直轄市及各縣市政府	研議辦理
8. 育兒休業制度 對照顧三歲以下兒童之工作父母得享六個月至一年之育兒休業期間且可獲得基本工資 30%之育兒休業津貼	行政院勞工委員會	內政部兒童局	研議辦理

表 15-3 兒童經濟安全制度的規劃原則

規劃議題	規劃原則
1. 政策必要性與方案目標	1.社會共識的必要性 2.方案目標的明確化與可行性
2. 制度的優先順序	1.國民年金制度 2.兒童津貼 3.托育補助 4.托育費扣除 5.單親家庭津貼 6.育兒休業制度
3. 方案的辦理機關	1.內政部兒童局 2.直轄市及各縣市政府 3.財政部 4.行政院勞工委員會
4. 方案的適用對象	1.目標人口 2.家庭所得限制 3.兒童年齡的設定
5. 方案的支給內容	1.支給水準的設定 2.支給人數的設定 3.支給期間的設定
6. 方案的行政手續	1.申請手續 2.審查手續 3.發放手續
7. 方案的財源	1.雇主負擔的工資主義 2.政府負擔的兒童保護主義 3.社會負擔的所得重分配主義 4.社會基金方式

(三) 兒童經濟安全方案的辦理機關

現行的兒童經濟安全方案均由直轄市及各縣市政府主辦，而由內政部兒童局協辦，以致造成制度紛歧和保障不公的現象。理論上，不同縣市的兒童應受到平等的經濟安全保障，如果台北市有的制度，其他縣市也應該實施。雖然保障水準可依地區物價水準的不同而有差異的標準，但是，方案必須平等實施。因此，本章建議兒童經濟安全方案宜由內政部兒童局主辦，而由直轄市及縣市政府協辦。在地方自治法和財政收支劃分法實施之後，兒童經濟安全方案是否能由內政部兒童局主辦，必須及早規劃因應。

(四) 兒童經濟安全方案的適用對象

方案適用對象的主要考量有三：一、是目標人口（一般兒童、身心障礙兒童或安置保護兒童）；二、家庭所得（一般家庭、中所得家庭或貧民家庭）；三、兒童年齡（18 歲以下，16 歲以下、5 歲以下或 3 歲以下等）。目標人口的設定比較容易，但是，所得限制與兒童年齡的設定就極易引發爭議。基於兒童權利的保障，兒童津貼不應有所得的限制，因為所得調查不僅浪費行政資源，調查技術仍有困難，也違反了平等原則。但是，基於政府財政與福利需求的考量，則必須採行所得限制。至於兒童年齡的設定，理論上應將 12 歲以下兒童全部納入，但是，實務卻難以執行。

(五) 兒童經濟安全方案的支給內容

方案的支給內容，包括支給水準、支給人數和支給期間都必須仔細考量。本研究建議以兒童附加消費支出（additional costs）的 25%作為兒童津貼的支給水準。假設平均第一個兒童的附加消費支出為 5,000 元，則第一個兒童的兒童津貼為 1,250 元；平均第二個兒童的附加兒童消費支出為 4,000 元，則第二個兒童的兒童津貼為 1,000 元。基於平等原則，兒童津貼的支給人數不宜設限，應適用於對象家庭的所有兒童。至於支給期間，則與適用對象的兒童年齡有關。如果兒童津貼的適用對象為 12 歲以下兒童，那麼，在未滿 12 歲以前均可領取。

(六) 兒童經濟安全方案的行政手續

包括申請手續、審查手續和發放手續均需規劃。申請手續要採自由申請主義或是自動發放主義，是個必須考量的問題。如果兒童津貼採選擇主義，申請手續就應該採自由申請主義；如果兒童津貼採普遍主義，申請手續就應該採自動發放主義。如果申請手續採自由申請主義，審查手續就必須採所得調查方式；如果申請手續採自動發放主義，審查手續就不需要採所得調查方式。至於發放手續則宜採方便主義，可由郵局及其他金融機構代為發放，以方便適用對象領取。

(七) 兒童經濟安全方案的財源

在1920年代以前，家庭津貼是採雇主負擔的工資主義，也就是基於雇主與受雇者間的權利義務關係，由雇主提供受雇者的家庭津貼。1926年以後的家庭津貼制度是採國家負擔的兒童保護主義，也就是基於國家對兒童權利的保障，由政府財源提供兒童的家庭津貼。日本於1971年制定的兒童津貼法則採社會負擔的所得重分配主義，也就是由雇主、政府和受雇者三者共同負擔兒童津貼所需的財源。此外，亦可採社會基金（social fund）的方式，由社會整體提供財源，保障兒童的經濟安全。由於我國的企業尚無兒童津貼的制度，由雇主提供兒童津貼財源的可行性不高，所以由政府提供財源可能是較佳的選擇。至於社會基金方式應是將來可以採行的模式。

參考文獻

小沼正、地主重美＆保坂哲哉（1994），《社會保障概論》，川島書局。

高橋三男（1998），〈兒童手当の財源政策〉，社會保障研究所編，《社會保障の財源政策》，東京大學出版會，pp.263-287。

清正寛＆良永彌太郎（1996），《社會保障法》，中央經濟社。

社會保障研究所編（1994），《イギリスの社會保障》，東京大學出版會。

社會保障研究所編（1995），《スウエーデンの社會保障》，東京大學出版會。

社會保障研究所編（1995），《フランスの社會保障》，東京大學出版會。

社會保障研究所編（1996），《西ドイツの社會保障》，東京大學出版會。

社會保障研究所編（1996），《アメリカの社會保障》，東京大學出版會。

健康保險組合連合會編（1999），《社會保障年鑑》，東洋經濟新報社。

內政部編印（1987），《國際勞工公約及建議書》（中）。

孫健忠（1997），〈社會津貼實施經驗的反省：以敬老津貼為例〉，《社會政策與社會工作學刊》，第 1 卷第 1 期，pp.73-98。

孫健忠（2000），〈台灣社會津貼實施經驗的初步分析〉，《社會政策與社會工作學刊》，第 4 卷第 2 期，pp.5-41。

陳琇惠（1997），〈初探老年經濟安全新策略：保險、救助及津貼整合之研究〉，《社會政策與社會工作學刊》，第 1 卷第 1 期，pp. 161-199。

Chapter 16

第十六章

身心障礙者就業服務制度的經濟分析

第一節 身心障礙者就業服務制度的基本概念

一、身心障礙者的定義

由於身心障礙的形成原因和障礙性質之不同，要對身心障礙者下個明確的定義，是十分困難的。各國均因不同的國情、醫學認定、教育制度和福利觀念，而有不同的定義。我國身心障礙者保護法對於身心障礙者，並無概括性的定義，只有分類而已。本研究對身心障礙者定義如下：凡因先天或後天原因，造成肢體、智能或精神的不健全，進而導致個人生活與社會適應的困難者謂之身心障礙者。

若依這個定義，身心障礙者應具備三個條件：第一是有肢體、智能和精神的障礙；第二是有個人生活的障礙；第三是有社會適應的障礙。一個在肢體、智能或精神上有障礙的人，常因缺乏充分的生活訓練和社會體驗，而造成適應上的困難。身心障礙者若有良好的生活訓練、勞動習慣和社會經驗，必可減少這些困難。相反地，一個正常人若無這些訓練、習慣與經驗，也會產生個人生活與社會適應的困難。因此，身心障礙者的定義應以個別的特徵去界說，尤其是智能不足者和精神耗弱者的定義，應依其性質和程度去認定。

所謂身心障礙者，就是由於身體機能或精神機能的不健全（impairment），造成生活和工作能力的減弱（disability），以致難被他人接納者（handicap）。因此，凡是身心機能不健全的人，都應該列入身心障礙者的範圍。除了視障、聽障、語障、肢障、智障以及多重身心障礙之外，顏面傷殘、內臟機能障礙（如心臟、肺和腎臟等的障礙）、精神耗弱（如精神分裂、錯覺、幻覺、妄想、個性反常等）、吸毒者以及酒精中毒者，均應屬於身心障礙者。

任何身心障礙者如果能夠受到妥善的復健與重建訓練，機能障礙一定可以減輕，工作能力一定可以增強。此外，若能受到一般人的了解與協助，必能在一般社會中享受正常化（normalization）的生活。因此，身心障礙者本身不可自暴自棄，應該更積極地爭取自己的權利。一般人也不可視身心障礙者為一無是處之人，應該協助身心障礙者早日獲得正常的生活。政府更不可把身心障礙者的範圍界定得太小，應該把所有身心不健全的人都納入身心障礙者保護法。這樣身心障礙福利政策才有意義，身心障礙者的就業問題才能獲得改善。

二、身心障礙者的就業資格

中華民國憲法第十五條規定，人民的工作權應予保障。第一五二條規定，人民具有工作能力者，國家應予以適當之工作機會。可見人民必須具有工作能力，始得為雇主所接受。身心障礙者也必須具有工作能力，始能為企業所雇用。身心障礙者的工作能力必須具備三個基本條件（手塚直樹，1980）：

第一、要能處理自己的事務。如果身心障礙者不能處理飲食、清潔、著衣等自己的事務，就無法參與社會勞動。身心障礙者必須努力訓練自己，使自己擁有最基本的工作資格。

第二、要能注意自己的安全。企業設備，從小刀片到大機器，大都具有危險性。身心障礙者若無法注意自己的安全，就容易產生意外，造成企業的負擔和損失。

第三、要有健康的身體。身心障礙者並非病患，有些身心障礙者的健康情形，要優於一般人。有了健康的身體，才有耐力；有耐力，才有生產力。按照目前的水準，身心障礙者必須要能勝任一天 8 小時的勞動。

此外，身心障礙者必須具備 2 個補充條件：

第一、要有工作意願。身心障礙者由於身心的缺陷、教育的限制和社會的歧視，極易喪失工作意願。大部分有工作的身心障礙者則因興趣不合、待遇太低或工作環境不好，而易於退出勞動市場。因此，身心障礙者必須具有較一般人更強烈的工作意願和工作興趣，始能為企業所接受。

第二、要有良好的社會性。身心障礙者由於長期受到保護，比較習慣於縱的人際關係。身心障礙者對於橫的人際關係，常採敵視行為，如欺騙、打人等；對於社會制度，常採報復態度，如破壞公物、放火等。這些行為均會構成企業和社會的不利。因此，身心障礙者必須具有良好的人際關係和社會性，不可有反社會行為。

身心障礙者的就業率偏低，主要係由於身心的障礙和沒有一技之長。這兩項缺失可藉著進步的醫療復健和充實的重建訓練，加以補救。身心障礙者本身則必須努力克制自己和積極訓練自己。要向雇用者證明，自己能做些什麼，而不是向雇用者要求，給自己些什麼。其實，身心障礙者有許多優點是一般人較難做到的，例如較能聽從指導、較能認真和專心工作、較能按時上班、較能安定工作、較有耐性、較少要求……。身心障礙者若經妥善的訓練和輔導，或能較一般人有更高的勞動生產力。因此，企業雇用身心障礙者，並非絕無經濟利益。

三、身心障礙者的能力評估

身心障礙者的能力評估是十分困難的。若以一般的評估標準去衡量，只會反映出身心障礙者的弱點。因此，必須以特殊的醫學標準，去分析身心障礙者的基本能力與個性，做為雇用前能力的認定標準。然後根據身心障礙者的工作狀況和進步情形，做為雇用後能力的認定依據。企業必須按照生產和工作性質，設計能力評估的標準，再配合良好的訓練與輔導制度，提升身心障礙者的工作能力。

(一) 雇用前的能力評估

第一、身體狀況——如身高、體重、腕力、腳力、臂力等。

第二、運動能力——如眼睛和手腳的靈活、運動速度等。

第三、感覺能力——如視覺、聽覺、觸覺、味覺、嗅覺、平衡感覺、空間知覺、知覺速度等。

第四、智的能力——如智力、注意力、判斷力、表達能力、計畫能力、對應能力等。

第五、個性——耐性、責任感、機敏性、協調性、社交性等。

(二) 雇用後的能力評估

第一、生產能力——包括身心障礙者本身工作的生產能力以及從事其他工作的對應能力。

第二、工作能力——包括體力、機敏性、安全性、確實性、專心及判斷能力等。

第三、工作態度——包括認真、耐性、協調、整理等工作態度。

第四、上班情況——包括遲到、早退、請假等情形。

第五、生活態度——包括自我約束、人際關係、禮儀等態度。

第六、特別能力——包括指導、計畫、檢查、記錄等能力。

四、身心障礙者的職業重建

根據國家勞工組織（International Labor Organization, ILO）的「職業重建基本原則」（Basic Principles of Occupational Rehabilitation），職業重建應包括職業評鑑、職業輔導、職業訓練、職業介紹、庇護就業及追蹤輔導等功能，這就是身心障礙職業訓練機構所應扮演的角色（小島蓉子，1982）。

職業評鑑的範圍應該包括醫學的評鑑（因身心障礙所產生的機能性障礙）、生理學的評鑑（即工作能力的身體機能）、心理學的評鑑（即知能、適應性、興趣等的評價）以及職業的評鑑（即技能、適應性、工作能力的評價）。職業評鑑的目的，是要幫助身心障礙者認識自己，培養其信心，評鑑其工作能力及輔導其就業方向。

職業輔導的主要功能，在啟發身心障礙者的就業興趣，提供就業資訊，輔導其選擇職業及協助其就業。職業輔導通常由職業重建的專業人員加以輔導，例如，美國的職業重建輔導員（rehabilitation counselor）、英國的身心障礙工作員（disablement resettlement officer）及日本的職業指導員等。

職業訓練包括適應訓練與就業訓練兩種，適應訓練是在訓練身心障礙者具有基本的工作態度，使其能夠適應未來工作，並協助其恢復工作信心；就業訓練是在訓練身心障礙者具備職業所需的工作能力，使其獲得就業，並協助其繼續工作和提升工作地位。為了充分發揮這些功能，身心障礙職訓機構必須切實掌握產業結構的改變和就業市場的變化，不斷更新訓練課程，調整訓練職類。

職業介紹的功能，是要將求職者介紹給最合適的職務，介紹機構必須了解求職的正確資料，例如，學歷、經驗、人格、職能等；也必須掌握求人者的實際狀況，例如，經營方針、工作性質、工作環境、人事關係等；及必須將求職和求人者的資料作科學的分析，以決定最佳的組合。

重度身心障礙者的職業重建，應該具有治療、訓練與就業三種功能。由於重度身心障礙者難以在一般的勞力市場中獲得就業，身心障礙者職訓機構必須設置庇護工廠（shelter workshop）或福利工廠（good-will workshop），提供養護、訓練和就業的服務。

為了評估職業重建的效果，掌握身心障礙的動向，確保身心障礙者的就業，身心障礙職訓機構必須不斷追綜調查，隨時加以輔導。如此，完整的職業重建始告完成。

由上述分析看來，職業重建是個十分複雜而且勞力密集的措施，唯有由政府成立一個身心障礙者職訓中心，才能充分發揮其應有的功能。尤其在強制雇用比例制度實施之後，職能鑑定更需政府公權力的介入，才能獲得合法性和公信力。再者，重度身心障礙者庇護就業的經濟效益（economic benefits）極低，必須在政府的財力和人力支援下，才能長期辦理。此外，為使所有的身心障礙者均能獲得平等的機會接受職業重建，也唯有政府機構才能扮演這個角色。因此，政府身心障礙者職訓機構的角色，應定位於綜合性、強制性及普遍性的職業重建上。

基本上，民間身心障礙者職訓機構是在輔助政府身心障礙者職訓機構的功能，如果政府能夠普遍設置身心障礙者職訓中心，提供高品質的服務，民間就沒有必要設置職訓機構。問題是，政府在預算的限制下，往往無法普設身心障礙者職訓機構，而且在一般化的政策原則下，常常難以充實職業重建的內容。因此，民間身心障礙者職訓機構的存在，就有必要而且重要。

在政府身心障礙者職訓中心尚未成立之前，職業重建的責任就必須仰賴民間。民間身心障礙者職訓機構可以免費或收費方式自行辦理，也可以在政府的委託補助下辦理。但是，由於財力和人力的限制，民間身心障礙者職訓機構不太可能扮演綜合性的職業重建功能，只能辦理一般性的職業訓練和職業介紹，但是，訓練職類會偏向落伍的工業技能；職業介紹的成果也會偏低。在此種狀況下，即使實施強制雇用比例制度，亦難促進身心障礙者的充分就業。

如果政府身心障礙職訓中心能夠成立，那麼，民間身心障礙者職訓機構便可邁入專業化、高技化和高費化的身心障礙福利產業時代。屆時，民間的身心障礙機構、醫療機構、教育機構及企業組織均可提供職業重建的相關商品，以收費方式，訓練身心障礙者成為專業化和高技化的高級人力。另一方面，政府身心障礙者職訓機構將提供綜合性、一般性和免費的服務。易言之，政府身心障礙者職訓機構是扮演基層職業重建（primary rehabilitation）的角色；而民間身心障礙者職訓機構則是扮演進階職業重建（advanced rehabilitation）的角色，兩者相互配合的結果，可以提升身心障礙者職業重建的水準，保障身心障礙者充分就業的權利。

第二節　身心障礙者就業服務制度的經濟分析

一、身心障礙者的工作權

身心障礙者的工作權應該包括生存權、安全權以及工作情趣權。企業支付身心障礙勞工的工資，必須足以維持其本人及扶養家屬之生存。企業所提供的工作環境不可危害身心障礙勞工的健康和生命安全。企業必須透過訓練、升遷及其他福利，促進身心障礙勞工的工作情趣。由於身心障礙者的工作能力差異很大，對於工作能力很低的身心障礙勞工，企業往往不願支付一般水準的工資，致使身心障礙勞工的生存受到侵害。也由於企業不願增加生產成本，而無法改善生產設備和生活設施，致使身心障礙勞工的健康和生命遭受威脅。更由於企業經營者的偏見，往往不給予身心障礙勞工應有的訓練、升遷及福利。因此身心障礙者的工作權，並非僅給予工作機會就可解決，必須配合工資的保障、工作環境的改善以及工作條件的提升，才能真正解決身心障礙者的就業問題。

增進身心障礙者的就業機會是政府和企業的責任，但是，保障身心障礙勞工的工作權，就必須透過工會的運作，因為只有工會組織才能站在平等的立場上，與企業組織進行交涉。一般勞工的工會鮮少為少數的身心障礙勞工爭取權益；而身心障礙勞工大都受雇於小型企業，很少加入工會組織，身心障礙勞工的工作權就在沒有工會支持的情況下遭受侵犯。在自由經濟體制下，光賴政府保障身心障礙勞工的權益是不夠的，必須輔導身心障礙勞工組織工會，並賦予應有的交涉權與爭議權。唯有如此，身心障礙者的工作權才能受到真正的保障。

二、身心障礙者的職業訓練

職業訓練的目的，是要使接受訓練的身心障礙者能夠獲得一技之長和就業，並協助身心障礙勞工繼續其工作。因此，身心障礙者的職業訓練，除了訓練教育與職業介紹之外，還要從事就業前的心理輔導與就業後的追蹤輔導，才能達到訓練的目的。如果訓練之後仍無法獲得工作，或是就業之後無法長期工作，就是沒有績效的訓練，對個人和社會都是一種浪費。訓練職種若不針對就業市場的需求，就難以增進結訓者的就業機會；訓練方式若不配合企業的實際作業，就難使就業者久任工作。因此，最有效率的訓練計畫，應委由企業代訓，依企業標準選拔，依企業方式訓練，依企業需要雇用。

美國「身心障礙職業重建法」（Rehabilitation Act, 1973）中的「企業合作計畫」（Project with Industries, PWI），是個頗值借鏡的制度。該計畫是由政府與大企業簽訂訓練契約，並補助企業所需的訓練費用和生產損失。結訓之後，企業得依其需要，優先雇用所要的人才，而未獲企業雇用的結訓者，則由身心障礙福利機構轉介至其他相關企業。這種制度的好處是，政府無須投資鉅額資金，設置身心障礙職訓機構，卻可收到身心障礙職訓的效果；對企業而言，無須負擔訓練費用，即可獲得所需的熟練人才；對於身心障礙者，則可從實際的訓練中，獲得有用的技能，而且可以增加受雇於大企業的機會（Berkowitz, 1987）。

三、身心障礙者的強制雇用比例制

從形式上看來，強制企業雇用一定比例的身心障礙者，是解決身心障礙者就業的良策。但是，由於身心障礙者的工作能力較一般人為低，若強制企業雇用，必會增加企業的變動成本（variable costs），結果，也提高了企業的平均成本（average cost）與邊際成本（marginal cost）。對於一個具有經濟利潤（economic profit）的企業，將如**圖 16-1a** 所示，平均成本將由 AC 增至 AC'，邊際成本將由 MC 增至 MC'；均衡

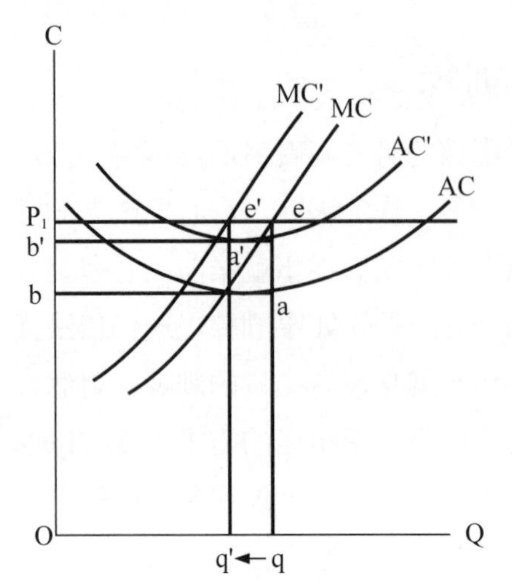

圖 16-1a　身心障礙者強制雇用與成本結構

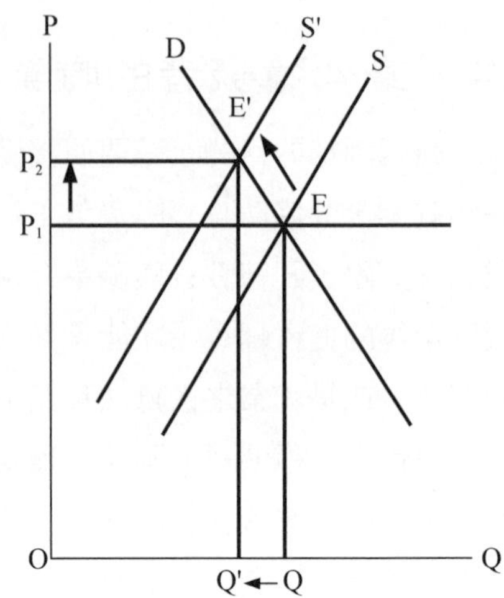

圖 16-1b　身心障礙者強制雇用與商品市場

點將由 e 移至 e'，均衡產量將由 Oq 減至 Oq'；利潤將由 P_1eab 減至 P_1e'a'b'。於是如**圖 16-1b**，在商品市場上，供給曲線將由S移至S'，均衡點將由 E 移至 E'；均衡產量將由 OQ 減至 OQ'；價格將由 OP_1 漲至 OP_2，具體言之，企業雇用身心障礙者的結果，會使成本增加，利潤減少，而降低產量。另一方面，因產量的減少，而使市場價格上漲，交易量減少。因此，若無任何補助措施，強制企業雇用身心障礙者，將導致物價膨脹與經濟衰退。

企業因雇用身心障礙者而減少的利潤（即P_1eab－P_1e'a'b'），若由政府補償，就不會產生上述缺失。另一方面，企業可以加強身心障礙勞工的在職訓練，提升身心障礙勞工的勞動生產力，降低平均成本與邊際成本，增加企業利潤。因此，在政府的補貼下，企業必會增雇身心障礙者，並盡力提升身心障礙勞工的工作能力。這是透導企業雇用身心障礙者最有效的方法。在雇用身心障礙者的觀念普及、身心障礙勞工的工作能力獲得肯定之後，政府便可逐漸減少補貼金額。最後，企業必能在完全不補貼的條件下，充分雇用身心障礙者。

在自由經濟體制下，企業經營是以追求利潤的極大化為目標，任何違反這種原則的經濟政策，將導致企業的減產，甚至停產，對個體經濟和總體經濟影響極大。政府保障身心障礙者就業的美意值得讚許，但是，如果因這種措施，而損害消費者的利益或阻礙總體經濟的成長，就失去了保護身心障礙者的實質意義。因此，在制定「強制雇用比例制」之前，決策單位必須衡量自己的負擔能力，在有充分把握之後，再去制定法規，配合企業共同實施。

四、身心障礙者的勞動市場

由於身心障礙者的工作意願低於一般人（因工作能力較低，就業礙因較多），身心障礙勞力的供給彈性（elasticity of supply）就低於一般人。另一方面，由於身心障礙者的邊際產量（marginal product）低於一般人，身心障礙勞力的需求彈性（elasticity of demend）也低於一般人。現在，假設身心障礙勞力的供給彈性與一般人相同（**圖 16-2**），而需求彈性（Di）小於一般人（De）。如果政府強制企業雇用身心障礙者，使雇用數量由$O\ell_0$增至$O\ell_1$，則企業願意支付身心障礙者的工資，由 Ow_0 減至 Ow_1；同樣地，如果政府強制企業雇用一般人由 $O\ell$增至$O\ell_2$，則企業願意支付一般勞工的工資，由 Ow_0 減至 Ow_2。因為 w_0w_1 大於 w_0w_2，所以政府干預身心障礙勞力市場的結果，會使身心障礙勞工蒙受不公平的待遇。

如果政府要在一定的工資水準下（**圖 16-3**），增進身心障礙勞工的雇用量，就必須等量地調整供給和需求曲線（即由 S 調整至 S'，由 D 調整至 D'），才能使雇用量由 $O\ell_0$ 增至 $O\ell_1$。如果供給曲線不變，而需求曲線由 D 移至 D'，則工資會由 Ow_0 升至 Ow_1，但是雇用量僅由 $O\ell_0$ 增至 $O\ell_2$。如果需求曲線不變，而供給曲線由 S 移至 S'，則工資會由 Ow_0 下降至 Ow_2，雇用量也僅由 $O\ell_0$ 增至 $O\ell_2$。因此，促進身心障礙者就業的根本辦法，就是盡力提高身心障礙勞力的供給和需求。如果

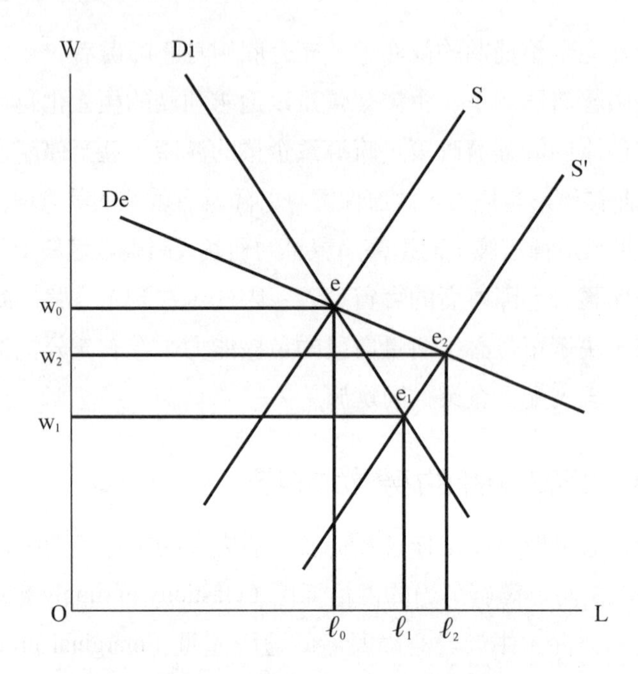

圖 16-2 需求彈性與勞動市場

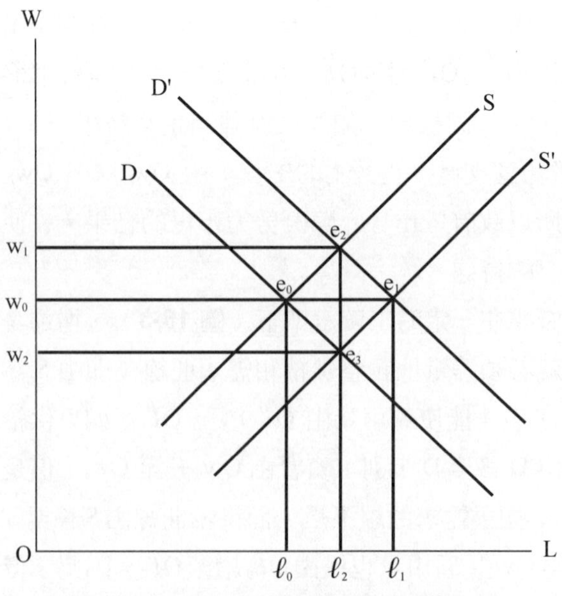

圖 16-3 身心障礙者就業促進效果

身心障礙者的工作意願和企業的雇用意願都很低，強制企業雇用身心障礙者，並無法改變身心障礙勞工市場中的均衡狀態，而難以改善身心障礙者的就業條件。

政府最重要的經濟角色，就是在維護市場機能的正常運作。對於身心障礙者的勞力市場，原則上，政府不應該直接干預，更不應該以法律強制企業雇用身心障礙者。政府應採行的策略，必須擴大身心障礙者的認定範圍，實施有效率的職業訓練和就業輔導，以提高身心障礙者的工作能力和工作意願。另一方面，必須以具體的補助措施，誘導企業雇用身心障礙者，提高身心障礙勞工的職業地位。這才是解決身心障礙者就業問題的根本之道。

五、身心障礙者的經濟生活

(一) 身心障礙者的工資

基於同工同酬的理論，身心障礙員工的工資應與一般員工相同。企業對於能力很高的身心障礙員工，不僅不該有差別待遇，甚至要付給更高的工資，以獎勵其克服困難的毅力。企業在雇用能力很低的身心障礙者時，往往不願按「基本工資法」的規定，支付工資。身心障礙者的工資若不受「基本工資法」的限制，就必須有一套公平的能力認定標準，否則就容易為企業所誤用。其實，有許多身心障礙者只是要求雇用，而不要求等薪。身心障礙者能藉著雇用，提高自己的生產能力，然後才要求較高的薪資，這不僅是公平合理的做法，也是提升身心障礙者能力直接而有效的辦法。如果為了保障身心障礙者的生活，而規定雇用身心障礙者的企業，必須適用「基本工資法」，就必須由政府對企業提供適當的補助。這種補助可能要比政府設置庇護工廠或其他身心障礙者就業設施所需的經費要來得少，而且較為實際。就企業而言，不管是彈性工資也好，或是政府補貼也罷，總是需要合理的能力認定標準和精確的成本－效益分析，否則身心障礙者工資的糾紛，將永遠存在。

(二) 身心障礙者的經濟生活

身心障礙者的經濟生活大部分均仰賴家庭，即使有工作的身心障礙者，亦會把收入交由家人處理。因此，大部分的身心障礙者均未能享有充分的經濟生活。本來個人的經濟生活並非企業的責任，可是員工的工作樂趣和用錢樂趣若不能配合，就會失去生活的意義，進而影響到工作情緒和生產能力，所以企業應指導身心障礙員工正確的用錢觀念，例如生活費用的分配和嗜好品的選擇等。同時鼓勵他們，積極參與經濟活動，例如投資與儲蓄的方法以及對公共經濟事務的關心等。

綜合上述的基本認識，可知身心障礙者本身必須具備獨立性和生產能力，始有要求雇用的資格；而企業必須具備評估、訓練和輔導的措施，才有雇用身心障礙者的條件。不具資格的要求，就是權利的濫用；無計畫的雇用，就是人力的浪費。企業必須具備基本認識，在經濟狀況許可下，做好雇用準備，然後才去雇用身心障礙者；否則就像沒有功能的建築一樣，是社會資源的浪費（兒島美都子，1982）。

身心障礙的產生是不可預測的，任何人都有可能發生。這不僅是個人的不幸，也是社會的不幸。家庭、企業、政府和社會都應該以「溫暖的心」，來照顧身心障礙者，可是在方法上，我們應該以「冷靜的腦」，幫助他們獲得重生與幸福。家庭應加強身心障礙者的生活教育，企業應提升身心障礙者的生產能力，政府應充實身心障礙者的福利制度，社會應給予身心障礙者更多的關注。唯有在個人與社會全體的共同努力下，身心障礙者才能受到真正的保護。

第三節 身心障礙者就業服務制度的改革方向

一、確立行政體系

關於身心障礙者職業重建的行政體系，應屬於社會福利政策，而由社會福利暨衛生部負責呢？還是屬於勞動政策，而由勞動部負責呢？這個行政權限的問題必須及早釐清和確定。從理論上的觀點而言，職業重建應為身心障礙福利體系的一環，而其內涵與方式亦有異於一般的職業訓練與就業輔導，所以宜由社會福利暨衛生部規劃推動，並由其設置職業訓練局及各地身心障礙職業訓練中心，執行公共部門的職業重建事宜。

二、制定身心障礙者就業促進法

身心障礙者保護法及其施行細則對於職業重建與身心障礙就業保障，缺乏整體性的規範，必須制定身心障礙就業促進法，從基本理念、責任範圍、職業重建、一般就業、庇護就業、基金運用及罰則等方面加以具體規定。在職業重建方面，應對身心障礙職訓中心的組織與職權、職能評鑑、職業輔導、職業訓練、職業介紹、庇護就業及追蹤輔導等功能加以規範。

三、制定身心障礙福利產業獎勵管理辦法

為了有效推動身心障礙福利產業，應制定身心障礙福利產業獎勵管理辦法，對身心障礙福利產業的定義與範圍、資格要件、補助或融資辦法、稅制優惠，相關法規的配合、評鑑與管理辦法以及罰則等加

以規定。政府應該鼓勵大企業開拓身心障礙福利產業，健全身心障礙福利產業市場。

四、實施專業職業重建輔導員制度

目前，身心障礙職訓機構大都以非專業人員擔任諮詢、訓練與輔導的工作，造成績效不彰的結果。因此，政府必須實施專業職業重建輔導員制度，對受過特殊教育或社會工作的正規教育者，施以一年的專業訓練，經資格考試及格後，授予專業職業重建輔導員證書。政府和民間的身心障礙職訓機構都必須雇用專業職業重建輔導員，從事職業重建工作（可在身心障礙就業促進法中規定），以保障專業職業重建輔導員的工作機會，提升職業重建水準。

五、普設身心障礙職訓中心

身心障礙者若能在自己所熟悉的環境中接受職業重建，不僅能提高學習和工作的興趣，也能獲得鄉里親戚朋友的協助，增進社會生活的樂趣。因此，政府必須在各縣市設置身心障礙職訓中心，並配合地方的產業特性和勞力需求狀況，實施有效的訓練職類，創造良好的就業環境。

六、普設公營庇護工廠

重度身心障礙者的職業重建機構是目前最缺乏的身心障礙福利設施，尤其是庇護工廠，更是最迫切需要的設施。由於庇護工廠的設備與經費高於一般身心障礙職訓機構，而重度身心障礙者的職業重建效果也遠低於一般身心障礙者，所以難被民間機構接受，必須由政府辦理。因此，建議在各地方的身心障礙職訓中心設置庇護工廠，使重度身心障礙者獲得永久工作的機會。

七、加強職能評鑑功能

各公、私立身心障礙職訓機構都必須加強職能評鑑功能，協助身心障礙者認識自己的體力、耐力、習慣、性向和能力，使其有效接受職業訓練，選擇適當的就業環境。至於身心障礙者工作能力的評定，應由政府身心障礙職訓中心負責，以統一評定標準，方便企業雇用身心障礙者。

在民間身心障礙職訓機構方面，至少有下列幾個方法，可供民間機構參考。

第一、要採取企業化的經營方式。未來的民間身心障礙福利機構應朝向身心障礙福利產業發展，也就是以合理的收費（成本＋利潤），提供高效率的職業重建。身心障礙職訓機構在必要時，得以增資或合併的方式，擴大經營規模，提高職業重建品質。除身心障礙職訓機構外，民間的醫療機構、教育機構與企業均可開辦職業重建，擴大身心障礙福利市場，並在市場機能的運作下，從事公平的競爭。

第二、要以培養高級人力為目的。在政府普設身心障礙職訓中心之後，基層職業重建將由政府負責，民間身心障礙職訓機構將負責進階職業重建的推動，所以必須以培養高級人力為目的。民間身心障礙職訓機構必須充實設施設備、精心設計訓練職類，提高輔導人員的素質，加強與一流企業的合作，使受訓者均能獲得高度的工作技能和高報酬的工作。

第三、要加強與企業的合作。在實施強制雇用比例制度之後，企業必然要雇用大量的身心障礙者。屆時，民間身心障礙職訓機構將可扮演十分重要的角色，為企業培育必要的人力。民間身心障礙職訓機構可與企業簽訂合作計畫（project with industries），提供企業所需要的訓練課程，代其訓練必要的人力。

第四、要加強與政府的合作。在政府身心障礙職訓機構未能滿足身心障礙者的需求之前，民間身心障礙職訓機構可接受政府委託，辦理必要的職業重建。在強制雇用比例制度實施之後，政府單位也必須雇用大批身心障礙者，尤其是事務性人員和技術性人員的需求更為殷切，然而，這些人力並非政府身心障礙福利機構能夠充分提供，必須仰賴民間身心障礙職訓機構的協助。因此，政府和民間的身心障礙福利機構必須密切合作，才能因應就業市場對身心障礙人力的需求。

今後，政府和民間的身心障礙福利機構都必須認識本身的角色，加強本身的功能，相互配合，共謀發展。若能如此·身心障礙職訓機構的難題必能突破，職業重建的水準必能提升，身心障礙者充分就業的理想必能實現。

參考文獻

Berkowitz, E. D. (1987). *Disabled Policy*, Cambridge University Press.

小島蓉子（1982），《國際障害者福祉》，誠信書房。

手塚直樹（1980），《障害者の雇用と職場適應》，相川書房。

兒島美都子（1982），《障害者雇用制度の確立とめざに》，法律文化社。

蔡宏昭（1986），「台灣地區殘障者職業重建與就業問題之研究」，內政部委託研究報告。

Chapter 17

第十七章

幼兒托育服務制度的經濟分析

第一節　幼兒托育服務制度的基本概念

如果說工業革命（industrial revolution）是現代文明的起點，工業化（industrialization）就是影響現代社會的動力。影響母親就業與幼兒照顧的因素很多，本研究只選擇婦女意識（women conscious sense）、家庭功能（family function）與勞動市場（labor market）三種社會變遷，作為分析的依據。為了加強這三種社會變遷的關聯性，本研究就選定了工業化作為唯一的影響因素。從狹義的觀點來說，工業化是擁有自動化（automation）、分工化（division）與市場化（marketization）三種巨大力量的怪物，其所到之處，人們和組織莫不受其支配。若用 T. Parsons 的 AGIL model 來說明，當工業化進入一個社會之後，人們會盡力去適應（adaptation），並累積財富；然後透過政府公權力的目標運作（goal attainment），使私有財富獲得保障；但是財富分配的不均必須透過社會連帶的整合作用（integration），以維護整體社會的安定；最後透過國民共識與世代傳遞，逐漸形成潛在（latency）的社會文化。

工業化社會蘊涵著物質主義（materialism）與個人主義（individualism）兩種潛在文化。工業化是建立在個人與財物關係之上，個人只要能夠生產更多的物，就能獲得更多的財，並以更多的財去購買更多的物或去創造更多的財，個人生活的滿足感自然就可以提高。對現代人而言，創造財富與滿足個人需求就是生命的具體實現。在這種意識形態之下，現代婦女逐漸從財富的分享者變成財富的創造者，從男人的附庸變成獨立的個體。她們試圖藉由教育水準的提升和勞動參與的加強，以提高經濟地位；並藉由兩性平等的呼籲與社會參與的增進，以提高社會地位。因此，傳統上的賢妻良母、男主外女主內、女子無才便是德等觀念將逐漸被摒棄。婦女將逐漸擁有家庭的共同經營權、外出工作權及家務勞動（含幼兒照顧）的分配權，也將在勞動市場中獲得平等待遇權、公平競爭權及婦女福利權。

工業化也引發了家庭功能的改變，在農業社會裡，家庭內生產（intra familiar production）是家庭的主要功能，可是，工業化的結果，家庭外生產（extra familiar production）逐漸取代了家庭內生產，使家庭的經濟功能侷限在消費與儲蓄兩方面。在物質主義與個人主義的引導下，家庭消費除了充實生活物質與家庭設備之外，更大量投入文教休閒支出，因為人們相信文教休閒的充實將可提升家庭成員的勞動品質，增進勞動報酬。於是傳統的家庭教育功能便逐漸被市場所取代，因為父母相信，專業化的教育當比非專業的家庭教育對提升勞動品質更為有效。此外，為了提升家庭成員的勞動品質，家庭的健康維護功能漸受重視與加強，衛生保健費用已成為現代家庭的重要支出項目。家庭內生產功能的衰退，使家庭不再需要多數的子女，而文教休閒與衛生保健支出的增加，使家庭漸難豢養眾多的子女，於是家庭的生育功能就逐漸萎縮，家庭的成員規模就逐漸縮小。因此，工業化不僅造成了家庭結構的改變，例如由主幹家庭（stem family）轉為核心家庭（nuclear family），即使在同一家庭型態下，成員規模也有很大的改變，例如由10多人組成的核心家庭轉為3或4人組成的核心家庭。

隨著工業化的進展，勞動市場產生了很大的變化。首先是由於產業擴張所形成的勞力不足現象，尤其是低薪勞力更是短缺，因此誘發家庭主婦的參與。其次是由於產業結構的改變所產生的技術性勞力需求之增加，因而吸引了擁有技術的家庭主婦之參與。最後是由於工作型態的多樣化所造成的彈性工作機會之增加，方便了家庭主婦的參與。這些勞動市場的變化對家庭主婦參與勞動提供了極其有利的誘因，而使家庭主婦大舉走出家庭投入工作行列。

從工業化的趨勢看來，我國婦女（尤其是有偶婦女）的勞動參與率仍會上升，而由父母照顧幼兒的方式將隨著個人主義的普及與家庭結構的改變而日漸式微，所以仰賴幼兒照顧的需求將急速增加。另一方面，由於市場中幼兒照顧設施的嚴重不足與價格的高昂，使供需之間呈現巨大差距。面對此一現況，政府應否採取對策？又該如何介入？將是我國社會福利政策難以規避的課題。從一般先進國家的政策與措施看來，政府的幼兒照顧政策可以分為三個基本體系，第一是婦女的勞動政策；第二是兒童補助（或津貼）政策；第三是托兒服務政策。這些政策一般是由勞工、社會福利或教育等不同的行政單位分別規劃與推動，所以幼兒照顧政策是一個綜合性的社會政策。

第二節　幼兒托育服務制度的經濟分析

一、政府托育服務制度的經濟分析

在考慮政府應否介入家庭的幼兒照顧責任及如何介入之前，可能要先釐清政策的理論基礎，要採個人主義或機體主義（organism）。在個人主義的政策原則下，有工作能力的個人不應因幼兒照顧而放棄工作的權利或義務，幼兒就必須委託親人、民營托育設施或公營托育設施照顧，在此種情況下，如果親人照顧普及或民營托育設施足夠，政府除了補助較低所得家庭的托育費用外，就不必介入；如果親人照顧不普及而民營托育設施不足，政府就必須充實公立托育設施，而且需以較低所得家庭的幼兒優先照顧。因此，切實掌握供給狀況是採個人主義政策最需考慮的問題。相反地，有機體主義的政策原則下，家庭是一個有機體，透過成員的分工維護其存在，幼兒照顧當由父母照顧，為了鼓勵父母照顧幼兒，政府宜對親自照顧幼兒的父母提供兒童補助（或津貼），在此種情況下，補助水準宜提高至勞動所得的一定比率（即高薪資者補助多，低薪資者補助少），才能發揮具體效果；否則，只會對低薪資者產生影響。不少實證研究指出（Moor, 1984），就業母親並不會影響幼兒的人格、情緒、行為或學業。國內王麗容在

「台北市婦女就業與兒童福利需求之研究」中，亦證實此一觀點（王麗容，1992）。在個人主義的工業化社會裡，在幼兒不必由父母親自照顧的家庭裡，標榜機體主義的家庭政策是否必要，實有商榷的餘地。

在政府的婦女勞動政策方面，一般有婦女的勞動基準（例如，工作、時間、產假、退休年齡）、男女均等雇用（例如，採用、工作、報酬、升遷、訓練等）、婦女育兒措施（例如，母子保健、育兒休業、再雇用等）、婦女勞工家庭政策（例如，家庭服務俱樂部、介護休業制度等）、婦女就業援助（例如，就業輔導中心所提供之就業與再就業服務、單親家庭的婦女就業援助措施、婦女勞工之家所舉辦之各種活動及各種研習會等）。這些措施都在促進婦女就業、維護婦女就業的公平、協助婦女處理家庭事務，對婦女的勞動地位與家庭角色頗具正面功能。但是，育兒休業制度是否值得採行，是個有待研究的問題。所謂育兒休業制度，是就業母親因幼兒照顧難以繼續工作時，得向雇用單位申請育兒休業，經過一段期間休業後再恢後以前的職位。此一制度的規劃原則是建立在幼兒需要母親照顧的基礎上，認為幼兒需要母親照顧，才能培養健全的人格與自主（autonomy）的能力，但是，如前所述，這種看法並非定論，而且有越多的反論趨向。因此，此種觀點是否可以作為公共政策的依據，實有待斟酌。

關於政府應否推動兒童補助（或津貼）政策，又該如何實施，也是極需關切的議題。一般先進國家的兒童補助大致可分為有所得限制與無所得限制的兒童補助；有失依限制和無失依限制的兒童補助；有人數限制與無人數限制的兒童補助等三種。美國和我國的失依兒童家庭扶助（Aid to Families with Dependent Children, AFDC）均屬有所得和失依限制而無人數限制的兒童補助（許純敏，1992）；英國的兒童給付（child benefit）則採普遍性原則（universal principle），沒有所得、失依或人數等的限制（楊瑩，1992）。若採限制式的兒童補助，其應屬社會救助的一環，政府若能建立健全的社會救助體系，合理提升貧民扶助水準，就必須再有兒童補助措施。若採普遍性兒童補助，則不僅使高薪就業母親錦上添花，更使低薪母親退出勞動市場，違反社會正義原則與所得重分配政策。因此，本研究認為，就我國現況而言，政府宜將兒童補助納入社會救助體系，只對無經濟能力照顧幼兒的家庭提供合理的經濟保障，無須提供普遍性的兒童補助。

關於政府的托育服務措施，在沒有育兒休業制度，也沒有普遍性兒童補助的條件下，幼兒照顧就必須仰賴托育設施；如果民營托育設施不足或收費偏高，政府就必須介入托育服務，以滿足就業母親的需求。政府的托育服務措施除了在供需失衡地區廣設托育所之外，還應提升服務品質、健全財務運作及培育專業保姆等。一般說來，都市地區由於地價高昂和土地取得不易，民營托育設施往往供不應求，所以政府應在該種地區廣設托育所。為了因應就業母親的需求，托育服務應開辦夜間托育、臨時托育和長時間托育等服務。為了健全公營托育設施的財務，政府可採自給自足的經營方式，也就是說政府只提供建築設施與必要設備，其他費用全部由家長負擔。至於收費方式可採「按家庭所得分級納費方式」，而家庭所得在某一標準以下者可以免費，而且有優先入所權。這種收費方式可以高薪就業母親負擔與民營托育所相等之費用，卻可減輕低薪就業母親的負擔，達成社會互助的福利目標。至於專業保姆的培育，除了應在大專院校增設幼兒保育科系之外，還應健全專業保姆的證照制度，加強其在職訓練（on-the-job training）。

二、企業托育服務制度的經濟分析

根據 J. Auerbach 的分析，企業推動幼兒照顧措施的主要動機有五，第一是為了招募和留住婦女員工；第二是為了降低婦女員工的缺席率與流動率；第三是基於社會責任的考量；第四是為了改善企業的公共關係；第五是來自員工的要求。至於企業所提供的幼兒照顧措施則有四種方式，第一是直接服務（direct service）；第二是資訊提供（information provision）；第三是金融性補助（financial assistance）；

第四是工作調整（alternative work scheduling）（Auerbach, 1990）。企業所提供的直接服務有自設托育所、特約托育所、合夥式托育所、家庭日間照顧（family day care networks）及夏令營（summer camps）等。資訊提供有資訊及轉介服務、親職教育、鑰匙兒溫暖專線、社區托育服務展示會、圖書資訊服務等。金融性補助有折價券（vouchers）、幼兒照顧補助及彈性給付（flexible benefits）等。工作調整有彈性上班（flextime）、部分工時（part time）、工作分擔（job sharing）、彈性幼兒照顧假（flexible parent-leave）等（王麗容，1991）。

企業提供幼兒照顧措施雖有各種不同的動機，但是，基本上有三個必要條件，第一是勞動市場上對婦女勞動力有強烈需求；第二是企業的婦女員工必須占有足以影響企業決策的比率；第三是婦女員工的邊際生產力（marginal productivity）必須高於企業幼兒照顧措施的邊際成本（marginal cost）。如果不具備這三個條件，企業的幼兒照顧措施就難以發展。此外，企業幼兒照顧措施正面臨下列三個難題：

第一、產業結構的改變。產業結構已邁入第三次產業（以高科技和服務業為主的產業結構），其特色是雇用人員的減少、彈性工作的增加以及薪資水準的提高。這些因素都會阻礙企業幼兒照顧措施的發展，尤其是耗資龐大的托育服務更為現代企業難以負擔。

第二、長期雇用制度的式微。高科技產業所需要的是具有最新技能的員工，而不是熟練的員工；服務業所需的是年輕有衝勁的員工，而不是資深的員工，所以長期雇用的優點正逐漸被否定，而長期留住員工的必要性也日漸降低，企業幼兒照顧措施的效益就漸受懷疑。

第三、自由消費觀念的抬頭。由於生活品質的提升，自由消費的觀念漸抬頭，就業母親寧願自由選擇托育所，而不願將幼兒送往企業的托育所；寧願企業發給托育津貼，而不願企業提供托育服務。因此，企業的托育服務措施逐漸不受重視。

至於企業自設托育所的措施，也正受下列六種問題的困擾，能夠長久辦理的企業將會越來越少。

第一、土地問題。由於土地價格的高漲，托育設施的土地取得日趨不易，尤其在寸土寸金的大都市裡，企業要在附近取得托育設施用地更為困難。

第二、執照問題。除大企業外，一般企業的托育所大都規模小、專業化不足、設施和設備難達法定標準，所以難以取得營業執照。

第三、經費問題。由於人事費用的提高，托育服務的經營費用會不斷增加，如果企業福利經費的增加率低於托育服務經費的增加率，將導致經營上的困難，而被迫關閉。

第四、持續問題。由於生育率的降低，就業母親的托育需求年數有限，除非企業不斷進用新進婦女員工，否則，利用企業托育所的幼兒會逐年減少，企業托育所就難以持續經營。

第五、責任問題。由於幼兒的照顧十分困難，一有疏忽就容易發生生命的危險，而且正值人格形成階段，一有不良的輔導就容易傷害幼兒的人格。這些責任是否由企業承擔？又該如何承擔？都是企業必須顧慮的問題。

第六、公平性的問題。托育服務只有部分婦女員工可以享受得到，如果完全免費，對其他員工豈是公平？如果收費偏高，就違反企業福利的精神；即使合理收費，其他員工亦會產生不平心理，有害士氣的提升。因此，托育服務極易引起公平性的爭論，帶給企業更多麻煩。

基於上述分析，企業要推動幼兒照顧措施實非易事，尤其是辦理托育服務更為困難。如果政府一味要求企業承擔幼兒照顧責任，將會帶給企業極大困擾，尤其是要求企業設置幼兒設施，更是強人所難。如果政府以補助方式獎勵企業設置托育設施，恐怕只有大企業能夠接受，中小企業絕難蒙受其利益。如此一來，即使不受補助亦有能力和興趣辦理托育服務的大企業反而錦上添花的接受補助，而無能力辦理的中小企業則只能望梅止渴。因此，如果政府有決心履行幼兒照顧的責任，就應該充實公營托育設施；如果要鼓勵企業辦理托育服務，就必須以中小企業為補助對象，而且必須協助他們克服難題。如果政府自己不做，也無力協助中小企業去做，那麼，就應該將經費去補助民間興建托育所或以公辦民營方式扶助民間經營托育所。唯有如此，就業母親的幼兒照顧問題才能獲得改善。

第三節 幼兒托育服務制度的改革方向

除了政府和企業提供的托育服務措施之外，民間營利性和非營利性的托育設施，也是值得開發的資源。隨著社經環境的改變與生活水準的提升，就業母親的托育需求有逐漸傾向市場化、多樣化和高級化的趨勢。越來越多的母親會將幼兒送往各式各樣的托育所，而且重視軟硬體的綜合性服務。這種需求已非政府或企業的托育服務所能滿足，必須仰賴民間市場的提供，尤其是營利性托育產業。如果托育產業不加約束，極可能造成價格偏高和服務品質偏低的現象，而使需求減少，市場萎縮，不僅托育產業無法發展，托育問題也無法解決。因此，政府宜以社會福利的觀點，協助業者，監督其運作，以促進托育產業的健全發展。目前，各縣市政府對私立托育所除開辦補助和委託補助外，對一般幼兒的保育費用並無補助，致使公私立托育所的保育費用差距甚大，加上收費標準受政府管制，致使私立托育所巧立名目收取費用。因此，政府應制定「私立托育所獎勵管理辦法」，對一般幼兒的保育費用提供補助，以縮小公私立托育所保育費的差距，並定期或非定期評估其經營績效，以決定繼續或中止補助。

私立托育所必須善盡社會責任（social responsibility），才能維護托育產業的正常運作。托育產業的社會責任至少應做到下列三項：

第一、合理價格的尊重。托育產業雖以營利為導向，但是，必須承擔部分福利責任。所謂合理價格（reasonable price）就是市場的均衡價格，也是由社會共識（social consensus）所造成的價格。在合理價格下，托育所必須以有效率的經營降低成本，獲取利潤。

第二、服務品質的管制。不良的托育服務極易傷害幼兒的身心於無形，對幼兒、家庭及社會都會造成莫大的損失。托育產業除應重視硬體設施外，對軟體服務品質應嚴加管制，對不適任的保姆或工作人員應停止聘用，對家長的反映應予重視，並迅速改進。

第三、誠實廣告的遵守。私立托育所為了招攬幼兒，常以誇大不實的廣告作為手段，並以欺騙的方式矇蔽家長。因此，托育產業必須遵守誠實廣告的原則，對違反此一原則者，政府應予嚴懲。

為使托育產業成為福利產業的一環，使其善盡社會責任，政府宜鼓勵私立托育所組織公會（association），使其相互約束，並接受政府社政部門的獎勵和輔導。如果因標榜特殊服務和高價收費而不加入公會，則與一般服務業無異，完全不具福利色彩，政府社政部門也無須為其消費者負責。這種構想的好處是可以促進托育服務的多元化，讓高所得階層得以選擇高級托育服務，而使一般國民得以享有較多的公共資源。托育產業除了提供機構或托育服務之外，亦可提供在宅托育服務，派遣保姆到消費者家中照顧幼兒，並按時收費。托育產業的服務商品除了夜間托育、臨時托育、長時間托育之外，亦可提供假日托育、育兒輔導、電話諮詢、特殊幼兒（如身心障礙幼兒）照顧等服務，以增進托育服務的多元化。

除了營利性的托育產業之外，政府宜鼓勵非營利性的托育服務，而社區托育（community child care）是個頗值得推廣的措施。同一社區的就業母親可以組織一個團體，利用社區內的福利設施，聘用專業保姆照顧幼兒。政府可以在設施、設備及經費上酌予補助，並定期舉辦觀摩會，以改進缺失，提升幼兒照顧品質。社區托育的功能除了可以解決托育問題之外，亦可加強社區內就業母親的聯繫，促進社區居民的連帶意識與交流活動，不失為一石兩鳥之策。

在民營化（privatization）政策備受重視之際，公私混合式的托育服務（mixed system of child care）亦是值得採行的措施。此種托育服務的目的是公共性（publicity），而經營是市場性（marketability），也就是要以企業經營的方式，達成政府政策的公共目標，其功能至少有下列三項：

第一、可以促進幼兒產業（infant industry）的開發、普及與健全的發展。

第二、政府可以較少的成本達成一定的公共目的。

第三、可以提高托育產業的有效經營，提升托育服務品質。

總之，在工業化社會裡，就業母親的增加是必然的趨勢，幼兒照顧問題勢將成為重要的社會議題（social issue），而托育服務必然成為重要的兒童福利政策（welfare policy for children）。從政府的托育服務政策而言，應從婦女勞動政策、家庭政策及托育服務政策三方面去妥善規劃，而托育服務政策宜採多元化原則，將政府托育、企業托育、托育產業、社區托育等體系建構出一個健全的托育服務網絡。政府必須充分運用托育服務資源，有效培養專業托育人員，提升托育服務品質，如此方能落實托育服務政策，提升家庭及就業母親的福祉。

參考文獻

Auerbach, J. (1990). "Employer: Supported Child Care as a Women Responsive Policy," *Journal of Family Issues*, Decembe pp. 384-399.

Moor, K. A., & I. V. Sawhill (1984). "Implication of Women's Employment for Home and Family Life," in P. Voydanoff (ed.), *Work & Family*, Mayfield Publishing Co. pp.153-171.

王麗容（1991），〈美國企業辦理托育服務現況分析與影響因素之探討〉，90 年代女性工作者福利之展望研討會論文，中國生產力中心。

王麗容（1992），「台北市婦女就業與兒童福利需求之研究」，台北市政府社會局研究計畫。

許敏純譯（S. L. Zimmerman 原著）（1992），《家庭政策》，五南圖書出版公司。

楊瑩（1992），「英國社會安全制度之重要改革及不同措施之比較研究」，國科會專題研究計畫。

Chapter 18

第十八章

老人安養服務制度的經濟分析

第一節　老人安養服務制度的基本概念

一、福利原則與收容對象

社會福利的基本原則，應該是社會上的強者對社會上的弱者的照顧。老人福利設施就是為弱者的老人所提供的服務。然而，老人之間亦有強弱之分。富裕的老人雖然是靠著個人的努力致富，但並非沒有社會給予的利益，應該對社會有所回饋。貧窮的老人雖然未能積蓄一些財富，但對社會亦曾做過長期的貢獻，應該受到基本的照顧。政府為了安定老人的生活，維護老人身心的健康，應該廣設安養機構，提供免費收容。但是，基於財政預算的種種限制，往往未能充分供應，初期只能在有限設施內，收容無法生活的老人。隨著設施的擴充，再以低收費的方式，收容低所得的老人。其次，再以中等收費的方式，收容一般所得的老人。最後，再以高收費的方式，收容富裕的老人。因此，公立安養機構的收容對象，應按優先順序，由下而上，逐漸擴大。

富裕的老人可以雇用私人照顧，也可以進入私立安養機構。如果選擇公立安養機構，就應該負擔相當的費用；否則，會造成需求過剩的現象，不僅會加重政府的財政負擔，也會產生社會的不公平。

一般安養機構的收容對象，均以健康狀況足以自理生活者為限，致使許多行動不便的老人無法進住。為了照顧行動不便的老人，扶養人往往需要犧牲一個人的工作機會，或雇用專人照料，造成經濟上和精神上的重大負擔。公立安養機構若能收容行動不便的老人，不僅可以有效率地照顧老人，也可以減輕扶養人的負擔，對個人和社會都有益處（蔡宏昭，1998）。

二、福利服務費用的負擔原則

從財政學的觀點來說，純粹公共財（pure public goods）具有下列四個特性：

第一、所提供的財物或服務，是市場機構中所未能有效提供的。

第二、必須有實際需求的社會價值觀存在。

第三、任何人都可使用，不可因部分人的使用，妨礙其他人使用。

第四、必須完全免費。

由於公共財本身具有一定的收容能力（capacity），如果不加限制使用人數，將會造成擁擠（congestion）現象；如果完全免費，則會造成費用的高漲與政府財政的過重負擔。因此，大部分的公共財並非純粹公共財，而是具有某些限制，酌收某種程度費用的非純粹公共財（non pure public goods）。

由政府提供的福利服務，就是非純粹公共財。政府對接受服務的對象，不僅設定資格條件，也收取必要費用。公共福利服務的硬體建設，通常是由政府提供，而服務活動所需的人事費與材料費則由使用者負擔。為什麼公共福利服務硬體建設要由政府提供呢？因為對全體國民而言，任何人都有可能使用間接利益（indirect benefit），因而產生了價值欲望（merit wants），福利設施就是政府基於國民的價值欲望，所提供的殊價材（merit goods）。

原則上，福利服務的費用應由使用者負擔。但是，如果把付不起費用的國民排除，就失去了公共財的意義。福利服務的費用應該根據經營者的服務成本與使用者的負擔能力，合理加以制定，使高所得者和低所得者負擔不同的費用。這種方法不僅可以避免高所得者濫用公共福利資源，破壞資源使用的公平性與效率性，也可以在受益者間進行所得重分配，發揮彼此照顧的社會功能。

因此，福利服務費用應根據下列四個原則加以制定：

第一、根據年度經常費用計算平均成本（average cost）。

第二、根據個人的可支配所得（disposable income）與資產所得（property income）計算個人的負擔能力（ability to pay）。

第三、根據平均成本和負擔能力制定收費標準。

第四、費用不足部分應由政府補助。

三、公立自費安養機構的收費標準

公立自費安養機構的年度經常費用（current expenditure）應該包括約雇人員費用、生活材料費、水電瓦斯費、團體活動費等固定支出。這經費當由使用者自行負擔，所以將年度經常費用除以使用人數，就是每人所需的平均成本。若以公式計算，則為

$$AC = \frac{CE}{N}$$

AC＝平均成本

CE＝年度經常費用

N ＝使用人數

如果某一安養機構的年度經常費用為1,200萬元，進住老人人數為100人，則每人必須負擔的平均成本應為12,000元。

公立自費安養機構必須對使用者進行資力調查。調查的內容包括納稅後的工資、保險給付（包括社會保險與私人保險）利息、地租等固定可支配所得，以及資金與不動產的資產所得。資產所得是將資產總值依該年齡層的平均餘年，換算成年度所得。由於個人必須保有部分的基本生活費（即年度總所得的一定比率），所以負擔能力應從個人年度總所得中，扣除基本生活費。若以公式表示，則為：

$$AP = Y - (Y \cdot r)$$

AP＝負擔能力

Y ＝年度總所得

r ＝基本生活費扣除率

如果年度總所得為20萬元，基本生活費扣除率為20%，那麼，負擔能

力就是 16 萬元。

根據正常利潤的原理，總成本必須等於總收益（TC ＝ TR），也就是使用者必須平均負擔總成本。當使用者的負擔能力等於平均負擔的成本時（AC ＝ AP），就是標準負擔能力（standard ability to pay）。易言之，當使用者的負擔能力達標準負擔能力時，就必須負擔 100%的平均成本（收費率為 100%）。

現在，假定平均成本為 12 萬元，基本生活扣除率為 20%，那麼，標準負擔能力就是 171,429 元（可以標準化成 17 萬元）。這就是說，負擔能力在 17 萬元者，每年必須繳納 12 萬元的費用。其次，若以 1 萬元作為調整收費率的標準，那麼，負擔能力在 17 萬元以下者，每減少 1 萬元，就可少付 5.88%（可標準化成 6%）的平均成本；負擔能力在 17 萬元以上者，每增加 1 萬元，就必須多付 6%的平均成本。最後，負擔能力必須設定上、下限。例如，負擔能力在 1 萬元以下者免付費用；在 34 萬元以上者則限制使用，原則上，高所得者應可在家安養或進住私立安養機構。

公立自費安養機構應以個人條件，作為收費標準。夫妻共同使用，若一方沒有負擔能力，自可不必付費，實質上仍只繳納一個人的費用。

如果使用者的負擔能力很低，卻要進住安養機構，就必須對老人的扶養義務人進行資力調查，依其負擔能力，收取必要的費用，其收費標準應該按照扶養人數，提高基本生活費扣除率。例如，某人的年度總所得為 50 萬元，扶養人數有 3 人，每人基本生活費扣除率為 15%，那麼，扶養義務人的負擔能力應為

$$500,000 - 〔500,000（0.2 + 0.15 \times 3）〕= 175,000（元）$$

每個月就必須負擔 1 萬元的費用。如果使用者本身的負擔能力低於扶養義務人甚多，就必須以扶養義務人的負擔能力收費。這個目的在使扶養義務人能夠切實負起扶養責任，不能由政府代其扶養，造成社會福利的逆效果。

除了每月的正規費用之外，使用者若需要特殊服務，如醫療服務、特殊生活服務、個別設施、設備或器材以及超額水電費等，都需由使用者自行負擔。當然，若屬於團體性的定期健康檢查、福利服務、一般設施、設備或器材，則不應由使用者個別負擔，應列入年度經常費用中。公立自費安養機構收費標準模型如**表 18-1**。

四、私立自費安養機構的收費標準

非營利性質之私立自費安養機構，亦應根據 TC ＝ TR 的原則收費。但是，在年度經常費用的計算與收費標準的制定上，應與公立機構不同。

首先，在年度經常費用方面，除了生活材料費、水電瓦斯費、團體活動費之外，所有人事費用和設施維護費用，都應計算在內。機構若接受政府補助，補助金額應從年度經常費用中扣除。

表 18-1　公立自費安養機構收費標準模型

（單位：元／%）

負擔能力	平均成本	收費率	年度費用	每月費用
10,000 以下	12,000	0%	0	0
10,000～20,000	12,000	6%	7,200	600
20,000～30,000	12,000	12%	14,400	1,200
30,000～40,000	12,000	18%	21,600	1,800
⋮	⋮	⋮	⋮	⋮
170,000～180,000	12,000	100%	12,000	10,000
180,000～190,000	12,000	106%	127,000	10,583
190,000～200,000	12,000	112%	134,000	11,167
⋮	⋮	⋮	⋮	⋮
340,000 以上	12,000	200%	240,000	20,000

其次，在收費標準方面，應以年度經常費用除以使用人數所得之金額，作為統一收費的標準。譬如說，年度經常費用為 2,000 萬元，使用人數有 100 人，那麼，收費標準每年應為 20 萬元，每月應收 16,667 元。

至於營利性私立安養機構的收費標準，應在年度經常費用中，加上年度設施攤還費和年度利潤，然後，除以使用人數，所得之金額就是使用者每年必須支付的費用。所謂年度設施攤還費，是包括建築物及相關設施和設備之總費用，扣除政府之補助金，除以成本回收期間，所得之金額。例如，設施總費用為 1 億元，政府補助 1,000 萬元，成本回收期間為 30 年，則年度設施攤還費為：

（100,000,000 － 10,000,000）／ 30 ＝ 3,000,000（元）

至於年度利潤，應以政府規定之利潤率（profit rate），乘以投資總費用所得之金額。由於利率是民間投資計算報酬率的主要依據，私立安養機構的利潤率應以優於存款利率的水準加以規定。本研究建議，以貸款利率作為利潤率，應較合理。

若依上述方法收費，私立安養機構的經營者，除了可以獲得成本回收期間以後之資產利益外，每年亦可獲得由利差所產生之利潤，所以經營風險低，獲利高，必可誘發民間的投資。

由於年度經常費用的計算內容不同，私立安養機構的收費標準必將高於公立機構。但是，後者係採分級費用制，對高所得的使用者而言，選擇私立機構和公立機構所需的費用，差距應不會太大，而且私立機構無須資力調查，對使用者較為方便。

第二節　老人安養服務制度的經濟分析

一、不動產與融資辦法

許多沒有所得卻擁有不動產的老人，常因沒有流動現金，而無法進住安養機構，甚至要仰賴子女接濟。老人不願出售畢生辛勞所購置的不動產心態，是可以了解的。如果能以不動產去申請融資，一方面可以獲得現金，改善老人自己的生活，另一方面，在老人有生之時，除不能任意出售外，仍可擁有該不動產的主權。對老人而言，以不動產獲取融資的方式，應是一石二鳥的明智之舉。

然而，一般金融機構的融資辦法，均以有償還能力者為對象，而不以拍賣抵押品為融資條件。因此，無收入老人的不動產，往往無法獲得一般金融機構的融資。若能由安養機構作保，以老人的不動產向政府指定的金融機構申請融資，既可免除自己申貸的麻煩，更可按期獲得必需的生活費和醫療費。

安養機構可在機構內，為老人設置帳戶，按月由融資銀行將定額的生活費匯入老人帳戶內。若需要醫藥費時，亦得由融資銀行匯入。當老人過世後，安養機構必須偕同老人指定的繼承人，共同拍賣老人的不動產。以拍賣所得清償老人所有的債務之後，若有餘款，必須全部交還繼承人。繼承人以此遺產所得，申報遺產稅。

二、居家服務與機構財源

越來越多的在宅老人需要別人的服務，而且需求樣式也越來越多。不僅是日常生活的飲食、起居、清潔需要照料，購物、外出、旅行也需人陪伴，甚至需要說話的對象。家人常因工作關係或其他理由，無法善盡職責，致使老人更覺寂寞和無助。如果安養機構能夠開辦這種服務，不僅帶給老人家庭方便，也能為機構增加財源。

安養機構可以提供飲食服務、清潔服務、外出服務、旅行服務、護理保健服務、心理衛生輔導等各種服務。在宅服務的收費標準，除了按工資和物價水準加以制定外，還要依照服務種類、時間和次數，收取不同的費用。例如飲食服務，可分為早、午、晚三餐，每餐的費用不同。對於需要長期服務的老人，則依一定比例，降低收費。又如清潔服務，可以按照服務時間或次數收費。

安養機構可以接受志願工作人員的申請，從事在宅服務。所謂志願工作，並非完全免費，安養機構仍須支付志願工作者的交通費、飲食費及各種雜費。有些在宅服務的工作，可由進住老人擔任，例如作飯、修補或電話服務等，老人從事工作，安養機構必須支薪。老人收入增加，負擔能力就會提高，就能繳納更多的費用，就能增加機構的財源。

三、安養事業與經濟發展

或許有人擔心，安養事業會增加政府財政的負擔，阻礙社會經濟的發展。這個問題的關鍵，在於安養事業本身能否有效經營。如果安養機構的功能能夠充分發揮，不僅不會加重政府負擔，更有助於經濟的發展。

推動社會福利事業是政府責無旁貸的事，而安養事業則是老人福利重要的一環。公立安養機構所需的土地和建築物以專任人員的薪資，應該由政府提供。其他經費則由安養機構自行處理。由於收費方式的改變和服務項目的擴增，安養機構必須有效經營，無須依靠政府補助。獨立經營的結果，不僅不會加重政府負擔，反而能夠提升服務品質。因此，賦予安養機構更大的經營權限，是推展安養事業的最重要前提。

安養事業對經濟發展的影響，可從下列三方面去探討（蔡宏昭，1986）：

第一、對經濟成長的影響。安養機構可以運用老人的經驗與能力，輔導就業或從事簡易的生產活動。老人所得的增加，直接可以促進經濟成長，間接可以減輕社會負擔。

第二、對穩定經濟的影響。安養機構所使用的志願人力，常是勞力市場中過剩的人力。運用過剩人力從事工作，可以減少人力供給，尤其在不景氣時，更能發揮穩定經濟的效果。

第三、對所得重分配的影響。社會福利的主要經濟效果，就是社會階層間的所得重分配。安養事業的收費方式，更能促進老人階層間的所得重分配，也就是負擔能力較高的老人與負擔能力較低的老人間的所得重分配。

此外，老人安養機構的功能應該重新評估，經營方式應該具體規劃。安養機構不能再是構成財政包袱的貧民救濟院，而應該以現代化的經營理念，革新機構財政，提升服務品質。今後的安養機構應該朝向結合老人福利與資源運用的方向發展。下列三個目標，應該是老人安養機構努力的課題：

第一、為了加強機構的獨立性，提升機構的服務水準，應該對進住老人進行資力調查，按老人的負擔能力收取費用。

第二、為了培養老人的自主性，充分利用社區資源，應該加強機構與社區的交流。

第三、為了運用老人人力，促進經濟發展，應該輔導老人就業。

總之，安養事業是不容忽視的社會問題，安養機構的經營，更是政府應該重視的問題。希望有關單位重新檢討老人福利政策，並從量與質雙方面，提升老人安養機構的品質。這不僅是老人的福利，也是社會全體的福利。

第三節 老人安養服務制度的改革方向

一、經濟效益必須重視

興建老人安養機構是項大規模的投資，每年的營運也需要鉅額的經費，如果不重視經濟效益的分析，將難以掌握此種福利措施的績效，而喪失推廣的憑據。可是，社會福利學家總認為，人類利益必須優於經濟利益，因而反對以投入－產出的分析方法（input-output analysis），去評估社會福利事業。

經濟效益可以藉著合理的指標設計以及科學的統計技術加以分析。指標的種類有貨幣性指標（monetary indicator）和非貨幣性指標（non-monetary indicator）兩種。測定貨幣性指標的最簡單方法，就是算術平均法。假設老人家庭因此一老人被收容，而每年節省6萬元的支出（以每月5,000元計算），那麼，300位老人每年所產生之貨幣性利益，可達 1,800 萬元。至於測定非貨幣性指標的方法，最常用的就是指數測定法。先調查收容前的基準值，再調查收容後的實際值，即可算出效益值。譬如說，收容前的基準值為90，收容後的實際值為100，那麼，效益值就是1：1（蔡宏昭，1984）。非貨幣性效益的預估，可以對有資格被收容的老人進行調查，分析他們目前生活的基準值以及對機構的期待值，這樣就可以計算出預估效益值。

二、行政效率必須評鑑

老人安養機構的評鑑辦法必須建立，才能提高行政績效。但是，如果僅以服務項目的多寡和每一工作人員所服務的老人數，作為評鑑的依據，將無法充分反映機構的服務品質和行政效率。由於收容對象、配合措施、營運方式等的互異，不同機構即使以相等的人員提供相同的服務，受益者未必產生相同的經濟效益。因此，老人安養機構的行政效率並不在於規模多大、設備多佳、人員多足，而在於對被收容者產生多少的總效益。就好像善於經營的企業並不在於規模大、產量高、員工多，而在於能夠賺取多少的淨利（net profit）。

評鑑行政效率的方法很多，我們可以將 R. Roter 和 W. Beckcrman 等學者所設計的測定模型，簡化成下列三種方式（野口悠紀雄，1982）：

$$Eh_1 = \frac{\text{實際收容人數}}{\text{預定收容人數}}$$

$$Eh_2 = \frac{\text{數收容者的平均效益}}{\text{被收容者的平均費用}}$$

$$Eh_3 = \frac{\text{實際總效益}}{\text{預期總效益}}$$

Eh_1 若等於 1，就有標準效率；小於 1，就是缺乏效率；大於 1，就會降低服務品質。Eh_2 和 Eh_3 若等於 1，就有標準效率；小於 1，就是缺乏效率；大於 1，就是較有效率。

三、資源分配必須公正

公立老人安養機構一般分為完全免費、部分收費以及完全收費三種收容方式。易言之，公立老人安養機構也要開放給經濟條件良好的老人。即使完全收費，也無法完全反映成本，政府每年亦需補助大筆經費。政府以福利之名，補助富裕老人，卻將許多亟待政府安養的老人，摒棄於福利設施之外，這難道是公平的事嗎？因此，公立老人安養機構應該優先免費收容無人監護和低收入的老人。等到這種機構普及之後，再收容經濟條件較佳的老人，並依其負擔能力，收取必要的費用，這樣才合乎公平分配的原則。

如果公立老人安養機構開放為自由申請，也會扭曲資源分配的公平性，因為不知道或不願意申請的老人，其權益將遭受剝奪。因此，在開辦之前，政府應該主動調查合乎收容條件的老人人數，再從這些老人中，按身體、環境和經濟狀況，優先選出進住者。為了達成公平分配的政策目標，政府應該採取主動認定制，不要任由老人自由申請。為了決定老人受益對象的優先順序，政府必須儘速將全國老人的資料建檔。總之，由於資源十分有限，政府必須以公平的方式加以分配；否則，不僅不能提升老人福利水準，更會造成「社會正義」的傷害。

四、收費標準必須及早規劃

雖然政府有意採取收費制度，但是，政府對於收費問題仍無具體規劃。開辦之初應以完全免費為宜，但是，將來推廣之後，必將發生收費問題。因此，政府應早日著手規劃經費的分攤比率、被收容者負擔能力的計算方式以及收費標準。在規劃收費問題之前，政府應該界定公費和自費的範圍，也就是說，哪些費用由政府負擔，哪些費用由受益者負擔。自費部分若有不足，應由國庫補助。至於公費部分，應該確定各級政府的分攤比率。目前，除了專案計畫之外，公營老人福利機構的營運費用，均由地方政府負擔。由於地方政府的社會福利經費有限，必須推展的福利事業又多，常有經費不足的現象。為了充分發揮老人安養機構的功能，中央政府應該增加經費的補助。將來，此種機構若由縣市經營，應該規定中央和縣市政府的分攤比率。

關於收費問題，由於老人養護機構與老人安養機構的基本功能不同，經費結構也有異，除了安養費用之外，還應該收取包括醫療復健的介護費用。為了不加重被收容老人的負擔，在安養費用方面，應該提高基本生活費的扣除率，並降低收費比率。在介護費用方面，應該區分復健和介護項目，以合理的標準個別收費。

五、社區資源必須充分運用

老人養護機構必須充分運用社區的醫療資源，才能提高養護的水準。我國的大型醫療機構大多集中在大都市，為了配合醫療資源，老人養護機構就必須設置在大都市。然而，大都市的土地取得不易，興建費用頗高，而且對老人的生活環境亦不甚理想。所以政府應該調整醫療機構的配置，儘量將公立醫院設置在郊區，方便老人養護機構運用社區的醫療資源。

充分運用社區人力資源是提升老人養護機構服務品質、促進在宅介護的有效措施。老人養護機構應該設置志願服務組，負責登記志願服務人員、安排服務時間、規劃服務內容。志願服務人員的吸收對象，應廣及社區所有居民，不管教育水準的高低，也不管是否具有長久的服務熱忱，只要能夠奉獻時間，即可代其安排服務。唯有如此，老人養護機構的志願服務人員才不致缺乏。另一方面，志願服務人員還應配合政府的在宅服務措施，從事居家介護工作，提升居家介護水準。因此，社區的人力資源若能充分運用，即可加速老人養護機構的新陳代謝作用，協助老人早日回歸家庭與社會生活。

參考文獻

野口悠紀雄（1982），《公共經濟學》，日本評論社。

蔡宏昭（1984），〈福利水準測定方法之基本概念〉，《生活素質剪影》，第 4 期，pp. 7-12。

蔡宏昭（1986），「社會福利經濟效益之研究」，中華民國社區發展研究訓練中心研究報告。

蔡宏昭（1998），《老人福利政策》，桂冠圖書公司。

Chapter 19

第十九章

社區福利服務制度的經濟分析

第一節　社區福利服務制度的基本概念

一、新地域主義的抬頭

建立在地域的獨立性（independence）、居民的自主性（autonomy）與生活的共生性（commensality）等基礎上的傳統地域主義（localism），在工業化與都市化的衝擊之下逐漸瓦解，代之而起的就是疏離意識（anomie）的個人主義（individualism），每一個人在追求自我利益（self-interest）的考量下，逐漸喪失了對地域的歸屬、關心、連帶與責任。在工業化與都市化漸趨成熟之後，標榜權利意識（rights）的市民主義（civicism）日漸抬頭，作為一個納稅者，市民有權要求政府解決生活上的不便或滿足生活上的需求。為了行使市民權，部分市民便組織起來，進行特定訴求。在政府無法充分滿足市民的訴求之後，市民就會以社區意識（community）的新地域主義（neo-localism），在互賴（interdependence）、互助（mutuality）和互惠（reciprocity）的原則下，爭取居民權利，重建共同價值，提升生活品質。

新地域主義所強調的社區性（communityness）與傳統地域主義的地域性（locality）最大的差異是前者以多元化生活（而非一元化生活）的共同利益為基礎。易言之，新地域主義一方面承認多元化的意識形態、生活方式、社會階層、活動空間、利害關係；另一方面則致力於認知（recognition）、歸屬（attachment）、整合（integration）與參與（commitment）的促進，而最終目的則在提升居民的生活品質。就如R. M. Maclver所云，社區是以居民間心的活動所構成（中久郎＆松本道晴，1975）。新地域主義與市民主義的最大不同是後者以市民權利為基礎，向政府爭取財物或服務的利益；而前者則以命運共同體為基礎，要求內部成員共創價值利益。易言之，新地域主義是要以人際關係的整合，突破物理和物質環境的限制，提升生活品質（H. Blumenfeld, 1971）。

新地域主義是後工業社會（post industrial society）的產物，而非任何社會均可孕育的。經過生產主義的工業化之後，勞動者取得了較多的自由時間，逐漸孕育了生活優先的價值觀（松原治郎，1980）。日趨成熟的都市化造成了地域結構的穩定性，逐漸培養出地域居民的共屬意識（weness）（T. Bender, 1978）。民主化政治不僅賦予居民更多的社會權（social rights），也形成了行政體系的分權化（decentralization），進而造成了地域的獨立性與居民的自主性。因此，新地域主義是社會變遷的結果，也就是由社會結構的改變導致個人意識與團體行動的改變，所產生的社區型態。

新地域主義必須藉由社區組織（community organization）與社區活動（community activity）的專業知識才能有效推動。新地域主義的社區組織是多元化的，有一般性的發展協會、自治會、互助會等；也有特殊性的婦女會、老人會、讀書會、志願服務團體等；更有社會運動團體（如反公害、反金權、反貪污等團體）。此外，又有政府行政組織、宗教組織、慈善組織、工會、商會、工業會等。這些組織都有其計畫性的活動項目，有衛生保健、環境保護、福利服務、文化教育、經濟活動、社區建設等。社區組織若能獲得居民的認同與支持，其活動效果將更為彰顯。因此，新地域主義的社區組織莫不藉助傳播媒體的力量，宣導社區活動的正當性，並以社會工作的專業知識提升社區活動的效率性。

二、社區福利團體的組織型態

最近流行的「新地區主義」（neo-localism），就是社區居民基於社區意識（sense of community），以組織的行動，進行社區運動（community movement）。這種社區組織與運動至少具有五種特徵：

第一、組織必須具有豐富的社區特性。

第二、組織必須具有充分的自主性。

第三、社區運動的動機必須基於社區的公益。

第四、社區運動的目標是在解決社區居民共同的生活問題。

第五、社區組織與社區運動必須獲得社區居民的共識與支持。

因此，社區福利團體是為實現社區居民共同的福利目標，由社區居民主動組成的自我性團體。這種團體的組織型態很多，例如，保護生活環境的團體、促進生活安定的團體、服務老人和身心障礙者的團體、推動兒童與青少年活動的團體、爭取婦女福利的團體、研究社區問題的團體、報導社會新聞的團體等等。社會福利團體與為促進社會全體或部分社會弱者的利益，而由企業或民間機構所組成的福利團體不同；與為推動社區建設，進行募捐與保管工作之社區基金會（community chest）亦不完全類似。社區福利團體的運動目標，只限於社區福利；服務對象也只限於社區居民。

社區福利團體的經費，除了向政府申請補助之外，主要是向居民募捐而來。如果社區福利團體的運動目標深具意義，必能獲得政府的補助和居民的捐助。理論上，社區福利團體不應受到行政機構的干預，但是，為了更有效地推動社區福利運動，必須獲得政府的支持與配合。因此，社區福利團體除了接受政府的經費補助外，亦應將組織內容和運動方針向政府報備，以取得政府的了解、信任與支援。

社區福利團體的領導人，除了愛心與熱忱之外，必須具有高度的組織和行動能力，而且必須在社區內擁有較高的社經地位，這樣才能有效地喚起居民的參與，克服運動過程中的種種障礙，順利達成社區福利運動的目標。

三、社區福利團體的基本作法

根據社區發展的理論，個別的利害關係（如對生活的不滿或對公共設施的需求）會產生社區的利害關係（即對公共政策的共同利害關係）。社區的利害關係會形成社區的價值觀（即社區居民的共同理念）。最後，社區的價值觀會導致個人的價值觀。基於這種認識，社區福利團體的基本作法，應循下列幾個步驟進行，才能有效地推動福利運動：

第一、發掘問題。社區的特性、居民的社區意識、居民共同的利害關係等問題，必須事先發掘。

第二、調查居民的共同需求。先調查個人對生活、環境、設施及人際關係的需求情形，再整合共同關心的部分，以了解居民的共同需求。

第三、根據居民的共同需求，制定運動目標，也就是要訂定追求集體目標的方針。

第四、考量實現運動目標的有效和可行方法。

第五、爭取其他團體的支持。運用領導者或會員與其他團體的關係、個人的溝通、運動方針的宣導等方式，爭取其他團體的支持。

第六、刺激服務的善意。每一個人都具有服務他人的善意，若有充分的訊息和有效的刺激方法，必能將這股潛在能源發揮出來。

第七、促進居民的參與。鼓勵居民參與社區規劃、公共設施的維護管理以及精神建設方面的活動。

第八、揭示社區福利運動的方針與具體作法，並提供必要的技術與援助。

第九、奠定社區意識。透過觀念的提倡與實際的活動，奠定居民共同的社區意識。

四、社區福利團體的主要功能

社區福利團體的運動目標，是要藉由服務與活動，提升社區居民的生活品質。其主要功能有三：

(一) 維護安全的功能

安全是生活的第一要務。在個人安全方面，社區福利團體可以透過保健活動的宣導和對醫療機構的建議，維護居民健康上的安全；可以透過生活互助活動，維護居民經濟上的安全；可以透過在宅服務，維護居民居家生活的安全。在社區安全方面，社會福利團體可以透過守望相助，維護社區的治安；可以透過反公害運動，維護社區的環境品質；可以透過災害預防，防止自然和人為災害的發生。

(二) 美化環境的功能

在家庭環境方面，由於社區福利團體的倡導，個人不僅會美化自己家庭及周圍的環境，更不會製造噪音、亂丟垃圾或破壞社區環境。在文化環境方面，社區福利團體所舉辦的文化藝術活動，可以提升社區的文化水準。在社區環境方面，社區福利團體以社區特性從事社區建設的結果，可使社區環境充分表現社區的特性。

(三) 促進人際關係的功能

在個人的生活意識日趨孤立，父子、夫妻和子女間的家庭關係日趨冷漠，鄰里關係日趨疏遠，民眾彼此關係日趨對立的情況下，社區福利團體調適人際關係的功能日漸重要。社區福利團體對於無法參與社會活動的居民，如重度身心障礙者、癱瘓老人及其他在健康上難以自立的居民，提供在宅服務，使其克服生活上的不便，將社區居民的愛心帶給他們，使他們享有快樂的社會生活。社區福利團體更可透過居民的聯誼活動和社區運動，以加強居民的團體意識，促進人際關係的和諧。

五、社區福利團體的活動方式

(一) 居家服務

社區福利團體最了解社區的實際狀況，由其提供居家服務，最能滿足社區居民的需求。由於社區範圍有限，可以節省服務者的交通時間和所需的費用，對提高在宅服務的品質，有直接的效果。此外，服務者和接受服務者均屬同一社區居民，平常即有親近的鄰里關係，對提高服務效率，有更大的幫助。社區福利團體所提供的在宅服務，有飲食的服務（如餐飲的提供與運送）、道具的提供（如輔助器材、緊急聯絡裝置等提供）、經濟性救助（如對遭逢變故居民，提供現金或實物的救助）、醫療保健服務（如健康諮詢、住院介護等）、精神性服務（如談話、書報雜誌的提供等）以及自立性服務（如協助其克服心理障礙，早日恢復自立生活）。

(二) 社區活動

社區活動不僅能夠提升福利服務水準，更能促進社區關係的和諧。社區活動若由社區福利團體推動，更能符合社區居民的需求，提高參與率，增進社區活動的效果。社區福利活動可以全體居民為對象，如文化講座、藝術表演、登山健康、團體旅遊等；也可為特定對象舉辦福利活動，如身心障礙者活動、老人活動、青少年活動、兒童活動及婦女活動等。社區福利團體舉辦社區活動時，往往需要政府的協助，如場地、設備、交通工具等的提供，所以必須與行政機構密切配合。

(三) 社會運動

社區是社會的一部分，社會問題常是社區居民關心的對象，尤其是社會福利政策與相關措施，更是社區福利團體重視的問題。在政府的福利攻策方面，較受關切的是社會保險問題、醫療保障問題、職業訓練與就業輔導問題以及社區開發問題。在企業的社會責任方面，勞工問題、消費者保護問題、環境污染問題都是深受重視的。上述各種問題必須以社會運動的方式，爭取社會大眾的支持，進而影響政府政策與企業方針。在進行社會福利運動時，各個運動主體的社區福利團體必須相互支援，才能把個別的社區福利運動推展成全民的社會福利運動。

第二節　社區福利服務制度的經濟分析

一、社區經濟的理念

所謂社區經濟係以企業或商店為主體，而以社區為客體的互動關係。企業是社區的重要組織，如果只追求企業利益，不顧社區利益，必將遭致居民的反對或抗爭，使雙方均蒙受損失。因此，企業如何與社區連帶成命運共同體，協助社區發展，提升居民生活品質，已成為新地域主義的新課題。後工業主義社會的企業不只是雇用勞動者以保障其生活，以及販賣商品以追求利潤，也要顧及社區環境的維護，重視與居民的互動，因此，社區經濟除了勞動市場的活動和商品市場的活動之外，還包括社會資本（social capital）的充實與社區活動的參與，在勞動市場活動方面，企業可優先雇用社區居民，或協助員工定住於該社區，使其成為社區居民，在商品市場活動方面，企業可發給居民優待卡，並實施消費者教育，提供市場資訊。在社會資本方面，企業不僅要做好公害防治措施，更要協助社區充實各種社會資本。在活動參與方面，不僅要積極參與社區活動，也要開放企業內的福利設施供居民使用，共同促進社區活動，總之，不管是由社區居民所經營的商家或是由外來經營者所開設的企業，只要立地於社區，就應該與社區連帶成共生體（symbiont），與社區共存共榮。在新地域主義下，企業不僅是社區經濟的主導者，也是促進社區繁榮的主要支柱。一般說來，企業在推動社區經濟時，可以參酌下列七個原則：

(一) 社會責任的自覺

企業經營者必須以促進社區的發展為己任，充分尊重居民的權利，不能具有入侵者或特權者的意識，咨意侵占居民的生活空間，破壞居民的生活環境。

(二) 開放性的經營方式

企業可採與居民共同投資、共同經營、共同產銷的經營方式，構成企業與社區一體、資本家與勞動者一體、生產者與消費者一體、企業空間與生活空間一體的共同生命體。

(三) 社區組織的結合

在多樣化的社區組織中，企業應與其他組織配合，有效運用社區資源，整合社區活動、調整各組織間的財源（對弱勢組織給予較多的財務支援）。企業不宜只與特定的社區組織互動，應以彈性的作法結合社區組織，以充分發揮社區組織的功能。

(四) 社區活動的積極參與

積極性（positivity）至少要涵蓋活動方案的主動規劃、活動的全員參與（經營者與勞動者的全員參與）、財物或設施的充分提供等。企業不可存有浪費的心態，也不可採取敷衍的態度；要肯定社區活動的效果，也要認真投入。

(五) 環境保護的努力

企業與社區的最大衝突就是生活環境的破壞。所謂生活環境至少包括自然環境（natural environment）（如價值環境、文化環境等）與物理環境（physical environment）（如財物環境、設施環境等）。企業必須努力保護自然與社會環境，充實物理環境。

(六) 經濟文化的塑造

在多元化的社會裡，文化特色是新地域主義不可或缺的要素。文化所涵蓋的層面很廣，除了藝術和休閒等傳統文化之外，也包括生產和消費等的經濟文化，企業在塑造社區的經濟文化時，具有絕對的主導權。企業不僅可以依地域的氣候、風土和天然產物等，生產具有地域特色的商品；也可以按居民的飲食習慣、所得水準、生活價值觀等，塑造具有地域特色的消費文化。

(七) 企業經營與生活品質的均衡發展

社區經濟的最終目標就是要達成企業經營的健全發展與居民生活

品質的提升。企業與居民之間，必須考量彼此的立場，不要以犧牲對方的利益，來滿足自己的利益，雙方必須在互信、互助和互利的基礎上，共創雙贏的局面。

二、社區工作在社區經濟中的運用

社區經濟除了企業的努力之外，尚需有心人士的推動，方能發揮功能，這就是社區經濟工作。任何社會運動（social movement）都需要由創始團體（initiative group）帶動和主導。社區經濟工作的創始團體至少必須具備下列四個條件：

第一、團體成員必須具有一定的社會地位（如財力、知識、品德、人緣等）、堅強的組織能力與行動能力。

第二、團體成員必須涵蓋企業經營者代表、社區居民代表與專家學者等，且以民主方式運作。

第三、團體必須在該社區內具有一定的知名度。

第四、團體必須追求社區整體的利益，不能追求少數人的利益。

社區經濟工作的首要任務就是調查研究。調查的對象為企業與居民，調查的方法可用直觀法、問卷法、訪視法等；調查的內容則包括產業結構、企業經營狀況、經營者的社區意識、居民的經濟狀況、居民的經濟理念及社區的經濟活動等，社區工作團體在掌握社區經濟的一般狀況之後，要進一步研究分析企業與社區間的利害關係，了解彼此的需要（needs）與需求（demand），發掘問題的所在，最後，經過共同化（commonization）的處理，再歸納成團體的運動目標。

在確定團體的運動目標之後，社區團體必須進行意識開發的工作，包括認知的開發、必要性（necessity）的開發與熱情（passion）的開發等。所謂認知的開發就是要使企業和居民具有社區的共屬意識，也就是利害與共、命運相連的觀念（conception）。就如O. Y. Gasset所言，文明的起點就是共存共榮的意識（神吉敬三，1967），地域主義的原點就是要激發居民與地域組織共屬意識。社區工作團體必須運用溝通技巧去開發企業經營者的認知，並提供充分的資訊增進其認知程度。其次，必須說服企業經營者認同社區經濟活動的必要性與功能性，協助其善意的儲藏（松原治郎，1980）。最後，必須刺激企業經營者的參與熱情，包括參與的程度與持續性，提升其參與的積極性。

社區經濟工作的第三個重點行動就是方案（program）或計畫（project）的規劃（planning）與實施（implementation）。在規劃方面，必須考量經濟活動的項目、目標、方法、時間、經費、資源、協調、實施步驟等。在一個高度專業化的進步社會裡，社區經濟的規劃工作最好有專家的參與，且以公正態度協調和規劃。在實施方面，除了要尊重企業與社區的主體性與客體性，增進彼此的了解和調整的利害關係之外，必須重視領導技巧（leadership）。社區經濟工作的推動者必須具有高度的維護能力（maintenance ability）與執行能力（performance ability），前者是以聲望（prestige）為基礎，後者則以專業（profession）為條件（三隅不二，1986）。

最後，社區經濟工作必須對活動結果加以評估，根據小田兼三的理論，社區經濟工作可從下列三方面加以評估（小田兼三，1988）：

第一、工具目標（task goal）的達成度，如居民的生活品質、社區的環境品質、企業的經營狀況、產業結構的變化等。

第二、過程目標（process goal）的達成度，如認知程度、連帶程度、參與程度、支援程度等。

第三、關係目標（relationship goal）的達成度，如雇用關係、勞資關係、商品交易關係、其他企業與居民的經濟互動關係等。

總之，社區經濟工作的目的就是要發揮企業與居民間互信、互助和互惠的功能，促進企業經營的發展，改善居民經濟生活，提升社區整體的生活品質。

第三節　社區福利服務制度的改革方向

一、社會福利制度的轉型

第二次世界大戰以後，各國相繼以擴大公共投資，增加社會福利支出，作為復甦經濟的手段。結果，不僅造成了高度的經濟成長，也提升了社會福利水準。英國的工黨政府甚至標榜「從搖籃到墳墓」（from the cradle to the grave）的福利政策。保障國民生活不僅成為政府的主要責任，也成為國民應享的基本權利。可是，由於經濟社會的變遷和家庭結構的改變，國民對社會福利的需求日漸複雜，不但要求經濟性的保障，也要求精神性的服務；不但要求量的擴充，也要求質的提升。面對這種需求的壓力，政府負擔日益沈重，社會福利制度逐漸無法滿足國民的需求。本來，社會福利制度是要為國民創造滿足的（well）生活（fare），但是，結果卻適得其反。這並不是說，社會福利制度已失去重要性，而是社會福利制度的內涵及運作方式已不合時代的需要，必須重新調適。在這種趨勢下，社會福利制度正朝著幾個方向在轉變。

(一) 供給者由政府擴大到民間

由於經濟的不景氣，政府的財力、物力和人力已無法進行大規模的福利計畫，必須借重民間的力量，才能突破現狀，充分發揮效果。因此，社會福利制度已由政府主導型轉向政府和民間的聯合型（united way）。

(二) 受益對象由少數人擴大到社會全體

社會福利是國民的基本權利，不應該以犧牲多數人的利益，去換取少數人的利益，也不應該以犧牲少數人的利益，去換取多數人的利益，而是要以不犧牲任何人的利益，去增進社會全體的利益。

(三) 福利內容由經濟性的保障擴大到非經濟性的福利

現代人在獲得物質生活的滿足之後，進一步要求精神生活的滿足。因此，福利內容漸由生活和醫療的保障，擴大到福利服務，要使人人都能肯定個人生活的價值和社會生活的意義。

(四) 提供方式由機構收容擴大到在宅服務

由於需求對象的增加和政府財政的困難，傳統的機構收容方式，漸被在宅服務所取代。受益者可以在家庭和社區內享受福利服務，既可避免被隔離（segregation）的感覺，更可促進社會的連帶意識。

基於上述的種種變革，歐美先進國家正試圖將社會福利轉向社區福利。美國所強調的「社區組織」（community organization）、英國所重視的「社區介護」（community care）以及瑞典所實施的「正常化」（normalization），都是要藉由社區資源的開發，提升社會福利水準。社區福利工作的推動，最有效的方法就是以社區組織的力量，去喚起居民的共識、參與和合作。因此，社區福利團體就成為轉型期社會福利制度中最重要的角色。

二、社區經濟的新課題

雖然我國的產業結構已邁入第三級產業階段，都市結構日趨穩定，政治結構逐漸民主化，但是，由於政府政策仍有強烈的國家主義（nationalism）色彩，企業經營者仍有生產優先的偏見，一般國民仍有疏離主義的意識，所以我國目前仍未進入新地域主義的時代，雖然前總統李登輝大力倡導社區主義，也引起了廣泛的討論，但是，由於各界對於社區主義的意涵和作法尚未取得共識，所以我國目前仍無法普遍推動社區主義。其實，我國推動社區發展已有漫長的歷史，可惜並未達成高度效果，其主要原因在於我國的政治、經濟和社會結構尚未進入工業社會的時代，而一般國民的社區意識仍停留在疏離主義與權利主義的階段。因此，若要推動新地域主義的社區經濟，首先必須調整社會整體的結構，改變國民的意識形態，尤其是產業結構的高級化、都市結構的成熟化（都市人口移動的穩定）、行政結構的分權化以及社區意識的普及化等都市十分重要的課題。

共同性、獨立性和自主性是建立新地域主義社區經濟不可或缺的條件，社區組織、企業、居民彼此之間必須連帶成利害與共的生活共同體。企業絕不可以優勢者的姿態為所欲為；居民不能以不關己事的心態無視企業的胡為。其次，社區經濟必須具有高度的獨立性，也就是相對於外部力量的獨立狀態。社區經濟是一個小型的經濟共同體，正當而合法的從事經濟活動。為了促進社區經濟的繁榮，社區經濟共同體必須與其他的社區經濟共同體良性互動，相互支援。最後，社區經濟共同體對內必須具有自主性，也就是獨自經營的能力，參與社區經濟的企業、居民或組織必須具有正確的社區意識，了解彼此的權利義務關係，管理自己的經濟事務，參與社區經濟的活動。在充分的共同性、獨立性與自主性下，社區經濟才能欣欣向榮。

推動社區經濟的社區工作必須具有內部化（internalization）、專業化（professionalization）和整合化（integrativization）。社區經濟工作既非由外而內，也不是由上而下的社會工作，而是社區內部的互動工作，也就是由社區成員創始、規劃、實施、評估和改進的社區工作，政府不應該扶持或限制創始團體的成立，也不應該干預社區經濟的推動工作，只能在需要協助時伸出援手。其次，社區經濟工作必須以專業知識和技能加以推動。除了傳統的社區組織與社區活動等專業知識外，還必須有企業經營、生活經濟、環境規劃等專業知識。未來的社區工作研究除了探討區位、人口、文化、權力、社會體系、社會互動等課題外（徐震，1980），可能要擴及社區的產業關係、企業經營、居民經濟結構、家計規劃及環境設計等議題。最後，社區經濟工作必須有效整合，以提升活動效率。有效率的整合至少必須涵蓋人的整合、方案（或計畫）的整合以及資源的整合。人的整合可以包括意識的整合與人力（manpower）的整合；方案的整合可以將不同的社區組織所提出的經濟活動方案加以整合，資源的整合則可分為資金的整合與設施設備的整合。

對於社區工作理論的研究者而言，社區經濟仍屬新的研究領域。本文只以新地域主義、社區經濟與社區經濟工作三個基礎理念，作為學界思考時的參考。如何結合社區工作理論與產業經濟理論，融匯成一個獨立系統的社區經濟理論，或許是學術界的新課題。

三、社區福利服務制度的改革方向

目前，我國的社會福利體系仍以政府的組織和措施為主要架構，往往忽略了社區的特性和社區居民的真正需求。這種由上而下的福利制度，不僅增加政府的負擔，而且容易造成社會資源的浪費。政府對社區福利團體的組織及其運作，仍有些不必要之限制及干預，致使社區福利團體不易發揮功能，社區福利運動不易推廣。因此，政府若要運用民間資源推廣社會福利，就必須在觀念上肯定社區意識、社區自治及社區運動的價值；在作法上積極輔導社區福利團體，並善意地協助社區福利運動。唯有如此，社區福利團體才能普及，社區福利運動才能發揮功能，社會福利水準才能提升。

國人的社區意識大致可分為兩種：一種是堅守地區傳統和利益的農村型社區意識；另一種是利己或無關心的都市型社區意識。這兩種社區意識都有礙於社區的團結與進步，因為前者不能以權利義務的理性態度，去保護社區的利益；後者無法以集體的力量，去爭取社區的公益。嚴格地說，我國的社區福利團體和社區福利運動仍然偏於草根的保守主義和官僚的形式主義，因而較不易達成以社區組織促進社區福利的理想目標。為了加強社區福利團體的功能，政府和有關人士必須大力培養居民的歸屬意識、義務意識、民主意識及團體意識，鼓勵居民參與社區組織和社區運動，要以全體居民的力量，去開創社區的福祉。

今後，社會福利制度的內容，不再是政府應該提供什麼，而是國民需要什麼；社會福利制度的運作主體，亦應由政府和企業，轉移為民間團體與全體國民；社會福利的目標，則由福利社會（welfare society），轉移為最適社會（optimal society），也就是要基於國民的需求與同意，提供最適的福利服務。政府不再扮演萬能者或包辦社會福利者，而是代辦者或資源分配的調適者。民間必須以志願合作的方式提供最多量的社會資源；政府必須以有效率的運作方式，提供最適當的福利服務。唯有在充裕的資源與高度的行政效率下，社會福利制度才能真正滿足國民的需求，福利國家才能邁向真正的最適社會。

社區福利團體是最適社會中最重要的角色；社區福利團體所發揮的功能，也將是邁向最適社會最重要的關鍵。因此，全力推動社區福利團體的組織與功能，將是我國社會福利制度今後重要的課題。

參考文獻

Bender, T. (1978). *Community and Social Change in America*, Rutgers University Press.

Blumenfeld, H. (1971). "Criteria for Judging the Quality of the Urban Environment," *Urban Studies*, Free Press, pp.502-527.

Champagne, A. (1984). *The Attack on the Welfare State Prospect Heights*, Waveland Press.

大橋謙策（1986），《地域福祉の展開》，有斐閣。

松原治郎（1980），《先活優先の原理》，講談社。

小田兼三（1988），《現代社會福祉》，角川書店。

三隅不二（1986），《リーダーシップの科學》，講談社。

中久郎＆松本道晴譯（R. M. Maclver 著）（1975），《コミユニテイ》，ミネルウア書房。

神吉敬三譯（O. Y. Gasset著）（1967），《大眾の反逆》，角川書店。

徐震（1980），《社區與社區發展》，正中書局。

Chapter 20

第二十章

結論與建議：最適社會的建構

第一節　社會整合的基本概念

從結構功能理論的觀點，國家競爭力的意涵應該包括社會結構與社會功能兩個層面（Parsons, 1951; Merton, 1968）。在社會結構方面，由於社會是由許多參與社會關係或活動的要素單位（elements）所組成，每一個要素單位都扮演某種或多種社會角色（social role），發揮某種或多種社會功能，這些要素單位的總體（totality）就是社會結構。在社會結構中，有些具有依賴關係（interdependence relations）與互動關係（interaction relations）的要素單位會自然形成一個社會系統，例如，由科層（bureaucracy）、議會（parliament）、政黨（political party）和壓力團體（pressure groups）就構成了一個政治系統；由企業（enterprises）、受雇者（employees）、消費者（consumers）和投資者（investors），就構成了一個經濟系統；由家庭（family）、社區組織（community organization）、宗教組織（religious organization）和各種社會團體（social groups）就組成了一個社群系統。此外，也有一個由單獨的社會成員構成的個人系統。在不同的社會系統之間以及在同一社會系統之內，都有其自主性（autonomy）、依賴性（interdependence）、衝突性（conflict）、競爭性（competition）與均衡性（equilibrium），這就是系統互動（system interaction）。在一個進步而且多元的社會裡，系統互動的模式（patterns）是十分複雜，而且不易達成均衡的，所以有賴於國家的干預與政策的調整，才能維護社會系統間的良性互動。至於社會功能，則有兩個必要條件，第一是社會成員必須透過要素單位或社會系統，獲取必要的生活資源；第二是要素單位或社會系統必須滿足社會成員的生活需求。如果社會成員的社會適應（social adaptation）良好（由下而上的社會功能）；如果社會系統的正面功能（positive function）很高，而負面功能（dysfunction）

很低（由上而下的社會功能），社會整體的生命力就很強，國家的競爭力和國民的生活福祉就會提升。因此，國家競爭力似可定義為：國家藉由社會系統的整合與社會功能的增進，所展現的社會生命力。

從社會近代的觀點來看，人類社會是由社群系統的原始社會，進化到以政治系統為主而以社群系統為輔的封建社會，再進化到以經濟系統為主而以政治系統和社會系統為輔的資本主義社會，最後，再進化到經濟系統、政治系統和社群系統三者並重的混合社會（mixed society）。在由資本主義社會進化到混合社會的過程中，雖然出現兩種不同的社會型態，第一種是以政治系統為主而以經濟系統和社群系統為輔的社會主義社會；第二種是以經濟系統和政治系統並重而以社群系統為輔的福利國家社會，但是，從1970年代的石油危機之後，已逐漸整合成三個系統並重的混合社會。因此，本研究將以混合社會作為分析的背景，也就是以一個重視政治系統、經濟系統和社群系統均衡發展的社會，作為理念型（ideal-type）的社會型態，再以此一社會型態敘述不同國家間的一致性（agreement）與差異性（difference）。最後，再以比較分析的方法尋求一個概化（generalization）的結論。

在一個混合社會的政治系統中，基本的要素單位有科層、議會、政黨與壓力團體。在科層與科層之間；科層與議會之間、科層與政黨之間、科層與壓力團體之間；在議會與政黨之間、議會與壓力團體之間；在政黨與政黨之間、政黨與壓力團體之間以及壓力團體與壓力團體之間都有十分複雜的要素結構與互動關係。由於每一個國家的政治要素結構與要素間的互動規範不盡相同，即使推行相同的民主政治，其政治運作與政治功能都會有所出入。在科層結構方面，英國的科層組織較大，而且偏向中央集權；美國的科層很小，而且偏向地方分權；德國的科層比較小，但是偏向中央集權；日本的科層最小，而地方分權的程度也最高。在議會結構方面，一般有一黨獨大、兩黨制衡與多黨聯合三種型態。議會內的派系越多，越不容易取得共識、政治系統也越不穩定。日本國會結構在1980年代的改變，不僅驗證此一法則，也導致一黨專政的自民黨在1993年的垮台。在政黨結構方面，英國和德國的政黨差異性較大，美國與日本的政黨則差異性較小。至於壓力團體的規模，首推美國，再依序為英國、德國和日本。在要素單位間的互動規範方面，德國是採行社會國家（social state）的規範（德國憲法第二十條第一項），所以國家有絕對權力直接干預經濟系統與社群系統，而科層也就擁有巨大的權利執行國家授與的任務。相反的，美國則是自由民主國家，聯邦政府並沒有絕對權力干預經濟系統與社群系統，而科層本身也缺乏持久性和強力性的權力。至於英國和日本，則屬民主社會國家，本質上，政府不直接干預經濟系統和社群系統，但是，實際上，卻由國家以重分配（redistribution）的手段，直接提供生活資源，滿足國民需求，因而呈現公民營事業並存以及公共福利（public welfare）與民間福利（private welfare）並重的福利體系。由上述分析可知，在民主主義的政治系統下，若要提高政治功能，就應該慎重檢驗政治要素的結構與要素單位間的互動規範。有了這樣的認識，若要改革我國的政治系統和提升政治功能，除了科層的革新與政黨的改造之外，議會的改造、利益團體的約束，以及四者之間的均衡關係都必須重視。

在一個混合社會的經濟系統中，基本的要素單位有企業單位、受雇者單位、消費者單位與投資者單位。在企業單位與受雇者單位之間構成了勞動市場（labor market）；在企業單位與消費者單位之間構成了商品市場（commodity market）；在企業單位與投資者單位之間構成了資本市場（capital market）。在企業單位的結構方面，美國和德國是最貫徹企業民營化的國家，而英國和日本則有公私並存的雙重結構（dual structure）。根據W. W. Rostow的見解，英國的工業化早在1783年至1802年間即已完成，而美國是在1843年至1860年間完成，德國則遲至1850年至1873年間才完成（Rostow, 1960）。英國在十九世紀初即已出現市場經濟的失敗（market failure），但是，當時的經濟規範卻不允許政府干預，直到十九世紀末，才逐漸出現國營事業，冀圖以公營企業對民營企業進行良性競爭。另一方面，美國是堅持資本主義的經濟規範，而德國則以國家干預的方式，維護市場經濟的運作。至於日本則混合英國和德國模式，一方面推行國營事業，一方面進行國家干預。在受雇者單位方面，早期的受雇者組織是由熟練勞工組成的職業工會（craft union），是一種排他性、保守性和互助性的工會組織。十九世紀中葉以後，以非熟練勞工為主體的產業工會或一般工會（industrial union or general union）開始出現，並以普通性、激進性與他助性的方式爭取勞工在經濟上、政治上和社會上的權益。英國和德國迄今仍保有這兩種工會組織的形式，而美國和日本則以產業工會為主。英國的工會戰鬥力最強，而德國和日本的工會則有政府居中協調，美國的工會最弱，影響力也最小。至於消費者單位方面，自 1950 年起，歐美先進國家即已組織消費者團體，進行消費者運動，日本等國甚至制定了消費者保護法。受雇者單位與消費者單位越強，對企業單位的制衡力量（countervailing power）就越大。受雇者單位的力量越大、工資水準越高，生產成本越重，商品價格就越貴；另一方面，消費者單位的力量越大，價格水準越低，企業利潤越少，投資意願就越弱。兩者相互影響的結果，會使就業水準降低，國民所得減少。因此，如何維持企業單位與受雇者和消費者單位的均衡，是十分重要的課題。至於投資者單位，則涉及資本市場的健全性、儲蓄水準、稅率水準、利制等因素，投資者越多，市場規模越大，資本的社會化就越高，資金的供給就越充分。我國的經濟系統在受雇者單位、消費者單位與投資者單位相對弱勢的情況下，喪失了市場的均衡關係，形成企業獨大的現象。如何加強受雇者單位、消費者單位和投資單位的力量，應是提升市場活力（market vitality）的有效對策。

在一個混合社會的社群系統中，基本的要素單位有血緣關係的家庭、地緣關係的社區組織、信仰關係的宗教組織以及公益或互助等關係的社會團體。這些組織或團體本身都具有意識的共屬性（weness）、生活的共生性（commensality）與利益的互惠性（reciprocity）。社群系統是自願性（voluntary）的組合，成員可以自由加入或退出。隨著社會的多元化（pluralization）和功利化（unilization），社群系統的要素單位越趨不穩定（unstability），甚至有惡性競爭的現象，尤其是宗教組織之間的競爭程度更為激烈。在家庭結構方面，歐美國家的核心家庭（nuclear family）和破碎家庭（broken family）的比率都比日本和我國為高。至於家庭解體（family disorganization）的狀況（包括結構性的群體、功能性的解體與互動性的解體），美國和英國要比德國、日本和我國更為嚴重。本研究所謂的社區組織，是指由居住於某一特定地域的居民所組成的團體或組織。在封建社會時代，社區組織扮演了十分重要的角色，它不僅是一個生產、分配與消費的共同體，也是政治系統十分重要的單位。資本主義社會瓦解了社區組織的角色功能，使居民逐漸喪失對地域的歸屬、關心與連帶（solidarity）。但是，混合社會則又重新肯定地域的角色功能，不僅重視地緣關係，也重視意識形態、組織型態、互動關係與財物關係的新社區主義（neo-communalism）（Hillery, 1955）。一般說來，採行聯邦主義（federalism）的國家（美國和德國）社區組織的力量比較大，地域性福利也較普及。在宗教方面，英國和德國的國民傳統上有強烈的宗教信仰。美國人的新教精神本質上已經缺乏了對傳統基督教的狂熱，而日本人對宗教的態度則更為冷淡。宗教信仰越強烈，道德制裁（moral sanction）的力量就越大，社會正義（social justice）就比較容易達成。如果沒有道德制裁的配合，司法制裁（jurisdictional sanction）的功能就比較不容易發揮，道德危害（moral hazard）的現象，就比較容易產生。在社會團體方面，有文化、慈善、聯誼、社會服務等各種要素單位。這些非營利性（non-profit making）或利益性（interest）社會團體的力量越大，社會的穩定力也越強，福利水準就越高，尤其是自願服務團體對福利的貢獻更大。我國社群系統的社區組織、宗教組織與社會團體在結構上尚未健全，在功能上仍難發揮高度效果，有待進一步的整合。

政治系統、經濟系統與社群系統三者之間的互動關係也會影響社會功能的成果。在政治系統與經濟系統的互動關係上，當經濟系統無法正常運作時，政治系統就會介入，以公權力加以調整；當政治系統無法有效運作時，經濟系統也會介入，要求改善或革新。這兩個系統若能維持均衡的狀態，社會的正面功能就會提高，而負面功能就會減少。英國和美國傳統上重視經濟系統的自由化（liberalization），反對政治系統的直接干預，所以當經濟系統產生市場的失效時，政治系統往往無法迅速有效的加以解決。相反的，德國和日本則常以強制性的行政指導（administrative guideline）方式，對經濟系統進行干預，所以比較能夠產生立竿見影的效果。另一方面，英國和美國的經濟系統對政治系統的缺失則比較敏感，對公共政策的影響力也比較大，而德國和日本的經濟系統對政治系統的影響力則較為弱勢。在政治系統與社群系統的互動關係上，社會成員是透過社群系統（尤其是社會團體），要求政治系統給予公民權（civil rights）、政治權（political rights）與社會權（social rights）（Mashall & Bottomore, 1992）。另一方面，當社群系統有解體或衝突時，政治系統也會介入，而以社會政策加以調整。這兩個系統若能良性互動，社會系統的權利要求與政治系統的政策干預就可以減少，社會功能就可以提升。英國和美國的社群系統對政治系統的權利要求有悠久的歷史，也有顯著的成果，但是，政治系統對社群系統的政策干預卻比較消極。相反的，德國和日本的社群系統對政治系統的權利要求比較消極，成果也較差，但是，政治系統對社群系統的政策干預卻十分積極，影響力也較大。在經濟系統與社群系統的互動關係上，資本主義的經濟系統一方面要排拒政治系統的干預；一方面則以其經濟倫理控制社群系統。但是，在一個混合社會裡，社群系統逐漸形成一股勢力，對抗政治系統的入侵。如果這兩個系統不能相互制衡，社群系統就會加速解體和衝突，總體社會的負面功能就會提高。一般說來，英國、美國和德國的社群系統比日本的社群系統較有制衡的力量，所以企業的社會責任（social responsibility）也較強。

政治系統、經濟系統和社群系統的要素單位也有相互移動的現象。有些政治系統的要素單位（如公營事業、黨營事業）會移入政治系統，成為政治系統的企業單位，有些政治系統的要素單位（如政黨的文教團體、壓力團體的基金會）也會移入社群系統，成為社群系統的社會團體。有些經濟系統的要素單位會與政治系統掛鉤，成為政治系統的要素單位；有些經濟系統的要素單位也會與社群系統結合，成為社會系統的要素單位，例如，企業與社區、宗教或社會團體的結合。有些社群系統的要素單位會移入政治系統，扮演政治系統的角色，例如，宗教的政治參與；有些社群系統的要素單位也會移入經濟系統，扮演經濟系統的角色，例如，非營利性的社會團體經營營利性的事業。因此，要素單位的角色定位常是模糊不清，而要素單位與單位成員之間的角色期待（role expectation）與角色履行（role performance）常有矛盾的現象。加上要素單位與要素單位之間、要素單位與社會系統之間以及社會系統與社會系統之間的衝突，總體社會的正面功能就難以提升。

如何減少社會系統的衝突和提升社會功能，是社會科學家努力思考的問題。在政治學、經濟學和社會學的領域裡，都有許多研究成果，也提出不少對策方案。社會學自 A. Comte 以來一直致力於社會結構與功能的研究，而 B. B. Malinowski 更從人類學的觀點建構了功能理論，這種理論的基本命題（postulations）有二（松井二郎，1992）：

第一、任何社會項目（習慣、制度、觀念等）均有其積極的功能。

第二、社會功能具有統一的基準、普遍的基準與不可或缺的基準。

其後，T. Parson 就根據上述命題，發展出 AGIL 的功能結構（adaptation, goal attainment, integration and latent pattern maintenance），也就是模式變數理論（pattern variable theory）。社會系統就是透過此種模式發揮社會功能，而社會工作（social work）就是要協助社會成員適應此種模式，所以又可稱為總體功能理論（holistic functionalism）。後來，R. K. Merton 一方面批判社會功能的統一、普遍與不可或缺的基準，一方面提出社會功能的顯性功能（manifest function）、隱性功能（latent function）與負面功能（dysfunction）。他進一步指出，某種社會功能並非由單一社會項目所達成，而是由多種社會項目共同達成，而社會項目則有功能性的選擇項目（alternative systems）、功能性的等價項目（equivalent systems）與功能性的代替項目（substitutive system）（Merton, 1968）。根據此一理論，社會學家必須致力於社會項目的功能分析，調整社會項目與社會系統間的互動關係，以滿足社會成員的生活需求，所以又可稱為中程功能理論（middle-range functionalism）。為了維護社會功能的穩定，D. Lockwook 率先提出系統整合（system integration）與社會整合（social integration）的概念，將社會系統間的功能維護定義為系統整合，而將社會成員間的功能維護稱為社會整合。R. Mishra 準用此一概念，將社會系統內社會制度間的秩序關係稱為系統整合或制度整合，而將社會集團間的利害關係稱為社會整合或功能整合（Mishra, 1982）。本研究則將社會系統（即要素單位與社會制度）內秩序關係的維護或均衡稱為系統整合，而將社會成員與社會系統間功能關係的維護或改善稱為社會整合。

基於上述解析，提升國家競爭力有下列兩個基本作法：

第一、要維護社會系統內部與外部的秩序均衡。

第二、要促進社會成員與社會系統之間的功能效果。

社會系統內部的要素單位或社會制度之間必須維持均衡的關係。例如，在政治系統中，科層與議會之間、中央政府與地方政府之間、各政黨或壓力團體之間都必須有相互制衡的力量，不可有超強權力（superpower）的存在。在經濟系統的勞動市場中，必須讓工會有制衡資本家的力量，在平等的基礎上進行勞資協商。由於各個社會系統的價值規範不同（如政治系統的分配正義、經濟系統的競爭效率與社群系統的同舟共濟），必須尊重其存在的必要性，不可以某種價值規範約束其他社會系統。最後，在不同的社會系統之間，必須發揮互補功能（supplementary function），例如，以政治系統的分配正義和社群系統的同舟共濟彌補經濟系統的缺失。至於促進社會成員與社會系統之間的功能效果，則有兩種作法，第一是調整或改革社會系統，使其更適合社會成員的需求；第二是協助社會成員，使其更適應社會系統的運作。隨著社會變遷，社會系統（尤其是社會制度）也必須不斷調整，以因應社會成員生活需求的改變。另一方面，社會成員也必須相對調整自己的意識形態與行動方式，才能減少社會的不適應（social maladjustment）和社會的困難（social disability）。

第二節　福利國家的反省與變革

一、福利國家的反省

除了政治與宗教的特殊意義之外，人類的生命價值是在追求好的（well）生活處境（fare），這不僅是人類與生俱來的本能，也是福利（welfare）思潮的起源。人類在追求福利的過程中，有兩個基本特質，第一是生活內涵的擴大，第二是人類結合的擴大。早期人類所追求的福利是在滿足基本生活的需求，其後是在追求環境生活的滿足，最後是在促進生活品質（quality of life）的提升。人類最早的結合體（association）就是家庭（family），其次就是部落（tribe），最後是國家（state）。生活內涵與人類結合的擴大是互為因果（cause-effect），而逐漸形成目前這種龐大結合體下的複雜生活內涵。但是，人類追求福利的本質依然不變，而且透過各種結合體的運作，使人類的生活處境更為提升，這就是社會福利（social welfare）的本質。因此，社會福利的原始意義似可解釋為：人類為了追求好的生活處境，透過社會結合體的運作，提升成員生活品質，促進社會整體發展的社會行動（social action），而這些社會行動的基準（含釐訂、規劃、評估與修正）就是社會福利政策（social welfare policy）。

自從國家形成之後，人類即淪入它的長期支配，而喪失追求福利的能力，於是尋求宗教的救援，冀期獲得生活的救助與精神的慰藉。絕對國家主義（absolute nationalism）只將人民視為滿足統治者私欲的工具，只在天然災害發生時，才會施以援手。此一時期的社會福利大都仰賴宗教團體以社會互助的方式，對貧困者提供援濟，有些國家則規定教會應以其稅收的一定比率充作貧民救濟。除了政府官僚與神職人員之外，一般人民所要求的生活就是生存（existance）與安全（safty）的基本需求，而當時的社會福利政策就在滿足人民的此種需求而已。不過，值得重視的是，此一時代的社會救助政策除了對貧民提供實物和現金之外，也對無業者提供工作機會和對災民提供租稅的減免。因此，在絕對國家主義制度下的社會救助政策已涵蓋了實物給付（benefit in kinds）、現金給付（cash benefit）、就業措施（employment policy）與財稅福利（fiscal welfare）四種體系。

工業革命（industrial revolution, 1760-1830）是人類邁向民主社會與富裕生活的起源，它至少凸顯了四個特質，第一是技術主義（technocracy），第二是個人主義（individualism），第三是貨幣制度（monetary system），第四是市場制度（market system）。技術的進步提高了生產的數量，滿足了人類的物質需求；以自愛（self-love）和自利（self-interest）為基礎的個人主義使人類脫離國家和宗教的支配，成為追求福利的主體；貨幣制度將財物和勞務的價格貨幣化，並藉由貨幣的媒介，達成公平的交易；而市場制度則透過供需的均衡，達成合理的價格與交易量。古典經濟學家們認為，個人必須具有強烈的工作意願，才能追求財富與福利；政府必須維護自由和公平的交易制度，才能達成社會的富足與和諧。在一個理想的自由社會裡，任何具有工作能力的人都可維持生活和追求福利，政府只要對不具工作能力者提供生活保障，即已盡到了維護正義之法（law of justice）的責任。易言之，一個真正自由社會的政府必須鼓勵人民提高工作意願（教育制度自由化）及對不具工作能力者提供生活保障（福利制度自由化），這就是自由化（liberalization）的基礎詮釋。

問題是資本家卻扭曲了自由化的本質，而代之以私有化（privatization），在私有權的保障下，刻意追求利潤的極大化（profit maximization），而在勞動市場中剝削勞動者，在商品市場中剝削消費者，在貨幣市場中剝削存款者。另一方面政府卻默許甚至協助資本家進行剝削，對反對者施以鐵腕式的鎮壓。於是國民便由反對資本家的剝削，演變成反對政府的暴動。政府終在不得已的情況下，從事勞工立法，以改善勞動條件，並自 1884 年起由德國開始實施各種勞工保險制度（疾病保險、職業災害保險、老年保險及失業保險），英國且於 1911 年制定「國民保險法」（National Insurance Act），建立了全民性的社會保險制度。從社會福利的歷史發展來看，此一時期具有三個主要特色，第一是人民透過社會運動（或勞工運動）的方式，爭取生活處境的改善；第二是他們所追求的福利已由基本生活的滿足提升為健康生活、經濟生活與勞動環境的改善；第三是社會福利體系由社會救助擴大至社會保險。此外，日漸式微的宗教性福利則由民間福利機構所取代，尤其是標榜開拓者精神（frontier spirit）的美國，在十八世紀末十九世紀初，民間福利機構如同雨後春筍般的出現，且於著名大學（芝加哥大學、哥倫比亞大學等）設置社會工作課程。經歷 1914 年的第一次世界大戰與 1929 年的經濟大恐慌，美國為了因應農民與勞工的不滿，而於 1935 年通過「社會安全法案」（Social Security Act），以社會救助、社會保險與福利服務三個體系作為社會安全的基本架構。1942 年英國的貝佛里奇報告（Social Insurance and Allied Services, Report by Sir William Beveridge）除了提出社會保險的改革意見之外，也提出國民保健服務制度（National Health Service, NHS）與民間福利服務的建議。至此主要先進國家均已建立了社會福利的基本體制。

第二次世界大戰之後，各國為了致力於復興工作，一方面採取擴張性財政政策與貨幣政策刺激景氣、增進雇用、提高所得；另一方面則採取福利國家（welfare state）政策，擴大社會福利範圍、增加社會福利支出，以提升全體國民的生活品質。此一時期的社會福利體系除了社會救助、社會保險、福利服務之外，亦涵蓋就業訓練、教育文化、住宅、環境保護、消費者保護等，而人民的福利需求則由基本生活和環境生活的需求擴大到高層生活的滿足，也就是生活品質的整體提升。在國民的強烈福利需求與政府的擴張性福利供給下，先進國家終於奠造了從搖籃到墳墓的福利國家。然而，福利國家的不斷膨脹卻逐漸引發了危機，例如，政府財政的沈重負擔和公共資源的不當配置、企業經營成本的加重與市場競爭能力的減弱、高所得者和低所得者工作意願的降低以及市場機能的破壞和個人自由選擇權的剝奪等。雖然這些指責都有爭論的餘地，但是，在歷經1970年代停滯性膨脹（stagflation）的階段之後，人們終於對福利國家產生懷疑，決策者更試圖從效率性（efficiency）、公正性（equity）和安定性（stability）等原則改革福利國家體制。於是，效率化、多元化、私有化、分權化、小型化等口號陸續出籠，各種改革方案也紛紛提出，然而，福利國家依舊困擾政府，激怒國民；景氣依然低迷，貧窮依然存在。

面對徬徨於十字路口的福利國家，再回首社會福利的歷史，此時此刻正是重新檢討社會福利本質的大好時機。在象徵武力（force）與權威（authority）的國家尚未形成之前，人類是以群體的分工與互助追求美好的生活，那是在自然狀態下的原始福利體制，人與人之間、人與物之間、生產與消費之間均能維持均衡的關係。在這種自然的均衡關係下，人人都能各盡所能、各取所需、同心互助、共同成長，那可能是人類最理想的生活方式。自從國家形成之後，人們即淪為此一人造大機器的小零件；其後，資本主義市場制度的形成，又將人們視為生產商品的小工具，於是，在國家與資本家所締造的資本主義社會下，人們完全失去了追求福利的自主性，成為受支配的接受者與負擔者。福利國家雖以私有化成為解決福利國家危機的主要策略，可是福利社會的本質若不加以澄清，人類的福祉將難以獲得真正的改善。因此，標榜社會效用最適化（optimalization of social utility）的最適社會（the optimum society）或許是值得思考的方向。

嚴格說來，福利國家只是一種政治的意識形態，而不是一種明確的社會福利制度。英國和北歐國家的全民性福利制度是福利國家；德國和日本等以勞動者為主的社會保險也是福利國家；而美國以老殘貧窮為主的社會安全制度也不能說不是福利國家。因此，若不探討社會福利政策的調整與社會福利制度的改革，而從事福利國家的意識形態爭論是沒有多大意義的。我們可以從一些學者的見解中得知，福利國家其實並沒有一定的定義與概念的。例如，D. Wison 認為，福利國家是對無法自立生活者提供經濟保障；I. Gough 認為，福利國家是在促進勞力的再生產和非勞動力的維護；W. H. Beveridge 認為，福利國家是對全體國民提供最佳的生活保障（national minimum）；而 W. A. Robson則認為，福利國家為全體國民提供社會保護、充分就業、社會安全、福利服務、衛生保健、文化藝術、開發、教育、住宅等廣泛性之公共政策（Wison, 1979; Gough, 1979; Beveridge, 1942; Robson, 1976）。由此看來，福利國家可以由社會弱者的保障、勞動者的保障、全民性的最低保障到全民性的廣泛保障。只要政府的財力許可，而國民也願意負擔必要費用，福利國家的保障範圍就可以擴大，保障水準也可以提升。

如果把福利國家的社會福利政策界定在普遍性（universal）、廣泛性（comprehensive）、相對性（relative）與社會化（socialization）的原則上，福利國家將造成不公正、無效率、不穩定與不民主。普遍性原則將會把社會強者納入受益對象，而且受益程度要高於社會弱者，因而造成了不公正；廣泛性原則將會導致福利科層體制的擴大、福利制度的重複與公共資源的浪費，因而造成了無效率；相對性原則將會加強人與人之間的比較意識、對立行為與社會衝突，因而造成了社會的不穩定；社會化原則將會強化政府的權威，把國民生活納入政府的控制，因而造成了不民主。相反地，若把福利國家的社會福利政策界定在選擇性（selective）、經濟性（economic）、絕對性（absolute）與市場化（marketization）的原則上，不僅可以減少上述缺失，而且也不會喪失福利國家的本質。政府只要對有真正福利需求，而且沒有能力購買的國民提供最低保障的現金給付，以解決絕對貧窮，即已盡到了福利國家的本責。至於有充分能力或部分能力購買福利商品（含金融、實物或服務）者，則透過市場化政策與補助制度協助其購買。

從歷史背景而言，福利國家具有濃厚的國家主義（nationalism）本質。1930年代正值全球性經濟不景氣的時期，西歐各國對內面臨社會衝突（貧富衝突與勞資衝突）；對外則面臨戰爭危機（經濟衝突與軍事衝突）。於是，福利國家就成為國家主義的代名詞，一方面充實社會福利制度，以緩和社會衝突；另一方面則指責敵對國為戰爭國家（warfare state），作為國際冷戰的手段。其實，早期福利國家的真正目的是在凝聚國民的向心力，以一致對外（Myrdal, 1960）。此外，福利國家也具有濃厚的資本主義（capitalism）本質。第二次世界大戰之後，社會福利被視為是促進有效需求與擴大商品市場的良策。政府一方面增加社會福利給付，以提高消費水準；另一方面則採取各種優惠措施（稅、利率、補助等），協助資本家提高生產水準。於是，景氣復甦，資本主義復活，而國家主義與資本主義再度結合，福利國家再度成為緩和國內社會衝突與建立國際政經霸權的手段（Wilensky, 1975）。

若以經濟的觀點分析，福利國家有兩個主要的經濟體制，其一是由資本家控制之私人經濟體制（private economic system）；其二是由政府主宰之公共經濟體制（public economic system），前者有商品市場、勞動市場、貨幣市場與資本市場；後者有財稅制度、社會資本（social capital）與公營事業，而社會資本則涵蓋公共建設與社會福利（包括教育、住宅、環保等廣義的社會福利）。為了方便說明，把私人經濟體制視為市場體系（market system），而將與家計（household）有關的財稅制度與社會福利視為福利體系（welfare system），福利國家似乎是建立在這兩種體系之上，一方面標榜市場體系的自由化，另一方面進行福利體系的社會化。福利國家試圖減少對市場體系的干預，使資本家有更多的空間提升經營效率，追求利潤的極大化；相反地，卻增加對福利體系的干預，藉由所得重分配政策強制國民負擔高額的福利費用，並強制國民接受僵硬的福利給付與服務。福利國家似乎不太熱衷如何避免或減少市場的失敗（market failure），對於市場的剝削，不當得利與環境的破壞似乎無力以對，只有在不斷增加的依賴人口（dependent population）和福利需求（welfare needs）上尋求解決之策。於是，市場體系不斷製造依賴人口，而福利體系則不斷擴大福利供給，最後造成了政府財政的難以負荷，這就是福利國家的危機。

1970 年代末期所推動的社會福利私有化（privatization of social welfare）就是福利國家危機的解決之策，而其基本原則有三，第一是將部分政府獨占的社會福利事業轉移給民間經營；第二是擴大民間參與社會福利事業；第三是採取市場化的經營方式，也就是成本－收益（cost-revenue）的利潤導向原則（孫健忠，1991）。易言之，就是要將社會福利事業市場化和營利化，這不啻是宣布福利國家的解體。問題是如果福利國家的本質不予改革，國家主義的科層體制不予簡化，資本主義的市場剝削不予禁止，社會福利私有化將成為國家在經營失敗的情況下尋求代罪羔羊的手段，或是資本家在景氣低迷的驅使下尋求新市場的策略，甚至是慈善機構在功利主義的誘惑下要求利益分配的口實，其結果將使國民受到更多的剝削，使社會弱者遭受更大的打擊。因此，在推動社會福利私有化政策之前，宜對福利國家的本質、缺失與對策作深入分析，對社會福利私有化的定義、範圍與方式作周延的規劃與評估（planning and assessment），並取得全民的共識與支持，這樣才能徹底改善福利國家的體質，重新建立嶄新的福利社會。

福利國家最需要反省的是市場體系的失敗，這個問題若不予重視，人類的福祉將永難達成。市場的一般均衡（general equilibrium）有其先天條件的限制（完全競爭市場的不存在），也有人為操縱的缺失（資本家的剝削和國家的干預），更有不理性行為的影響（不理性的商品需求者和勞力供給者），不管如何推動自由化政策，完全競爭市場的一般均衡幾乎是無法達成的。既然如此，我們為何不能從獨占性競爭市場（monopolistic competition market）的角度思考最適均衡（optimum equilibrium）的問題。第三級產業的普及改變了一般均衡的市場型態與價格制度；產品的異質性（heterogeneity）和價格的伸縮性（flexibility）造成了差別競爭（differential competition）的物價、工資和利率。標榜異質性不僅是參與市場競爭的策略，也是人類追求好生活（福利）的手段。如何在差異中尋求均衡不僅是現代生活的基本問題，也是政府福利政策的重要課題。我們必須承認差異性的存在，任何試圖消弭差異性的政策都可能徒勞無功。作為一個福利社會的政府，最需重視的就是市場規則的制定與維護。市場規則首重經營資訊的公開（如產品品質、生產成本等），而政府也應致力於市場資訊的提供，讓消費者能夠認清產品的真正價值，使合理的市場價格得以達成。其次是不當剝削的禁止，勞資雙方在簽訂勞動契約時，應明訂勞動報酬比率（即工資占勞動邊際產值的比率）與利潤的分配比率，凡低於此種比率的分配即屬不當剝削。最後是社會成本（social cost）的負擔，生產者必須負擔由外部不經濟（external diseconomy）所造成的社會成本，而使邊際私人淨產值（marginal private net product）等於邊際社會淨值（marginal social net product），以達成最適均衡（the optimum equilibrium）的理想目標。

福利國家以社會福利私有化作為轉型的策略，但是如果私有化的體系和相互關係未予釐清，將產生窒礙難行和重複浪費的負面效果。政府必須堅守自己的立場，善盡最低保障的責任，凡是民間沒有能力開辦（如成本太高的福利事業）、不願意開辦（如庇護工廠或無法收費的福利事業）或缺乏效率（如規模太小或品質太差的福利事業）都應由政府辦理。政府不可以私有化為名將自己的責任推卸給民間。至於私人部門（private sector）的福利事業（welfare activities），可以分為營利性（profitable）福利產業（welfare industries）與非營利性（non-profitable）的慈善組織（charity organizations）兩種，前者與一般產業的主要差別是接受政府社政單位的監督與補助，尤其是福利商品的品質、價格與社會責任均需受政府的規範；後者應以非營利方式提供免費服務，不宜有市場的交易行為。福利產業與慈善組織均需有健全的會計制度，並透過會計師的簽證，對政府負責，社政單位可委託稅務單位查核，並制定罰則。政府可以委託、補貼、合辦、公辦民營方式與福利產業或慈善組織共同推動福利事業，而福利產業與慈善組織亦可合作辦理營利性或非營利性的福利事業。總之，在政府、福利產業與慈善組織的協調和合作下，社會福利私有化才能發揮功能，社會水準才能提升。

二、福利國家的變革

(一) 福利國家的變革

由於經濟社會的變遷，福利國家的本質也逐漸在改變。最明顯有下列幾方面：

1.由高度經濟成長轉向低度經濟成長

歷經石油和美元兩次經濟危機之後，福利國家已步入低度經濟成長期。政府財政日形短絀、大規模投資日漸困難、工資和物價日趨平穩。除非有重大變化，穩定成長將是福利國家必須採行的經濟政策。

2.由個人資本轉向社會資本

由於股票市場的健全運作，國民對股票市場漸具信心，而大量購買公司股票。企業資金的來源，漸由個人、合夥轉向社會大眾；企業經營者漸由資本家轉向具有專業知識和豐富經驗的企管家。企業利潤的分配則漸由社會大眾所獲得。

3.由生產至上轉向生活優先

自由放任主義的最大缺失，就是生產至上、成長第一的生產樣式。結果，造成了嚴重的公害和人際關係的疏離。福利國家經過長期的努力，終於建立了經濟性福利，使人人都能免於匱乏，進而致力於提升國民健康、良好的居住環境、高水準的教育、更多的休閒時間及穩定的社會關係等生活性福利。

4.由單獨福利政策轉向綜合福利計畫

福利國家本由單獨的福利政策所構成。現在，已發展出十分完整的模式。如何統合規劃福利政策，是今後福利國家必須面對的課題。由於福利措施十分繁瑣，所涉及的層面也很廣，綜合福利計畫的制定並非易事，而有效的執行更為困難，必須借重各方面的專業人員，配合行政部門的密切合作，才能克服這個困難。

5.由福利社會轉向最適社會

福利國家所標榜的理想，是在滿足國民的生活。但是，滿足的意識狀態並非第三者可以決定，所以福利的內容並非政府單方面的考慮即可決定，必須取決於社會大眾的意見。犧牲多數人的福利，去滿足少數人的福利或犧牲少數人的福利，去滿足多數人的福利，都不是福利國家追求的目標。福利國家必須以不犧牲任何人的利益，去改善社會大眾的生活條件，這就是最適社會（the optimal society）。

最適社會的最大特徵，就是除了生產效率之外，也重視分配問題；除了經濟利益之外，也重視社會價值；除了政策目標之外，也重視國民意見。如果分配不公平，社會價值被扭曲，國民意見被忽視，再充實的福利制度，也不配稱為最適社會。

(二) 福利國家的趨勢

正當福利國家面臨轉型之際，政府決策者、企業家及全體國民應以什麼態度和作法，去邁向未來之路呢？下列幾項建議似可作為有關人士的參考：

1.調和經濟正義與社會正義

過去，經濟學家只是一味地追求經濟效益，而視社會福利為恩惠性的救濟。另一方面，社會福利學家則一心標榜人道主義，而視經濟效益為不必要的考慮。在未來的最適社會裡，經濟人的經濟觀與社會人的人道觀必須統合，既要促進總體經濟的成長，也要提升國民生活的滿足程度。

2.運用政府、企業和民間資源

最適社會所追求的理想境界，不是傳統福利國家所標榜的「由搖籃到墳墓」型福利，也不是工會主義者所爭取的勞工至上的企業福利，更不是民間福利機構所從事的救濟性福利，而是要綜合政府、企業和民間三者的資源，從事有效的運用。有關最低生活的保障、醫療服務的充實、國民教育的普及福利，必須由政府推動；最低工資的保障、工作環境的改善、工作時間的縮短等福利，必須由企業負責；至於住宅環境的改善、休閒生活的運用、各種福利服務，則需民間的參與。

3.加強政府與民間的溝通

最適社會是基於國民的同意（consent）。政府在制定施政計畫之前，必須徵詢所有國民的意見，要在不斷的溝通中檢討修正，然後再去執行，這就是公共政策的「回饋制度」（feed back system）。為了使這種制度能夠順利進行，議會、工會、消費者團體、大眾傳播界都應該更積極地發揮其應有的功能，使政府與民間的關係更加密切，溝通更為容易。這才是最適社會應走的方向。

4.培養國民的連帶意識與自我努力

最適社會不再是由政府包辦國民的生活，必須由國民以連帶意識相互協助。另一方面，個人必須自我努力，發揮潛能，以自己的手，開創更美好的生活，不要把接受救助視為當然的權利。唯有在互助與自助的前提下，最適社會的理想才能達成。因此，最適社會亦可稱為「全民參與的福利社會」。最近，深受重視的社區意識（sense of community），已成為邁向最適社會不能或缺的基本條件。

5.喚起國際合作

福利國家的工資水準高，企業福利好，因而加重了生產成本，削弱了商品在國際市場的競爭能力，導致國際貿易收支的逆差。另一方面，由於社會福利支出龐大，造成了政府財政的沈重負擔，因而產生嚴重的預算赤字。這些問題必須以國際合作的方式方能解決。福利國家固然應該努力改善產品結構，提高勞動生產力。福利水準較低的國家也必須努力提高工資水準和福利水準，避免「社會傾銷」（social dumping）。未來的國際社會應該放棄成見，共同合作建立一個福利世界。

福利國家歷經艱辛的歲月，而締造了今日的福利社會。但是，經濟社會的變遷及國民需求的改變，漸使福利國家脫離理想的目標。在面對二十一世紀的新挑戰，政府必須根據全民意志，配合經濟社會的有效開發，綜合規劃完整的福利計畫。企業應該充分發揮社會責任，協助政府和民間辦好福利措施。民眾更應該積極參與社會建設，全面提升生活素質。國際社會更應該以人類的共同利益，作為維護世界和平、創造人類福祉的依據。唯有在政府、企業、民眾以及國際社會的共同努力下，福利國家才能順利地邁向最適社會之路。

第三節　最適社會的建構

一、最適社會的基礎理論

在福利國家中，營利性市場（profitable market）是民間部門（private sector）的主要體系，而社會福利則是公共部門（public sector）的主要體系。營利性市場中所追求的是利潤的極大化（profit maximization），而社會福利則是追求福利水準的極大化（welfare maximization）。由於市場的失敗（market failure）所造成的依賴人口的增加以及由於政府的失敗（government failure）所造成的福利資源的浪費，使弱勢國民的生活品質未見提升，卻使中產階級的稅賦負擔大為提高，因而造成了反對社會福利的聲浪，這就是福利國家的基本難題。如果能夠在市場制度與社會福利中導入最適均衡的原理，也就是以效用理論（utility theory）維護社會均衡與合理分配，相信福利國家的危機應可獲得紓解，這就是本研究所謂的最適社會。

在探討最適社會之前，首先，必須承認社會共識（social consensus）的可能性，因為若不基於社會共識，最適社會就難以達成。雖然國家是用武力造成的，雖然社會制度是由優勢團體所掌控，但是，當民主政治（democracy）逐漸形成之後，代表各方民意的立法者將可透過民主的議事程序獲得社會共識。至於立法者是否代表真正的民意或議事程序是否合乎民主原則，那是政治性命題與政治制度的設計問題，如果社會共識可以達成，國民可以選擇的社會制度除了追求勞動價值平等化（equalization）的社會主義（socialism）和追求社會利益極大化的資本主義之外，追求資源配置最適化的最適社會應是可以思考的方向。我們可以借用J. Rawls的差異原理（differential criterion）來說明這三種社會制度的經濟本質（Rawls, 1971）。**圖 20-1** 的橫座標為個人 A（或群體）可能擁有的資源，縱座標為個人B（或群體）可能擁有的資源。在兩者間沒有任何社會契約（social contract）時，能力較強的 A 可能擁有 Oa_1 的資源，而能力較弱的 B 可能擁有 Ob_1 的資源。如果社會共識的結果決定採用社會主義的分配原則，那麼，A 和 B 各取得等量的資源（即 Oa_2 和 Ob_2）。如果決定採用最適社會的分配原則，則A和B所取得的資源都增加了（即 Oa_3 和 Ob_3），只是A增加的資源（a_2a_3）

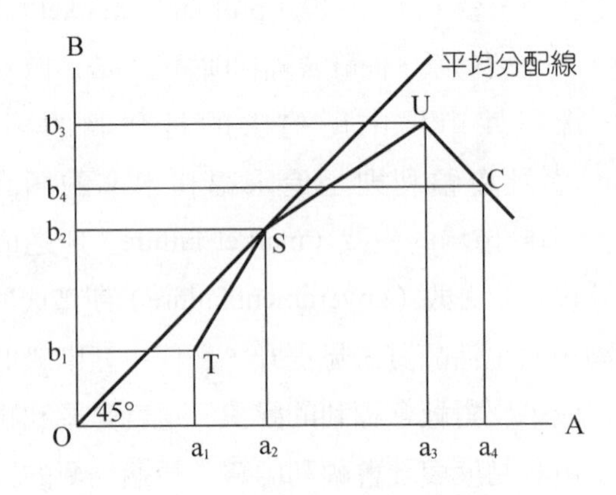

圖 20-1　經濟制度的分配模式

大於 B 增加的資源（b_2b_3），這就是巴勒圖最適量（Pareto Optimum）的基本原理。如果決定採用資本主義的分配原則，就會允許 B 減少一些資源，而使 A 增加較多資源，直到 A 增加的資源等於 B 減少的資源時（即 $a_3a_4 = b_3b_4$），社會利益最大。因此，圖 20-1 中的 S 點是社會主義的平等分配點（A 取得 Oa_2，B 取得 Ob_2）；U 是最適社會的最適分配點（A 取得 Oa_3，B 取得 Ob_3）；C 是資本主義社會的最大利益點（A 取得 Oa_4，B 取得 Ob_4）。

其次，最適社會是建立在社會效用（social utility）的基礎原理上，也就是必須承認效用是可以測定的（measurable）、效用是可以比較的（comparable）以及社會效用是個人效用的總和（aggregation）三個基本的假設（assumption）上。我們必須同意每一種財物或勞務對個人都會產生效用（或負效用），而個人擁有的財物和勞務的總效用就是個人效用 。

如果個人效用增加了，社會效用就會提高。我們可以用 E. Y. Edgeworth Diagram 的模型來說明這個關係。**圖 20-2** 橫座標是 x 財，縱座標是 y 財，O_1 是個人 1 的原點，O_2 是個人 2 的原點，O_1O_2 是社會契約的曲線（social contract curve），I_1 是個人 1 的無異曲線，I_2 和 I_2' 是個人 2 的無異曲線，SIC_1 和 SIC_2 是社會無異曲線（social indifferent curve）。假設在分配點 a 時，社會無異曲線為 SIC_1，當分配點由 a 移至 b 時，個人 1 的無異曲線不變，而個人 2 的無異曲線則由 I_2 移至 I_2'，社會效用曲線就由 SIC_1 移至 SIC_2，亦即社會效用增加。

再者，最適社會的均衡是如何達成的呢？我們可以用巴勒圖最適量的原理加以說明。簡單的說，巴勒圖最適量就是競爭性的均衡（Every competitive equilibrium is a Pareto optimum; every Pareto optimum is a competitive equilibrium），這是福利經濟學的基本原理（the basic theorem of welfare economics）。更具體的說，巴勒圖最適量就是生產可能曲線（production possibility frontier）與社會無異曲線相等時的財物（或勞務）組合。由於生產可能曲線的邊際轉換率（marginal rate of

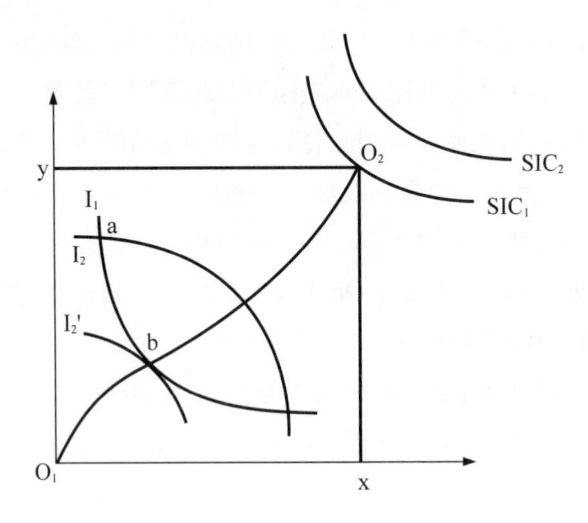

圖 20-2　重分配的社會效用

transition, MRT）等於社會無異曲線的邊際替換率（marginal rate of substitution, MRS）。而：$MRT_{x,y}$ ＝ MSC（marginal social cost）；$MRS_{x,y}$ ＝ MSU（marginal social utility），所以當 MSC ＝ MSU 時，就是最適的社會均衡，此時的社會效用最大。

最後，最適社會是否會阻礙經濟發展呢？這是經濟學家最為憂慮的問題。根據 A. M. Okun 的漏洞水桶（leaky bucket）的原理，社會福利的所得移轉會產生停滯性膨脹（stagflation），降低經濟成長率，減少社會效用。A. M. Okun 的理論正反映了福利國家的負面經濟效果，所以最適社會理論十分強調最適的所得重分配，以避免此種負面效果。最適社會必須在高水準的邊際消費傾向（marginal propensity to consume, MPC）和資本係數（capital coefficient）下，才能進行高度的所得重分配。所得重分配的結果，要充分反映在消費水準上，並透過加速效果（acceleration effect）與乘數效果（multiplier effect），才是高投資水準與國民所得。因此，最適社會的所得重分配不僅不會阻礙經濟成長，反會促進經濟成長，提高社會效用。

在了解最適社會的經濟本質之後，政府宜以何種原則維護最適社會的運作呢？從經濟觀點而言，有效率原則（efficiency principle）、公平原則（fairness principle）與穩定原則（stability principle）三個基本原則。在營利性市場中，政府宜解除不合理的干預、重視經營的效率、避免不公平的競爭、維護市場的均衡；在社會福利中，政府宜重視福利資源的有效配置、租稅的公平負擔與最適的生活保障。因此，最適社會的最終目的就是要建立一個效率經營、公平競爭與穩定成長的社會。

在效率原則方面，第一要重視資源配置的效率（resources allocation efficiency）。在營利性市場中，一般均以投入和產出（input-output）的關係解釋效率，也就是以產出投入比率的增加作為提高效率的基準；在社會福利中，則以效用指標（utility indicators）作為測定產出的依據，如果邊際效用大於邊際投入就是有效率。根據此一原則，在有限的福利資源下，政府應以邊際效用最大者為優先提供的對象。基於邊際效用遞減法則（diminishing law of marginal utility），由政府提供的福利財對低所得者而言其邊際效用必然高於高所得者，而低所得者擁有福利越多其邊際效用也會遞減。根據此一原則，當低所得者對其擁有福利財的邊際效用等於高所得者時，就達成資源配置的最大效率。第二要重視競爭的效率（competitive efficiency），也就是要促進一般市場的自由化與社會福利的市場化。最適社會不是要建立一個由看不見的手（invisable hand）所操縱的完全競爭市場（perfect competition market），因為歷史經驗已證明其不可能，而是要尋求一個建立在自由化前提下的獨占性競爭市場，在此一市場型態下，每一商品或勞動力均有其異質性（heterogeneity），透過自由化市場或競爭性市場的運作，達成資源的最適分配。唯有如此，社會福利的市場化才有效率，才能提升社會效用。

在公平原則方面，第一要重視機會的均等（equal opportunity），也就是每一個人均有參與競爭的機會，而相同條件者應予平等對待。

最適社會所追求的是平等的競爭與待遇，而不是平等的勞動與分配。從社會的角度看來，歧視（discrimination）是機會均等的最大障礙，包括種族、性別、年齡、教育、宗教、黨派等的歧視都是現代社會中顯見的現象。這些障礙若不廢除，機會的均等就無法達成，所以政府必須透過立法程序與監督系統貫徹機會均等政策，而政府本身更不可制定違反機會均等的法規（例如強制退休年齡的規定）。第二要重視公平的分配（fair distribution），例如在商品市場中，宜以P＝MC（即價格等於邊際成本）的原則決定商品價格；在勞動市場中，宜以W＝VMP（工資等於勞動的邊際產值）的原則決定勞動報酬；在租稅制度中，宜以普遍原則（universal principle）和能力原則（ability principle）決定租稅負擔；在社會福利中，宜以邊際效用和社會效用的原則分配福利資源。在民間部門採用公平分配的原則是否與追求利潤極大化的效率原則相牴觸呢？答案是否定的，因為企業仍可藉由技術的開發、產品的改良、人力的有效配置以及工資的合理設計等方法創造利潤。這就是最適社會與一味強調經營效率的資本主義和一味強調公平原則的社會主義不同之處。如果社會能夠切實遵守公平分配的原則，市場剝削就可以避免，依賴人口就可以減少，社會福利負擔就可以降低，經濟成長就可以持續。

在穩定原則方面，第一要重視市場均衡的維護（maintenance of market equilibrium），政府必須維護健全的自由市場，提供充分的市場資訊，並保障個人的選擇自由，在這些條件下，市場均衡就可以達成。政府在推動社會福利市場化政策時，必須重視此一原則；否則，市場失敗將會導致更嚴重的福利權利之侵害與福利資源之浪費。至於非營利福利機構對市場均衡亦具穩定的功能，因為它們會吸收部分福利需求者，而使市場的均衡價格降低。第二要重視最適福利的保障（security of optimum welfare）。所謂最適福利是基於最低生活保障（national minimum security）的原理，參酌生活水準的發展過程，再透過社會共識所擬訂出來的生活保障標準，其目的是在保障國民生活的穩定性，而不是在消弭所得差距。基於生存權的保障，政府對於無法維生的國民，應予充分的保障；對於有部分維生能力的國民，應提供部分的保障；對於有完全維生的國民，則可不予保障。若能如此，政府即已盡了最適社會的責任。

二、最適社會的社會福利政策

最適社會的社會福利政策是在尋求社會福利資源的最適化，而不是社會福利水準的極大化。在最適政府（the optimum government）的策劃下，社會福利政策宜以總體觀點（macro-view），基於巴勒圖最適量的原則，調整福利資源與福利需求的均衡，使福利資源得以有效運用，國民的福利需求得以充分滿足。基於此一理念，本研究針對下列六個議題加以探討。

第一、社會福利的最適經費。

第二、社會福利的最適稅率。

第三、福利資源的最適分配。

第四、社會福利的最適給付方式。

第五、最適生活保障水準。

第六、福利產業的最適獎勵方式。

在社會福利的最適經費方面，首先，必須正確掌握社會福利經費的型態與金額。一般說來，社會福利經費除了由各級政府直接支付的社會福利支出以及各種社會保險經費（政府補助與行政事務費用除外）之外，稅式福利支出（即以社會福利為目的的租稅減免）以及民間的慈善性捐贈，甚至是福利彩券的盈餘等均應涵蓋在內。這些社會福利的總金額占國民生產毛額（GNP）或國內生產毛額（GDP）的比率就是社會福利經費的水準。我們常以政府的社會福利支出計算社會福利經費，或以政府社會福利支出占政府總支出的比率作為測定經費水準的依據，這是不十分客觀的做法。有些國家（如美國）民間慈善部門的福利經費水準較高，政府的社會福利經費水準就偏低；有些國家（如社會主義國家）則相反，所以社會福利經費應從多方面加以計算，才能正確掌握。其次，最適的社會福利經費應如何決定呢？當社會福利給付的邊際社會效用（MSU）大於社會福利負擔的負邊際社會效用時（-MSU）時，社會福利經費就可以增加，因為社會效用會增加，直到MSU＝-MSU時（即GF＝GF'），社會效用最大（即AOGF－BGF'），這就是最適社會福利經費。由於每一個社會對福利財的社會效用都不相同，所以最適社會福利經費就沒有一定的標準，這是從事國際比較時，必須慎重處理的問題。最後，如果最適社會福利經費可以決定，而民間部門的社會福利經費也可以測定的話，公共部門的社會福利經費就可以決定；如果社會保險和稅式福利支出的經費十分穩定，其他社會福利（例如社會救助及各種福利服務）的經費就可以決定。如此一來，社會福利經費的最適配置就可以達成。

在社會福利的最適稅率方面，政府社會福利經費的來源有兩種主要方式，就是一般稅與目的稅，前者包括直接稅（例如所得稅、法人稅、消費稅、財產稅等）間接稅（例如關稅、公賣稅、印花稅、牌照稅等）；後者則有依所得、薪資或人頭課徵的福利稅或社會安全稅（social security tax）。大部分國家都以一般稅的方式籌設社會福利經費，這種做法有下列五個主要缺失：

第一、無法充分反映該社會的利他性（altruism）。

第二、福利意義較目的稅薄弱。

第三、逃漏稅的可能性較高。

第四、容易受到政治力（political power）的影響。

第五、容易受到景氣變動的影響。

因此，社會福利經費宜以目的稅的方式籌設較佳，而且基於公平原則，本研究建議採用由均一稅、比例稅和附加稅三種稅構成之福利稅制。所謂均一福利稅（flat welfare tax）是所得在某一標準範圍內者均需繳納等額的福利稅；所得超過此一標準者則按一定稅率課徵所得比例的福利說（income proportion welfare tax）；對於該年度所增加的所得也按一定稅率課徵附加福利稅（additional welfare tax），如果所得沒有增加就不必繳納。均一福利稅的意義是要使大部分國民均能分攤福利稅，而珍惜福利資源；所得比例福利稅是要使高所得者分擔較多的福利稅，以利所得重分配；附加福利稅是要加強社會的利他性，促進社會連帶（social solidarity），發揮福利互助的功能。關於最適福利稅率應如何訂定呢？在所得比例的福利稅方面，我們可以用**圖 20-3** 的拉弗曲線（Laffer Curve）說明，OL 是表示稅率 T 與稅收 R 關係的拉弗曲線，OB 是納稅人感覺上的超額負擔曲線（excess burden curve），M 為最高稅收點（maximum revenue point）。當稅率為 t*時，稅收為 R*；當稅率超過 t*時，納稅人會認為有過重的超額負擔，而開始逃漏稅、減少所得或結束營業，導致政府的稅收減少。這種情況可能在 OB < OL（OB'）或 OB = OL（OB'）時產生。如果採用最大稅收政策，稅率當可訂在 t*，但是，最適社會的福利稅率，宜以 OL 與 OB 垂直距離最大（NF）時的稅率 $\hat{t}$ 為最適，因為在此一稅率下，納稅人願意負擔的部分（即福利稅減超額負擔的部分）最大。此時，稅收（O $\hat{R}$）雖低於最高稅收（OR*），福利效果卻較大。

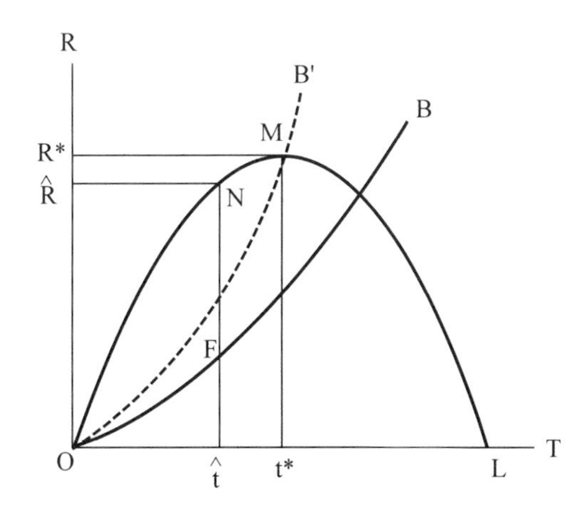

圖 20-3 拉弗曲線

在福利資源的最適分配方面，在一定的福利資源下，應優先分配給邊際效用較高的國民，所以福利受益者的選擇十分重要，如果選擇對象不當就會造成不公平與浪費。政府可以需要調查（need-test）和資力調查（mean-test）的方法，選擇受益對象。所謂需要調查就是要測定福利需要者的需求類型和需求程度，要了解其需要是真正需要（genuine needs）或假性需要（false needs）；是迫切需要（emergent needs）或平常需要（ordinary needs）。所謂資力調查就是要測定福利需要者的所得狀況、資產狀況、工作能力與親人的扶養能力，要了解是否真正沒有能力購買這些需求。如果福利需要者的需要是真正而且迫切，而其資力也無法購買這些需求。就是福利資源應優先分配的對象。當這些受益者獲得充分照顧之後，如果還有多餘的福利資源，再放寬資力認定標準，依序分配給其他國民。這種以優先順序（priority）分配福利資源的政策不僅可以滿足國民的真正福利需求，更可促進社會整體的效用。一般說來選擇性福利（selective welfare）要比全民性福利（universal welfare）更接近福利資源的最適分配；社會救助要比社會保險更具最適分配功能。因此，在規劃全民性福利或社會保險制度時，必須重視所得重分配的功能，才不致遠離福利資源的最適分配。

在社會福利的最適給付方式方面，一般分為現金給付（cash payment）和實物給付（payment in kind）兩種給付方式。在一個物質極度匱乏的貧窮社會裡，由於物質取得十分困難，實物給付的效用會高於現金給付，但是，在一個物質豐富的富裕社會裡，國民都已擁有基本生活所需的物質，而希望獲得較多的現金購買多樣化的商品，所以現金給付的效用會高於實物給付。因此，實物給付只有在供給不足的情況下，才有提供意義；否則，仍以現金給付為宜。就以殘障福利為例，在庇護工廠極度缺乏的情況下，應由政府提供實物給付；而在殘障訓練機構充分供給的情況下，宜由政府提供現金給付。再以國民住宅為例，在空屋率偏高的市場裡，政府實不宜提供現金給付，應以現金給付的方式協助有受益資格的國民購買或租屋。將來如果福利產業能夠振興，福利商品的供給將隨著市場的開發逐漸擴大，政府的實物給付支出比率就必須調低，以提高社會整體利益。實物給付政策往往因政治性的考量（例如消滅貧民窟以美化市容或廣建國民住宅以利營建業的發展）而予以合理化；相反地，現金給付政策也會因政治性的考量（例如利益團體的壓力或對行政官僚的不信任）而遭致否定。最適社會必須排除扭曲性的政治考量，以最適均衡的理論規劃社會福利的給付方式。

在最適生活保障水準方面，一般有社會保險的所得比例給付與社會救助的均一給付兩種方式，前者係依保險原理精算出來的給付，當然符合最適生活保障的條件；後者由於貧窮線（poverty line）的訂定迄無最適標準，所以爭議較多。若以福利經濟學的觀點來看，最適生活保障水準有三個基本原則，第一要使受益者免除絕對貧窮的威脅；第二要符合社會的公平性；第三不能影響工作意願。所謂絕對的貧窮就是單純的飢餓狀態，基於憲法對生存權的保障，政府有絕對義務保障國民的基本生活。最適生活保障除了絕對貧窮之外亦應考量相對貧窮的問題。絕對貧窮的生活費可以使用一籃市價制（market basket method）的方法加以計算，而相對貧窮的保障則可使用平均所得制（average income method）或恩格爾方式（Engel system），再透過社會共識的方式決定最適比率。所謂社會的公平性就是要使受益者與勞動市場中從事最低工資的勞動者適用相同的無異曲線，使兩者的所得－休閒替代率相等。如果勞動市場中採用以個人為單位的基本工資制度，社會救助標準也應採以個人為單位的生活保障方式；如果勞動市場中採用以家庭為單位的最低工資制度，最適生活保障水準亦應採以家庭為單位。如果受益者的無異曲線高於最低工資勞動者，就會影響受益者的工作意願，而對於勞動者卻是不公平。最適生活保障水準一經決定，就無須再個別規劃給付內容（例如子女教育補助、健康保險補助等），完全由受益者支配運用，以尊重其人格尊嚴，保障其自由權利。

在福利產業的最適獎勵方式方面，首先，我們必須同意福利產業是外部經濟產業（industry external economy），它們雖然以營利為目的，卻可造福福利需求者，形成外部經濟的效果。由於福利產業具有福利意義，而且在面對政府免費或廉價的競爭下，市場的擴展十分困難，若無政府的獎勵，勢難蓬勃發展，尤其在市場形成期更需政府的大力支持。政府對福利產業的獎勵方式有許多類型，而最主要是稅的優惠與補助。由於減稅的價格效果（price effect）較補助為弱，而且減稅對社會效用（消費者的剩餘）的影響也較補助為低，所以理論上宜採補助方式。我們可以用 A. Marshal 的補助金理論（bounty theory）來說明這兩種方式對福利產業市場的影響（Marshall, 1925）。**圖 20-4** 的橫座標為福利商品的數量，縱座標為商品價格，由於福利產業具有外部經濟效果，所以供給曲線（或邊際成本曲線）會向右下方移動；由於減稅對市場價格的影響較補助為弱，所以減稅企業的供給曲線之斜率小於補助企業（減稅企業之供給曲線為 S_t，補助企業之供給曲線為 S_p）。在政府沒有提供任何獎勵措施之前，福利產業基於市場供需執行的原理，決定 Op_1 的價格水準與 Oq_1 的交易數量。如果政府提供等額（e_1G）的減稅或補助，那麼，減稅企業的供給曲線會由 S_t 移至

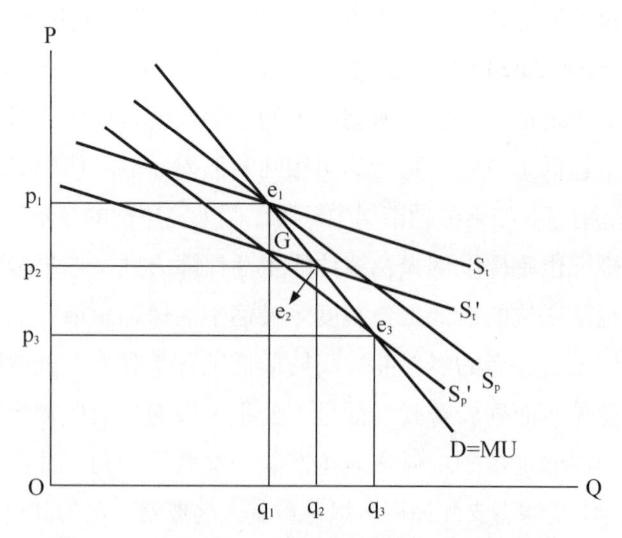

圖 20-4　政府補助與減稅對福利產業的影響

S_t'（S_t //S_t'），交 D 於 e_2，價格為 Op_2，交易量為 Oq_2，而補助企業的供給曲線則由 S_p 移至 S_p'（S_p//S_p'），交 D 於 e_3，價格為 Op_3，交易量為 Oq_3。由於 $Op_3 < Op_2$，$Oq_3 > Oq_2$，所以政府對福利產業補助的市場效果要高於減稅。低價格和高交易量使消費者剩餘和生產者剩餘都相對增加，而增加的總利益會大於政府的補助損失，所以政府對福利產業補助的結果會使社會利益增加。

三、最適社會的建構

福利國家的式微象徵著政府全面干預的國家主義之沒落，也象徵著菁英主義（elitism）社會結構的瓦解，更象徵著以社會學詮釋社會福利的理論基礎之結束。未來的社會應是一個尊重個人自由與社會共識的民主政治、一個中產階級（middle class）主導的社會結構以及一個重視科際整合（integration）社會福利理論的最適社會；未來的社會福利應是由政府主導的社會福利、由非營利機構主導的慈善事業以及由營利性企業主導的福利產業所建構的福利體系。雖然民主政治仍有許多可議之處，雖然中產階級的私利傾向與社會漠視可能扭曲社會正義，雖然社會福利的科際整合仍無定論，但是，只要人類有追求新社會的決心，必有智慧克服這些難題。雖然政府的保姆心態仍未摒棄，雖然慈善事業仍需政府援助，雖然福利產業仍屬萌芽階段，但是，社會福利的私有化和市場化已是不可抵擋的世界潮流。

最適社會的理論必須建立在科際整合的基礎上，除了經濟學之外，還必須運用社會學、心理學、政治學、公共行政等專業知識，才能建構出一個完整的體系。本研究只從經濟學的單一層面提出最適社會的基本概念，作為拋磚引玉之用。如果各界學術賢達對最適社會的理想亦有同感，相信一定會發展出更完整的最適社會理論。傳統上，經濟學家大都偏重效率問題，也就是在完全競爭與個人主義的基本命題下，透過理性的選擇（理性的消費與生產），達成利益（個人效用與企業利潤）的極大化，而政府的功能則在追求公權力的擴張。在個人、企業與政府致力於量的擴充下，達成富裕社會（an affluent society）的理想境界。然而，經濟學家所忽略的就是社會結構的衝突問題與經濟發展的分配問題，因而造成了利益與權力的衝突以及富裕中的貧窮。另一方面，社會學家則偏重公平問題，也就是在不公平社會結構的基本命題下，對資本主義社會的市場、消費、生產與政府權力提出強烈的批判，他們否定了資本主義社會的市場規則、制度文化、權利義務與上部結構（upper structure），而試圖藉由科學的方式論發掘事實的真相（reality）。然而，社會學家卻鮮少提出理想社會的標準模式，也不觸及什麼是當為（what ought to be），因而造成了個人行為選擇的矛盾與社會正義的模糊形象。長久以來，經濟學家和社會學家自限門檻，井水不犯河水，偶爾相聚也是不歡而散。可是，市場經濟的失敗使經濟學家開始重視社會結構的問題，而為了因應經濟社會的需求，社會學家也開始關切理性行為的分析。於是，似乎有一股暗流在經濟學家與社會學家之間激盪，逐漸在彼此承認，相互合作。在這種趨勢下，融合經濟理論與社會理論的最適社會可能是接通經濟學家與社會學家的最佳橋樑。

最適社會是一個調和經濟利益與社會正義的社會；是一個標榜社會效用最適化的社會；是一個追求效率、公平與穩定的社會。最適社會的社會福利政策是一個考量最適的經費、稅率、分配、給付方式、生活保障水準和獎勵方式的有效政策。最適社會的福利產業政策是一個保障消費者和鼓勵企業履行社會責任的理想政策。本研究藉由經濟觀念的分析，說明最適社會的經濟本質、社會福利政策與福利產業，冀期在福利國家的轉型中，提供一個新的思考方向，也希望在經濟學與社會學的冷戰關係中，架設一座簡單的橋樑。最後，本研究提出下列幾點淺見作為邁向最適社會的原則性建議：

(一) 要貫徹政治的民主化

最適社會必須建立在社會共識的基本假設上，而社會共識必須透過民主政治的運作才能達成，所以政治民主化是最適社會的第一要件。

政治民主化除要有議會制度（convention system）之外，最重要的是立法者必須具有充分的代表性，易言之，每一位代表必須反映該地區的真正民意，並透過少數服從多數、多數尊重少數的民主素養取得社會共識。除非有更適當的替代方案；否則，我們仍須以民主政治為基礎，不斷的修正其缺失，而不能以其缺失否定其價值。社會共識一旦達成，我們就必須遵守，而不能以自己的觀念或立場拒絕其效力。社會是一個整體性的結構，它必須在一般規範下運作，個人的社會行為必須受其約束。唯有如此，最適社會才有達成的可能。

(二) 要勵行經濟的自由化

福利國家的失敗主要是導源於市場失敗的漠視與政府福利的膨脹。市場的失敗並非自由化的結果，而是未能勵行自由化所致，因為所謂自由化並非不加干預或毫無約束，而是要去除不合理的約束、不公平的競爭、無效率的經濟與供需的不均衡。為了維護市場制度的正常運作，必須制定基於社會正義的法律規範，使人人都能在此規範下自由的從事理性選擇，這就是最適社會的第二個要件。如果真正的自由化能夠貫徹，市場均衡就可以達成，剝削現象就可以避免，依賴人口就可以減少，政府的福利負擔就可以減輕，最適社會就可以實現。

(三) 要加強福利行政的效率化

最適社會的社會福利政策必須仰賴一個有效率的政府而非大規模的政府；否則，不僅會造成浪費，也難以提升社會福利水準。社會福利行政往往基於人類利益的考量而忽略了行政效率，且在龐大的科層體制下，失去了有效運作的彈性。福利行政必須公正測定福利需求、合理分配福利資源、健全設計福利方案、定期評估執行績效以及有效配置行政人力，這就是最適社會的第三個要件。政府必須建立完整的專業證照制度（專業化）與健全的人才資訊系統（電腦化），充分運用現有與潛在服務人力，協助民間福利部門能解決人力缺乏問題。政府對於無效率的福利方案必須自動調整，不必等到民意機關的反對才勉強廢止。若能如此，最適社會的社會福利政策必可達成。

(四) 要推動社會福利的市場化

傳統的社會福利具有強烈的社會化和慈善性色彩，一時之間可能難以大力推動市場化與營利化的政策，必須計畫性和階段性的加以培養觀念、修正法規、鼓勵參與。另一方面，配合市場經濟的自由化，逐步健全福利市場，這就是最適社會的第一個要件。政府對於福利產業必須明定獎勵輔導辦法，規範其應履行的社會責任；對福利消費者也必須明訂消費者保護法規，保障其消費權益。社會福利市場化若能順利達成，政府的福利負擔就可以減輕、企業的利市場就可以擴大，國民的福利水準就可以提升，一個全民參與的福利社會就可以實現。

(五) 要培養國民的自助和互助意識

美好生活的追求基本上仍要仰賴個人的努力，如果自己不努力而要求他人幫助，不僅不負責任，也難以實現美好生活。此外，美好生活也有賴於社會互助，如果個人都自掃門前雪，不管他人瓦上霜，結果家門的雪會永遠掃不完。因此，最適社會一方面要鼓勵國民自我努力，發揮潛能，以自己的手開創個人的美好生活；另一方面則要鼓勵國民充分發揮社會連帶的意識，互助合作，共創社會的美好生活，這就是最適社會的第五個要件。政府必須鼓勵個人儲蓄，以應不時之需；也必須辦理社會儲蓄，以保障最低生活。此外，政府也必須培養國民的社區意識（sense of community），推動社區互助，提升社區生活水準。

(六) 要促進社會福利的國際化

在國際連帶意識（sense of international solidarity）逐漸形成，國際關係日趨密切之際，社會福利的國際化應是一個值得思考的課題。由國家主義的福利國家移向國際主義的最適社會，應是追求人類福祉的終極目標，這就是最適社會的第六個要件。作為一個最適社會的國民，我們不僅要求在自己的國家受到福利的保障，也希望在其他的國家受到相同的保障。因此，政府有義務與相對國家簽訂社會福利協定或條約，保障本國人在外國或外國人在本國的福利權益。未來的國際社會應該摒棄狹隘的國家主義，從人類利益為基礎，共同建構一個美好生活的福利世界。

在漫長的艱辛歲月裡，人類締造了高水準的福利國家，但是，經濟社會的變遷與國民需求的改變逐漸使福利國家脫離了理想的目標。福利國家的轉型將是二十一世紀社會福利最重要的課題。本研究基於福利經濟學的基本模型，提出最適社會的粗淺理念，希望政府重視市場經濟的自由化與福利資源的最適配置；希望企業充分發揮社會責任，健全福利產業；希望國民自助互助，改善個人與社會的生活品質；同時也希望國際社會能以人類利益為前提，共創人類的生活福祉。唯有在政府、企業、個人與國際社會的共同努力下，福利國家才能順利邁向最適社會之路。

參考文獻

Beveridge, W. H. (1942). Social Insurance and Allied Services, Presented to Parliament by Command of His Majesty, 299pp. (Cmd. 6404).

Gough, I. (1979). The Political Economy of the Welfare State, Macmillan Press, Ltd.

Hillery, G. A. Jr. (1955). "Definition of Community Rural," *Journal of Sociology*, Vol.20 pp.203-221.

Marshall, T. H. (1925). *Principles of Economics*, Macmillan Press Ltd.

Marshall, T. H. (1981). *The Right to Welfare and the Essays*, Heinemann.

Marshall, T. H., & T. Bottomore (1992). *Citizenship and Social Class*, Pluto Perspectives Press.

Merton, R. K. (1968). *Social Theory and Social Structure*, Free Press.

Mishra, R. (1982). "System Integration, Social Action and Change: Some Problems in Sociological Analysis," *Sociological Review*, Vol. 30(1) pp.

203-280.

Myrdal, G. (1960). *Beyond the Welfare State*, Gerald Duckworth.

Parsons, T. (1951). *The Social System*, Free Press.

Rawls, J. (1971). *A Theory of Justice*, Harvard University Press.

Robson, W. A. (1976). *Welfare State and Welfare Society*, George Allen and Unwin, Ltd.

Rostow, W. (1960). *The Stages of Economic Grow*, Cambridge University Press.

Wilson, D. (1979). *The Welfare State in Sweden*, Heinemann.

Wilensky, H. L. (1975). *The Welfare State and Equality*, University of California Press.

松井二郎（1992），《社會福祉理論の再検討》，ミネルゲア書房。

孫健忠（1991），〈私有化與社會服務：執行面的理念探討〉，《中央研究院人文及社會科學集刊》，第4卷第1期。

Memo

Memo

社會福利經濟分析

作　　者／蔡宏昭
出 版 者／揚智文化事業股份有限公司
發 行 人／葉忠賢
登 記 證／局版北市業字第 1117 號
地　　址／台北縣深坑鄉北深路三段 260 號 8 樓
電　　話／(02)2664-7780
傳　　真／(02)2664-7633
E-mail ／service@ycrc.com.tw
郵撥帳號／19735365
戶　　名／葉忠賢
印　　刷／鼎易印刷事業股份有限公司
ISBN ／957-818-587-1
初版二刷／2006 年 10 月
定　　價／新台幣 500 元

國家圖書館出版品預行編目資料

社會福利經濟分析 / 蔡宏昭著. -- 初版. -- 台北
市：揚智文化, 2004[民 93]
面； 公分. -- （社工叢書；23）
含參考書目
ISBN 957-818-587-1（平裝）

1. 社會福利 – 經濟方面

547.1 92020851